"十四五"普通高等教育国际经济与贸易专业核心课程教学案例丛书

U0674739

国际结算
教学案例

何芬　姜学军　潘银坪　主编

GUOJI JIESUAN

JIAOXUE ANLI

东北财经大学出版社
Dongbei University of Finance & Economics Press
大连

图书在版编目（CIP）数据

国际结算教学案例 / 何芬，姜学军，潘银坪主编. —大连：东北财经大学出版社，2024.3

（"十四五"普通高等教育国际经济与贸易专业核心课程教学案例丛书）

ISBN 978-7-5654-4991-8

Ⅰ．国… Ⅱ．①何… ②姜… ③潘… Ⅲ．国际结算–教案（教育）–高等学校 Ⅳ．F830.73

中国国家版本馆CIP数据核字（2023）第202072号

东北财经大学出版社出版

（大连市黑石礁尖山街217号 邮政编码 116025）

网 址：http://www.dufep.cn

读者信箱：dufep@dufe.edu.cn

大连永盛印业有限公司印刷 东北财经大学出版社发行

幅面尺寸：170mm×240mm 字数：420千字 印张：20.75 插页：1

2024年3月第1版 2024年3月第1次印刷

责任编辑：李 彬 时 博 责任校对：众 力

封面设计：原 皓 版式设计：原 皓

定价：52.00元

"十四五"普通高等教育国际经济与贸易专业核心课程教学案例丛书

丛书主编：李勤昌

丛书编委（按姓氏笔画排序）

方韵诗　关建波　何　芬　袁　柳

常　崑　鲁朝云　曾莉婷　潘银坪

总　序

　　教材是体现教学内容和教学要求的知识载体，是教与学的基本工具，是提高人才培养质量的重要保证。为进一步贯彻落实《教育部关于加快建设高水平本科教育全面提高人才培养能力的意见》（教高〔2018〕2 号）、《教育部关于一流本科课程建设的实施意见》（教高〔2019〕8 号）、《高等学校课程思政建设指导纲要》（教高〔2020〕3 号）和《普通高等学校教材管理办法》（教材〔2019〕3 号）等文件精神，更好地服务于学校全面深化教育改革、提升教育教学水平和人才培养质量，支持一流本科专业和一流本科课程建设，我们组织编写了"'十四五'普通高等教育国际经济与贸易专业核心课程教学案例丛书"。

　　根据应用型人才培养目标，运用OBE理念下的"多元组合教学法"，包括问题导向教学法（PBL）、合作学习、自主课堂、研讨式教学、探究式教学、翻转课堂、对分课堂等，抓住"一个中心三个基本点"（以学生为中心，问题导向、课堂思政、能力培养），实现为党育人、为国育才的教学目的，应该是普通高等教育高质量发展的总体趋势和重要内容。

　　多元组合教学法的要义是问题导向教学法（也可称为案例教学法），就是倡导学生通过自主学习培养主动学习的能力和运用知识解决实际问题的能力，其他的方法只是侧重点不同而已。问题导向教学法就是根据以学生培养为中心的理念，老师按照教学计划，给出特定的问题，让学生课前通过自主学习，准备出问题解决方案，再通过翻转课堂等手段，通过课上的学生变老师、老师变导师的生生互动、师生互动、审辩创新，优化解决方案，由此激发学生学习的主动性，培养自学能力、创造能力、团队精神的一种教学方法。问题导向教学法应该具备以下要素：一是要具有真实的带有普遍性的特定问题，作为学生学习的起点；二是要建立学习小组，以便小组合作，自主学习，培养学生自学能力和协作能力；三是要有课上讨论，让学生在讨论中优化解决方案，培养思辨能力、挑战精神和沟通能力；四是要有具备教练能力的教师，维持学习秩序和指引方向；五是要有课后的自我评价，观察学生的知识、能力提升状况，反馈至课程的初始设计。

　　与传统的讲授式教学法相比，问题导向教学法是颠覆性的。在这种教学方式下，课堂的主体是学生，由学生通过对问题的讨论，锻炼前述各项能力，教师只是课堂的组织者和学习的促进者。为了解决来自现实世界的特定问题，学生必须在课堂讨论之前主动收集和学习相关理论知识，运用自己的智慧分析特定问题并提出解决问题的方案，由此提高学生学习的主动性和自觉性，培养学生的知识运用能力和决策能力。正因如此，自美国哈佛商学院在1921年正式采用案例教学法后，这一方法在全球商学院迅速传播开来，我国的相关专业也在大力推行这一教学方法。

实施问题导向教学的一个先决条件是要有好的教学案例。这里所说的教学案例不是传统教学中使用的简短的说明性案例，一个标准的教学案例应当包括案例正文和案例使用说明两个部分。案例正文是对某个企业所发生的需要解决的问题的客观情景描述，有时间、地点、人物、事件发生过程和所遇困惑的交代，结构通常包括背景、情景描述、讨论问题和参考资料等，其编写目的是让学生能够识别案例所设置的问题，然后通过主动学习相关理论知识，提出解决这些问题的方案。案例使用说明为教师组织和引导学生课堂讨论提供指导，通常包括教学目的、分析思路、理论指导、教学组织等内容。

案例教学的实施过程也是颠覆性的。在经典的案例教学课程中，教师应当指定课前阅读材料，包括案例正文、讨论问题、相关教材和理论文献等。学生必须课前阅读所有材料，识别和认真分析案例中设置的特定问题，提出问题的解决方案。在进入正式课堂讨论前，学生还应当进行小组讨论，通过相互学习，完善自己的决策方案。在课堂讨论中，教师是学习的组织者和促进者，而不是简单的知识灌输者。教师应当努力将教室营造成为一个合作性的讨论场所，围绕特定问题，组织和动员每个学生有序地参与各个具体问题的讨论，通过讨论让学生去发现知识、运用知识，使课堂成为自主学习和锻炼合作决策的场所。

正是基于上述认识，本教学团队近些年来在积极尝试推行国际贸易和国际商务专业的问题导向教学和案例编写工作，《海上货物索赔教学案例》已于2016年由东北财经大学出版社出版，其中3个教学案例被中国专业学位教学案例中心收录。现在呈现给大家的教学案例丛书目前暂定七部，为国际经济与贸易本科专业核心课程的问题导向教学改革而编写，包括《经济学教学案例》《世界经济概论教学案例》《国际贸易教学案例》《国际贸易实务教学案例》《国际货物运输教学案例》《国际商法教学案例》《国际结算教学案例》。

各分册采用统一编写体例。总体架构采用盯住主教材架构的方法，章、节、目名称总体上与其服务的主教材的章、节、目保持一致。原则上，每一章编写综合性的引导案例，涵盖该章的主要知识点。主要节、目（若目下有若干个知识点，则包括每一知识点）编写随堂案例，每一章（包括主要的节）编写若干综合案例，供该章（节）的学习总结与能力培养效果检验之用。各类型案例有中文表达的，也有全英文表达的。

各类案例原则上采用哈佛商学院的案例编写框架与构成要素。

引导案例是在讲授新的章节之前引出主题，激发学生兴趣，启发学生思考的短篇案例。其正文应当是涵盖该章、节、目的知识点的，或综合性的或单一性的短篇案例，可以不编制案例使用说明。

随堂案例是针对本次课程的核心知识点，在课堂上发放、现场阅读、即时展开讨论的短篇案例，讨论时间一般为10~15分钟。该种案例短小精悍，主要预埋有特定问题的故事情节、讨论思考题等。为加强课程思政建设，还编有较为丰富的课程思政类教学案例。

综合案例通常是针对一次或几次课程的内容，需要学生课前或课后自行阅读、认真准备，课上以小组为单位作案例分析报告，并进行自由讨论的长篇案例。该种案例正文包括时间、地点、人物、预埋有特定问题的跌宕起伏的故事情节、讨论思考题、参考文献、附录等。

各分册主编和参编人员均具有长期专业或课程的教学经验，成果丰富，从而保证了本丛书的先进性、创新性和挑战度。各分册既包括编者自己开发的教学案例，也包括对国内外权威机构公开发布和其他学者编写的案例改编形成的教学案例，在此谨向这些机构和学者表示衷心的感谢。为多门课程编写系统的教学案例乃首次尝试，不妥之处欢迎广大读者和使用者提出宝贵修改意见。

本教学案例丛书为"广州工商学院2021年度校级教材建设项目"成果。

李勤昌

前　言

　　国际结算是国际经济与贸易专业的重要实践课程之一，课程知识体系以国际结算中的票据为基础，以国际结算中的基本方式为主要内容，以解析信用证结算方式为重点，讲授国际结算中的汇票、本票、支票等金融工具，汇款、托收、信用证等结算方式，以及信用证审核、银行保函、备用信用证及国际贸易融资等知识，培养学生的国际结算业务操作、跨境金融风险管理及决策能力。

　　问题导向教学（PBL）方式是课程教学改革的重要内容，通过把契合的相关知识点、符合真实情境的实际应用问题引入教学，从而提高学生学习的主动性和参与度，培养解决问题的思维能力。一套有针对性的教学案例，可以作为有效实施问题导向教学的素材资源。因此，为满足国际结算课程推行问题导向教学法的需要，特编写《国际结算教学案例》教材。

　　本教材内容体系按照姜学军教授编写的面向21世纪金融投资精编教材《国际结算》的章节目框架而编写，为该教材的主要知识点对应性地配备教学案例。每一章编配有开篇案例，涵盖该章的知识点，引出主题，激发学生学习兴趣，启发学生思考。针对每章核心知识点，节、目项下编配解释性案例，用于在课堂上发放、现场阅读、即时展开讨论，帮助学生理解知识点、运用知识点。每章最后编配有综合案例，其编写方法基本采用哈佛商学院的教学案例编写范式，其中隐含多个重要知识点，需要学生在课前或课后自行阅读，从案例中找出与思考题相对应的素材，挖掘提炼基本事实，运用所学专业知识对相关事实反映的问题做出判断。学生在分析问题的过程中构建知识体系，培养解决复杂问题的能力。为落实课程思政育人任务，每章单独编有适当的思政案例，其他案例中也含有思政元素，使用者可根据具体情况挖掘使用。

　　本教材由何芬、姜学军、潘银坪主编，黑龙江财经学院刘爽参与了部分案例编写和审阅工作，谭可、郭静和蔡曦参与了部分文字整理工作。教材中部分引用了法院判例、公开出版的案例集、主流媒体相关事件报道中的资料，我们尽量标注资料来源，在此对相关权利人表示衷心感谢。尽管编者在编写中付出了极大努力，但仍难免有不尽如人意甚至错误、疏漏之处，敬请读者惠予批评指正。

《国际结算教学案例》编写组

2023年9月

目　录

第4章　国际结算中的单据 / 86

第5章　国际结算方式——汇款和托收 / 112

第6章　国际贸易结算方式——跟单信用证 / 143

第1章　国际结算概述

开篇案例

俄部分银行被排除出 SWIFT 系统

【案例正文】

2022年1月15日，美国、英国、欧洲和加拿大发表联合声明，宣布对俄罗斯的最新制裁措施，内容包括：禁止俄罗斯部分银行使用SWIFT（环球银行金融电信协会）支付系统。制裁目标是10家俄最大的金融机构，其资产占俄银行业总资产的近80%。相关银行将无法通过SWIFT系统和境外银行进行交易，旨在给俄对外贸易、外国投资和汇款设置障碍。

SWIFT系统用以提供国家间的金融数据及其他信息的传递，类似于一个可以实时同步"物流信息"的"快递"。在极大便利了国际贸易往来与金融结算的同时，也让这些交易的重要端口被美国所掌握，SWIFT报文要通过美国银行进行结算，否则，美元跨境清算的纽约清算所的同业支付系统（CHIPS）则不划拨美元，这笔交易就无法正常履行。美元作为通用货币，大宗商品几乎都以美元计价，甚至多国汇率都与美元直接挂钩，通过SWIFT系统交易几乎是一种必然的选择。

俄罗斯并非没有准备。早在2017年，俄罗斯就和印度尼西亚达成商对商贸易对销协议，用11架苏-35战斗机换取价值约9.13亿美元的咖啡、棕榈油、茶叶等商品，完成了第一笔不依赖SWIFT系统的"以物易物"交易，并基于此不断探索新的贸易形式。根据俄央行官网数据的显示，俄罗斯目前外汇储备约为6 432亿美元，比2014年上涨了约34.1%，但同时美元以往在俄罗斯外汇储备中的绝对优势地位不再，占比降至约16%，欧元以约32%的比例取而代之，人民币占俄罗斯外汇储备的份额则超过12%。从2019年开始，俄罗斯就推出了SPFS用以部分替代SWIFT系统在其国际贸易中起到的作用。

实际上，不仅是俄罗斯，目前全世界已经有20多个国家开发出自己的金融清算系统。

【涉及的问题】

1.什么是国际清算？和国际结算有何区别？

2.SWIFT系统为何在国际金融领域发挥出如此重要作用？人民币跨境清算是如何操作的？

思政案例

祖国有难总要有人流血流泪

黄埔军校是国共合作的重要产物。中国共产党与黄埔军校有着密切联系,大批共产党人参与黄埔军校的建校、建军及校内外各项重要事务,迈出了开展军事教育工作和掌握军队从事武装斗争的重要一步,是中国共产党历史上一次具有深刻意义的开拓与创新。从黄埔军校走出的共产党人投身到土地革命、抗日战争和人民解放战争中去,用鲜血和誓言谱写了黄埔革命精神,用青春和生命展示了战争年代中国共产党人的先进性。

陈毅安(1905—1930),黄埔军校4期生。1927年9月,他参加毛泽东领导的秋收起义,参与创建井冈山革命根据地。1930年6月,在长沙战役中任前敌总指挥。1930年8月,在掩护军团机关转移时,壮烈牺牲,年仅25岁。1951年,毛泽东亲自为全国排名前10位的革命烈士签发荣誉证书。陈毅安名列第九,于是人们把陈毅安尊称为"共和国第九烈士"。1958年,彭德怀为他题词:"生为人民生得伟大,死于革命死得光荣"。

陈毅安先后给李志强写了54封家书,为他们两地书信画下终点的是一封无字信。1931年已经和丈夫失去通信很长时间的李志强终于接到丈夫从上海寄回的一封信,这封信里装着两页素白信纸,信纸上未写任何文字,这封"无字书"是陈毅安生前和李志强的约定:如果他牺牲了,会把一封没有写字的信寄给她。在这54封信中,除表达对妻子的思念以外,还有对妻子的开解:祖国有难总要有人流血流泪!

1.1　国际结算的含义

1.1.1　国际结算的概念

案例1

银行在承兑汇票与信用证业务中所负的责任相同吗?

【案例正文】■

甲国的A公司欲销售一批价值10万美元的货物给乙国的B公司,B公司提出以下付款方案:

第一，B 公司需准备好 10 万美元现金，在约定的交货地点直接将美元交付给 A 公司的指定代理。第二，A 公司开出 10 万美元的商业汇票，委托 C 银行连同全套单据向 B 公司托收，B 公司承兑后获得全套单据用于提货。第三，装运前 B 公司向 A 公司开具金额为 10 万美元、见票后 90 天支付的汇票，由乙国知名 D 银行承兑。第四，B 公司向本国 D 银行申请开立以 A 公司为受益人的即期信用证。A 公司提交信用证项下的全套单据，在单证相符的条件下开证行向 A 公司支付款项。

【涉及的问题】

1. 分析以上方案使用的结算方式与结算工具。

2. 如果你是 A 公司，从提高资金周转效率的角度在第三种和第四种方案中会做出何种选择？在这两种方案中银行的责任有何不同？

【参考答案】

1. 结算方式分别为现金支付、托收、汇付（票汇）、信用证。结算工具分别运用到了货币，以及银行用于支付结算过程中的各种票据。

2. 第三种方案中 A 公司可在装运前获得票据，虽然是远期汇票，但已经过银行承兑，可以通过提现方式提前获得货款。第四种方案中信用证方式是银行信用，A 公司在装运后，在单证相符的情况下可以取得货款。故选择前者。

汇票是一种无条件付款指令，只要承兑银行承兑汇票，承兑银行应在汇票到期时或持票人提示时无条件付款，如果出票企业出现资金问题，银行是要垫付资金的。信用证是一种有条件的付款承诺，即只有在受益人按照信用证的规定行事时，即在信用证规定的交单期内出具符合信用证的规定单据之后，开证行才付款。后者不占用银行资金，而是收取手续费。

案例 2

存在因迟装船索赔的合同能否顺利结汇？

【案例正文】

中国 A 公司接到客户 B 发来的订单中，规定交货期为 2018 年 3 月，不久收到客户开来的信用证，该信用证规定："Shipment must be effected on or before September, 2018."。A 公司于 8 月 1 日装船。大约过了 1 个月，客户 B 却来函要求因迟装船的索赔，称索赔费应按国际惯例每逾期 1 天罚款 1‰，因此迟装船 10 天应赔偿 1%。

【涉及的问题】

1. 客户 B 的这种索赔是否合理？

2. A 公司是否会依客户 B 索赔要求赔偿？为什么？

3. A 公司是否能顺利结汇？如能顺利结汇，依据是什么？若不能，又是为什么？

【参考答案】■————————————————————————————

1. 对方的索赔要求是合理的。

2. 由于 A 公司违反了合同中有关装运期的规定,故对方提出索赔要求是合理的。虽说索赔要求合理,但客户 B 的索赔金额是以国际惯例为依据提出的,而国际惯例本身不是法律,是人们在长期的贸易实践中形成的习惯做法,对交易双方并无约束性。因此,对对方的索赔金额,A 公司可以讨价还价。

3. 可以顺利结汇。因为信用证是银行信用,是自身的条件,与合同无关。因此,买方提交的单据只需满足"单单相符,单证相符"的条件,即可结汇,而与合同相符与否无关。A 公司提单中的装运日期在信用证中规定的装运期内,故 A 公司的单证是相符的,可顺利结汇。

1.1.2　国际结算的种类

┌────────────── 案例 1 ──────────────┐

留学费用支付是国际结算吗?

【案例正文】■————————————————————————————

某高校国际经济与贸易专业大四学生魏某,通过申请,获得英国诺丁汉大学的入学资格。入学前,校方通知需通过电汇的方式,将一年学费 17 550 英镑汇至学校指定账户中。

【涉及的问题】■————————————————————————————

魏同学支付留学学费是否为国际结算?

【参考答案】■————————————————————————————

根据产生债权债务关系的不同原因,国际结算分为国际贸易结算和国际非贸易结算。前者是一国或者地区因为进出口贸易而发生的货币收付活动,也就是因为商品、服务和技术的交换而产生。后者是指对外投资、外汇的买卖、留学旅游、侨民汇款和捐赠援助等贸易以外的各种收付活动。因此魏同学支付留学学费是国际非贸易结算。

┌────────────── 案例 2 ──────────────┐

向港、澳、台地区出口货物的结算

【案例正文】■————————————————————————————

珠海格力电器股份有限公司是目前全球最大的集研发、生产、销售、服务于一体的专业化空调企业,作为一家专注于空调产品的大型电器制造商,格力电器致力于为全球消费者提供技术领先、品质卓越的空调产品。中国珠海格力电器向港、澳、台地区出口家用空调、中央空调产品。格力依靠其自身强大的内部优势，提出"打造精品企业、制造精品产品、创立精品品牌"战略，进一步提升与港、澳、台地区的贸易量。

【涉及的问题】■

向港、澳、台地区出口的货物，是不是国际贸易结算？是国际贸易结算中的哪种结算方式？

【参考答案】■

香港、澳门已回归中国，但根据"一国两制"的方针，港、澳、台与内地（大陆）目前在经济往来中仍享有境外金融机构的待遇，这是国际贸易结算中的特殊情况。内地（大陆）与港、澳、台地区尽管不是跨国货币收付，但因处于不同的货币区域和不同的监管区域，故在实务中，仍作为国际贸易结算来处理，属于有形贸易结算。

1.1.3 国际结算的基本条件

------- 案例 1 -------

见提单正本还是提单副本付款？

【案例正文】■

广州市 A 公司开发一款创意电子产品，该商品在新加坡市场的销售情况日趋看好，逐渐成为抢手货。新加坡 B 公司来电订购大批商品，提出货物送达后，凭提单正本付款。A 公司内部就货款支付方式问题产生不同的意见，有的建议采用见提单副本付款，后将单据寄至 B 公司；也有的建议采用即期信用证方式，收到信用证后再安排生产。

【涉及的问题】■

1. 根据国际结算的基本条件，分析见提单正本付款与见提单副本的区别？与信用证方式有何区别？

2. 请为 A 公司提供解决方案。

【参考答案】■

1. B 公司提出的是货到付款，是在买方市场下比较常用的支付货款的方式，货物所有权是在付款时转移。A 公司的两个建议中，见提单副本付款是保证出口商在代表货物所有权的单据上的控制权。以上两个方案的收款都在发货后，依靠的是买家的信用。即期信用证能保证卖方在单证相符的情况下能顺利收到款项，依靠的是银行信用。

2.在货物畅销情况下，A公司可以利用卖家市场的优势，可以提出预付货款的方式，如果是汇付，可以要求B公司提前支付部分或全部货款，预付货款对出口商来说是较安全的。或是用信用证与汇款项结合，建议B公司提前电汇部分定金，余下部分用信用证方式。或是利用汇款或托收与保函结合，前者是建立在商业信用上，后者为银行信用。一旦A公司收到款项后B公司没有收到货，则可凭借保函进行追偿。

------------ 案例2 ------------
国际资金清算案例——CHIPS

【案例正文】■————————————————————————————

中国某出口商出口货物，结算货币为美元，结算方式为托收。货物出运后，出口商将全套单据送到A银行，委托其办理托收，在托收指示中，出口商指定B银行为代收行。A银行在接受托收指令后，发现其与B银行没有账户关系，但A银行的纽约分行与B银行同为CHIPS的参加行。于是A银行在给B银行的托收委托书中写明如下指示："When collected, please remit the sum to our New York Branch via CHIPS（ABA： ）for credit of our account （UID： ）with them."

【涉及的问题】■————————————————————————————

CHIPS是怎样运作的？什么是ABA号码？什么是UID号码？

【参考答案】■————————————————————————————

清算所同业支付系统（Clearing House Interbank Payment System，CHIPS）建立于1970年，是一个由纽约清算协会拥有并运行的私营支付系统。CHIPS是当前最重要的国际美元支付系统，可以累计每个交易日的多笔支付业务的发生额，并且在日终进行净额结算。CHIPS的会员行可以是商业银行，国际条约和纽约州银行法所定义的投资公司，或者在纽约设有办事处的商业金融机构的附属机构。CHIPS网络中的会员行分为每个营业日末的CHIPS结算的会员行和非结算会员行。在非结算会员行中，绝大部分是外国银行在美国的分行或代理机构结算，会员行必须在纽约联邦银行开设资金和簿记证券账户。

参加CHIPS的银行均有一个美国银行工会号码（American Bankers Association Number），即ABA号码，作为参加CHIPS清算所的代号。每个CHIPS会员银行所属客户在该行开立的账户，由清算所发给通用认证号码（Universal Identification Number），即UID号码，作为收款人或收款行的代号。凡通过CHIPS支付和收款的双方必须都是CHIPS会员银行，才能通过CHIPS直接清算。通过CHIPS的每笔收付均由付款一方开始进行，即由付款一方的CHIPS会员银行主动通过其CHIPS终端机发出付款指令，注明账户行ABA号码和收款行UID号码，经CHIPS电脑中心传递给另一家 CHIPS 会员银行，收在其客户的账户上。

本案中，B 银行收妥款项，通过 CHIPS 发出付款指示，注明账户行的 ABA 号码和收款行的 UID 号码，汇交 A 银行纽约分行贷记款项，A 银行得知款已收妥，即可贷记出口商账户。通过 CHIPS 传递的支付通常是具有国际性的，是与跨行业务有关的支付。CHIPS 处理着目前国际绝大部分美元的支付清算。

1.1.4　国际结算和国内结算的异同

------------ 案例 ------------

航程较短时电汇付款有风险吗

【案例正文】■────────────────

2020 年 11 月末，国内 A 公司向日本 B 公司出口节日派对用品，B 公司提出货物从深圳运往东京，到港时间不得晚于 12 月 15 日，支付方式为电汇，B 公司收到目的港的代理人的接货通知书后 48 小时内将全部货款办理电汇至 A 公司。A 公司考虑到航程较短，应会很快回笼货款，于是同意 B 公司提议。由于装运期较为迫切，预计整个航程共需 5 天，A 公司预定了 12 月 10 日船期。货物如期装船后，正本提单寄给 B 公司。但因货物途经大阪多停靠了 2 天，于 12 月 17 日才抵达目的港，客户于次日提货后，提出货物未能如期到港，致使这批货物无法赶上当地圣诞节旺季，其部分客户已纷纷取消订单，故暂时拒付全部货款，待货物售后再付。A 公司多次电告 B 公司，告知因备货时间短，已尽力将货物装上最早船期，货物未能如期到港，无法预料与控制。A 公司多次要求 B 公司办理付款，B 公司均不予以理睬。

【涉及的问题】■────────────────

1. 请分析 A 公司面临此处境的原因？

2. 结合国内结算和国际结算的区别，请问 A 公司应吸取什么教训？

【参考答案】■────────────────

1. A 公司接受了货物到港后对方付款（电汇），实属赊销，是出口商收汇风险最大的一种方式，出口商已先行发货，且正本提单已寄客户，完全丧失物权，客户若借故拒付相当容易。在不了解对方资信的情况下，尽量避免用赊销方式进行交易。

2. 与国内结算相比，本案中进出口合同的装运条款、支付方式、贸易术语等方面的制定更为复杂。客户经常会对质量、运输、检验和支付方式等问题提出特殊条款，出口商应谨慎对待，切勿盲目接受。B 公司要求 A 公司保证货物不得晚于 12 月 15 日到达目的港，属于装运条款。国内货物寄送环节少，时间容易把握。

但国际贸易中，根据国际贸易海洋运输惯例，船方（或船代）整个运输过程中受到各种自然和社会因素影响，船方向托运人提供大致到港日期，但并不负有法律责任，仅供托运人参考。另外，交货时间很紧，签约后距离交货时间仅 10 来天，A公司又无法提前装运，更无法保证这一条款的实现。A公司在支付方式上同意货到付款，与国内贸易的赊销在本质上一样，但是交易过程中的运输风险、商业信用风险更大。

1.2 国际结算的演变及发展趋势

1.2.1 国际结算的演变

------------ 案例 ------------

按实际货物交付还是按单据结算？

【案例正文】 ■━━━━━━━━━━━━━━━━━━━━

南通市某轻工产品进出口公司向外国某公司进口原材料，货物分两批装运，支付方式为不可撤销议付信用证，每批分别由中国银行某分行开立一份信用证。第一批货物装运后，卖方在有效期内向银行交单议付，议付行审单后，未发现不符点，即向该进口商议付货款，随后中国银行对议付行作了偿付。南通公司在收到第一批货物后，发现货物品质有问题，违反合同规定，要求中国银行对第二份信用证项下的单据拒绝付款，但遭到中国银行的拒绝。

【涉及的问题】 ■━━━━━━━━━━━━━━━━━━━━

中国银行的做法是否合理？为什么？

【参考答案】 ■━━━━━━━━━━━━━━━━━━━━

合理。国际结算已经从"凭货付款"发展至"凭单付款"。信用证是一种银行开立的有条件的承诺付款的书面文件。对出口商来说，只要按信用证规定条件提交了单据，在单单一致、单证一致的情况下，即可从银行得到付款；对进口商来说，只要在申请开证时，保证收到符合信用证规定的单据即行付款并交付押金，即可从银行取得代表货物所有权的单据。因此，银行开立信用证实际是进行单据的买卖。此外，开证行与受益人之间的关系属于一种对双方都有约束力的合同关系。这种合同关系约束开证行应在对单据做出合理审查之后，按照信用证的规定，承担向受益人付款的义务，而不受买卖双方的买卖合同或者开证行和买方依开证申请书成立的合同以及其他合同的影响。

1.2.2　目前国际结算的特点和发展趋势

案例

备用信用证下何时能索款？

【案例正文】 ■

中国 A 公司与外国 B 公司签订补偿贸易合同，约定由 A 公司从 B 公司引进价值 100 万美元的生产线，A 公司先支付合同款的 20％，余款为生产线生产的产品以市场价等价折算，合同履行期限为 4 年。为保证 A 公司履行合同，B 公司要求 A 公司以备用信用证形式提供担保。A 公司遂向国内 C 银行申请开立备用信用证。C 银行根据 A 公司的委托，开出了以 B 公司为受益人，金额为 80 万美元的备用信用证。4 年后，B 公司以 A 公司未能于合同规定日期内履约为由，签发汇票连同声明提交给 C 银行，要求 C 银行支付款项。

【涉及的问题】 ■

1. 分析为何会采用备用信用证方式？在什么情况下起作用？

2. C 银行赔付的前提条件是什么？

【参考答案】 ■

1. 为保证 A 公司履行合同，B 公司要求 A 公司以备用信用证形式提供担保。开证行保证在开证申请人不履行其义务时，由开证行付款。如果开证申请人履行了约定的义务，该信用证则不必使用。因此，备用信用证对于受益人来说，是备用于开证申请人发生违约时取得补偿的一种方式，其具有担保的性质。同时，备用信用证又具有信用证的法律特征，开证行处理的是与信用证有关的文件，而与交易合同无关。所以，备用信用证既具有信用证的一般特点，又具有担保的性质。备用信用证备而不用，只有在申请人违约时启用。

2. C 银行应对 B 公司提交的汇票和声明进行审查，如提交的单据与备用信用证要求相符，则向 B 公司偿付 80 万美元。

1.2.3　我国的国际结算

案例

人民币为计价结算货币有何益处？

【案例正文】 ■

P 项目是一个由中阿合资建设的石油化工项目，项目地位于阿塞拜疆。该项目以某天然气为原料加工生产相关化工产品，计划投资10亿美元，建设工期4年，建成投产后，产品主要面向中亚和欧洲市场，少量销往中国。

按照可行性研究报告，项目将成立一家合资公司，由项目所在国的国有公司S公司出资控股，其他中方投资者以参股和债权人的方式为项目提供资金。项目资本结构为7：3，即10亿总投资由7亿债务资本和3亿股本构成；股权比例为7：3，即3亿的股本中，S公司出资2.1亿占有70%，中方投资者出资0.9亿，持有剩余30%。然而，阿塞拜疆国内产业结构单一，国民经济高度依赖油气开发和出口，经济增长模式属于典型的资源依赖型。S公司作为阿塞拜疆的大型国有企业，主营业务也为油气生产、炼制与出口，虽然在国内市场占据垄断地位，但受近年来国际油价持续低迷的影响，S公司无力承担全部股本出资，只可提供约占总股本3亿美元25%的资金。

在坚持拥有70%总股本的前提下，为解决资本短缺问题，S公司提出希望通过向中国投资人借贷美元来补足股本缺口，以及通过美元贷款来筹措其余全部的资金，而还款资金将全部由项目建成投产后的净现金流偿还，S公司不提供其他任何形式担保。可行性研究报告还显示，根据设计方案，项目中大约60%的大型配套设备都将自中国采购，这也意味着项目筹得的中方资金未来将有相当大的部分会以采购资金的方式回流至中国。尽管如此，S公司提出交易货币为美元，无疑会增加资金融资成本，因为在项目生命周期内，企业要经历多次货币兑换，因外汇买卖价差客观存在，企业必然会折损一定的汇兑差额，不仅如此，频繁的汇兑还意味着企业需向金融机构支付更高的佣金，面临汇率风险的可能性也大幅提高。于是，中方提出采用人民币作为计价结算货币。

【涉及的问题】

1. 分析中方接受S公司提议的风险。

2. 分析人民币作为计价结算货币的益处。

【参考答案】

1. "一带一路"共建国家经济体量普遍较小，且外汇储备有限，在筹建规模较大的项目时，很可能因资金短缺而不得不举借外债，面临庞大的资金需求。中方若选择施以援手，向合作企业融出资金，则一方面需考虑外汇管制问题，另一方面基于对"一带一路"共建国家普遍存在着经济对外依存度较高、出口贸易容易遭受全球商品价格波动影响等风险因素的考虑，往往会因担忧项目未来收益的不确定性而降低投资意愿，尤其是在借款方无担保、担保不足或投资回收期较长的情形下，投资者更可能因担心风险而放弃投资，使项目合作受到影响。

2. 一方面，因人民币是我国的法定货币，政府拥有对其的铸币权，可依据经济发展目标调节发行量，因此不必担心出现资金储备不足的问题。并且采用人民币结算降低企业间经济活动遭受汇率风险冲击的可能性，使企业活动免受美元价格和美国货币政策的影响，降低中方投资者的投资风险。另一方面，如项目每个阶段都需要参与美元汇兑，会产生不必要的汇兑成本、时间成本、银行收取的佣金费用等，采用人民币结算可帮助企业节省汇兑成本，避免不必要的汇兑损失。

1.3 国际结算的银行网络

1.3.1 国际结算银行网络的形成

------------------------------ 案例 ------------------------------

银行分支机构助跨境人民币结算创新

【案例正文】

A公司是四川省一家以生产原材料为主的大型冶金企业，也是国家大力扶持发展的重要企业，2010年下半年该企业拟从欧洲进口一批设备，货物金额近千万欧元。因该设备从进口安装、使用到生产出产成品、销售，资金回笼周期较长，企业存在较大的资金缺口。

中国银行四川省分行在得知情况后，立即派出国际结算业务专家和客户经理深入了解客户实际需求，并结合业务实际情况，发挥中国银行拥有984家海外分支机构的优势，以跨境人民币业务为"桥梁"向客户推出了中国银行跨境人民币结算创新产品组合——跨境人民币远期信用证+人民币协议付款。这一创新产品组合是基于中国银行在海外有众多的分支机构，内部能实现全球"一体化"运作才产生的，当国内分行资金和贷款规模因宏观调控而紧张时，可借助跨境人民币业务，由海外分行代替国内分行在客户进口付汇业务项下进行融资。

该方案一经推出立即得到国内进口企业的高度认可，随即迅速与欧洲卖方达成一致，签订了以人民币计价的合同。2010年年底中国银行四川省分行成功为该企业开出了付款期为半年的跨境人民币远期信用证，并于今年5月信用证付款到期日为其续做了一年期的人民币协议付款融资业务。

【涉及的问题】

1. 什么是人民币协议付款？

2. 分析本案中的结算方式为何会受大众青睐。

【参考答案】

1. 人民币协议付款指境内银行代理境外银行与境内进口商签订融资合同后，以加押电文方式向境外银行发出协议付款指示电，请求境外银行对进口商外币应付业务续作人民币协议付款融资，同时按起息日当日境内银行与境外银行确定的汇率，将人民币融资本金折算成指定金额的外币款项支付给收款行，境内银行承诺在融资到期限日向境外银行支付人民币本息。

2.通过跨境人民币远期信用证，进口企业以人民币全额保证金质押，银行为企业开具人民币远期信用证。到期后，发放人民币保证金用于支付境外货款。企业可以在不占用授信额度的同时，通过远期信用证延迟支付获取了境内利息收益。与美元信用证相比，人民币信用证不仅节省了企业购汇成本，而且90天以上的人民币信用证不受银行短期外债指标规模限制。通过人民币协议付款，境内银行在到期限日向境外银行支付人民币本息。

境内银行可以在自身融资额度和外债额度不足的情况下，通过海外分支机构为境内企业提供融资解决方案，并通过预先锁定人民币汇率，赚取汇差收益；境内企业可享受境外外币贷款较低的利率。这样可以有效地解决企业资金困难的问题，延缓了付款期；有效规避了因汇率波动带来的汇率损失；不占用短期外债指标，无须进行外债登记，满足企业较长期限的融资需求。

1.3.2 建立代理行的重要意义

------------------------------ 案例 ------------------------------

代理行在人民币协议融资中发挥何种作用？

【案例正文】 ■━━━━━━━━━━━━━━━━━━

境内I银行原计划与境内出口商K公司合作出口项下融资，但由于短期内受到贷款额度规模限制，未能向客户提供融资服务。于是，I银行与境外代理行J银行签订人民币协议融资等协议，并履行对境外融资的保证义务。随后，I银行联系J银行与K公司签订融资合同，由J银行为K公司提供出口备货所需的人民币融资，K公司仍通过I银行寄出出口单据并进行索汇，收到出口货款后由I银行支付给J银行，归还融资本息。

【涉及的问题】 ■━━━━━━━━━━━━━━━━━

1.什么是人民币协议融资？

2.分析代理银行在本案中发挥的作用。

【参考答案】 ■━━━━━━━━━━━━━━━━━━

1.即境外银行在境内出口商收到境外企业货款之前，预先支付境内出口商与货款匹配的人民币融资，待境内出口商收到货款后再偿付境外银行。协议融资的受理条件是境内银行代境外银行进行审核，重点把握融资企业是否满足年出口结算规模达标、具有真实的交易背景等条件。协议融资业务品种包括订单融资、打包贷款、出口押汇、出口商业发票贴现等。

2.通过与代理银行签订人民币协议融资，I银行在自身融资额度不足的情况下为 K 公司提供融资解决方案，仍然能保持与 K 公司进行全面出口结算合作，并增加了对外支付融资本息的结算业务和中间业务收入；代理银行与境内 K 公司签订融资合同，保证了 K 公司享受境外人民币贷款较低的利率。如按 1 亿元人民币年利率降低 1.5 个百分点计算，每年约节省 150 万元人民币财务费用。

1.3.3　海外代理行的建立

------ 案例 ------

监管成本令西方银行终止其海外代理银行业务

【案例正文】

2016 年 7 月 18 日，国际货币基金组织（IMF）总裁拉加德在纽约联邦储备银行发表书面讲话。她认为，大型跨国银行正在从后金融危机时代监管和反洗钱法规的角度，重新评估与较小的国家建立的代理银行模式，有些银行已经切断了与某些国家的联系，原因是当地风险过高或无法盈利。拉加德称，主要银行设法限制风险会导致发展中国家代理银行关系的丧失，这或将使小型经济体被边缘化，并使他们的金融体系遭到"系统性"破坏。

"我担心那些有着较小金融体系的小国都情况不妙。"拉加德说道，"事实上，他们有被进一步边缘化的风险。"拉加德称，这种情况已在一些加勒比国家出现。截至 2016 年 5 月，至少已有 5 个国家的 16 家银行失去了他们的全部或部分代理银行关系。这些国家尤为脆弱，通常依赖于海外劳工的汇款，而且在最佳情况下只能获得最低限度的金融服务。"即使这种情况的全球性影响尚不明显，但若不解决，则可能变为具有系统性的影响。"拉加德呼吁监管机构收集更多信息，并且就此事和银行进行探讨。

【涉及的问题】

1. 如建立专门账户，应如何选择代理行？

2. 代理行业务因何而产生？分析本案海外代理行业务萎缩的原因。

【参考答案】

1. 代理行关系中，可以不建立专门账户，结算业务通过第三家银行进行，相互之间提供咨询调查、信用共享等非结算业务。建立专门账户，除了非结算业务往来外，还可以进行资金的结算。建立专门账户要选择国际上广泛使用清算货币的国家的一些商业银行作为账户行，一般来说，美元账户开立在美国的银行，欧元账户开立在欧洲的银行，日元账户开立在日本的银行等。账户行同一般的代理行相比，要具备更雄厚的实力、更显著的信用、更正派的作风和更友好的态度。

2. 代理行业务出现于国际货币清算中，收付款行在清算时需要委托其账户行代理清算相应货币的业务。在代理银行关系中，付款人和收款人可以通过不同的银行、账户类型和外汇币种在境内转款或跨境转款。各家银行都与代理行开立相应币种的账户，由代理行实现无账户关系的各家银行之间的资金往来清算。代理行是"银行的银行"，由于各家银行之间不可能为所有潜在收付款行互相开立账户以实现资金清算，代理行业务便不可或缺地应运而生。

在金融危机之后，代理银行业务呈现出复杂的局面。首先，全球银行在银行盈利能力下降、风险偏好减弱和监管更加严格的背景下重新评估了其业务战略。银行退出了不再盈利或不再具有成本效益的业务往来，导致那些需求和贸易增长慢的小国家，会失去与更大更活跃市场建立业务联系的可能。其次，基于对风险的考量。代理行在全球开展业务时，必须遵守其运营所在地所有司法管辖区的相关法律和法规，包括反洗钱和打击资助恐怖主义法规、税收透明度法规以及经济和贸易制裁。司法管辖区也存在打击避税和离岸金融中心的情况。近年来税收透明度要求以及经济和贸易制裁的严格执行导致银行业采取了高调的行动措施和惩罚力度。尤其是在美国和欧盟，当局会对银行的不当行为或犯罪行为处以罚款。结果，银行和其他金融机构不得不加紧努力，以遵守标准和法规。面对更高的监管期望，银行可能会选择扩大自身规模或停止提供代理服务，从而将业务集中在较大的全球交易银行中。

综合案例　H银行跨境人民币结算业务难题

【案例正文】

一、背景

2020年6月，中国人民银行发布了《关于支持外贸新业态跨境人民币结算的通知》，指导进一步发挥跨境人民币结算业务服务实体经济、促进贸易投资便利化的作用，支持外贸新业态发展。指导境内银行在"了解你的客户""了解你的业务"和"尽职审查"三原则的基础上，可与依法取得互联网支付业务许可的非银行支付机构（以下简称支付机构）、具有合法资质的清算机构合作，为市场交易主体及个人提供经常项下跨境人民币结算服务。

与支付机构合作的境内银行应具备3年以上开展跨境人民币结算业务的经验，满足备付金银行相关要求，具备审核支付机构跨境人民币结算业务真实性、合法性的能力，具备适应支付机构跨境人民币结算业务的反洗钱、反恐怖融资、反逃税系统处理能力。境内银行应按照人民币跨境收付信息管理系统（RCPMIS）信息报送的相关要求，及时、准确、完整地报送跨境收付数据，轧差净额结算应还原为收款和付款信息报送。境内银行、支付机构应妥善保存、集中收付轧差净额结算前境内实际收付款机构或个人的逐笔原始收付款数据。中国人民银行及其分支机构可依法对境内银行和支付机构开展的外贸新业态跨境人民币结算业务开展非现场监测。

二、金融机构对外贸新业态跨境人民币结算业务的支持

随着"一带一路"倡议的实施，中国与多个"一带一路"共建国家签署了双边本币互换协议，建立了人民币清算机制安排，诸多国家愿意以人民币作为贸易结算的货币，人民币国际地位逐步提升。在与实体经济相关的人民币跨境结算量保持较快增长速度的背后，跨境电商等新业态领域正成为新的增长点。

人民银行某分行结合引导金融机构对外贸新业态跨境人民币结算业务的支持力度，积极开展跨境电商贸易项下收付汇、跨境支付租金、跨境缴税等不同应用场景的跨境人民币结算业务创新；同时联合某海关，建立全方位、常态化的合作交流机制，促进跨境电商新业态跨境人民币业务的发展。2020年，某省支付机构办理跨境人民币结算额为 4 679.30 亿元，同比增长 36.7%。

人民银行某分行发挥金融科技力量，加大 CIPS 标准收发器推广应用，鼓励银行通过"零接触、零等待、足不出户"的线上渠道办理跨境资金收付结算、贸易融资等业务，确保跨境人民币结算服务在疫情防控期间"不断档"。截至 2022 年年底，某省辖区内已有 7 家法人银行和 33 家企业应用 CIPS 标准收发器，办理跨境人民币业务额达 68 亿元。人民币国际化的实现需要大量的跨境人民币结算作为基础，而跨境人民币结算的实现需要通过商业银行来落地。

三、H 银行跨境人民币结算业务现状

H 银行是一家民间资本设立的全国性商业银行。其跨境人民币结算量的业务规模不大，在某地区银行分行中排名第 18 位，比去年下降了 2 名，人民币结算的业务量在某地区的市场占有率仅有 1%。

目前，H 银行存量国际结算客户中使用人民币进行跨境结算的占比不高。2018年，H 银行人民币跨境收支占本行客户本外币跨境收支的 20.7%，远远低于全省平均水平 38.6%。H 银行办理跨境人民币结算业务 90 亿元，其中跨境收款 20.48 亿元，跨境付款 69.6 亿元。支出明显大于收入，收支结构失衡，收付比远远高于全省乃至全国的平均水平。

客户的集中度过高。目前主要业务包括人民币跨境并购业务、RQDII 业务、跨境直贷业务、人民币境外放款业务、外商直接投资业务等。资本项目具有明显带动作用，但业务量增长主要依靠几笔大额的资本项目业务，这些业务一旦停止办理，业务规模会出现大幅波动。同时，结算量排前 20 名客户的结算量占总体结算量比重为 91%，某基金公司的 QDII 项下资金汇出规模就占了总体规模的 46%。

四、H 银行跨境人民币结算业务存在的问题

H 银行海外分支机构设立还不足，影响 H 银行争取境外人民币清算行的资格。在境外网点布局方面，H 银行目前只有澳门分行一家境外分行。海外分支机构缺乏，跨境联动能力有限。H 银行目前受制于境外分行不足，导致无法实地考察大多数境外项目，境外兄弟单位仅有澳门分行唯一选项，远未能满足客户的需求。

H银行办理跨境人民币结算业务使用的清算系统是人民银行大额支付系统，该系统的运行时间为上午9点至下午5点。受到清算时间的限制，跨境人民币结算业务必须在规定的时间内完成。由于银行在接到客户结算业务指令时，处理内部流程需要一定的时间，如果客户在当日比较晚的时点提交业务需求，则银行很难在当天内完成支付。而且H银行自身的跨境人民币结算业务运营系统也存在薄弱环节，客户提交的业务申请单，需要经过柜台的人工核印，而且在哪个支行开户的客户必须在哪家支行核印，没有实现全行核印系统联网，不利于客户就近办理业务，客户体验还有待提高。

事实上，为提高跨境人民币结算业务的清算效率，我国专门为跨境人民币结算设计的支付系统——CIPS系统，该系统的一期工程已经于2015年在我国19家商业银行完成试运营并正式上线，该系统具备全天实时处理结算指令的能力。参与CIPS系统的试运行的银行，其人民币结算系统的运行时间可覆盖亚洲、欧洲、大洋洲、非洲等人民币业务涉及的地区的主要时区。但是H银行并没有加入到首批上线银行的行列，跨境人民币结算业务的处理时间只可在工作日8小时的限制时间内进行，无法参与全球24小时资金清算。而H银行未能率先接入人民银行CIPS清算系统，其处理跨境人民币清算业务的时效性，暂时滞后于已参与CIPS试点的同业。

五、H银行跨境人民币结算业务改进举措

为加快海外机构网点的布局，在全球多个国家和地区设立分支机构，建立全球的清算网络，是提高跨境人民币结算业务的重要途径。广泛的清算网络可以提高清算时效，也可以更加有效地服务跨国企业集团，利用跨国企业集团资金集中运营的政策，为跨国企业提供全球人民币现金管理服务方案。海外机构布局有两种路径：自设和并购。银行同业中，中国银行的海外机构主要是以自设为主，成熟一家开一家，新增机构进程相对较慢；中国工商银行则以收购为主，海外网点扩张快，间接参与管理，工行目前是境外机构覆盖范围最广的银行。

H银行目前只有澳门分行一家境外业务平台，正在积极谋划海外机构的布局。在境外设立分支机构有利于挖掘境外的有人民币支付需求的企业，直接为境外企业提供清算服务，与境内分行形成跨境联动机制。H银行准备优先考虑在中国香港开设分行。中国香港是分行跨境人民币结算量和交易量最大的区域，是我国离岸金融中心，有着活跃的离岸人民币市场，存在大量有人民币支付需求的客户。在中国香港设立分行将有力推动H银行跨境人民币结算业务的发展。长期来看，以中国香港、新加坡、东京、纽约、伦敦、法兰克福等国际金融中心为据点，设立分支机构，会形成覆盖亚洲、美洲、欧洲的全球银行业务和资金网络。

同时，H银行将扩大与境外同业银行的合作，增加与境外参加行签署人民币清算协议，形成全球清算网络。受到"清算行"模式的局限，"代理行"模式更适应于广泛的国际市场。设立分支机构需要投入大量的人力和物力，经历获得当地监管部门的审批等复杂的过程。当这些条件不具备的时候，银行可以通过与境外商业银行合作的模式，迅速扩大清算网络。在目前的格局下，H银行还不具备争取海外人民币清算行的能力，代理行的模式更加适合H银行。H银行积极推动，未来以港澳地区、东南亚地区、欧洲为重点布局区域，尤其是在"一带一路"共建国家区域。

H银行对业务流程的不断优化重组，对支持跨境人民币结算业务的系统也进行更新。开发系统自动识别功能，对客户填写的业务申请单据进行关键字系统自动识别，减少操作员的手工录入，加快处理速度。加快企业网银端跨境人民币结算业务流程的开发，企业可通过网银端直接发起跨境人民币结算业务，业务提交之后，还可以通过网银自助查询处理结果。为客户办理跨境人民币结算业务提供更加便捷的渠道。此外，更加重要的是，H银行正加快实现跨境清算系统与国家CIPS系统的对接，打破业务处理时间只能在8小时内的局限，尽快实现全球24小时的清算需求。

资料来源：本案例系作者根据新浪财经报道改编，原素材网址为：https://finance.sina.com.cn/money/forex/forexrol l/2023-05-09/doc-imytcshz4359501.shtml.

【案例使用说明】

一、讨论思考题

1.清算行模式与代理行模式的区别有哪些？何为境外人民币清算行？

2.CIPS系统有何功能？CIPS标准收发器有何作用？

3.商业银行海外机构主要有哪些？

4.人民币结算对进出口企业有何益处？

5.结合H银行的情况，谈谈商业银行应如何提高跨境人民币结算服务能力。

二、分析思路

随着银行与海外分支机构以及代理行往来频繁，国际结算电子化程度不断加深，对理解国际清算系统、辨识国际结算与国际清算的区别的要求有所提高。我国国际结算的演变，使跨境人民币结算日益普遍。要分析CIPS系统有何功能，CIPS标准收发器的运用，建立海外银行网络的方式，如在提升跨境人民币结算业务中利用广泛的海外代理行模式，若要其发挥更大的作用，要结合跨境人民币结算对进出口企业的作用，提出商业银行应如何根据企业与自身实际情况，提高跨境人民币结算服务能力。

三、理论依据及分析

1.代理行模式，主要是指中资行委托外资行作为其海外的代理行，境外企业在中资企业的委托行开设人民币账户的模式；而清算行模式主要是在指在中资行境内总行和境外分支行之间进行的业务，即境外企业在中资行境外分行开设人民币账户。代理行模式是境外金融机构不可以在货币发行国的中央清算体系中开户，只能通过将货币发行国境内的金融机构作为代理行，代理参加境内货币的清算；清算行模式是指境外金融机构可以直接在货币发行国中央清算体系开户，与境内金融机构享受同等清算权利，可以参与境内或者跨境人民币的清算。"清算行方式"始于港澳个人人民币业务，现已应用于跨境贸易人民币结算业务。

境外人民币业务清算银行是指经中国人民银行授权，在已设立境外人民币清算安排的国家或境外地区，为参与人民币业务的银行提供清算和结算服务的机构。

2. 海外市场缺乏独立的支付清算机构，中国人民银行一般会指定一些商业银行代为做支付清算业务。但商业银行基本上都使用各自独立的支付系统，并不统一。因此，操作效率、安全问题都难以保证。为满足人民币跨境使用的需求，中国组织开发了人民币跨境支付系统（CIPS），进一步整合了现有的人民币跨境支付结算渠道和资源，提高了跨境结算的效率，满足了主要时区的人民币业务的发展需求，提高了交易的安全性，构建了公平的市场竞争环境。人民币跨境支付系统（CIPS）主要功能：一是便利跨境人民币业务办理，支持跨境货物贸易和服务贸易结算、跨境直接投资、跨境融资和跨境个人汇款。二是提高人民币跨境和离岸资金的清算结算效率。前者主要通过实时全额结算处理客户汇款和金融机构汇款；后者直接由参与者介入，集中清算业务，缩短清算路径，提高清算效率。

CIPS标准收发器是我国跨境清算系统直接参与机构与间接参与机构以及涉外企业之间的业务处理组件，是为解决跨境业务场景量身定做的业务处理与信息交互工具，在物理上延伸了CIPS网络覆盖范围，在功能上服务企业融入全球资金通汇主渠道，实现了跨境人民币支付清算一体化处理。

3. 代表处是商业银行设立的非营业性机构。它不能经营真正的银行业务，其主要职能是探寻新的业务前景，寻找新的盈利机会，开辟当地的信息新来源，是设立更高形式机构的一种过渡形式。代理处是商业银行设立的能够转移资金和发放贷款，但不能在东道国吸收当地存款的金融机构。代理处是母行的一个组成部分，不具备法人资格。可以从事一系列非存款银行业务，如发放贷款、提供贸易融资、开证、承兑、票据买卖和交换等业务。分行是商业银行设立的营业性机构，下设支行，不是独立的法人。分行可以经营完全的银行业务，但不能经营非银行业务。分行的业务范围和经营政策与总行保持一致，但受总行的资本、资产与负债的限制；总行对分行的活动负有完全的责任。子行是商业银行设立的间接营业机构，在法律上是一个完全的经营实体，它自身的债务仅以其注册资本为限负有限责任。业务活动可以是东道国允许的全部银行业务，甚至包括东道国国内银行不能经营的非银行业务。

4. 人民币跨境结算对进出口企业而言，一是在国际结算货币上多了一个选择，增加了企业结算的灵活度。二是能有效地降低企业的国际结算成本，这主要表现在节省了用外币收付款而引起的汇兑成本，也节省了外汇衍生品交易的有关费用。三是直接用人民币收付，避免了汇率风险。虽然境内企业使用人民币结算也可能遇到汇率损失的问题，但进出口企业与投资机构的经营理念是不同的，进出口企业无须从汇率变动中获取差价和收益，在收款和付款都为同一种货币时，就能够在从进出口贸易中锁定汇率风险，使企业平稳运行，改变以往企业出口越多汇率风险越大的状况。四是可以进一步加快结算速度，提高资金使用效率，外贸企业一旦获得试点权，应尽早尽快适应跨境贸易人民币结算这项新业务的运作以提高自身的国际竞争力。

5.顺应客户需求，加强产品创新。研究面向金融机构客户和企业客户的账户管理、人民币理财、投融资、资金拆借等产品；加大与跨境贸易人民币结算相配套的人民币贸易融资产品、跨境贸易人民币结算项下融资与资金产品组合方案、基于人民币离岸账户的存款和融资产品的创新；研究人民币跨境现金管理、投资相关产品。

加强基础建设，提升服务能力。继续推进人民币清算渠道网络的建设，为"走出去"企业提供遍及全球的资金清算和融通服务；加强风险和内控管理，做好系统支持保障，加强业务人员培训，提升业务处理效率和服务质量。

深入研究政策，做好市场培育。配合监管部门做好跨境人民币业务的试点推广和政策研究工作，建立和完善人民币对周边国家货币的报价、平仓机制等，发挥自身优势，进一步拓展国际市场。

第2章　国际结算中的国际惯例

开篇案例

INCOTERMS 规定 CIF 为"到岸价"吗？

【案例正文】 ■────────

广西某纺织品公司（以下简称卖方）同美国某进口公司（以下简称买方）于2009年2月9日在秋展会上签订了一项 CIF 合同，该合同条款规定：卖方按 CIF 纽约每件人民币115元的价格卖给对方某种棉制针织衬衫共计2 000件，总值为外汇人民币230 000元；合同增加了附加条款，约定货物在买方指定的纽约、费城、巴尔的摩的工厂或码头进行安全交付；并且买方委托卖方投保一切险；如有争议，由中国国际经济贸易仲裁委员会根据该会仲裁规则进行仲裁。

同年2月17日，美国总统奥巴马正式签署了总额为7 870亿美元的"美国复兴和再投资方案"，它将众多外国商品拒之门外，尤其抵制"中国制造"的商品。早在2005年美国商务部就曾对外宣布，美国纺织品协议执行委员会做出了对来自中国的棉制针织衬衫、棉制裤子、棉及化纤制内衣采取纺织品特别限制措施的决定，在这一限令淡化后，新出现的"购买美国货"条款，使这批货物被禁止进口从而滞留在仓库，卖方提交全套单据，而买方拒绝收取单据。

卖方提出"限制进口的物品"不能成为买方拒绝付款的理由，而买方称附加条款要求将货物运送至美国港口已经默认装运合同为到达合同。由于买方拒绝付款，卖方于2月21日向中国国际经济贸易仲裁委员会提出仲裁申请，对该合同规定应付而拒付的2 000件货物所造成的损失要求赔偿。仲裁委员会收到卖方的仲裁申请后，本着"仲裁与调解相结合"的方针，首先推动当事人双方继续协商，但在协商过程中，买方不肯和解，反而步步紧逼，声称市场行情急骤恶化，并一再催促仲裁委员会进行仲裁。仲裁庭详细审阅了当事人提供的材料和证件，并进行了必要的调查，认为按照 CIF 贸易术语，卖方按合同规定装运，且买方没有让卖方加保战争险等特殊附加险，因此该货物越过船舷之后的风险和所有权及产生的附加费用都是由买方承担的，与卖方没有关系，并据此做出裁决，应由买方收取单据且付款给卖方。

【涉及的问题】 ■────────

1.INCOTERMS 2020 对 CIF 贸易术语下卖方承担哪些风险与费用？称为"到岸价"是否科学？

2.什么是装运合同和到达合同？合同改变了CIF装运合同的性质了吗？

3.本案中你得出哪些启示？

思政案例

在国际惯例的制定中发出中国的声音

2005年10月24日，由最高人民法院审判委员会第1368次会议通过《最高人民法院关于审理信用证纠纷案件若干问题的规定》，这体现了我国的金融环境、法制环境不断完善、健全，呈现新的法律价值取向，提高了我国办理国际结算业务的国际形象。在此后的2016年7月11日，由最高人民法院审判委员会第1688次会议通过《最高人民法院关于审理独立保函纠纷案件若干问题的规定》，自2016年12月1日起施行。

2010年9月12日，巴塞尔银行监管委员会管理层会议在瑞士举行，27个成员国的银行业监管部门和中央银行代表就为加强银行业监管的《巴塞尔协议Ⅲ》达成一致，全球银行业正式步入巴塞尔协议Ⅲ时代。然而《巴塞尔协议Ⅲ》的出台，没有考虑到银行国际结算因依托国际贸易而存在的低风险性，对信用证、保函等国际结算业务，采用CCF折算率计算杠杆率，简单地同高风险的金融衍生品一样"一刀切"设为100%，这种偏离实际情况的监管标准将损害银行国际结算业务的利益。中国金融监管部门与银行业认为此次改革将给我国国际结算业务发展以及对外贸易产生重大不利影响。为此，原中国银监会及时向巴塞尔委员会反映了中国声音，同时我国相关机构也向国际商会、WTO等国际组织发出声音，维护中国作为对外贸易大国的利益，最终巴塞尔委员会于2013年年初修改了信用证与保函等表外业务的CCF折算率，恢复到了以前的标准。

我国银行业先后选派多名代表、专家全程参与了国际商会（ICC）的多个与国际结算相关的国际惯例修订工作，包括2007年7月1日生效的《ICC跟单信用证统一惯例（UCP600）》、2010年7月1日生效的《ICC见索即付保函统一规则（URDG758）》、2013年1月1日生效的《ICC福费廷统一惯例（URF800）》等。

我国组团出席国际结算相关的国际会议，以更好地加强与国际商会（ICC）银行委员会、国际保理商联合会（FCI）、国际福费廷协会（IFA）的对接，推动了我国专家参与国际商事规则和惯例的制定与修订，以反映我国国际结算方面的利益与诉求。我国银行业已连续多年组团出席与国际结算相关的国际会议，与来自全球各地的参会机构和代表交流思想、研讨问题、分享实践经验、加强合作，提升了我国银行业在全球国际结算领域的影响力。

2.1 国际惯例和国际商会

2.1.1 国际惯例和国际商会

案例

关于国际惯例法律地位的立法实践

【案例正文】■

自 1985 年《涉外经济合同法》第 5 条首次规定 "中华人民共和国法律未作规定的，可以适用国际惯例" 之后，2004 年《票据法》第 95 条也沿袭了这一做法，规定在涉外法律关系中，"本法和中华人民共和国缔结或者参加的国际条约没有规定的，可以适用国际惯例"。另外，1985 年的《涉外经济合同法》等法律也规定涉外合同当事人可以选择合同所适用的法律。对于可以选择的 "法律" 是否包括国际惯例，立法没有做出明确的规定。最高院 1987 年《关于适用〈涉外经济合同法〉若干问题的解答》的二（二）中也只规定 "当事人选择的法律，可以是中国法，也可以是港澳地区的法律或者是外国法"，但不包括国际惯例。

1989 年全国沿海地区涉外、涉港澳经济审判工作座谈会时，各法院则一致认为 "涉外、涉港澳经济纠纷案件的双方当事人在合同中选择适用的国际惯例，只要不违背我国的社会公共利益，就应当作为解决当事人之间纠纷的依据"；而在最高人民法院民事审判第四庭颁布的《涉外商事海事审判实务问题解答（一）》中更明确地规定涉外合同当事人可选择的准据法包括 "国际公约、国际惯例、外国法律或者有关地区的法律"。

2006 年 1 月 1 日施行的《最高人民法院关于审理信用证纠纷案件若干问题的规定》第 2 条则规定："人民法院审理信用证纠纷案件时，当事人约定适用相关国际惯例或者其他规定的，从其约定；当事人没有约定的，适用国际商会《跟单信用证统一惯例》或者其他相关国际惯例"。

我国《民法典》自 2021 年 1 月 1 日起施行，《民法典》第 10 条中的 "习惯" 解释为 "包含国际惯例" 并且规定："处理民事纠纷，应当依照法律；法律没有规定的，可以适用习惯，但是不得违背公序良俗。" 在涉外合同当事人未明示选择准据法的情况下，根据相关规定，法院仍将根据最密切联系原则确定合同的准据法，而非直接适用国际惯例。

【涉及的问题】■

1.《最高人民法院关于审理信用证纠纷案件若干问题的规定》表明国际惯例自动适用吗？有何意义？

2. 分析我国立法对国际惯例的法律效力的规定经历了怎样的历程。

【参考答案】

1. 是的，当事人如没有约定，则自动适用《跟单信用证统一惯例》或者其他相关国际惯例。该条规定具有双重意义：其一，是对当事人明示选择国际惯例时，认可该惯例与准据法效力相同，即认可其起到援用来调整涉外民事法律关系双方当事人的权利与义务的特定国家的法律的作用。其二，是对当事人未选择准据法时，认可国际惯例的自动适用性。明确了国际惯例的地位。

2. 我国立法对国际惯例法律效力的规定，经历了从最早的补充适用、替代适用到自动适用的过程。通过 1985 年《涉外经济合同法》《票据法》等相关规定，可以看出我国立法对于国际惯例对我国国内法的补充作用给予了一般性的认可。我国《民法典》自 2021 年 1 月 1 日起施行，第 10 条中的"习惯"解释为"包含国际惯例"并且规定："处理民事纠纷，应当依照法律；法律没有规定的，可以适用习惯，但是不得违背公序良俗。"通过司法解释的方式，我国法律认可了有关信用证的国际惯例在当事人未选择准据法的情况下可自动适用。

2.1.2　国际惯例的作用

-------------------------- 案例 --------------------------

合同条款与国际惯例发生冲突应如何解决？

【案例正文】

在国际商会的某一仲裁案中，涉案的卖方营业所在地为 A 国，其法律规定："买受人在合理期间内未或者自标的物收到之日起六个月内未通知出卖人的，视为标的物的数量或者质量符合约定。"仲裁小组认为，"卖方营业所在地的国家的法律对买方因货物缺陷而向卖方发出通知规定了极短的期限和特别的要求"，而《联合国国际货物销售合同公约》中所规定的两年期间对缺陷产品的买方提起诉讼更为有利，该国内法的规定"看起来偏离了反映在《联合国国际货物销售合同公约》中的被普遍接受的贸易惯例"。1980 年《联合国国际货物销售合同公约》中某些惯例被认为比国内法更为公平。

许多国家与地区的民法典都赋予"惯例"或"习惯"以补充法律的地位。瑞士《民法典》第 1 条规定："如本法无相应规定的，法官应依据惯例裁判；无惯例时，依据自己作为立法者所提出的规则裁判，在前款情况下，法官应依据经过实践确定的学理和惯例。"我国《民法典》自 2021 年 1 月 1 日起施行，《民法典》第 10 条中的"习惯"解释为"包含国际惯例"并且规定："处理民事纠纷，应当依照法律；法律没有规定的，可以适用习惯，但是不得违背公序良俗。"

【涉及的问题】■━━━━━━━━━━━━━━━━━━━━━━━━━━━━━━━━━

1. 结合上文分析国际惯例在国际经贸活动中的作用？

2. 当合同中的规定与国际惯例发生冲突，应如何解决？

【参考答案】■━━━━━━━━━━━━━━━━━━━━━━━━━━━━━━━━━━

1. 国际经贸活动日渐频繁和深入，对跨国经济纠纷处理得适当与否成为推动或阻碍国际商业发展的重要因素。国内法处理国际商事纠纷的不适当性越来越明显，国际商业惯例便成为具有吸引力的选择。案例中许多国家与地区的民法典都赋予国际惯例以补充法律的地位，甚至是当事人可以选择使用的惯例。在此过程中，惯例一是发挥指导作用，国际贸易惯例为不同国家的当事人在进行国际贸易活动时提供了一个可供选择的、统一的行为标准。二是协调、解决纠纷，在国际交往中，国际贸易惯例可以协调各种矛盾，避免贸易纠纷，有利于促进国际贸易活动的顺利开展。三是简化交易成本，节约了当事双方宝贵的时间和精力。

2. 国际惯例是选择性适用的，而非强制性的。合同尊重当事人意思自治，即只要不违反法律的强制性规定，约定优先。只有当没有条约与国内法规定的时候，才能适用国际惯例。

2.1.3 国际商会

━━━━━━━━━━━━━━━━━ 案例 ━━━━━━━━━━━━━━━━━

广东省贸促会商事认证服务助力企业抢抓海外市场

【案例正文】■━━━━━━━━━━━━━━━━━━━━━━━━━━━━━━━━

随着疫情防控举措的持续优化，广东外贸企业不断加快"走出去"的步伐。本着"企业所需，贸促所能"的精神，广东省贸促会商事认证中心成立"省级RCEP企业服务中心"、打造RCEP在线服务平台（广东自贸通）、筹建广东省绿色贸易标准化技术委员会等新平台；推广"不见面"办证模式、开辟绿色通道、开通服务咨询热线、开展企业专题调研、组织上百场主题培训等新举措；设置"服务专员"，为重点企业提供"贴身"服务，定期走访企业，了解企业诉求，为企业"引进来"和"走出去"提供专业建议。

小鹏汽车是广东省新能源汽车行业的重点企业，为开拓欧盟市场，需要在当地进行车辆现场测试，商事认证中心高度重视、主动对接，服务专员一对一服务，自2019年开始，已经连续3年指导小鹏汽车办理ATA单证册并及时协助解决清关问题。深圳北芯生物科技股份有限公司来电求助，该企业的出口货物须临时办理一份授权书给越南领事认证，并于11月30日前提交越南海关，否则货物将被罚没。由于疫情封控，认证书无法及时出具。商事认证中心立即启动专员服务，在28号提前将认证书送到企业手中，企业因此保住了订单，避免了重大损失。

【涉及的问题】

1.中国国际商会和中国国际贸易促进委员会是何关系？

2.广东省贸促会和广东国际商会有何关联？在本案经贸活动中履行何种职能？

【参考答案】

1.中国国际商会是由设立于中国，从事国际性商业活动的企业及与之相关的组织组成的全国性社会团体，其业务主管单位是中国国际贸易促进委员会（贸促会）。中国国际商会同时作为国际商会在中国的成员委员会，在开展与国际商会的有关业务时，使用国际商会中国国家委员会的名称（ICC China）。

2.广东国际商会全称为中国国际商会广东商会，在广东省民政厅登记注册，具有社团法人资格，是一个由企业、团体与个人自愿组织的非营利性自律组织。广东国际商会最初成立于1988年。当时经国务院批准，在中国国际贸易促进会广东省分会名下同时使用"广东省国际商会"这一名称，与省贸促会是一个机构，两块牌子。本案中履行的职能是出具国际商事证明文件，代办涉外经贸文件的领事认证业务，认证对外商业贸易文件和单证签发，如《中华人民共和国出口货物原产地证明书》《加工装配证明书》《转口证明书》《暂准进口单证册》（《ATA单证册》）等。

2.2　国际贸易术语

2.2.1　国际贸易术语的产生

案例

使用最多的贸易术语为何是它？

【案例正文】

我国传统的国际贸易中，出口贸易条款通常使用 CIF、CFR，进口使用 FOB。20世纪七八十年代，原外贸部在每届广交会前通常都要发一个通知，强调使用上述贸易条款和使用坚挺的货币结算。20世纪90年代以前，上述贸易术语占到80%以上。当时，从事中国对外贸易运输的企业主要有中远、外运两家。中远是主要的承运人，外运主要从事货代和租船，我国的航运企业占据70%~80%的市场份额。

自90年代我国对外开放航运市场以来，各外资班轮公司纷纷抢滩中国的主要沿海港口，外资船公司的进入为国外买家指定船公司提供了有利条件，使出口FOB的货量有一定程度的上升。随着境外船公司进军中国航运市场，境外货运代理也蜂拥而入,境外货代的活跃使我国出口做 FOB 指定代理的货量急剧上升。有数据显示,当今在我国出口中,以 FOB 成交的占 80% 以上,而且有逐步增长的趋势。根据国际商会 90 年代末对 40 多个国家的调查统计,按使用的频繁程度,FOB 排在第一位,CIF 和 CFR 次之。我国诸多出口商认为,以 FOB 条件成交,卖方在装运港交货后,不负责安排运输和保险,也就不用担心运价上涨的问题。以 3 种常用术语成交,风险是完全相同的,都是以船舷为界转移风险,费用负担上也是,羊毛出在羊身上,最后统归买方负担,只是形式上有所不同罢了。

【涉及的问题】

1. 分析为何 FOB、CIF、CFR 是使用最多的贸易术语以及 FOB 合同条款增多的原因。

2. 出口商认为 3 种贸易术语的风险是一样的,正确吗?

【参考答案】

1. 这 3 种贸易术语适用的是海运,海运的运量大,运费便宜,且是历史上乃至当今国际贸易货物运输的主要方式,所以被选用得最多。第一,在我方掌握运输主动权的情况下,运力紧张,运价频频上涨,附加费层出不穷,我出口公司无法准确掌握合同价格。出口企业为了便于核算外贸成本,便逐步把出口 CIF、CFR 条款变成 FOB 条款;把进口 FOB 条款变成 CIF 条款。第二,外国班轮公司、货代企业和买主之间有着良好合作的历史渊源。外国班轮公司迅速进入我国航运市场,外国货代企业也纷纷跟进,在我国设立合资货代公司或设立代表处,开展货运代理业务。由于外国班轮公司、货代企业的服务好、价格优惠,门到门服务到位,买主都愿意指定外国班轮公司和货代安排运输,因此也要求签 FOB 合同条款。

2. 以船舷为界划分风险,只是用以确定货物在交接过程中损坏或灭失的后果由卖方还是买方承担,而并不泛指所有的风险,特别是不涉及收汇的风险。FOB 是买方负责海运定舱,货代为指定货代,因此 FOB 的付款方式最好选择 T/T(预付款),或者起码得争取到一定的预付款,这样才能保证安全。有些国家的风险比较高,经常发生买方和指定货代相互勾结以无单提货,或者私下放提单给客人,对卖方来说风险太大。CIF 与 CFR 由卖方租船定舱,可以将海运提单的收货人以 TO ORDER 或者 TO ORDER OF SHIPPER 形式指示提单,物权由卖方自己掌控。

2.2.2 国际贸易术语的演变

------------------------ 案例 1 ------------------------

从 FCA 交货义务看 INCOTERMS 变化

【案例正文】

新加坡 A 公司与中国 C 公司订立 CIP(上海)合同,销售白糖 500 吨,由 A 公司向保险公司投保以合同标的价格的 110% 为保险金额的一切险(包括仓至仓条款)。为联系货源，A 公司与马来西亚 B 公司订立 FCA 合同，购买 500 吨白糖，合同约定提货地为 B 公司所在地，适用于 INCOTERMS 2000。2000 年 7 月 3 日，A 公司派代理人到 B 公司所在地提货，B 公司已将白糖装箱完毕并放置在临时敞篷中，A 公司代理人要求 B 公司帮助装货，B 公司认为依国际惯例，货物已交 A 公司代理人照管，自己已履行完应尽的合同项下的义务，故拒绝帮助装货。3 日后，A 公司代理人组织人手再次到 B 公司所在地提走货物。然而，在这 3 天里，当地遇湿热台风天气，货物部分受损，造成 10% 的脏包。

A 公司将货物悉数交与承运人，承运人发现存在 10% 的脏包，欲出具不清洁提单，A 公司为了取得清洁提单以便顺利结汇，便出具保函，许诺承担承运人因签发清洁提单而产生的一切责任。承运人于是出具了清洁提单，A 公司得以顺利结汇，提单和保险单转移至 C 公司手中。7 月 21 日，货到上海港，C 公司检验出 10% 的脏包，遂申请上海海事法院扣留承运人的船舶并要求追究其签发清洁提单的责任。当日货物被卸下，港口管理部门将货物存放在其所属的仓库中，C 公司开始委托他人办理排港、报关和提货的手续，从 7 月 21 日起至 7 月 24 日，已陆续将 300 吨白糖灌包运往各用户所在地。7 月 24 日晚，港口遭遇特大海潮，未提走的 200 吨白糖受到浸泡，全部损失。C 公司向保险公司办理理赔手续时被保险公司拒绝，理由是 C 公司已将提单转让，目的港口仓库就是 C 公司在目的港的最后仓库，故保险责任已终止。

【涉及的问题】

1. 按照 INCOTERMS 1990，B 公司是否完成了交货义务？FCA 下 INCOTERMS 2000 对 FCA 下交货义务的规定有何不同？

2. 保险公司的拒付是否合理？为什么？

【参考答案】

1.FCA 规则中的"将货物置于买方指定承运人或代理人的照管之下"，Incoterms 1990 仅指出应以"约定方式"或"习惯方式"将货物交由买方指定承运人或代理人照管，而"约定方式""习惯方式"并未明确承运人或代理人是否负责装货。所以无法确定 B 公司是否完成了交货义务。INCOTERMS 2000 针对此问题做了实质修改，在 A4 条款重新规定了 FCA 术语下装货和卸货的义务：交货地在卖方所在地时，卖方负责装货，交货地在卖方所在地之外时，卖方不负责装货。另外，A5 条款的规定，除非买方在卖方按照 A4 条款规定交货之时受领货物，否则"卖方必须承担货物灭失或损坏的一切风险，直至其已经按照 A4 条款规定交货为止。"

可见，B 公司将货物装箱一并存放后，并未履行完交货义务，由于交货地在 B 公司所在地，B 公司应负责装货。B 公司拒绝履行装货义务导致货物滞留在其所在地，是一种违约行为，而且这意味着货物并未被置于买方指定的代理人的照管之下，这样风险也就未转移给 A 公司。A 公司在 3 日后自行派人将货物装车并提走，可以视为放弃了要求 B 公司装货的权利，但在此之前的货物灭失或损坏的一切风险仍应由 B 公司承担。当台风造成货物 10% 的损失造成后，B 公司既无权以货物风险已转移给买方为由要求 A 公司自己承担这 10% 的损失，也无权以不可抗力为由要求分担这部分损失，而应当承担全部风险，并向 A 公司做出相应的补偿。

2. 本案保险人的保险责任是"仓至仓"责任，即保险责任始于货物离开保险单记载的仓库或储藏处所，在运输过程中继续有效，直到下列 3 种情况中的某一种发生为止：（1）货物已运交保险单所载目的地的收货人或其他最终仓库和储藏处所；（2）货物在到达保险单所载目的地之前或到达目的地，由被保险人运交任何其他仓库和储藏处所，作为非正常运输过程中的储存，或作为分配或发送的场所；（3）货物在最终卸货港从海轮完成卸货满 60 天。如果货物在最终卸货港卸下货物后，在保险效力终止前，继续运往保险单所载以外的其他目的地，则保险效力延至为在其他目的地起运之时为止。

本案中被保险货物卸离海轮后，堆存于港口所属仓库，该仓库并非受货人的最终仓库或储藏处所，故在此情况下仓库的控制权属港口当局。被保险人在未提货之前既不能将货物运交任何其他仓库和储藏处所，也不能对货物进行分配或发送，只有在提货后，取得了对货物的实际控制权，才能进行转运、分配或发送。况且，按照上述第三种情况，堆存于港口所属仓库的货物在最终卸货港从海轮完成卸货仅 3 日，远未超过 60 日的期限。可见，尚未提取的货物仍在保险责任期限内。

提单有物权凭证作用，本案中 C 公司持有提单，即享有提单项下的所有权。C 公司委托他人办理排港、报关、提货等手续，发生的是委托代理关系，不属转让提单的行为，提单仍属 C 公司所有，提单项下的货物所有权也未转移，C 公司仍为被保险财产所有人，具有可保利益。又由于 C 公司投保的为一切险，海潮属于一切险的保险范围内，对尚未提取并因海潮受损的 200 吨货物，保险公司有责任赔偿。

-------------- 案例 2 --------------

出口商固守 FOB 术语是否欠妥？

【案例正文】 ▉━━━━━━━━━━━━━━━

根据国际商会 20 世纪 90 年代对 40 多个国家的调查统计，FOB 在使用频率上超过了 40%，排在第一位；2009 年，我国对外贸企业使用价格术语的情况的调查结果显示，FOB 术语的使用比例为 33.94%；据国际船东组织的一项统计显示，80% 以上的进口方首选 FOB 实施货物的海洋运输。2013 年 2 月，东莞某工厂采用习惯做法，报价为 FOB 深圳，将货物从起运地东莞运往目地的埃及的亚历山大港，约定适用 INCOTERMS 2010。发货人东莞工厂代收货人投保了从东莞至亚历山大的一切险，保险单的被保险人是收货人。货物在东莞至深圳的拖车运输期间发生货损，该损失属于投保的一切险内的风险。发货人向保险公司索赔被拒绝，收货人以自己的名义凭保单向保险公司索赔也同样被拒绝。保险公司解释其对运输货物进行保险理赔时，要从 4 个方面审核，缺一不可：（1）所遭受的损失与发生的风险之间有直接的因果关系；（2）发生的风险是在保险责任范围之内；（3）依据"仓至仓条款"，被保险货物遭损的时间是在保险期间之内；（4）在保险标的遭受风险时，索赔人对货物具备保险利益。

【涉及的问题】▐■▬▬▬▬▬▬▬▬▬▬▬▬▬▬▬▬▬▬▬▬▬▬▬▬▬▬▬▬▬▬

1. 分析保险公司拒绝理赔是否合理，为什么？

2. 若将 FOB 改用 FCA 贸易术语，情况会有何不同？

【参考答案】▐■▬▬▬▬▬▬▬▬▬▬▬▬▬▬▬▬▬▬▬▬▬▬▬▬▬▬▬▬▬▬▬

1. "一切险"的责任起讫为仓至仓条款，即自被保险货物远离保险单所载明的启运地仓库（或储存处所）开始运输时生效，直至该项货物到达保险单所载明收货人的最后仓库（或储存处所）为止。但是被保险人要享受仓至仓条款的一个基本前提，就是在仓至仓期间内都具有保险利益。INCOTERMS 2010 规定，FOB 术语由买方购买货物保险。由于货物从"启运地仓库到装运港"的风险没有从卖方转移给买方，买方无法享受仓至仓条款的保险及赔偿；卖方因为不是海运保险的投保人，从"启运地仓库到装运港"，卖方也无法获得仓至仓条款的赔偿。因此，FOB 术语下从"启运地仓库到装运港"买卖双方均不能享受仓至仓条款的赔偿。所以即便理赔条件（1）、（2）、（3）都满足，但收货人对装船前的货物不具备保险利益，保险公司可以拒赔收货人；发货人不是保险单的合法持有人和被保险人，因此保险公司也可以拒赔发货人。

2. 若选用 FCA，则货交承运人之后就开始享受仓至仓条款待遇，内陆运输中货物损失的风险可以转嫁给保险公司，这样就能实现货物集装箱运输"门到门"服务中保险仓至仓的覆盖。

2.2.3   INCOTERMS 2010

┄┄┄┄┄┄┄┄┄┄┄┄┄┄┄┄┄┄┄┄┄┄┄ 案例 1 ┄┄┄┄┄┄┄┄┄┄┄┄┄┄┄┄┄┄┄┄┄┄┄

EXW 贸易术语下谁来承担货物在工厂的灭失风险？

【案例正文】▐■▬▬▬▬▬▬▬▬▬▬▬▬▬▬▬▬▬▬▬▬▬▬▬▬▬▬▬▬▬▬▬

1997 年 4 月，在广州春交会上汕头市 B 公司与中国香港 A 公司签订了一份出口尼龙跑步衫上装 3 000 打的合同。合同规定每打 15 美元 EXW 汕头，纸箱装，每箱 5 打，6 月 15 日之前交货，支付方式为经 A 公司验货合格后电汇货款。6 月 9 日，B 公司通知港商货已备妥速来验收。6 月 10 日 A 公司派代表来汕头，由 B 公司陪同赴汕头市某服装厂 C 厂验货。6 月 11 日该批货在全部验收合格后并在港商代表的监督指导下，按照港商出具的唛头标识装箱刷唛。该代表向港商 A 公司发出电传，称货已验收并刷唛完毕，B 公司方等货款汇到后即可提供商业发票和其他有关的单证。6 月 12 日，B 公司方收到港商汇来的货款 45 000 美元，随即 B 公司方将有关票证交付港方代表。

港方代表向 B 方提出货物暂放 C 厂的要求，等其与汕头某货运代理联系好集装箱和出口报关事宜妥当后便来工厂提货。B 公司当即与 C 厂联系，C 厂回答该批货物已单独存放，随时可供提取。6 月 13 日下午港方代表来电称，货代要到 14 日上午才能安排车来 C 厂拉货。不料 14 日凌晨，因隔壁化工厂爆炸，C 厂突遭火灾，全部厂房及物资均化为乌有。港商闻讯后立即来汕头要求 B 公司退还货款，理由是他并未提货，货物被焚应由 B 公司方负责。B 公司拒退货款，认为火灾属于不可抗力，而且他已按时履行了交货手续，该损失应由 A 公司方自己承担。A 公司却认为 C 厂并未开具货物出厂证，货物所有权仍在 B 公司方。双方各执一词，最后港商 A 公司向汕头市人民法院控告 B 公司方未履行交货义务，理应承担货物灭失的责任并退还货款。

【涉及的问题】▬
请分析 B 公司是否应承担责任。

【参考答案】▬
不应该。根据 EXW 贸易术语的解释，即买方自工厂点收货物后应承担货物灭失或损坏的一切风险，更何况在该案中货物是在买方代表监督下装箱刷唛，单独存放，事实上已充分说明该货物已完全特定化并置于买方支配之下了。B 公司已在合同规定日期和指定的交货地点将符合买方要求的货物如数交给买方 A 公司，且有买方代表发给港商 A 公司的电传内容为证。工厂未开出厂证，只是工厂办理货物运出厂门的一项内部管理的手续，它并不涉及货物所有权的转移。原告所遭受损失以及 C 厂因邻厂爆炸而着火应另行立案处理，与本案无关。

案例 2

FOB贸易术语下货物交给买方代理是否完成交货任务？

【案例正文】▬
2020 年 1 月 8 日，河南开封一家外贸服装公司 A 与韩国一家公司 B 签订了一批服装出口合同，共 600 箱，每箱 100 件，每件售价 80 美元，FOB 青岛港，托收方式付款，装运期为 6 月 18 日之前。B 公司在青岛设有办事处，于是在 6 月上旬将货物运到青岛，由青岛办事处负责存仓、装船。不料在存仓后的第二天，仓库发生意外，电路遭雷击失火，导致 600 箱服装全部被毁。办事处立即要求 A 公司尽快赶制补发 600 箱，以便按期装船。A 公司原存货不够，加紧进度生产，但装运期还是比原定日期晚了近一个月。B 公司要求 A 公司承担延期交货的赔偿，A 公司认为首次发货已交由买方办事处处理，已无责任，后续再度加紧生产供货，完全是出于双方长远合作考虑。

【涉及的问题】

1. A 公司是否应承担延期交货责任？

2. 你认为该出口合同应选择何种贸易术语更佳？

【参考答案】

1. 应该。由 FOB 术语中买卖双方的责任义务划分可知，作为卖方的 A 公司需要提供符合合同规定的货物、办理出口清关手续、在约定的装运期和装运港，按港口惯常办法，把货物装到买方指定的船上，并向买方发出已装船的通知，负担货物在装运港越过船舷为止的一切风险。而本案中 A 公司首次发货未完成交货义务。

2. 河南开封处于我国内陆铁路交通干线上，货物运输十分方便，如果采用 FCA 术语，将货物在就近铁路站交承运人，由承运人将货物运至青岛港装船，则不仅可以节省长途运输的费用，而且可以避免长途运输途中及港口存仓的意外及风险。本案中，如果采用 FCA 术语，则货物在当地交给承运人时风险即转移给买方，那么存仓失火造成的货物被毁的损失就由买方负担。

案例 3

CFR贸易术语下出口商应保证将货物运至目的港吗？

【案例正文】

日本出口商向韩国某公司出口一批钢材，约定以 CFR 条件成交。合同签订后，出口商通过船东租了一条船装运这批钢材。该船在运输途中加油时被船东的债权人扣押，由法院将船拍卖用以还债，因此船公司倒闭，致使这批钢材滞留在中途港仓库。进口商得知情况后，向出口商施压，督促其赶紧完成货运任务，把货物运到目的港。由于暂未收到货款，日本出口商只好又付出了一份运费，另外租了一条船把货运到目的港。事后出口商起诉船东，指控他收了运费，但没有完成运输任务，船东反驳说出口商是多此一举，他根本没有义务再去租船把货物送到目的港。

【涉及的问题】

1. 分析出口商是否有义务再去租船将货物运到目的港。

2. 分析出口商在 CFR 贸易术语下支付方式的约定有何失误。

【参考答案】

1. 按 CFR 条件成交，卖方必须支付将货物运至指定的目的港所需的运费和其他费用,但交货后货物灭失或损坏的风险及由于各种事件造成的任何额外费用即由卖方转移到买方。卖方在装运港完成其交货义务,风险于装船越过船舷时转移给买方,因此运输途中的风险应由买方承担,其中包括运输途中船东倒闭的风险。因为这是卖方无法预见和控制的意外事件,而且是在卖方完成其交货义务之后发生,卖方无义务再次派船去运输货物。

2. 本案中出口商在未收到货款前就将货物装运,是造成自己处于被动的原因。C 组贸易术语为象征性交货方式下,卖方是凭单交货,买方是凭单付款,只要卖方如期向买方提交了合同规定的全套合格单据,即使货物在运输途中损坏或灭失,买方也必须接受有关单据并履行付款义务。反之,如果卖方提交的单据不符合要求,即使货物完好无损地运达目的地,买方仍有权拒收单据、拒付货款。出口商在装运后获得运输单据,应以此要求进口商付款,否则丧失了约定以此贸易术语结算的意义。

------------------ 案例 4 ------------------

DAT 贸易术语下谁负责卸货?

【案例正文】■——————————————————————

2021 年,国内 A 公司与国外 B 公司出口服装签订合同,双方约定采用 DAT 术语。6 月份,A 公司备好货后,自付费用包括运输和保险将货物运到 B 公司规定港口,并于约定时间通知买方 B 公司于 6 月 15 日到约定地点提货。双方就应由谁从运输工具上卸货并承担相应费用问题发生争议,卖方坚持自己不负责卸货,因为货物已到达目的地,而买方则坚持让卖方卸货,否则构成违约。

【涉及的问题】■——————————————————————

分析哪方观点正确?为什么?

【参考答案】■——————————————————————

B 公司是正确的。根据 INCOTERMS 2010,DAT 术语下卖方在指定港口或目的地的指定运输终端将货物从抵达的载货运输工具上卸下,交由买方处理时,即完成交货义务。这就意味着卖方要承担卸货费。如果卖方没有卸货,就不能将货物置于买方的处置之下,也就没能完成交货义务。所以,A 公司应承担卸货费,B 公司是正确的。

------------------ 案例 5 ------------------

DAP 贸易术语下货物于目的地灭失谁应负责?

【案例正文】■——————————————————————

天津 A 公司与加拿大 B 公司签订了一份进口计算机的合同,DAP 贸易术语成交，交货地点为天津 A 公司的仓库，交货日期为 2020 年 7 月 15 日。运程顺利，货物于 7 月 13 日提前运达天津新港，并于次日下午运达 A 公司仓库前。A 公司未预料货物提前抵达，并且当天事务较多，仓库在检修，未与 B 公司办理货物交接手续。不料当晚仓库发生火灾，导致计算机全部被烧毁。加拿大 B 公司以 A 公司没有及时接货为由，要求 A 公司支付全部货款，并赔偿相应损失。A 公司认为，交货时间在 15 日，而 14 日又没有收到卖方的到货通知，故没有义务提前接收货物，可以拒绝赔偿。

【涉及的问题】

分析哪方观点正确？为什么？

【参考答案】

DAP 贸易术语，即目的地交货，卖方已经用运输工具把货物运送到达买方指定的目的地后，将装在运输工具上的货物（不用卸载）交由买方处置，即完成交货。双方约定的交货日为 7 月 15 日，卖方于 14 日将货物运抵交货地，由于双方未办理货物交接手续，即没有将货物置于买方的处置之下。另外，买方没有义务提前接收早于约定日期到达的货物。因此，对于货物灭失的风险，仍由卖方承担。

------ 案例 6 ------

FOB S 合同下货物理舱前受损的责任应谁承担？

【案例正文】

买卖双方签订 FOB S 合同，在日本某港装货，装到一半时突然遇到台风，为避免船舶之间发生碰撞，港务部门要求船舶离开泊位，到锚地避风。由于时间仓促，加上尚未装完船，所以未能对船上的货物理舱，结果货物在台风中受损，对于该部分损失由谁承担的问题，买卖双方之间发生了争议。买方认为，FOB S 贸易术语下，卖方要负责将货物装入船舱并支付包括理舱费在内的装船费用，故损失应由卖方承担。

【涉及的问题】

分析该部分损失应该由谁承担，为什么？

【参考答案】

贸易术语的变形通常是为了解决装卸费用的负担问题而产生的，用以解决装卸费用的负担问题，并不改变交货地点和风险划分的界限。双方事先在合同中规定货物交付适用 FOB Stowed，即卖方需负责将货物装入船舱并承担包括理舱费在内的装船费用。但并未因此规定，风险转移的界限也随之转移，仍然以装运港船舷为界划分买卖双方的风险。由于受损的货物已经越过船舷，所以货物越过船舷后所发生的一切风险、费用及损失都应由买方承担。关于贸易术语的变形和风险转移的界限买卖双方应在签订合同时予以明确规定,以免发生争执。

2.2.4 INCOTERMS 2020

------------------------------ 案例 ------------------------------

FCA贸易术语下提单应签发给谁？

【案例正文】■————————————————————————

2月20日, B 公司收到立陶宛 A 银行开立的信用证, 规定 "USD21.5 FOB QINGDAO 1X20' CONTAINER LOAD 3/3 ORIGINAL B/L CONSIGNED TO THE NAME AND ADDRESS OF THE APPLICANT AND NOTIFY THE APPLICANT, MARKED FREIGHT COLLECTED."。经买卖双方商议后, 要求开证行将贸易术语修改为 FCA 中国任意地点, 方便 B 公司交货。发货后货运代理公司签发了一份 "FORWARDERS CERTIFICATE OF RECEIPT" 给 B 公司。B 公司提交整套单据给 A 银行但遭到拒付, 理由是未提交正本提单。B 公司找货代理论, 提出自己是货物的托运人, 应将提单交付给托运人。货代认为自己是契约承运人的代理人, 接受了国外买方的订舱, 并向买方交付运输单证, 没有义务向国内卖方交付单证。

【涉及的问题】■————————————————————————

1. "FORWARDERS CERTIFICATE OF RECEIPT" 是 什 么? 与 B/L 有 何区别?

2.本案中为何不适用 FOB 贸易术语? FCA 下提单签发给谁?

3.如适用 INCOTERMS 2020, 情况是否会有所不同? 卖方应采取哪些防范措施?

【参考答案】■————————————————————————

1.指货运代理收货证明, 简称货物收据, FCR 是作为货运代理的运输行在收到卖方(出口商)交付的贸易合同项下货物后所签发的用以证明已接受货物的不可转让的记名单证, 是承运人签发的海上货物运输合同的初步证明。提单是承运人保证交付货物的单证,而 FCR 不具有该项特点。

2.本案是采用 20 英尺集装箱运输, 如使用 FOB 术语, 即使出口商在工厂仓库或者集装箱货运站已经将货物交给承运人, 但从仓库或者集装箱货运点至装运港船上的这一过程中的风险仍然由出口商承担, 只有集装箱全部运到船上之后风险才转移给进口商。这就造成 FOB 条件交货点与风险点分离, 出口商在已经无法控制货物运输的情况下, 还要承担由此可能产生的不可预期的风险和费用。要解决这一问题, 卖方更愿意使用 FCA。

货运代理人既接受买方委托办理租船订舱又接受卖方委托将货物交予承运人,

并从承运人处取得提单。FCA下传统的做法是，如果货物不是直接从卖方而是从中间商（例如卡车）收到的，承运人会拒绝向卖方签发提单。

3.INCOTERMS 2020中规定，FCA下允许贸易双方同意一旦货物装载，买方将指示船舶向卖方签发已装船提单。然后，卖方将与买方共享此文件。所以允许双方约定由买方指示承运人向卖方签发装船提单对于FCA贸易术语下的卖方是利好消息。本案中卖方可在合同中合理增加买方义务，要求买方必须指示承运人在提单中将卖方记载为托运人，并将提单交付卖方。这样有利于维护卖方对货物的控制权，保护卖方合法权益，减少贸易纠纷产生。在收到信用证后，必须对其中的条款严格审查，理解贸易术语与提交单据之间的关联，杜绝软条款。

2.3　国际结算中的主要惯例

2.3.1　《托收统一规则》

--------- 案例 ---------

托收指示受何约束？

【案例正文】━━━━━━━━━━━━━━━━━━━━━━━━━━

国内某外贸公司以托收方式向外国某进口商出售一批冻肉，出口合同的支付条款仅规定："凭以买方为付款人见票后30天付款的汇票托收"。货抵目的港的次日，出口人接进口商来电称："单据与装货船舶均已到达，但代收行坚持要先付款才能放单。由于买卖合同仅规定见票后30天托收，未规定先付款后交单，故我方不能按银行要求办理。现部分货物已开始腐烂，如等到30天到期付款后放单再提货，货物将全部腐烂变质。"

外贸公司接电后查对托收委托书，该委托书未表示按付款交单办理。为防止货物变质，随即通过托收银行电告代收银行明确表示："我方未指示付款交单，你方因何坚持汇票付款人必须先行付款。如因此延误提货造成损失，概由你方负责。"代收行复电称按URC522规定办理，并无过错。

托收行接电后，发现在该案的处理上确有不当之处，遂再去电将托收指示书的内容改为"见票后30天付款，承兑交单"。但由于交涉的过程拖延数日，加之当地天气炎热，货物卸船运入仓库后已大部分变质，以致进口商拒绝在汇票上承兑，最终使出口商蒙受重大损失。

【涉及的问题】━━━━━━━━━━━━━━━━━━━━━━━━━━

1.托收行与出口商是何关系？托收受《托收统一规则》（URC522）约束吗？

2.分析造成损失的原因。

【参考答案】■

1.托收业务中，委托人（出口商）和银行之间是委托代理关系，银行严格按照委托人在托收委托书上的指示办事，相应风险和责任由委托人承担。银行根据指示，处理金融单据或商业单据，目的在于取得付款和/或承兑，凭付款和/或承兑交单，或按其他条款及条件交单。但该规则本身不是法律，因而对一般当事人没有约束力。只有在有关当事人事先约定的条件下，才受该惯例的约束。URC522对托收的形式和结构、提示方式、义务与责任、付款、利息、手续费及其他费用都有规定。银行托收指示面函一般已印制"适用于URC522"，表明受该惯例的约束。

2.本案中造成损失的主要原因在于委托人在填写托收指示书时对具体放单条件未做出明确指示，托收人也未能及时发现问题并做出反应。因此在选用托收方式作为付款方式时，委托人应根据成交货物特点、进口方资信等对银行放单条件做出明确指示，以免因此造成不必要的损失。

2.3.2 有关跟单信用证的国际惯例

案例 1

有关银行拒付的规定 UCP600 与 UCP500 有何区别？

【案例正文】■

5月，国内A公司向VAT公司购买1 000吨苯乙烯，溢短装5%；CFR价格1 200美元/吨；装运期同年7月，以信用证方式付款。货物装运前一个月通过银行B开立以VAT公司为受益人的不可撤销信用证。合同订立后，国内B银行向A公司委托开出金额为120万美元的信用证，同时信用证上加注适用于UCP500。同年7月9日B银行收到议付行美国C银行寄来的相关单据，审单后认为单证存在不符点，于7月11日通知A公司和C银行："We are contacting that applicant for acceptance of the relative discrepancy. Holding documents at your risk and disposal"（我们正联络申请人对不符点予以接受，持有的相关单据风险和处置权归于你方）。同年7月16日C银行针对某B银行提出对单证不符点的反驳，并且坚持认为单据相符。7月19日B银行在答复中指出 "Now the discrepant documents may have us refuse to take up the documents according to Article 14（B）of UCP 500"（根据UCP500第14条B款，我们拒绝接受不一致的单据）。

7月23日，A公司要求B银行拒付信用证下的所有货款，次日B银行通知C银行并退回全套单据。C银行诉诸美国法庭审理该信用证争议案，受理此案的美国法庭检查所有单据，认为不存在单证不符问题。根据UCP500第14条D款，若开证行拒绝接受单据，其必须于接到单据后 7 个工作日内发出明确的拒付指示，而 B 银行在 7 月 11 日的电报中并未写明"拒付"字样，并且该行通知中"Contacting the applicant for acceptance"表明了该行有接受单据的可能性。据此美国法官认为，该行第一次提出拒付的时间是在 7 月 19 日："refuse to take up the documents"，而此时已超过了 7 个工作日，该拒付无效。

【涉及的问题】◀━━

1. UCP600 在 UCP500 基础上"相符交单"的规定进行了哪些修改？

2. UCP600 对有效拒付的规定与 UCP500 有何区别？本案 B 银行是否做出有效拒付？

【参考答案】◀━━

1. UCP500 没有提供检查单证相符的遵守标准，法院审理有关基于单证不符而拒付的信用证案件中通常采用四类标准：严格相符、灵活地严格相符、大体上相符以及合理相符。鉴于实际案件中对审核标准不能达成一致，UCP600 修改了 UCP500 下的相关规定，拒绝使用严格相符的标准并且支持理性关联检验下的相符原则。根据UCP600 第 2 条"相符交单"的定义，"相符"是指交单与信用证条款、统一惯例的使用条款和国际标准银行实务相一致。由于国际商会对于审核单据的国际标准银行实务已经存在专门规定，UCP600 比 UCP500 为银行审单提供了更为明确的参考标准。同时，UCP600 第 2 条 d 款则明确拒绝单据中的内容必须与单据本身、其他信用证要求的单据或者信用证内容"完全相同"的要求，但是要求上述内容之间"不得相互抵触"。

2. UCP500 第 14 条 d 款 i 规定，如果开证行及保兑行（如有）或代表其行事的指定银行决定拒收单据，则其必须不得迟延地以电讯方式，如不可能，则以其他快捷方式通知此事。实践中，对于何谓"通知此事"，各银行有不同理解。故此，我国银行在通知拒付中也就并未明确使用"拒付"一词。但是国际上其他国家法院对此认定颇为严格，他们认为，开证行的拒付通知必须根据统一惯例 UCP500 第 14 条 d 款"精确传达拒付的意思"，从而导致在多起信用证拒付案件中，我国银行被判拒付通知因未表达拒付意图而无效。UCP500 第 14 条 d（2）款对开证行发出决定拒付单据的通知作了如下规定：通知必须列明因之拒付单据的所有不符点，还必须说明是否留存单据听候处理，或已将单据退还交单人。

UCP600 在 UCP500 基础上针对有效的拒绝进行了澄清。根据 UCP600 第 16 条 c 款 i 项规定，银行拒付通知必须表明"银行拒绝兑付或议付"。该项规定是建立在对 UCP500 相应条款的修改之上。

尽管目前没有正式的要求，但通过把标题写成"NOTICE OF REFUSAL"或用明确的文字来表明单据被拒付是一种较好的实务操作。明确的文字表示可以是"REFUSE THE DOCUMENTS"或"DOCUMENTS NOT ACCEPTABLE"等等。而拒付通知中仅列明不符点并说明单据已代为保管听候处理，在国际银行标准实务中也可算作表明了拒付之意，符合 UCP 第 14 条 d 款的要求，但值得注意的是，如果此时再加上"我行正联系申请人对不符点予以接受（WE ARE CONTACTING

APPLICANT FOR ACCEPTANCE OF THE RELATIVE DISCREPANCIES）" 则会导致拒付的意思表示不清。因为根据第 14 条 c 款，这句暗含了开证行已发现不符点并选择了联系申请人让其接受不符点的意思，这样一来，该通知将不能构成拒付通知而只能理解为一种情况报告（STATUS REPORT）。因而，该案中美国一审和上诉法院都裁定，开证行在其拒付电中因为没有拒付的明确意思表示，又包含 "We are contacting that applicant for acceptance of the relative discrepancy."（我们正联系申请人接受不符点）这样的文字，从而不能构成拒付通知，拒付无效。

案例 2

URC725 与制裁法律的冲突

【案例正文】

2020 年 3 月，国内 A 贸易公司向中东 B 国出口空调一批，金额为 15 万欧元，国内议付行审单认为单证相符，单单一致，于是向阿联酋的开证行寄单，同时向德国的偿付行索偿。偿付行收到索偿电文后称：由于 B 国系欧盟制裁国家，而且付款金额超过欧盟制裁决议规定的金额，出口商必须提供相关证明材料，并获德国政府部门批准后，该行方可付款。偿付行要求的证明材料除了货物的名称、型号、用途，还包括 A 贸易公司与进口商之间的合同、进口商与最终用户之间的合同，甚至包括 A 贸易公司采购空调的合同。

【涉及的问题】

1. 根据《跟单信用证项下银行间偿付统一规则》，议付行向偿付行索偿，是否独立于合同？

2. 本案是否违背了信用证独立于合同的原则？结合本案例分析国际惯例与制裁法律的地位。

【参考答案】

1. 按照 URR725 的规定，偿付行依照开证行的偿付授权书向索偿行提供偿付，偿付授权书独立于其所涉及的信用证，与信用证的条件和条款无关，不受其约束。而信用证又独立于买卖合同，因此偿付行与进出口双方的买卖合同更无任何关联。

2. 偿付行依照开证行指示向索偿行提供偿付，该行为与合同、信用证无关，但是在涉及制裁政策时，银行必须首先遵守制裁法律的规定，落实基础交易的合法合规性，这一做法打破了信用证独立于合同的原则。虽然单据相符，开证行未提出不符点，但是由于本笔业务涉及受到欧盟制裁的 Y 国，因此偿付行根据欧盟制裁决议，暂停了该笔款项的支付，不仅要求提供买卖双方之间的合同，还要求提供上游采购合同和下游销售合同，以落实货物的原产地和最终用途，并确定该笔业务的基础交易是否违反欧盟的制裁决议。

2.3.3 有关保函的国际惯例

案例

见索即付保函真的能秒付吗?

【案例正文】

C公司承建N国某铀矿项目向A银行开具了以D公司为受益人的见索即付保函,保函与合同适用瑞士法。2020年4月21日,D公司在毫无预警的情况下,向C公司发出告知承包商违约的正式文函,要求承包商在7天内整改否则终止合同。4月29日,D公司发布正式文函,以拖期、质量未达等理由终止合同,并拟展开保函索兑工作。C公司认为,其并不存在D公司所说的严重违约行为,各种迹象表明,D公司终止项目合同的计划蓄谋已久,导致合同终止的根本原因是日本福岛核电站核燃料泄漏导致全球铀燃料价格大幅下跌,D公司如继续投资则将严重亏损,所以D公司与N国政府在4月25日签订了战略合作协议同意延缓该铀矿项目。

【涉及的问题】

1. A银行开具的保函担保什么内容?在何种情况下受益人能向担保银行索赔?

2. C公司应如何应对D公司可能申请的索赔?

【参考答案】

1. 应承包方(C公司)的请求,A银行向工程的业主方(D公司)做出了一种履约保证承诺。如果承包方日后未能按时、按质、按量完成其所承建的工程,则银行将向业主方支付一定金额款项。当承包方违约的情况下,业务受益人能向担保银行索赔。

2. 应争取担保银行的支持。如果D公司向担保银行发出索赔保函的通知,担保银行应当第一时间通知C公司。如果担保银行或C公司发现业主索赔保函通知中存在不符点,担保银行应向D公司发出拒付通知以争取时间。鉴于保函中未约定收到索赔保函通知后的兑付时间,C公司应尽可能说服银行拖延保函的兑付,为C公司的保函止付工作留足时间。

要向有管辖权的中国法院起诉。如果D公司发出没收保函通知,C公司应尽快以业主欺诈为由,向中国法院申请诉前保全,以阻止业主索兑保函,并在法定期限内以业主和担保银行共同侵权为由,向有管辖权的中国法院起诉。核心诉讼请求包括两点:一是保函受益人索赔保函的行为构成保函欺诈。二是判令担保银行终止支付保函款项。其中,保函欺诈包括两个方面:一是业主终止合同的真实原因是国际铀价下跌、行情惨淡,与N国政府签订战略合作协议,延缓该铀矿项目,却借口承包商违约,擅自终止工程合同并索付保函,属于恶意欺诈行为。二是C公司不存在违约行为。在D公司擅自终止基础合同时,C公司作为承包商还在正常履行义务,而且D公司提出的违约行为不具备事实依据或不足以终止合同。

2.3.4　《国际备用证惯例》

```
————————————— 案例 —————————————
备用证与其他信用担保相比有何优势？
```

【案例正文】▶——————————————————————————————————

备用证申请人为湖南A集团，借款人为集团在中国香港的子公司B公司，中国建设银行湖南省分行支用申请人A集团的流动资金贷款额度，开出金额为1 000万美元的备用信用证，受益人是中国建设银行（亚洲）。中国建设银行（亚洲）收到备用信用证后，为借款人B公司发放1年期970万美元的贷款，用于B公司日常经营周转需要。

【涉及的问题】▶

1. 本案中备用证担保什么内容？

2. 分析备用证与其他信用担保相比有何优势。

【参考答案】▶

1. 境内银行（建行湖南分行）为境内企业（湖南A集团）在境外注册的附属企业或参股投资企业（中国香港B公司）提供担保，由境外银行（建行亚洲）给境外投资企业（中国香港B公司）发放相应贷款。担保形式为：在额度内，由境内的银行开出备用信用证为境内企业的境外公司提供融资担保。

2. 第一，保证人是银行，而不是一般的工商企业。银行的信用与实力一般高于后者。第二，第一性付款责任。只要受益人履行了信用证规定的义务和条件，就可向开证行索偿。这是与一般第三方连带责任保证的重要区别。第三，担保的独立性。备用证基于借款协议开立，但独立于此进行基础交易。银行不受申请人与其他关系人产生纠纷的约束，银行仅凭信用证的描述和要求处理信用证项下单据的责任与义务，属于独立性保证。而一般的第三方保证合同属于从属性保函，它以基础交易合同的存在与执行状况为生效依据，是主合同的从合同。这种依附性决定了担保人不能独立地承担保证责任，而只能依据主合同及其执行状况来确定担保责任的范围与程度，其付款责任具有不确定性。

2.3.5　《福费廷统一规则》

```
————————————— 案例 —————————————
福费廷与贴现有何不同？
```

【案例正文】▶——————————————————————————————————

2020年，国内A公司向S国T公司出口机械，合同总价值为70万美元，付款条件为 180 天远期信用证。A 公司收到 B 银行开来的信用证后备货，在货物发运后取得该批出口货物项下全套单据。A 公司为加速资金周转，拟向银行申请办理远期信用证项下福费廷业务，规避汇率风险并提前获得出口退税。A 公司向其合作银行 C 银行（原信用证通知行）提出此要求，C 银行仔细审核单据后认为该笔业务贸易背景真实、单证一致、单单一致可以受理。时隔一周，C 银行通知 A 公司，由于其总行对 B 银行的授信额度已满，该笔业务无法办理。

为此，A 公司遂就此笔业务向 D 银行与 E 银行咨询，在对比服务内容与价格后，A 公司选择 E 银行办理业务。A 公司与 E 银行签署协议后，向其提交出口远期信用证和全套出口单据，E 银行审核单据后向 B 银行寄送单据，9 天后 B 银行发回承兑电，E 银行在扣除贴现利息和单据处理费后将余额支付给 A 公司，该笔福费廷业务办理完毕。

【涉及的问题】■▶

1. 什么是福费廷业务？只在远期信用证情况下使用吗？与贴现有何区别？

2. 结合本案分析福费廷业务对银行与票据的要求有哪些。

【参考答案】■▶

1. 福费廷是一种无追索权的信用证融资方式，又称买断，包买票据，是在远期信用证项下，银行应出口商要求，无追索地买断经开证行或其指定银行承兑的未到期汇票，或经开证行或其指定银行承付的未到期债权。也可以在承兑交单（D/A）项下，银行应出口商要求无追索权地买断银行保付的已承兑商业汇票。它是一种远期信用证融资业务，与贴现很像，出口商能提前拿到货款，但是贴现是有追索权的，福费廷业务没有；贴现票据为贸易往来中的票据，而福费廷票据则多是与出口大型设备相联系的有关票据；有的国家规定贴现业务中的票据要具备 3 个人的背书，但不需银行担保，而办理福费廷业务的票据，必须银行担保。

2. 银行为企业办理远期信用证项下福费廷业务时，一般首先会考虑与信用证受益人关联的通知行或议付行，除收到开证行承兑电作为必需的前提条件外，还要看该银行系统对开证行是否有足够的授信。企业办理福费廷业务时，通常会选择 2 家以上银行进行询价，对各银行报价进行综合成本核算后，再选择服务好、价格优的银行办理。

综合案例　疫情影响下国际商会规则适用的困惑

【案例正文】■▶

一、背景

2020 年以来，受疫情的影响，国际市场短期不确定性增强，诸多新的风险和问题纷至沓来。全球大范围封城锁国、切断邮航，与国际贸易密切相关的货物运输、单据传递等环节障碍重重，除了订单取消、拒付货款、拒收货物等常规风险，全球物流受阻、快递瘫痪等非常规性事件，给进出口企业、运输公司和结算银行带来了一系列的困惑和难题。

二、因快递延误导致无法在有效期内交单

甲国 A 企业与乙国 B 企业签署出口合同，合同约定信用证结算。2020 年 2 月，A 企业收到买方所在国银行开出的信用证，通过 H 银行通知 A 企业。信用证显示"31D：200430 B 国开证行 SWIFT 代码"。货物发运后，A 企业前去 H 银行交单，被告知因开证行所在国国内快递瘫痪，单据无法寄至开证行，信用证即将过期。

A 企业并不确定，疫情是否可以援引为不可抗力。疫情期间，纸质单据传递不畅使得国际贸易结算无法顺利进行，单据延误的责任问题应由谁来承担？有没有纸质单据的替代方法？

三、国际商会对国际惯例规则的指导意见

UCP600 第 36 条对不可抗力的表述如下：银行对由于天灾、暴动、骚乱、叛乱、战争、恐怖主义行为或任何罢工、停工或其无法控制的任何其他原因导致的营业中断的后果，概不负责。"任何其他原因"是否包括疫情？国际商会专门为此紧急出台了两个指导性文件予以解释。

国际商会在《国际商会不可抗力及艰难情形条款》中，对不可抗力给出了具体的定义："不可抗力"指阻止或妨碍一方当事人履行合同项下的一项或多项义务的事件或情况（"不可抗力事件"）发生，且受障碍影响的当事人（"受影响的当事人"）须证明以下 3 种情况同时存在：

a）该障碍超出其合理控制范围；

b）该障碍在订立合同时无法被合理预见；

c）该障碍的后果无法被受影响的当事人合理避免或克服。

2020 年 4 月 7 日，国际商会发布了《针对新冠肺炎疫情影响下适用国际商会规则的贸易金融交易指导文件》（以下简称《指导文件》）。《指导文件》主要为疫情下进出口商、银行如何使用跟单信用证统一惯例、见索即付保函统一规则、跟单托收统一规则等国际商会规则，尤其是对如何适用这些规则的不可抗力条款等提出指导意见。

四、疫情影响下交单的"备用方案"

在《指导文件》中，国际商会提出了在一定的风险容忍度内且在各方当事人同意的前提下，使用"电子、扫描、传真或电子邮件"方式传递单据的替代解决方案。为此，H 银行认为可以为 A 客户实行"邮件交单+证实电+电放提单"的解决方案。但《指导文件》并非正式成文且具备全球影响力的国际惯例，根据其所做出的关于贸易金融交易的所有决定，将被理解为是在有关当事人负全部责任和获得一致同意的情况下做出的。

H 银行遂告知 A 客户解决方案存在一定的不确定性且缺乏国际惯例的保护,建议 A 客户事先取得各相关方的一致同意。2020 年 4 月 28 日,A 客户告知 H 银行,申请人已联系开证行告知解决方案的相关事宜,并同意方案进行,且向 H 银行出具书面承诺书,在承诺书中一并提供了开证行的邮箱地址,承诺承担由此引发的风险。

方案确定后,H 银行于 2020 年 4 月 28 日审核该信用证项下单据为相符交单,进行系统处理后,将信用证项下全套单据扫描件发送至开证行邮箱,并告知开证行。随后,H 银行立即向开证行发送证实电,告知如下内容:因疫情影响,我行无法将单据寄送至贵行,故将信用证项下正本单据扫描件发送至贵行邮箱,请基于我行邮箱发送给贵行的正本单据扫描件付款,待快递恢复后再行寄单,并告知付款指示。

五、海运提单的"疫情条款"

2020 年 4 月 29 日,H 银行收到开证行回复,称已收到信用证项下全套正本单据扫描件。开证行在审核提单海运提单中,发现提单背面包含特别条款,大意如下:

在疫情期间,受各国政府可能采取的限制性措施影响,货物运输有可能遭到破坏或延迟,货物可能不能装上预期船只,承运人有权决定是否临时更换船只运往目的港;而且,如果港口操作遭到破坏,船公司可以在不预先告知货主的情况下将货物卸于其他港口,然后再视情况将货物转运至约定的最终目的地。由此可能产生的一切附加费用,全部由货主承担并在交货前付清,承运人对由此可能产生的一切损失不承担任何责任。

开证行认为,该条款将海洋运输中可能发生的意外情况导致的损失责任全部划归收货人承担,有"霸王条款"之嫌。该条款对收货人而言,有较大的风险和不确定性,甚至有可能会严重影响到开证申请人的利益,卖方有可能在目的地凭正本提单提不到货,或者即使能提到货,但不得不支付高额的额外费用。开证行以提单不符为由,向 H 银行提出拒付。

六、H 银行的据理力争

H 银行认为,按照信用证要求,已提交全套正本提单,提单表明货物从信用证规定的装货港发运至卸货港,并与信用证一致,同时,具备已装船批注,注明货物的装运日期,显示承运人名称。综上,其为在信用证装运期内的已装船清洁提单,符合 UCP600 对于海运提单的全部要求,拒付理由不成立。

2020 年 5 月 6 日,H 银行收到业务项下回款,并通知受益人进行入账。两天后,快递恢复寄送,H 银行遂将全套正本单据寄往开证行。

资料来源:李欣.新冠肺炎疫情下的单据传递创新 [J].中国外汇,2022(14).改编。

【案例使用说明】

一、讨论思考题

1.根据国际商会指导文件，分析疫情是否属于不可抗力？不可抗力结束，银行正常营业，银行是否应该履行付款责任？

2.国际商会专门发布了《关于正确理解 UCP600 第 35 条第一段的解释性文件》。按照其中的规定，UCP600 第 35 条也同样适用于因快递公司无法收单导致单据无法正常寄出的情形。如果单据在规定时间内正常寄出，但中途遗失，开证行有没有付款责任？对此有何启示？

3.本案海运提单的"疫情条款"，你认为是不符点吗？疫情下的提单解决方案，你能想到有哪些？

二、分析思路

疫情下，单据传递、提单特殊条款等问题的出现，国际经贸活动的当事人对"疫情是否属于不可抗力范畴""因快递延误导致无法在有效期内交单""海运提单中承运人的免责条款是否为不符点"等问题，在诉诸国际结算惯例相关条款时无法找到确切答案。分析 UCP600 第 36 条"不可抗力"所涉及场景。国际商会的职能，包括协调统一贸易惯例，为进出口商制定贸易术语和各种指南，对相关条款的补充与解读，使国际惯例予以统一规范，并制订、普及和推广信用证的业务流程，以及开证行、交单行、受益人与申请人的责任义务；信用证下的提单的缮制；银行对于海运提单的审核标准。疫情下，因各种复杂原因受益人无法在有效期内交单，应在国际惯例与国际商会的文件指导下，灵活应对处理。

三、理论依据及分析

1.文件明确规定，"瘟疫、流行病、自然灾害或极端自然事件"属于不可抗力范畴。由此可见，疫情属于不可抗力范畴。

UCP600 第 36 条规定：银行恢复营业时，对于在营业中断期间已逾期的信用证，不再进行承付或议付。URDG758 和 ISP98 的规定相对更合理一些，规定保函或备用信用证的有效期可以在银行恢复营业后自动延展 30 个日历日。由此可见，在信用证项下，面对不可抗力，受益人可能承担的风险会更大一些。

2.根据 UCP600 第 35 条规定，当单据按照信用证的要求发送时，或当信用证未作指示，银行自行选择传送服务时，银行对单据递送过程中发生的延误、中途遗失、残缺或其他错误产生的后果，概不负责。如果单据正点，开证行有没有付款责任要看信用证规定的兑用地点，兑用地点不同，开证行的付款责任就不同，其结果也就不同。

UCP600 的第 2 条：Presentation means either the delivery of documents under a credit to the issuing bank or nominated bank or the documents so delivered。即交单的对象只有开证行（issuing bank）和指定银行（nominated bank）。自由议付或限制指定银行议付的信用证项下（available with any bank or XX bank by negotiation），只要受

益人在交单期内将正点单据交到指定银行（自由议付项下可以交到任何银行），开证行的付款责任便成立，无论单据是否正常寄出，或在邮寄途中延误或者丢失。若全套正本单据在邮途中丢失，交单行只需给开证行提供快递收据证明单据已按时寄出，并补寄全套副本单据佐证单据正点，开证行就必须如期承兑或付款。案例中，信用证文本并没有标明"available with 中国通知行"，且 SWIFT 信息第 31D 显示"200430 B 国开证行 SWIFT 代码"，即信用证失效地点在 B 国。很明确，交单银行是 B 国开证行，受益人把单证提交给国内通知行并没有完成交单义务。信用证规定的兑付地点在开证行柜台（available with issuing bank by payment）。这种情况下结果截然相反。根据 UCP600，对于兑用地点在开证行的信用证，若开证行没有在信用证规定的期限内收到全套正本单据，则无须承兑或付款。此时单据延误、丢失或无法寄送产生的后果，完全由出口商承担。如果货物到港、进口商拒绝收货，出口商就可能遭受惨重的损失。

对进口商而言，尽量开立兑付地点在开证行柜台付款的信用证；对出口商而言，尽量争取对方开出自由议付、兑付地点在出口方银行的信用证。在正常情况下，这二者的区别可能还不太明显；但在疫情的特殊背景下，如果因寄单延误或丢失发生纠纷甚至诉讼，这两类信用证的利弊就十分显著了。

3.该提单的疫情条款是提单载明的承运条款（a term and condition of carriage），根据 UCP600 第 20 条（a）（v）款，银行对承运条款的内容不予审核（Contents of terms and conditions of carriage will not be examined）。所以，无论该条款载于提单正面或者反面，无论是预先印就还是印章加盖，该提单均不构成不符点，开证行不得拒付。但是，如果提单表面显示的装货港或卸货港与信用证要求的不同，则无论是否因为疫情影响，该提单均构成不符点，开证行可以拒付。根据《UCP600》第 34 条规定：银行对任何单据的形式、充分性、准确性、内容真实性、虚假性或法律效力，或对单据中规定或添加的一般或特殊条件，概不负责，即银行只审查单证、单单表明是否相符。海运提单结合实践主要是看两方面：首先是伪造提单，即货物未装运，出口商伪造提单向银行议付贷款。其次是倒签提单，使出口商能够在信用证规定期限内顺利结汇而获得贷款。

一是电邮交单加提货担保的做法。但这对买方而言存在一定的弊端和风险。二是使用 PDF 格式的电子提单加电子签名通过电子邮箱传输。也难以解决提货难题。三是采用电放提单模式。这种模式相当于无单放货，如果信用证项下开证行拒付，卖方将非常被动。四是船公司签发不可转让海运单（Non-negotiable Sea-waybill）。该单据非提货凭证，固定收货人，收货人可凭身份证明在目的港提货。与电放提单相同，这种方式对卖方而言风险较大。

以上方式的采用都需要买卖双方之间的协商，必要时还需要客户与银行、银行与银行之间的沟通。但无论哪种方式，因无法解决货权凭证的问题，对买卖双方都存在一定的风险隐患。如果添加提货担保，则加大了买方的风险；如果在没有提货担保的情况下无单放货，则卖方有可能面临货款两空的困境。这些变通方式均以买卖双方之间的互相信赖为前提，因而针对陌生的或信用欠佳的交易对手，建议谨慎采用或不采用此类方式。

第3章 国际结算中的票据

开篇案例

托收下承兑汇票后是否可使用信托收据提货？

【案例正文】

广东某外贸公司向印度达尼公司出口一批纺织产品，合同中付款条件规定为："D/P 60 days after sight"。某外贸公司将汇票及所附单据通过托收银行A寄抵印度代收行B。B银行向达尼公司提示之日，后者在汇票上履行了承兑手续。不日，货物抵目的港，由于市场行情较好，加之达尼公司经营面临困境，急需资金周转，便出具信托收据向B银行借得单据，遂提货转售。然而，该批货物的销售并未给达尼公司带来转机。60天后，汇票到期，达尼公司因经营不善，失去偿付能力。B银行电复A银行，称汇票付款人拒付，并建议由出票人广东某外贸公司直接向达尼公司索取货款。对此，你认为该外贸企业应如何处理？

【涉及的问题】

1. 汇票的承兑在付款方式中表明何意？信托收据有何作用？
2. 你认为该外贸公司应如何处理？

思政案例

我国票据市场从建立到规范的历程

民国初期，票据的发展十分混乱，不同地区、不同金融机构发行的票据种类各不相同，市场上也没有统一的标准对其进行规范。华商银行纷纷建立，新式票据也在市场上流转开来，新旧票据并行，加剧了票据流通的混乱之象。仅上海银行周报1922年出版的《票据法研究》一书中就收录一百来种票据，市场上流通的票据东西各异。

新中国成立之初，国家开始了恢复生产生活和恢复金融体系的工作，大力支持商业信用和银行信用的发展，利用商业汇票的承兑和贴现，调节市场资金，恢复和发展国民经济。

改革开放时期，商品经济快速发展，为了解决商品的支付和结算问题，票据作为支付结算的工具开始受到重视。1981年试办了第一笔同城商业承兑汇票贴现以及第一笔异地银行承兑汇票的贴现。中国人民银行先后出台了《商业汇票承兑贴现暂行办法》《再贴现实行办法》，扩大商业票据业务范围，带动经济快速发展。

1995年5月10日，《中华人民共和国票据法》正式颁布，改变了我国票据市场无法可依的局面，将票据行为上升到国家法律层面，它为建设信用、规范票据流通秩序，打击违法犯罪创造了基本的法律条件。这一时期票据相关法规逐渐完善，定价机制不断改进，为票据市场的进一步繁荣发展奠定了坚实基础。

2000年11月9日，经中国人民银行批准，中国工商银行在上海开办了国内第一家专业化经营票据的机构——中国工商银行票据营业部，确立了票据专业化、精细化和规范化经营理念。

2016年12月8日，上海票据交易所正式成立，有效提升票据市场的风险管理水平，票付通、贴现通、标准化票据等产品在票交所的推动下相继问世，票据市场秩序开始从无序发展走向有序规范、票据市场经营从回落走向正常、票据市场管理开始从夯实基础走向创新引领。

3.1　票据概述

3.1.1　票据的产生

案例

唐朝为何会产生"飞钱"？

【案例正文】■

《新唐书·食货志》记载："（宪宗）时，商贾至京师，委钱诸道进奏院及诸军诸使富家，以轻装趋四方，合券乃取之，号飞钱。"

当时钱币缺乏，各地禁钱出境，在京师的商人将钱交给各道驻京的进奏院、各军、各使或富商，取得凭证，回本道合券取钱，称为"飞钱"。元和七年曾规定商人在户部、度支、盐铁三司飞钱，每千钱加付百钱，商人不至，又改为免费兑换。宋太祖开宝三年（970）设便钱务，专门办理便换。南宋初年便换业务还盛行。后来逐渐盛行使用纸币，便换业务就慢慢衰落。

在商业异常发达的唐代，各地商人运货到京城出售，售货得的大量钱币要带走既不安全又不方便，因此商人们就将钱币交给各地驻京的进奏院（相似于驻京办事处）和有关机构，或交给各地设的分支机构的富商，由这些单位发给商人们半联凭证，另半联凭证寄回各地的相应单位。商人回本地区后，经验证相符，便可取款。

【涉及的问题】

1. 唐朝飞钱为何产生？

2. 结合纸币的功能分析票据存在的原因。

【参考答案】

1. 飞钱的产生与当时商业贸易发达有关。唐代内地与边远地区、外国通商日盛，许多商人奔波于崇山峻岭和戈壁沙砾之间，铜钱面值小又重，运输很不便利，面临遭人抢劫风险。这种汇兑方式一方面降低了对铜钱的需求，缓和钱币不足的情况，同时商人前往各地进行贸易活动时，亦减轻了携带大量钱币的不便。

2. 票据是代替现金进行支付结算的工具，它们有现金不可比拟的优势。票据不仅具备支付功能，还具备信用功能，银行汇票和本票是由银行签发，信誉度较高，容易被买卖双方接受。

3.1.2　票据的性质

------ 案例 1 ------

票据背书后持票人能顺利取得票款吗？

【案例正文】

A 房地产有限责任公司从 B 贸易进出口公司购进 3 000 吨水泥，总价款为 60 万元。水泥运抵后，A 房地产有限责任公司为 B 贸易进出口公司签发一张以 A 房地产有限责任公司为出票人和付款人、以 B 贸易进出口公司为收款人的、3 个月后到期的商业承兑汇票。

一个月后，B 贸易进出口公司从 C 公司购进木材一批，总价款为 55.5 万元。B 贸易进出口公司就将汇票背书转让给 C 公司，余下的 4.5 万元 C 公司用支票方式支付完毕。不久后，A 公司发现 3 000 吨水泥中有一半质量不合格，双方发生纠纷。汇票到期时，C 公司把汇票提交 A 公司要求付款，A 公司拒绝付款，理由是 B 贸易进出口公司供给的水泥不合格，不同意付款。

【涉及的问题】

1. 何谓票据背书？一般谁来做出该票据行为？背书体现了票据的什么性质？

2. 结合票据的性质，分析 A 房地产有限责任公司是否可以拒绝付款。

【参考答案】

1. 背书是指持票人为将票据权利转让给他人或者将一定的票据权利授予他人行使，而在票据背面或者粘单上记载有关事项并签章的行为。票据的持票人因为各种原因要转让票据权利,在其背面说明情况并签章。本案中,B公司将汇票背书转让给C公司,就将该票据的权利转让给了C公司。

背书体现了票据的流通转让性,一般的债权在转让时,必须经过债务人的同意,但票据经过背书或交付就可自由地转让、流通,转让时无须通知债务人,债务人不能以没接到通知为由拒绝承担义务。

2.不能。票据是无因证券。票据的无因性是指,票据关系虽然需要基于一定的原因关系才能成立,但是票据关系一经成立,就与产生或转让票据的原因关系相分离,两者各自独立。票据具备票据法上的条件,票据权利就成立,至于票据行为赖以发生的原因关系是否存在和有效,在此不问。原因关系是否存在和有效,对票据关系不产生影响,票据债权人只要持有票据即可行使票据权利。票据债务人不得以原因关系无效为理由,对善意的持票人进行抗辩。

本案中,B公司与A司之间的水泥购销关系是本案汇票的原因关系,汇票开出后,A公司就与票据持有人产生票据关系。原因关系与票据关系是相互分离的。A公司提出水泥质量不合格是原因关系有瑕疵。其拒绝付款就是用原因关系来对抗票据关系。但现在汇票已被背书转让,持票人不再是原因关系的当事人,所以A公司不得以水泥不合格为由来对抗C公司,A公司必须付款。

------------ 案例2 ------------
合同纠纷下出票人要履行付款义吗?

【案例正文】

A公司签发一张商业承兑汇票给B公司购买货物,A公司对该汇票进行了承兑。B公司按照购销协议发送货物给A公司,经权威机构检验,B公司发送的货物为不合格产品。当汇票到期B公司委托银行收款时,均被开户银行以付款人无款支付、该账号已结清、无此账户等为由拒付。B公司遂以票据纠纷为由诉讼至法院,要求A公司支付汇票款及相应利息。A公司认为,B公司货物出现质量问题,可以以此为由对与自己有直接债权债务关系的持票人进行抗辩,因此拒绝履行票据义务合理。

【涉及的问题】

1.何谓票据承兑?承兑体现了票据的什么功能?

2.A公司是否可拒绝付款?

【参考答案】

1.承兑是指票据的付款人承诺负担票据债务的行为,体现了票据的信用功能,即票据当事人凭借自己的信誉,将未来才能获得的金钱作为现在的金钱来使用。

2.可以。票据原因关系与票据关系的分离是有前提条件的，在票据背书转让的情况下，新产生的票据债权债务关系有一定的独立性，其与作为授受票据原因的一般民事债权债务关系相分离，不受原因关系的影响。票据债务人对非直接受让人的请求不能主张抗辩。但在票据未经背书转让之前，在直接授受票据的当事人之间，既存在票据法的债权债务关系，也存在一般的民法上的债权债务关系，即票据原因关系。此时，如不允许出票人行使抗辩权，则对出票人显然不公平，会助长他人利用票据关系进行舞弊的行为。本案中 A 公司与 B 公司是直接收受票据的当事人，票据并未背书转让给第三人。

3.1.3　票据的功能

案例 1

承兑汇票如何贴现？

【案例正文】

某商业银行受理两张银行承兑汇票贴现申请，银行承兑汇票同时存在机打和手写两种方式，手写部分一般是出票日期、金额、到期日等。工作人员通过系统查询，并与汇票的承兑行进行了联系，承兑行证实承兑了此批汇票，但提示这两张汇票为机打凭证，而银行收到申请贴现的汇票为手写凭证，这一疑点引起了经办人的重视。

在对两张汇票进行真实性甄别后确认为假票，这两张汇票与真实承兑汇票记载要素完全一致：克隆汇票的汇票专用章与原汇票所加盖章一致，经办人名章略有区别。两张克隆汇票制版非常精细，伪造的各项防伪点较为逼真，汇票大写金额红水线栏有较好的荧光反应，左上角的行徽和右边行徽均有荧光反应，汇票正面有少数彩色荧光纤维，汇票有水印，汇票号码具有凹凸感，票面底纹及图案、微缩文字清晰规则等，足以以假乱真，属于采用高科技手段伪造的票据。

【涉及的问题】

1.什么是票据的贴现？贴现体现了票据的什么功能？

2.汇票如何贴现？如何防范银行票据欺诈？

【参考答案】

1.票据贴现是票据到期之前，将票据背书后上交银行，银行将票据的到期价值，扣除按照贴现利率计算的从贴现日至到期日的利息后的余款付与持票人。贴现主要反映了票据的融资功能，即票据持有人通过对未到期的票据进行买卖，获取现款，将票据的信用能力贴现为现实的资金能力，让"死钱"变成"活钱"，完成融资目标。

2.持票人向购买汇票的银行书面申请贴现业务时，银行会把持票人持票的期限、业务类型、票面情况结合起来确定贴现率，并向持票人作出业务报价。持票人接受报价以后，银行会通知其需要的证件资料，齐全后即可办理贴现业务。如要核实银票的真实性，可以致电出票行，包括询问票面是机打或手写。或是联络开户行，由柜面人员向开户行查询。

-------------------- 案例2 --------------------

无交易背景的票据可否充当融资工具？

【案例正文】

A公司与B公司资金短缺，为有效获取资金，商定通过商业承兑汇票进行融资。6月15日，B公司签发并承兑金额为100万元的商业承兑汇票一张，收款人为A公司，到期日为次年2月15日。约定一经银行贴现，A公司分得70万元，B公司分得30万元。6月21日，A公司持该汇票到C银行申请贴现。该银行于当日将扣除贴现利息后的贴现款付给A公司。6月底，B公司按双方的约定，从A公司划款30万元。

汇票到期时，C银行向B公司提示已到期的商业承兑汇票，B公司以其存款不足为由退票。C银行即对两公司行使追索权。B公司还款20万元后拒绝承担到期无条件支付票款的责任。A公司则认为应由出票人B公司承担该票据责任，拒绝付款。C银行多次催收无效，遂诉至法院。

【涉及的问题】

1.本案例的票据为何不能"融资"？

2.分析法院会如何判决？

【参考答案】

1.商业承兑汇票可以"融资"，但它是对商品交易中所需资金的一种专用融资，是以交易商品为"抵押"的一种担保类融资，是商品交易中卖家对买家的一种特定融资，必须以真实的商业交易关系为前提。没有真实的贸易背景，就等于商业承兑汇票没有资金保证。对商业承兑汇票的出票人（承兑人兼付款人）来说，如果有真实的商品交易存在，通过销售商品就应当有收入，商品的销售收入一般能够保证其付款，因此，签发的商业承兑汇票才具有资金的保证。本案商业承兑汇票的出票人是B公司，收款人是A公司，它们之间根本没有商品交易，只是共谋通过签发商业承兑汇票，骗取银行的贴现资金，构成票据诈骗犯罪。这种使用商业承兑汇票的"融资"行为是法律所不允许的。

2.B公司应向C银行偿付全部欠款本息，A公司对B公司的债务负连带清偿责任。

3.1.4　票据法及其法系

案例

大小写金额不一致应如何判定？

【案例正文】■

国内A银行向德国B银行开出不可撤销信用证，受益人交单后通过快递将单据寄交A银行，A银行在审核汇票后发现下述不符点，汇票上小写金额是"HKD950 000.00"，大写金额为"HONG KONG DOLLARS NINE HUNDRED AND FIVE THOUSAND ONLY"，金额不一致，于是对外拒付。收到A银行拒付电后，B银行认为所述不符点是打字错误，非实质性不符点，按照《日内瓦统一法》，票据有效，故坚持要求A银行付款。

【涉及的问题】■

1.本案汇票大写金额是多少？A银行拒付是否合理？

2.请结合票据法体系分析B银行理由是否有理。

【参考答案】■

1.汇票票面金额同时以文字和数字记载，文字金额即大写金额"HONG KONG DOLLARS NINE HUNDRED AND FIVE THOUSAND ONLY"。大写金额为90.5万港币。数字金额即小写金额"HKD950 000.00"。根据我国的票据法，大小写不一致，该票据无效，不符点成立，A银行拒付合理。可建议受益人在信用证有效期内重新提交汇票。

2.《日内瓦统一法》规定，"汇票金额同时以文字和数字记载者，于两者有差异时，文字记载之金额为付款金额"。"汇票金额以文字或数字记载一次以上。票面先后有不符时，其较小金额为付款金额"。《联合国国际汇票和国际本票公约》规定，"票据上以文字表明的金额与以数字表明的金额不符时，以文字金额为准"。《英国票据法》规定，"票面所列金额，用文字及数字并书时，若两者有不符时，应以文字金额为准"。

本案例中，汇票票面金额同时以文字和数字记载，大写金额90.5万港币，数字金额即小写金额"HKD950 000.00"，两者不一致，如根据《日内瓦统一法》，应按文字金额即大写金额90.5万港币支付，而不是按小写金额95万港币支付。因此，B银行理由有理。

3.2   汇票

3.2.1   汇票的定义

案例

汇票出票人可以是收款人吗？

【案例正文】

买卖双方签订进出口合同包括以下内容：

"The Buyer： Great World Store， New York， America

The Seller： Goma Home Appliance Company， Beijing， China

Total Value： USD148 250

The Buyer， on receipt from the Seller of the delivery advice， shall open an irrevocable letter of credit with the Bank of China， in favor of the Seller for the total value of shipment 25-30 days prior to the date of delivery. The credit shall be available against Seller's draft drawn at sight on the opening bank for 100% invoice value accompanied by the shipping documents specified in Clause 10 hereof. Payment shall be affected by the opening bank by telegraphic transfer against presentation of the aforesaid draft and documents. The letter of credit shall be valid until the 20th day after the shipment is effected."

【涉及的问题】

1.本案中汇票的当事人有哪些？分别对应信用证的哪些当事人？

2.结合合同条款探讨汇票的作用。汇票出票人可以是收款人吗？

【参考答案】

1.本案的合同条款提到"卖方须向开证行出具100%发票金额即期汇票"，汇票的出票人，即卖方，是信用证的受益人。汇票的付款人为开证行，是中国银行。汇票的收款人是卖方指定银行，一般是议付行或通知行。

2.合同条款："买方收到卖方交货通知，应在交货日期前25～30天，由中国银行开出以卖方为受益人的与装运金额相同的不可撤销的信用证。卖方须向开证行出具100%发票金额即期汇票并附本合同第10款所规定的装运单据。开证行收到上述汇票和装运单据即予以电汇支付。"本案卖方签发汇票，委托信用证的开证行在见票时无条件支付合同金额的100%给卖方或卖方指定银行。汇票的出票人也可以是收款人。

3.2.2 汇票的必备项目

------------------ 案例 1 ------------------

"DEMAND DRAFT" 是即期还是远期?

【案例正文】 ■━━━━━━━━━━━━━━━━━━━━━━━━━━━━━━

国内 S 公司从事医药器具出口行业,其业务人员持两张国外客户寄来的汇票到国内某银行要求贴现,并准备向国外进口商发货。两张汇票的出票人为美国新泽西州 FRIST FIDELITY BANK,付款人为哥斯达黎加 AMERICAN CREDIT AND INVENT CORP。金额分别为 47 761 美元和 61 624 美元,出票日为 2018 年 6 月 21 日,汇票注明 "PAY AGAINST THIS DEMAND DRAFT UPON MATURITY",并在 "DATE OF ISSUE" 下直接标明 "DATE OF MATURITY 20ᵗʰ Aug.2018"。

与出票日相差 60 天,从票面看,两张汇票显然不符合银行汇票的特点,疑点很大。于是该行一边告诫公司不要急于向国外进口商发货,一边致电出票行查询。后美国新泽西州 FRIST FIDELITY BANK 回电,证实自己从未签发过上述两张汇票。

【涉及的问题】 ■━━━━━━━━━━━━━━━━━━━━━━━━━━━━━━

1. 汇票的记载事项是否存在问题?

2. 如何防范该类问题产生的风险?

【参考答案】 ■━━━━━━━━━━━━━━━━━━━━━━━━━━━━━━

1. 上述两张汇票在付款期限上自相矛盾。即期汇票为 SIGHT OR DEMAND DRAFT,收款人提示汇票的当天即为汇票到期日。然而,两张汇票都有 "PAYING AGAINST THIS DEMAND DRAFT UPON MATURITY" 这样的语句,且标明到期日,与出票日相差了 60 天。不能确定是远期还是即期汇票。两张汇票的出票人在美国,即付款项为美元,而付款人却在哥斯达黎加,付款路线太迂回,应警惕。

2. 面对潜在的伪造汇票欺诈,收到汇票而不知晓汇票上记载的出票人、付款人详情的,应迅速致电该出票人或收款人,就汇票签发人和付款人的资信、规模、业务范围以及汇票的有关情况进行询问以判断汇票真伪。在得出结论前一定要告知持票人暂时等候,收到票据不等于收到现金,不要贸然以汇票为保证发运货物。

------------------ 案例 2 ------------------

缺出票人签章但已承兑的汇票有效吗?

【案例正文】 ■━━━━━━━━━━━━━━━━━━━━━━━━━━━━━━

甲公司向某工商银行申请一张银行承兑汇票,该银行作了必要的审查后受理了这份申请，并依法在票据上签章。甲公司得到这张票据后没有在票据上签章便将该票据直接交付给乙公司作为购货款。乙公司又将此票据背书转让给丙公司以偿债。到了票据上记载的付款日期，丙公司持票向承兑银行请求付款时，该银行以票据无效为理由拒绝付款。

【涉及的问题】

1.案例中的汇票是否有效？

2.银行在票据上依法签章，可以拒绝付款吗？为什么？

【参考答案】

1.无效。根据我国《票据法》关于汇票出票行为的规定，出票人必须在票据上记载"汇票"字样、无条件支付的委托、确定的金额、付款人名称、收款人名称、出票日期及出票人签章。以上事项欠缺之一者，票据无效。

2.承兑银行可以拒绝付款。根据票据行为的一般原理，出票行为属于基本的票据行为，承兑行为属于附属的票据行为。如果基本的票据行为无效，附属的票据行为也随之无效。

案例3

背书未注明日期是否享有票据权利？

【案例正文】

2020年6月1日，A行签发了两张银行承兑汇票。出票后经多次背书转让给了C公司，C公司于6月7日向B行提出贴现申请。B行审查后，就汇票真实性问题向A行发出查询电报，A行回电证明两张汇票真实，B行办理了贴现。C公司将汇票背书转让给B行时未记载日期，后补填背书日期为7月6日。

汇票到期，B行向A行提示付款。A行以B行是无对价的恶意取得为由拒绝付款，提起诉讼，请求判定B行对两张汇票不享有票据权利。A行认为，B行办理贴现时，未要求贴现申请人提供与其前手之间的商品交易合同等证明，属于重大过失取得票据，不享有票据权利；B行取得汇票后，未给付对价；C公司将汇票背书转让给B行是在7月6日，办理贴现是在6月7日，B行在没有取得票据的前提下办理贴现手续，是虚假的。

B行认为，B行作为贴现人仅应对贴现申请人与其前手之间交易的真实性作形式审查，只需审查合同复印件，B行履行了义务，无过失；B行通过票据贴现的方式向C公司支付了贴现款，符合"给付对价"的要求；票据的背书日期虽为7月6日，但法律并未规定背书日期与支付对价日期须一致；因此对两张汇票享有票据权利。

【涉及的问题】

1.请分析B银行的贴现行为是否有效？

2. 请分析 B 银行对两张汇票是否享有票据权利?

【参考答案】 ■

1. 贴现是指商业汇票的持票人在汇票到期日前, 将票据转让给贴现银行, 由银行从票据金额中扣减贴现利息后, 将余下的金额交付给持票人。

银行在办理贴现时应切实履行审查义务。票据是一种流通证券,《票据法》第 31 条规定持票人以背书的连续证明其票据权利。由于票据具有独立性, 票据关系一经产生即与其基础关系相分离, 因而, 持票人只需证明其所持有票据的票据关系合法成立, 没有义务对票据的基础关系 (商品交易) 作过多说明。贴现人在办理贴现时, 仅负有对持票人与出票人或其前手间是否存在交易关系进行形式审查的义务。而本案中, A 银行以 B 银行办理贴现存在重大过失为抗辩事由, 依据是《票据法》第 12 条第 2 款 "持票人因重大过失取得不符合本法规定的票据的, 不得享有票据权利"。重大过失是指票据受让人在受让时稍加注意就可以得知让与人对票据无处分权而取得票据的情形, 对于是否有 "重大过失" 的认定, 仅应限定于受让人对票据记载事项的审查。

2. 票据的取得, 必须给付对价。B 银行在办理贴现手续时, 按要求给付了贴现款, 应当认定 B 银行给付了相应的对价。

票据的文义性是指票据行为的内容完全以文字记载为准, 即使文字记载与实际情况不相一致, 仍以文字记载为准, 不允许票据当事人以票据所载文字以外的证据对票据上的记载作变更或者补充。

背书日期属于非绝对必要记载事项。贴现实质上是一种票据转让, 表现在票面上就是背书人与被背书人的关系。根据《票据法》第 29 条第 2 款之规定, "背书未记载日期的, 视为在汇票到期日前背书"。所以, 在实际贴现日期与背书日期不一致的情况下, 根据票据的文义性, 应以票面所载日期为准来确定票据权利的转让时间。因此, 票据上是否记载背书日期抑或与实际转让票据的日期是否一致, 均不影响背书转让的效力。但是为了减少纠纷, 在实际操作中仍应保证背书日期与实际贴现日期一致。综上, 只要票据各项必要记载事项齐全完备、背书连续, 符合有关规定, 持票人履行了形式审查义务, 即无重大过失, 依法应享有票据权利。

------- 案例 4 -------

汇票背面注明 "Not Transferable" 是何意?

【案例正文】 ■

A 公司按照合同签发一张收款人为 B 公司的银行承兑汇票, 承兑银行依照出票人的要求, 在汇票背面加盖了 "Not Transferable" 字样的印章。B 公司在购销合同规定期限内没有履行义务, 却将该汇票质押给甲银行用以贷款, 甲银行收妥票据后给B公司发放了贴现贷款。收款账户为B公司开立在甲银行的账户。通过该账户，B公司将贷款分多次转移他用，而未按双方签订的质押协议所确定的用途使用该笔贷款。由于合同规定的供货期限已过，B公司没有履行义务，也没有将汇票退还，A公司遂向法院提请诉讼，要求B公司与甲银行返还汇票，并由B公司承担不履行购销协议的违约金及诉讼费。

【涉及的问题】■━━━━━━━━━

1. "Not Transferable" 是何意？背面加注是否规范有效？

2. 你认为法院应如何判决？

【参考答案】■━━━━━━━━━━

1. Not Transferable 即不得转让，标明汇票是限制性抬头，除抬头人之外，其他任何人都不享有票据权利，票据债务人只对收款人一人负责。但字样加盖在汇票背面不规范，但系双方真实意思的表示，应具有法律效力。一般而言，出票人应将 "Not Transferable" 字样加盖在汇票正面收款人处，背书人应将 "Not Transferable" 字样加盖在汇票背面。

2. B公司未按合同按时供货是违约行为，应承担违约责任。B公司违反票据取得的"诚实信用原则"，没有支付相应的对价，属于以欺诈手段骗取票据，依法不能享有票据权利。汇票明确载明不允许转让，而B公司与甲银行明知该汇票约定不允许转让，仍以此汇票设立质押，显属不妥。注明不得转让的汇票不能设定质押，用以质押的票据应返还给出票人A公司。此外，甲银行知道B公司未按约定用途使用贴现贷款，亦应承担责任。

```
-------- 案例 5 --------
信用证下汇票的收款人是谁？
```

【案例正文】■━━━━━━━━

I银行开立以受益人为B公司的可自由议付的远期信用证，并通过A银行通知受益人。受益人装运后备好单据到A银行办理议付，A银行发现，B公司提交一份指示汇票，收款人栏填写为 "pay to the order of ourselves"。随即联系B公司，汇票的收款人应填写A银行，或背书给A银行。B公司认为，信用证条款未规定汇票收款人，对A银行建议保持谨慎。

【涉及的问题】■━━━━━━━━

1. 什么是指示汇票？为何要背书？

2. 信用证下汇票的出票人、付款人、收款人分别是谁？

【参考答案】■━━━━━━━━

1. 出票人在汇票上记载收款人的姓名，同时附加记载 "to order" 字样的汇票，这种汇票，出票人可以依背书交付而转让。背书是一种票据转让的方式，背书的主要目的是在于转让票据的权利。本案中议付行根据信用证开证行授权，买入受益人开立和提交符合信用证规定的汇票。议付行付出对价，受益人背书转让票据。

2. 由于信用证属于逆汇支付方式，即支付工具的传递方向是从债权人到债务人，与资金流向相反，这就使得信用证下的汇票出票人是债权人，即受益人。受益人（卖方）是根据信用证开立汇票的，开立的汇票收款人，可以是自己，即出票人开立以自己为收款人的汇票，可以在汇票的收款人一栏中写成 "Pay to the order of the negotiating bank"（付款给议付行所指定的人）或 "Pay to the order of beneficiary"（付款给受益人所指定的人）。议付行都愿意接受 "Pay to the order of beneficiary" 的指示汇票，再由受益人将汇票背书转让给议付行，这样议付行才是名副其实的善意持票人，从而能最大限度地保护自身利益。

3.2.3　汇票的其他记载事项

案例

远期汇票付款时银行是否应支付利息？

【案例正文】▮

A 向 B 银行交存 100 万元现汇，并经交纳手续费后申请了一张自带银行汇票，带往国外做生意。汇票的付款期限为 2 个月，收款人记载为 A。签发汇票当日，B 银行便将 A 交存的资金划转到本行的往来账户上。两个月后，A 因未做成生意，遂将该汇票带回交还银行，并要求退还有关汇票款项且支付两个月以来的利息。银行收回汇票后原银奉还，但未支付利息。双方因此发生纠纷。

【涉及的问题】▮

1. A 请求银行签发汇票给自己是否可行？判断票据的主要当事人。

2. B 银行是否应支付利息？

【参考答案】▮

1. 可行。A 交存资金请求银行签发银行汇票，这既是一种原因关系，又是一种预约关系。当银行签发了汇票交付给 A，并将 A 所存资金划入银行自己的账户时，实际上发生了法律允许的特殊的创设票据方式。A 即是汇票的收款人。B 银行是汇票的出票人，也是付款人。

2. 是否支付票据金额的利息，主要与汇票记载和是否依期提示付款有关，与是否超过票据时效无必然联系。A 在 2 个月付款期限过后，将汇票退回银行时，实际上是以收款人和持票人身份，提示付款人付款。银行汇票不记载利息，银行无支付汇票金额利息的义务。同时，我国《票据法》规定，见票即付的汇票的提示时间是出票后一个月内。对未在付款期限内提示付款的持票人，银行不负延期支付责任，故银行无须支付任何利息。

3.2.4 汇票的主要关系人

------------------- 案例1 -------------------

银行能否因贸易纠纷拒付票款？

【案例正文】■————————————————————————

A公司（卖方）与B公司（买方）签订了一笔贸易合同。B公司因资金困难，向C公司借款用于支付A公司货款。C公司同意借款，要求其账户行T银行开立以B公司为收款人的汇票一张，B公司收到汇票后，将其背书转让给A公司，以清偿货款。

不日，A公司向其账户行H银行委托代收取票款，H银行反馈T银行称由于货物质量有问题，C公司应B公司要求，指示其停止支付汇票，故拒付款项。A公司向法院起诉T银行，要求其无条件支付汇票金额款项，并赔偿延期付款的利息和其他相关费用。

【涉及的问题】■————————————————————————

1.本案中的汇票是何种类型？涉及哪些票据当事人？

2.A公司诉求是否合理？

【参考答案】■————————————————————————

1.属于银行汇票。T银行是出票人也是付款人，B公司是收款人，也是第一背书人，A是被背书人，是汇票的最后持票人。

2.合理。C公司要求其账户行T银行开立以B公司为收款人的汇票一张，要么C公司在T银行有存款，要么有信贷业务。经过支付对价，B公司背书后，A公司获得票据，是善意持票人，T银行不能因贸易纠纷问题，对抗第三人，应对持票人付款，然后向C公司索偿，C公司根据借款协议，再向B公司追索。

------------------- 案例2 -------------------

加注"ACCEPTED"要承担什么责任？

【案例正文】■————————————————————————

中国C公司（进口商）与新加坡D公司（出口商）签订进口一批纤维板的合同，金额为800万美元，分8批交货，每批100万美元，使用远期汇票付款。合同订立后，新加坡出口商按时发来第一批货物，同时开立了8张远期汇票，每张汇票金额为 100 万美元。

　　C 公司开户银行 S 银行在 8 张汇票上加注"ACCEPTED"后，退还给新加坡出口商。此后，新加坡出口商不再发货，同时将全部汇票转让给美国花旗银行。汇票到期后，花旗银行作为汇票的持票人要求 S 银行付款。

　　【涉及的问题】

　　1. 加注"ACCEPTED"要承担什么责任？

　　2. 本案 S 银行可否因新加坡 D 公司未履行合同而拒付票款？

　　【参考答案】

　　1. 加注"ACCEPTED"，即承兑，是付款人在汇票上作到期付款的记载。承兑包括两个动作，一是写成，二是交付。本案 S 银行完成了这两个动作。

　　出票人与付款人间是委托关系，发票人开了票不等于付款人就必须付款。当付款人签字承兑后，就对汇票的付款负法律责任。在付款人承兑前，汇票的主债务人员是发票人，承兑后，付款人则成为主债务人，发票人和其他背书人则是从债务人。

　　2. 不可以。汇票承兑后，S 银行与持票人产生票据关系，原因关系与票据关系相分离。如以 D 公司未履行合同而拒付票款，是用原因关系来对抗票据关系。由于持票人不是原因关系的当事人，所以 S 银行不能拒绝付款。付款后票据关系消灭，S 银行可向 C 公司追偿。

案例 3
票据保证人应承担何种责任？

　　【案例正文】

　　2020 年 12 月 23 日，A 公司人向 B 公司开具一张金额为 100 万元商业承兑汇票，汇票到期日为 2021 年 6 月 10 日。B 公司取得票据后，于同日向 C 银行申请贴现。12 月 25 日，B 公司将该商业承兑汇票背书转让给 C 银行，由 D 公司作为票据保证人，票据背书粘单上记载了被担保单位为 A 公司，被担保金额为 100 万元，以及其他事项。同日，C 银行向 B 公司发放扣除贴现利息后的票据贴现款。

　　票据到期后，C 银行作为持票人向付款人委托的付款银行提示付款，遭到拒绝，并收到退票通知书，退票理由为冻结户。C 银行催讨票据款项无着落，以致诉讼。

　　【涉及的问题】

　　1. 本案涉及哪些票据当事人？

　　2. 分析谁应承担付款责任。为什么？

　　【参考答案】

　　1. A 为出票人也是付款人，B 为收款人，也是第一背书人，C 是被背书人，是汇票的最后持票人。D 是票据保证人，与被保证人对持票人承担连带责任。

2. A公司应付C银行票据金额100万元及自汇票到期日起至清偿日止，按中国人民银行规定的利率计算的利息。B公司、D公司对A公司的上述债务承担连带清偿责任。C银行作为持票人在票据到期后的法定期限内提示付款而遭拒付，其有在法定期限内向票据债务人即背书人、出票人等行使追索权的票据权利，B公司作为背书人以背书转让汇票后，应承担保证其后手即原告所持汇票承兑和付款的责任。出票人A公司亦应承担保证该汇票付款的责任。D公司作为票据保证人，应与被保证人对持票人承担连带责任。

案例 4
出票人是否承担票据的保证责任？

【案例正文】

1月8日，A公司向B公司购买原料50吨，每吨2.4万元，共计120万元。同时，A公司开出了以其开户银行为付款人、以B公司为收款人、票面金额为120万元、见票即付的商业汇票一张，并在该汇票上签章，注明出票日期为1月8日。然后将该汇票交付给B公司。

1月10日，B公司向C公司购买了一台设备，价款为135万元，B公司欲将所持汇票背书转让给C公司，再向其支付15万元的现金。C公司要求对该汇票提供保证方可接受担保。于是B公司便请求出票人A公司为此提供保证，A公司表示同意。D公司也同意作该张汇票的保证人。

1月13日，A公司和D公司分别在汇票上写明了各自的名称、住所，并注明保证日期为1月13日，然后分别签章，被保证人是B公司。1月14日，B公司将经过保证的汇票作完全背书转让给C公司，在交付该汇票的同时，将其余的15万元货款也交与C公司。1月27日，C公司将该汇票向B公司的开户银行提示要求付款，B公司的开户银行以B公司经营状况不景气、即将破产为由拒绝付款。于是，C公司便分别要求作为保证人的A公司、D公司支付票面上的120万元。A公司、D公司互相推诿，都拒绝付款。几次协商不成后，C公司于2月5日向法院提起诉讼。

【涉及的问题】

1. A公司是否承担保证责任？

2. D公司是否承担保证责任？

【参考答案】

1. A公司不能成为该票据的保证人。A公司是本案中汇票的出票人，也是票面上记载的付款人。根据我国《票据法》规定，汇票的债务可以由保证人承担保证责任。但是，保证人应当由汇票债务人以外的他人担当。出票人依照票据法所规定的方式完成出票行为后，即产生票据法上的效力，出票人也因此而负有票据法上的义务，成为该票据的债务人。据此，出票人作为票据债务人，不能成为票据的保证人。因而，A公司作为本案中票据的出票人，其对该案中的汇票所作的保证是无效的。但这并不是说A公司对其出具的汇票不负有法律责任。出票人对其出具的汇票负有按照所记载的事项承担票据责任的法定义务。这种法定义务通常表现为与背书人、承兑人、保证人一起对持票人承担连带担保责任。但这种担保责任是法定的，并非票据法上所特别规定的由当事人约定的关于票据保证的保证责任。因此，A公司对该案中的汇票负有法定的、绝对的担保责任。

2. D公司并非票据债务人，具有作为票据法上所规定的票据保证的保证人的资格。D公司依据票据法规定的保证格式在汇票上作了关于保证的相应记载，因而成为该汇票的保证人，对该汇票的债务承担保证责任，即与被保证人B公司一起对持票人C公司承担连带保证责任。C公司在提示汇票得不到付款时，有权向D公司请求付款，D公司应当足额付款。同时，D公司因作为保证人清偿汇票债务后，依法取得持票人C公司对被保证人B公司及其前手A公司的追索权。

3.2.5 汇票的票据行为

───────── 案例 1 ─────────

不当取得出票人签章的汇票有效吗？

【案例正文】

A公司持B公司出票并承兑的商业承兑汇票，向某商业银行申请贴现。该银行审查同意后，接收了背书人A公司的贴现请求，并向A公司发放了贴现款。商业承兑汇票到期后，该银行向出票人B公司的开户银行提示付款，但被开户行以出票人存款不足为由拒绝付款。该商业银行遂将出票人B公司和背书人A公司作为共同被告向法院提起诉讼。

出票人B公司辩称，诉争票据上出票人的签章是伪造的，出票人不应承担票据责任。背书人A公司未提出异议。经鉴定，商业汇票上的财务专用章与B公司在开户行预留印鉴卡上的印文一致，而经办人印章则与预留印文不一致。经查明，该商业承兑汇票系被告A公司以自己名义向银行购得，随后A公司找到B公司的经办人让其在票据上盖上了B公司的财务专用章。因保管个人印章的人员不在，A公司自行刻制了一枚印章。

【涉及的问题】

1. 案例中的票据是否有效？
2. 贴现银行与B公司是否应承担责任？

【参考答案】 ■

1. 无效。我国票据法对于票据签章的真实性有着严格的要求。签章的真伪直接决定着票据的效力，出票人签章真实则票据有效，出票人签章被伪造则票据无效。法人的公章或财务专用章与经办人私章是出票人签章的两个有机组成部分，其中只要有一枚是假的，就无法满足票据法对于票据签章真实性的要求，而签章是票据行为成立的一个有效要件，当事人只有在票据上签章，才对票据所载文义负责。对于非经被伪造人签章实施的票据行为，被伪造人不负票据责任。

2. 贴现人并没有按照法律规定向既是承兑人也是出票人的B公司查询，以致接收了伪造签章的票据，因此，商业银行存在过错。虽因出票人签章系伪造而免除了出票人票据责任，但B公司对银行遭受的损失仍应承担侵权责任。因为，正是在B公司财务人员的协助下，A公司才有机会取得B公司的财务专用章。商业银行违反中国人民银行规定的操作程序予以贴现，自身对损失的发生也具有过错，因此可适当减轻B公司的过错责任。

------- 案例 2 -------

第二背书人是否可向出票人索偿？

【案例正文】 ■

A公司以B公司为收款人，签发商业承兑汇票一张，汇票金额为100万元，汇票到期日为同年7月30日。B公司将汇票背书转让给C公司。之后，D公司、E公司、F公司、H公司亦依次通过背书转让方式取得该汇票。同年7月31日，H公司持票向银行提示付款，因A公司存款不足被退票。H公司依法向其前手进行追索，由D公司支付票据款100万元，D公司又向其前手进行再追索，由C公司于同年10月18日向D公司支付了76.52万元，A公司于同日向D公司支付了23.47万元。C公司向A公司与B公司再追索余款及利息无果，遂起诉至法院。

【涉及的问题】 ■

1. 案例中的汇票是否有效？背书是否有效？

2. C公司是否可向出票人及前手追索？

【参考答案】 ■

1. 均有效。汇票上的记载事项真实、完整，系有效票据，出票人及其他被背书人之间的票据关系成立，C公司依法享有票据权利。本案中转让汇票的背书人与受让汇票的被背书人依次前后衔接，即从第一次到最后一次在形式上都是连续而无间断的，故有效。

2. 可以。A公司作为汇票的出票人，应承担保证汇票到期日付款的责任；B公司是汇票的收款人，亦是背书人，应承担保证其后手所持汇票付款的责任。C公司是B公司的直接后手，汇票被退票后，已向其后手清偿了汇票债务，故取得了向前手即两被告的再追索权。A公司已清偿金额应从票据款中扣除，未清偿部分应由其承担清偿责任，C公司请求的利息应自C公司向D公司清偿票据款日起计付，并由B公司对上述款项承担连带清偿责任。

案例3

远期汇票能否提前付款？

【案例正文】

A公司与B公司签署一份合同，由B公司向A公司出口价值1 000万元的电脑。A公司签发了一张以开户行甲银行为付款人、B公司为收款人、见票后1个月付款的商业汇票，并将该汇票交付给B公司。B公司委托银行向甲银行提示承兑，该银行经审查后同意承兑，并在汇票上做了相应记载后交还B公司。

B公司取得已承兑的汇票后却不幸丢失，当日下午B公司将汇票丢失情况告知甲银行，而甲银行回复，该汇票已于当日上午经人向其提示付款，银行已经足额支付，不应再承担责任。B公司遂将甲银行作为被告向法院起诉，以银行审查有过错、提前付款为由要求其承担付款责任。

【涉及的问题】

1. 汇票未到期能否付款？

2. 甲银行是否应承担付款责任？

【参考答案】

1. 承兑未到期不能兑现，只可贴现，且需支付一定的贴现费。如果是见票即付的，自出票日起一个月内向付款人提示付款；如果是定日付款的，自到期日起10日内向承兑人提示付款。

2. 付款人在付款前应审核背书是否连续，审核汇票的格式是否合法，绝对应记载项目是否欠缺等。除此之外，付款人应当审核提示人的合法身份证明或者有效证件，其目的在于减少票据纠纷，保护持票权利人的利益。付款人在票据到期日前进行付款，属于期前付款，在进行期前付款时，付款人仅通过形式审查确认持票人的合法持票资格，并不能成为有效付款而获得免责，必须通过实质审查来确认持票人的合法资格，才能成为有效付款并获得免责。我国法律规定商业汇票的付款人在到期前付款的，应由付款人自行承担所产生的责任。

案例4

被拒付6个月后持票人是否还能向前手追索？

【案例正文】

2020年1月16日，甲公司与乙公司签订了一份空调出口合同，双方约定：由乙公司向甲公司供应空调 1 000 台，价款为 250 万元，交货期为 1 月 25 日，货款结算后即付 3 个月的商业承兑汇票。1 月 24 日，甲公司向乙公司签发并承兑商业汇票一张，金额为 250 万元，到期日为 4 月 24 日。2 月 10 日，乙公司持该汇票向 S 银行申请贴现，S 银行审核后同意贴现，向乙公司实付贴现金额 236 万元，乙公司将汇票背书转让给 S 银行。该商业汇票到期后，S 银行持甲公司承兑的汇票提示付款，因该公司银行存款不足而遭退票。S 银行遂直接向该公司交涉票款。

甲公司以乙公司未履行合同为由不予以付款。2020 年 11 月 2 日，S 银行又向其前手乙公司追索要款，亦未果。为此，S 银行诉至法院，要求汇票的承兑人甲公司偿付票款 250 万元及利息，要求乙公司承担连带赔偿责任。甲公司辩称，商业承兑汇票确系由其签发并经承兑，但乙公司未履行合同，有骗取票据之嫌，故拒绝支付票款。乙公司辩称，原合同约定的履行期太短，无法按期交货，可以延期交货，但汇票追索时效已过了 6 个月，S 银行不能要求其承担连带责任。

【涉及的问题】 ▉━━━━━━━━━━━━━━━━━━━━

1. 甲公司是否应履行付款责任，为什么？

2. 乙公司应否承担连带责任，为什么？

【参考答案】 ▉━━━━━━━━━━━━━━━━━━━━

1. 甲公司应当履行付款责任。甲公司作为承兑人（其同时也是出票人）以乙公司未履行合同为由拒付票款，该抗辩事由只是对乙公司的抗辩事由，不得对抗善意持票人。S 银行通过贴现，支付了相应的对价，经原持票人背书后成为新的善意持票人，享有票据权利。S 银行在承兑期间提示承兑，甲公司不能以持票人的前手即乙公司的抗辩事由来对抗 S 银行，甲公司应履行其付款责任。

2. 乙公司不承担连带责任。因为 S 银行的追索权时效已届满。虽然我国票据法规定背书人以背书转让票据后，即承担保证其后手所持汇票承兑和付款的责任。背书人在汇票得不到承兑或付款时，应当向持票人清偿依法被追索和现追索的金额与费用。所以，在本案中，讼争的商业承兑汇票在 4 月 24 日被拒付后，S 银行有权在法定期间内向前手即背书人乙公司行使追索权。但 S 银行并未及时行使这一权利，直到 11 月 2 日才对前手进行追索，已超过了法律规定的 6 个月的追索时效。因此乙公司不需承担连带责任。

━━━━━━━━━━━━━━━━ **案例 5** ━━━━━━━━━━━━━━━━

对伪造出票人印鉴的票据进行贴现与保证是否有效？

【案例正文】 ▉━━━━━━━━━━━━━━━━━━━━

7 月，A 银行某员工李某利用工作上的便利，盗用该银行已于 1 年前公告作废的旧业务印鉴和银行现行票据格式凭证，签署了金额为 100 万元人民币的银行承兑汇票一张。出票人和付款人及承兑人记载为 A 银行，汇票到期日为同年 12 月底，收款人为 D 公司。D 公司是李某直系亲属所承包经营的企业。李某将签署的汇票交给了该公司后，该公司请求 C 外贸公司在票据上签署了保证，之后持票向 B 银行申请贴现。该合作银行在扣除利息和手续费后，将贴现款 96 万元支付给了该公司。汇票到期，B 银行向 A 银行提示付款遭拒绝。

【涉及的问题】 ■

1. 本案中有哪些票据行为？其效力如何？

2. B 银行是否享有票据权利？如有，应如何行使？如没有，该如何处理？

3. 如李某用已经作废的旧票据格式凭证签署银行承兑汇票，在其他情节相同的情况下，对 B 银行票据权利是否有影响？

【参考答案】 ■

1. 李某伪造签章进行的出票和承兑行为。相对于 A 银行的现行有效公章而言，李某使用的作废的公章应认定为假公章。因此，出票和承兑行为属伪造，行为本身无效。C 外贸公司的票据保证行为有效。D 公司的贴现行为（背书转让）有效。虽然该公司（代表人）恶意取得票据，不得享有票据权利，但其背书签章真实，符合形式要件，且有行为能力，故有效。

2. B 银行不知情，且给付了相当对价，为善意持票人，故享有票据权利，可以向保证人或背书人行使追索权。

3. 该汇票将因形式要件欠缺而使整体无效，连保证人亦因此不承担票据责任，合作银行不享有票据权利，只能依据普通民事关系进行追偿。

3.2.6　汇票的种类

-------- 案例 1 --------
银行承兑汇票的出票人是谁？

【案例正文】 ■

A 公司与 B 公司订立了代理合同，其中约定：A 公司在本地设立 B 公司代理，B 公司给 A 公司的商品按进价供应，货款结算办法采用银行承兑汇票，结算承兑期为 6 个月，按实销售额结算货款。随后，A 公司经理持代理合同等证件至其开户银行 C 银行通化支行，请求办理银行承兑汇票。C 银行通化支行遂与 A 公司签订了承兑协议，内容为：银行承兑汇票收款人为 B 公司，付款人为 A 公司，汇票金额为 100 万元，承兑银行为 C 银行通化支行，汇票申请人为 A 公司。

A 公司签发了汇票，但因 C 银行通化支行不具有银行承兑资格，遂持汇票到 D 银行找到该行负责人陈某，要求加盖 D 银行公章。陈某在该汇票签发栏内盖上 D 银行公章，但未在承兑银行栏内盖章，该栏空白。后该汇票转给A公司，A公司将汇票送交B公司。

【涉及的问题】

1. 银行承兑汇票出票人是谁？

2. 案例中的票据是否有效？

【参考答案】

1. 银行承兑汇票出票人是指申请单位，即在承兑银行开立存款账户的法人以及其他组织。付款人是承兑人，所以银行承兑汇票的付款人是承兑银行。本案中A公司原本是与C银行通化支行签订承兑协议，按照A公司的意思表示，A公司出票，C银行承兑，也即C银行通化支行作为付款人。

2. 该汇票为无效汇票。本案中的银行汇票承兑栏内无承兑人签名或盖章，即无付款人，欠缺法定绝对必要记载事项。从申请承兑时当事人意思表示来看，D银行经办人并没有承兑的意思表示，也未在承兑栏内盖章。从票据实质要件而言，C银行通化支行不具有银行承兑汇票承兑之权利能力和行为能力，所以，其与A公司所订银行承兑协议是无效的。由此可见，无效银行汇票不能产生票据法上的权利义务关系。

---------------- **案例2** ----------------

外币汇票支付金额应如何计算？

【案例正文】

汇票出票日为2019年7月1日，票面记载A为出票人，票载金额为100万美元，B为收款人，票载付款人为F，且F已承兑，同时该汇票注明为见票后10日付款。从该汇票的背书来看，B将汇票背书给C，C又将汇票背书给D。E在汇票上签章承认自己是保证人。

【涉及的问题】

1. 该票据属于何种类型的票据？谁是票据债权人？谁是票据债务人？

2. 如果见票日为8月1日，当日市场的美元对人民币的汇率比为100美元对800元人民币，那么D可请求F支付的票据金额为多少？

3. 如果E在票据上没有记载被保证人的名称，应该推定何人为被保证人？

4. 如果E没有在汇票上记载保证日期，E主张该保证无效，能否成立？为什么？

【参考答案】

1. 远期汇票。债权人是D；债务人是F、E、C、B、A。

2. D可请求的金额应当是付款当日的以市场汇价计算的人民币金额。题中仅给出见票日的市场汇价，并没有付款当日的市场汇价，因此无从计算。

3. 被保证人是F。

4.不能。根据《票据法》第47条第2款规定，未记载保证日期的，出票日期为保证日期。

3.3　本票

3.3.1　本票的定义

案例

本票可以用于托收吗？

【案例正文】 ■

合同条款中包含如下内容："Payment Terms： Delivery of Documents against Promissory Note. The Buyer Issues a Promissory Note and Promises to Pay Within 10 Days after Shipment. The Collecting Bank Will Present. The Documents only upon Receiving. The Promissory Note from The Buyer."

【涉及的问题】 ■

1.本案中的结算方式是什么？

2.本票的作用是什么？本案中本票的出票人和收款人是谁？

【参考答案】 ■

1.结算方式为凭本票托收。凭本票交单托收，是因为汇票可能导致缴纳印花税，买方和卖方可约定用本票代替。本票是由进口商或买方开立和签字的，包含进口商在约定的未来日期付款的承诺。进口商凭提交本票取得货运单据。代收行只有在收到进口商开立的本票后，才可以将货运单据交给进口商。

2.本票是买卖双方债权债务关系的凭证，也是收款人向付款人索汇的依据。为了减少风险，出口商可要求进口商提供银行本票。本票的出票人为进口商的开户银行，托收项下的本票收款人可以是出口商、托收行，也可以是代收行，通过背书最终转让给出口商。

3.3.2　本票的必备项目

案例

本票未记载出票日期是否有效？

【案例正文】 ■

2020年3月7日，甲公司同乙公司签订一份电动车购销合同。合同规定，由乙公司在10日内向甲公司提供电动车1 000台，共计货款120万元。双方约定以本票进行支付。3月15日，乙公司将1 000台电动车交付甲公司，甲遂向其开户银行A银行申请签发银行本票。3月20日，A银行遂发出了收款人为乙公司、票面金额为120万元、付款期限为2个月的本票。由于疏忽，银行工作人员未记载出票日期。甲公司将该本票交付乙公司。后乙公司又将该本票背书转让给丙公司。2020年5月30日，丙公司持该本票向A银行提示见票，要求付款，A银行拒绝付款。丙公司遂向乙公司进行追索。

【涉及的问题】■━━━━━━━━━━━━━━━━━━━━━━

1. 该本票是否为有效票据？

2. 丙公司能否对乙公司进行追索？

【参考答案】■━━━━━━━━━━━━━━━━━━━━━━

1. 该本票为无效票据。根据我国《票据法》第75条规定，本票出票时，必须记载出票日期，该记载事项为绝对必要记载事项，未记载时，本票无效。出票日期缺失，无法确定提示付款期限，也无法确定票据权利消灭时效期间。本案中，A银行出票时，由于疏忽未记载出票日期，因此，该本票无效。

2. 不能。根据我国《票据法》第78条规定："本票自出票日起，付款期限最长不得超过二个月。"根据《票据法》第79条规定："本票的持票人未按照规定期限提示见票的，丧失对出票人以外的前手的追索权。"本案中丙公司未在有效期进行提示，所以丙丧失了对乙的追索权。

3.3.3 本票的基本关系人

━━━━━━━━━━━━ 案例 ━━━━━━━━━━━━

伪造票据的背书人是否承担付款责任？

【案例正文】■━━━━━━━━━━━━━━━━━━━━━━

A公司与曾某约定：A公司用400万港元从曾某手中购买中国香港B银行开出的050760号和050767号本票两张，金额分别为260万和240万港元。曾某在上述两张本票的收款人空白栏内填入A公司。

A公司持票到C银行办理兑付。C银行提出其与中国香港B银行无直接业务关系，建议A公司到当地中国银行D分行办理兑付。同月25日，C银行与A公司一起到中国银行D分行办理兑付业务，中国银行D分行是中国香港B银行在海外的联行，D分行审查后，认为该两张本票票面要件相符，密押相符，便在本票上盖了"印押相符"章，A公司与C银行分别在两张本票后背书签章。

中国银行D分行即将500万元港币划入C银行账内，将两张本票留作存根归档。C银行又将此款划入A公司账户。A公司见款已入账，便将400万元人民币划到曾某指定账户。

　　随后，中国银行D分行向中国香港B银行提示付款，但接到香港B银行的退票通知书，称此两张本票系伪造，拒绝付款。D分行即日向C银行退回本票，要求其将500万元港币归还。C银行接票后当日即函复中国银行D分行请求控制A公司在中国银行D分行的港币账户，此时曾某已不知去向。中国银行D分行以C银行与A公司为共同被告提起诉讼。

【涉及的问题】

　　1. 结合票据的性质分析本案本票是否有效力？

　　2. A公司与C银行是否承担票据责任？

　　3. 本案责任应如何分担？

【参考答案】

　　1. 有效。票据是要式证券，具备票据法规定的形式。票据形式是否符合票据法的要求，是认定票据有效与否的唯一标准。本案中的两张本票并不欠缺法定应记载的事项，从形式上说，符合票据法要求，应认定为是有效的。不能因为该本票实际上并不是由香港B银行做出的而否定其效力。这是因为，其后的票据受让人不可能从票据的形式及文义来判断出出票行为的实质情况，为保护善意票据受让人的利益，维护票据的流通性，此时应适用票据行为独立性原则，即出票行为因欠缺实质要件而无效的，并不导致票据无效，也不影响其他票据行为的效力。

　　2. A公司与C银行是本案本票的背书人，根据票据行为独立性的原则以及《票据法》规定："票据上有伪造、变造的签章的，不影响票据上其他真实签章的效力"，A公司和C银行就应对票据上所记载事项承担票据上的责任，根据《票据法》规定，C银行和A公司以背书转让本票后，即承担保证其后手所持本票付款的责任。在本票得不到付款时，应当向持票人清偿本金及自提示付款日起至清偿日止、按照中国人民银行规定的利率计算的利息，所以，票据上的背书人具有担保票据付款人付款的责任。

　　3. 尽管本案中国银行D分行丧失了票据权利，但并不影响其行使其他民事权利，其仍有权要求有过错的当事人承担民事赔偿责任，因此本案实为与票据有关的非票据诉讼案件，确定当事人的民事责任是解决本案实体的关键。中国银行D分行未进行严格而慎重的审查，使A公司确信本票没有问题，才让后续票据转让成为可能。因此，中国银行D分行对此案的发生负有重大过错，对本案的损失承担主要责任。A公司以不正当方式购买本票，属于非法买卖外汇，其违法过错行为是本案发生的初始原因，也应承担相应责任。C银行尽管已免除了票据上的被追索义务，但由于背书所具有的担保性质，其应对A公司的债务承担连带赔偿责任。

3.3.4 本票的票据行为

持票人应在何时何地提示付款？

【案例正文】

甲市的 A 向某农业银行申请了一张本票，本票上记载的内容有："本票"字样、金额 8 000 元、无条件支付的承诺、出票日期 2020 年 3 月 5 日、出票地甲市某农行所在地。A 持本票赴乙市开展业务，将此本票背书转让给了乙市的 B，B 又转让给了同市的 C。在 2020 年 6 月 1 日，C 持本票在甲市向某农行请求付款，农行拒绝付款。

【涉及的问题】

1. 该本票的出票行为有效吗？为什么？

2. 若为有效的本票，C 可在乙市向农行请求付款吗？农行拒付款项是否合理？

【参考答案】

1. 无效。该本票欠缺出票人签章和收款人名称两项绝对必要记载事项。

2. 不能，根据我国票据法，我国本票只能用于同一票据交换地区，而汇票在同城和异地都可以使用。本案中票面记载出票人的营业场所为付款地，则付款地在甲市。农行拒付理由合理。本票付款期为 2 个月，逾期兑付银行不予受理，故应在 5 月 5 日之前提示付款。

3.3.5 本票的种类

是银行本票还是商业本票？

【案例正文】

A 银行接受 B 公司的委托签发了一张金额为 7 600 元人民币的本票，收款人为某电脑公司的经理李某。李某将票据背书转让给了王某，王某将票据金额改写为 7.6 万元人民币后转让给了 C 公司，C 公司又将该票据背书转让给了 D 公司。当 D 公司向付款银行提示付款时，付款银行以票据上有瑕疵为由退票。

【涉及的问题】

1. 涉争的本票是银行本票还是商业本票？为什么？

2. 改写票据金额的行为，在票法上是什么行为？应承担哪些责任？

3. 如果最后的持票人向前手行使追索权，除王某以外的各位前手应替代承担怎样的票据责任？

【参考答案】

1. 涉争的本票是银行本票。我国《票据法》第73条第2款规定："本法所称本票，是指银行本票。"本案中的本票虽然是A银行接受B公司的委托而开出的，但是本票是用A银行而不是B公司名义开出，因此其性质仍然是而且只能是银行本票。

2. 该行为在票据法上叫作票据的变造。票据的变造，是指无变更权的人对票据上除签章以外的有关记载事项进行变更的行为。在本案中，王某变更的不是票据的签章，而是票据的金额，因此构成票据的变造。根据我国《票据法》第14条的规定，王某首先要承担票据责任，责任范围以其变造的金额为限。在本案中，也就是要对持票人承担7.6万元的付款责任。其次，根据我国《票据法》第103条、第104条以及有关司法解释的规定，王某还应当分别承担民事赔偿责任、刑事责任和行政责任。

3. 根据我国《票据法》第14条第3款的规定，票据上其他记载事项被变造的，在变造之前签章的人，对原记载事项负责；在变造之后签章的人，对变造之后的记载事项负责。因此，如果本案中的持票人行使追索权，在王某变造之前签章的A银行、B公司、李某，都只对原记载金额也就是7 600元负责，在王某变造之后签章的C公司，应当对变造后的金额也就是7.6万元负责。任何一个债务人向持票人清偿之后，都可以向其前手债务人继续追索。

3.3.6　本票与汇票的比较

案例

哪些票据可以挂失止付？

【案例正文】

A公司采购人员用其开户银行签发本票，在B公司购置了一批价值25万元的物资。B公司业务人员因保管不当，在回家路途中将装有银行本票的提包丢失。B公司将银行本票遗失情况通知给该银行本票的付款银行，要求银行对其本票丢失进行挂失止付。银行在得知情况后拒绝办理挂失止付。

【涉及的问题】

1. 本案的本票如被他人拾获，可以支取现金吗？

2. 银行拒绝挂失止付的行为是否合理？未承兑的商业汇票可以挂失止付吗？哪些票据可以挂失止付？

3. A 公司应如何维护自身权益？

【参考答案】

1. 要看本票是否填明"现金"字样。银行本票可以用于转账，但并非所有银行本票都可支取现金，只有填明"现金"字样的银行本票，才可用于支取现金。

2. 合理。根据《支付结算办法》，填明"现金"字样的银行本票丢失，可以由失票人通知付款人或者代理付款人对其进行挂失止付，如没有填明"现金"字样，不允许进行挂失止付。挂失止付是通知已知的付款人暂时不要付款，未承兑的商业汇票不能挂失止付，因为付款人不确定。

可以挂失止付的票据包括：已承兑的商业汇票和支票、填明"现金"字样和付款人的银行汇票、填明"现金"字样的本票。

3. 可以利用公示催告的方式来维护自身的权益，向银行本票支付地的基层人民法院递交公示催告申请请求，催促不确定的相关利害关系人在一定限期内申报票据权利，如果逾期无人申报或申报无效，申请人可以请求法院做出除权判决，宣告所丧失的该银行本票作废。

3.4 支票

3.4.1 支票的定义

案例

声明支票遗失后付款人是否应付款？

【案例正文】

M 公司于 3 月 5 日在电视台及当地报纸刊登声明作废 2 张丢失的空白支票。3 月 27 日，李某持 M 公司的空白转账支票一张并附 M 公司的证明，在 S 公司计算机公司营业部购买了 3 台计算机，货款共计 3.6 万元。当日，S 公司将支票送存款银行办理结算。M 公司在对账时发现此事后，向法院起诉，要求 S 公司和银行承担赔偿责任。M 公司认为其早已公开声明支票作废，S 公司收下作废支票，损失应由其承担；银行审查支票不严，致使作废支票流通，应负连带赔偿责任。

【涉及的问题】

1. 结合支票的定义分析 M 公司的理由是否合理？银行是否应负赔偿责任？

2. M 公司声明支票作废的行为是否具备效力？是否免除出票人责任？

【参考答案】

1. 我国《票据法》规定，支票是出票人签发的、委托办理支票存款业务的银行或者其他金融机构在见票时无条件支付确定金额给收款人或者持票人的票据。票据也是普遍的结算手段。根据票据的无因性，只要票据要式齐备，持票人不必证明取得票据的原因。只要票据的记载事项符合规定，票据持有人就可以在银行办理结算，而银行经过审查，认为要式齐全，印鉴一致，就须凭票付款，付款后其责任即已解除。故本案中银行不应负赔偿责任。

2. 票据声明作废，只是单方面实施的行为，从法律上讲，并无票据法上的效力，不受法律保护。这种行为只是提示他人，该票已丢失，但并不能免除自己的付款责任。《票据法》第 15 条规定，票据丧失，失票人可以及时通知票据的付款人挂失止付。《票据法》第 89 条明确规定："出票人必须按照签发的支票金额承担保证向该持票人付款的责任。出票人在付款人处的存款足以支付支票金额时，付款人应当在当日足额付款。"本案中，失票人仅仅是声明作废了丢失的支票，并没有采取法定的救济手段。而 S 公司和银行在接受支票和付款当中并无过错，因此，支票冒领的损失应全部由 M 公司承担。

3.4.2　支票的内容

------------------------------ 案例 ------------------------------

银行因出票人签章不符以"存款不足"拒付是否合理？

【案例正文】▰▱

A 公司将金额为 15 万元的支票交与 B 公司，用于支付欠 B 公司的债务。B 公司将该支票用于支付进口货款而交付给 C 公司，C 公司委托上海市 S 银行代收票款。S 银行将支票交予付款行 D 银行提示付款。D 银行审核支票时，发现支票的出票人签章处加盖的是 A 公司财务专用章和"张某海"私章，而 A 公司在付款行预留的印鉴是 A 公司的财务专用章和"李某城"私章。随后，中国建设银行上海市宝山支行出具退票通知一份，载明退票原因为"存款不足"。

【涉及的问题】▰▱

1. 分析本案中支票的关系人。

2. 支票的拒付理由是否合理？谁应承担赔偿责任？应如何避免此类纠纷？

【参考答案】▰▱

1. 出票人 A 公司，是在付款行开立支票账户并签发支票的人。收款人，B 公司，因与 A 公司交易而取得支票。付款人，D 银行。代收行，S 银行，持票人可以委托银行收款，S 银行代替客户收取支票款项。C 公司是经由 B 公司背书后的支票善意持有人。

2. 本案中银行理由为"存款不足"并不全面。出票人 A 公司在支票上的签章缺少"李某城"私章的行为违反了《票据法》的规定，故应当承担违规签发支票的民事责任。出票人必须按照签发的支票金额承担保证向该持票人付款的责任。出票人在付款人处的存款足以支付支票金额时，付款人应当在当日足额付款。现C公司因A公司的违规出票行为而无法从B公司处获取赔偿款，A公司对此应当承担赔偿责任。

此案例是出票人违反法律规定签发与预留印鉴不符的支票导致持票人无法顺利实现票据权利而引起的纠纷。因此为避免此类纠纷，支票出票人签发支票时应注意：第一，单位和个人要签发支票时，应将支票上的各要素填写齐全，并在支票上加盖其预留银行签章。第二，出票人预留银行的签章是银行审核支票付款的依据。银行也可以与出票人约定使用支付密码，作为银行审核支付支票金额的条件。

3.4.3　支票的关系人

------------------------------ 案例1 ------------------------------
支票票面记载付款人是否为票据债务人？

【案例正文】■━━━━━━━━━━━━━━━━━━━━━━━━━━━━━━━━━━━━━

甲公司在A银行的支票存款共有100万元人民币，该公司签发了一张面额为180万元的转账支票给乙公司。甲公司暂未向开户银行进行再存款。

【涉及的问题】■━━━━━━━━━━━━━━━━━━━━━━━━━━━━━━━━━━━

1. 乙公司所持的支票是否空头支票？

2. 支票的付款人是否票据债务人？甲公司对空头支票的持票人应负什么责任？

【参考答案】■━━━━━━━━━━━━━━━━━━━━━━━━━━━━━━━━━━━━━

1. 出票人所签发的支票是否为空头支票，应以持票人依该支票向付款银行提示付款之时为准，而不能以出票人签发支票时为准。

2. 票面记载的付款人不是票据上的当然债务人，支票中的付款人在支票存款足以支付时才有法定的付款义务。甲公司作为出票人必须按照签发的支票金额承担保证向该持票人付款的责任。此外，如签发的为空头支票，持票人有权要求出票人赔偿支票金额2%的赔偿金。

------------------------------ 案例2 ------------------------------
遗失的空白支票在市场流通造成的损失由谁承担？

【案例正文】■━━━━━━━━━━━━━━━━━━━━━━━━━━━━━━━━━━━━━

王某不慎遗失空白支票格式凭证3张。所遗失的其中一张支票格式凭证被孙某拾到并伪刻名称为"C 进出口有限公司"的财务章加以签署。支票的收款人处空白，金额填写为 30 万元。其后，孙某又持该伪造支票到某商场购物，将该商场填写为支票收款人。商场将该支票送银行入账时，遭到银行退票。商场起诉王某，要求他支付该支票票款，赔偿货物损失。经公安机关查实，"C 进出口有限公司"并不存在，该支票格式凭证系王某所遗失，但无证据显示上述骗购货物与王某有关。

【涉及的问题】

1. 王某是否构成支票的出票人？是否应承担责任？

2. 某商场持有该伪造的支票是否享有票据权利？

【参考答案】

1. 王某丢失的是支票格式凭证，并非经签章的空白支票。王某因为没有在票据上签章，未进行任何票据行为，故不承担票据责任。王某丢失支票格式凭证的行为，与某商场的损失之间无法律上的必然因果关系。但是，支票遗失后，王某因怠于履行经济管理关系中的义务，应受到金融主管机关的处罚。

2. 某商场在本案的情形中不享有票据权利。因为伪造的票据为实质无效票据，直接从伪造出票的人手中取得票据，不能获得支付请求权。同时，在本案的伪造票据上，无任何真实签章，即无任何真实票据行为人承担票据义务。这一点与伪造的票据经真实承兑或背书签章后，再流入持票人手中的情形不同。

3.4.4　支票的种类

--------- 案例 1 ---------

空白转账支票风险几何？

【案例正文】

张某持有日本某商务 B 公司代表处印鉴的中国银行 151560 号空白转账支票。A 公司售货给张某，张某用此支票支付。因 A 公司将其中金额中"万"字错写成"仟"字，于次日到银行转账时，银行以账户不符为由退回支票，A 公司凭支票上的印鉴要求 B 公司代表处偿付货款，后者以该支票已作废为由拒绝支付，A 公司遂向人民法院提起诉讼。据调查，该空白转账支票系 B 公司代表处因报关所需开具，后遗失而被张某拾得并冒用购物。

【涉及的问题】

1. 什么是空白转账支票？有哪些风险？

2. 本案 B 公司代表处应当承担什么责任？为什么？

【参考答案】

1. 空白转账支票是指发票人在签发支票时，有意将支票上应记载的事项不记完全，留待持票人以后补充的支票。空白转账支票欠缺支票的要件，主要包括：收款人空白，以免除背书手续；出票（付款）日期空白；金额空白。发票人在空白转账支票上签名并将之交付于人就是授权表示。

由于转账支票不能提取现金，又不能背书转让，故不会造成资金上的损失。而空白转账支票一旦遗失或被窃，会造成资金上的损失。如遇票据丧失，一般采用公示催告宣告票据无效，或用挂失止付的办法予以补救。但已签发的转账支票遗失，银行不受理挂失，所以空白转账支票丧失后对出票人与付款人风险很大。

2.B公司代表处应无条件地支付货款，然后可再向张某求偿。因为代表处未妥善保管金融票据，且遗失后未作相应补救。A公司通过对价关系取得了票据，不论购货方是票据出票人还是拾得人或盗窃人，A公司作为善意持票人，应合法地获得票据权利，代表处应支付货款。

案例2
转账支票能否要求提现？

【案例正文】

甲公司为了向乙公司购买一批货物，于3月11日签发一张同城转账支票给乙公司用于支货款。乙公司于3月13日将该支票背书转让给丙公司。之后甲、乙公司之间的买卖合同解除。

【涉及的问题】

1. 持票人丙公司能否要求付款银行支付现金？

2. 付款银行能否以甲、乙公司之间的买卖合同解除为理由拒绝向丙公司付款？为什么？

3. 丙公司于3月23日向付款银行提示付款，银行能否拒绝付款？为什么？

【参考答案】

1. 不能。按照我国《票据法》规定，转账支票只能用于转账，不得支取现金。

2. 不能。因为支票和其他种类的票据一样，都具有无因性。也就是说，票据权利仅以票据法的规定发生，而不需要考虑票据权利发生的原因或基础。只要权利人持有票据，就享有票据权利，就可以行使票据上的权利。至于权利人持有票据或取得票据的原因以及票据权利发生的原因，则在所不问。易言之，这些原因是否存在、是否发生、是否有效，原则上都不影响票据权利的存在。在本案中，无论双方之间的买卖合同是否有效或者是否履行，都与该支票的效力无关。所以银行不能以双方买卖合同已解除为由拒绝付款。

3. 银行可以拒绝付款。根据我国《票据法》第91条第1款的规定："支票的持票人应当自出票日起十日内提示付款；异地使用的支票，其提示付款的期限由中国人民银行另行规定。"表明如果持票人超过了提示期限，付款人可以拒绝付款。本案中，该支票的出票日是 3 月 11 日，丙公司于 3 月 23 日向银行提示付款，已经超过了法定的提示期限，故银行可以拒绝付款。

3.4.5　支票的拒付和止付

------ 案例 ------

支票灭失后失票人应如何处理？

【案例正文】◼▬▬▬

　　董某系 A 公司业务人员，向 C 公司方某催收 A 公司的一笔货款。方某刚好收到 B 公司（出票人）支付的一张 5 万元金额支票，便将该支票背书给 A 公司，作为支付货款的款项。由于已到下班时间，董某遂将收到的支票带回家中，打算第二天再去银行办理手续，但由于不慎，支票被其家人用洗衣机绞成了碎片。

　　A 公司请教有关专家后，决定向法院提起公示催告程序。法院查看 A 公司的申请公示催告书并了解到有关情况后，拒绝受理，理由有两点：其一，支票虽然被绞碎，但尚未灭失，不存在被冒领的危险，只需要求出票人重新签发一张支票即可，无须启动公示催告程序；其二，即使需要提起公示催告程序，也应由支票上的收款人方某提起，A 公司不是该支票的收款人，没有资格提起公示催告程序。同时，法院认为应先到银行办理挂失止付，然后才可以提起公示催告程序。

【涉及的问题】◼▬▬▬

　　1. 本案中的支票是否属于票据丧失？A 公司能要求出票人重新签发支票吗？公示催告有何作用？

　　2. 法院的拒绝受理理由是否成立？为什么？

【参考答案】◼▬▬▬

　　1. 本案中的支票属于票据丧失。因为原支票被洗衣机绞碎以后，不能再作为证券来证明权利，这属于票据的绝对丧失。A 公司因为并不是该支票出票的票据原因关系的直接当事人，所以其不能要求出票人重新签发票据，以免发生票据纠纷。

　　公示催告是指人民法院根据申请人的申请，以公示的方式，告知并催促不明确的利害关系人在一定期限内申报权利，到期无人申报权利的，则根据申请人的申请依法做出判决的程序。公示催告程序具有防止票据被他人冒领的功能，但它的本质功能在于是票据权利的一种复权方法。

　　2. 不成立。公示催告是票据权利人在丧失票据后申请法院宣告票据无效，从而使票据权利与票据分离的一种制度。丧失票据人向有管辖权的法院（常为付款地法院）提出申请。为此应提交票据缮本或开列票据所记载的事项，并说明丧失票据的情况，请求法院为公示催告。票据法规定，有权提起公示催告的申请人是失票人而非收款人。A公司申请公示催告的该支票有明确的付款人，符合提起该程序的必要条件。挂失止付并不是提起公示催告程序的必要程序，也不是票据的复权方法。

3.4.6　支票的付款期限

案例

超过付款期限的支票还能要求付款吗？

【案例正文】

张某为A进出口有限公司从业人员，由于业绩突出，A公司通过签发一张现金支票的方式支付一笔业务佣金给张某，支票上记载的付款期限为10日。双方书面约定，张某接受支票并兑现后，双方有关该笔业务产生的费用及其他权利义务即了结。公司经理再三嘱咐张某，务必在签发支票之日起7日内到银行领取票款。然而，张某因赶赴一个境外旅游团外出旅行，耽误了到银行领取票款的期限，遂要求A公司重新开一张同样金额的支票，遭拒绝。其理由是：双方有约在先，现钱债两清，张某因自身原因而未领款，后果应自行承担。

【涉及的问题】

1. A公司的主张是否有理？

2. 如你是张某的代理律师，请结合票据知识阐述张某有权要求A公司重新开票的理由？

【参考答案】

1. 无理。我国票据法规定，持票人对出票人的票据权利时效为6个月，本案中的支票虽然提示付款期限已过，但未超过时效，作为出票人的A公司仍然须承担票据责任。即使6个月时效过去了，出票人还须承担返还相当利益的责任。

2. 双方票据授受是代替支付。使用票据是当事人在原因关系之债中约定的结算方式，债务人交付票据给债权人的行为实际上是在按约履行合同的主债务，债权人在获得这张票据后，债务人的义务已经履行完毕。原因关系的债权消灭，但根据票据权利的特点，票据关系还存在。本案中，支票持有人超过提示付款期限，仅丧失支票的票据权利，而不丧失票据记载金额的民事追索权。持票人仍有权向付款人要求付款。付款人拒绝付款的，出票人仍应当对持票人承担票据责任，即可以退票，重新出票。

3.4.7　支票和汇票的主要不同

超过银行存款额的支票签发有效吗?

【案例正文】

某进出口公司委派刘某赴甲市采购棉花,签发支票一张,其金额和收款人处授权刘某根据采购实际情况填写,但明确告知支票的金额最多可以填写30万元,否则将超出公司目前在银行的存款额。支票的用途栏写明"采购棉花"。该公司给刘某出具了明确的法定代表人授权委托书和公司营业执照副本。

然而,刘某企图利用时间差,先做了一笔电子产品批发生意,赚取利润后再开展棉花采购业务。刘某将支票金额填写为183万元,收款人栏写上电子产品B公司,后B公司背书转让给C报关公司。当C公司将支票送银行结算时,因进出口公司账户上存款额不足而被退票。

【涉及的问题】

1.本案中支票是否有效?对比汇票与支票在签发的条件上有何区别?

2.刘某应当承担何责任?为什么?C公司应如何处理?

【参考答案】

1.作为空白支票,出票时虽欠缺必要记载事项,但后来经补记,已经具备有效票据的外观,要式齐备,但补记权被滥用。本案中的支票因票面金额超其在银行存款的余额或透支限额而不能生效,形成了空头支票,是无效的。

从签发的条件看,支票的出票人与付款人之间必须先有资金关系,也就是出票人签发的金额不能超过其在银行的存款余额。而汇票没有这个要求。

2.本案中的空白支票,实际上在票据法学上可以称为"未完成票据",而刘某则是公司以普通方式授权补记,成为最后完成签署人。但刘某故意签发空头支票,骗取资金,应当依法承担刑事责任,对某进出口公司应承担赔偿责任。票据法明确规定禁止签发空头支票。银行有权对某进出口公司处以空头支票的罚款。

C公司以空头支票为由提出票据诉讼,以出票人、背书人为被告,只考虑票据关系,必须在出票之日起6个月内起诉。除非能证明票据是非法占有或者涉嫌犯罪,否则必胜。

综合案例　G银行与M公司票据权益纠纷案

【案例正文】

一、光票托收业务申请

M公司于2003年7月6日向G银行提交一份托收款项申请书和一张金额为35 150美元的支票，委托G银行办理托收款项。G银行查看支票，其表面显示签发日期为2003年6月22日，付款人为HARROD INC，出票所在地为美国纽约，付款行为FIRST COMMUNITY BANK OF TIFTON，收款人为M公司。

在托收款项申请书中，托收人承诺："右列托收款项收妥后，如将来发生退票、追索等情形，本人愿负责偿还全部票款及费用。"

G银行经审查后接受了M公司的托收申请，M公司遂把托收支票背书给原告。2003年7月6日，G银行向H银行纽约分行出具托收委托书办理托收，并把支票背书给H银行纽约分行。

托收委托书上载明：我们附上支票一张，金额35 150美元，托收方式（COLLECTION METHOD）：FOR COLLECTION。

二、托收款项的支付

G银行于2020年7月6日向H银行纽约分行办理托收。H银行纽约分行接受委托后，以代收行的身份向付款行FIRST COMMUNITY BANK OF TIFTON（蒂夫顿第一社区银行）提示付款。付款行审查支票后，向代收行解付了托收款项35 150美元。

2020年7月26日，G银行收到H银行纽约分行的付款通知，H银行纽约分行对上述支票托收金额35 150美元扣除电报费用10美元后，将余额35 140美元划付G银行账户。7月27日，G银行将35 140美元扣除手续费56.33美元后结汇人民币289 941.97元转入M公司在G银行的结算账户。

三、代收行要求退票

2020年8月底，付款行FIRST COMMUNITY BANK OF TIFTON（蒂夫顿第一社区银行）发现托收的支票金额经变造，出票人账户余额不足以支付票款，遂向其前手H银行纽约分行追索该款。

8月30日，H银行纽约分行支付该款后，于当日向G银行发出电报，称上述支票为伪造票据，遭付款行FIRST COMMUNITY BANK OF TIFTON（蒂夫顿第一社区银行）退票，并向原告追索票款35 162美元（含退票手续费12美元）。当日，H银行纽约分行主动借记G银行账户35 162美元（含退票手续费12美元）。

四、收款人拒绝退款

G银行收到代收行电报后的当天，已电话联系M公司，要求M公司上门协商，并于 9 月 8 日正式向被告发出《敦请贵司配合我行工作并尽快退还款项的函》，要求 M 公司履行退还全部票款和费用的责任。9 月 28 日，被告向原告函复《关于〈敦请贵司配合我行工作并尽快退还款项的函〉的复信》，拒绝退还款项。

M 公司认为，G 银行应当要求 H 银行纽约分行提供付款行出具的"拒付证明"，证明拒付事实存在，G 银行才有权向前手行使再追索权而起诉 M 公司。G 银行没有与代收行 H 银行纽约分行进行交涉，就要求 M 公司进行退款，不合理。

五、托收行上诉法院请求判令收款人退还票款

G 银行与 M 公司沟通无果，遂上诉法院，提出 G 银行自 2020 年 8 月 30 日起代 M 公司垫付的 35 162 美元的资金不能顺利回笼，请求判令 M 公司偿还 35 162 美元及上述款项从 2020 年 8 月 30 日至清偿日止的利息，利率按中国人民银行公布的同期美元逾期贷款罚息利率计付。

原告向法院提供了托收款项申请书、托收委托书、H 银行纽约分行向 G 银行付款的电报、汇入汇款通知书（证明原告向被告付款）；H 银行纽约分行通知 G 银行票据是伪造后的扣款电报；G 银行向 M 公司发出的催收函、伪造陈述书用以证明票款被付款行追索。

六、收款人的抗辩

M 公司认为，H 银行纽约分行在支付款项后，又在未经 G 银行同意单方面贷记了原告的账户，侵犯了 G 银行的权益，G 银行应当要求 H 银行纽约分行提供付款行出具的"拒付证明"，如对方确实提供付款行开具的"拒付证明"证明拒付事实存在，原告才有权向前手行使再追索权并起诉 M 公司。托收行在未与代收行进行交涉情况下，直接要求 M 公司退款，不符合法律规定。

对于托收委托书上载明托收方式"COLLECTION METHOD：FOR COLLECTION"。G 银行委托 C 市公证处翻译机构于 2020 年 10 月 18 日将其翻译为"托收方式"，而 M 公司委托 A 省公证处翻译机构于 2020 年 12 月 29 日将其翻译为"收款办法"。G 银行认为 C 市公证处翻译时遗漏了单词，要求公证处对其再次进行翻译，C 市公证处于 2021 年 7 月 20 日将其翻译为"托收方式：收妥贷记"，M 公司对此提出异议，再次委托 A 省公证处于 2021 年 8 月 4 日进行翻译，并随同补充代理词一起提交了翻译结果为"收款办法：托收"。

M 公司认为，G 银行并不能证明支票为伪造。退回的支票上有一个"退票原因为存款余额不足"的印章，日期是 2020 年 8 月 26 日。G 银行没有证据证明付款行的退票证据或有关说明，M 公司认为支票是真实有效的，退票只是因为存款余额不足。根据我国法律（《票据法》第 62 条第 1 款、第 65 条）规定，原告已经丧失了对其前手的追索权。

G 银行没有在退票后按照有关规定通知 M 公司托收款项申请书左侧印有的"如将来发生退票、追索等事情，本人愿负责偿还全部票款及费用"格式条款属于免责

条款，应为无效。

资料来源：本案例系作者根据广东省广州市中级人民法院民事判决书（2005）穗中法民三初字第220号中国银行广州市沿江支行与广州古琅玛贸易有限公司票据权益纠纷案改编，原素材网址为：http://www.110.com/panli/panli_80971.html.

【案例使用说明】■━━━━━━━━━━━━━━━━━━━━━━━━━━━━

一、讨论思考题

1.本案属于何种类型托收？按照《托收统一规则》，请梳理本案的托收业务的当事人？

2.本案中支票的出票地与付款地都在国外，应适用于什么法律法规？

3.本案中的"贷记与借记"如何理解？

4.《托收委托书》上载明的"COLLECTION METHOD：FOR COLLECTION"出现的分歧说明什么问题？

5.M公司认为G银行未严格依照托收规则进行托收导致票款被追索，理由是否成立？G银行是否应承担责任？

二、分析思路

本案例应当根据托收的类型、光票托收的业务流程、支票当事人与托收业务当事人的对应关系、托收行的义务、退票等内容，结合URC522相关条款做出分析判断。着重分析托收业务中金融票据的特点，支票的开具、付款、拒付与追索等票据行为，光票托收的业务程序，托收行与代收行的责任与义务，托收委托书填写及托收指示缮制的注意事项，对银行间款项的划拨的规定。

三、理论依据及分析

1.本案为不附有商业单据的金融单据项下的托收，即光票托收。根据《托收统一规定》的规定，委托人是委托银行办理托收的有关人，寄单行是委托人委托办理托收的银行，代收行即除寄单行以外的任何参与处理托收业务的任何银行，付款人即根据托收指示向其提示单据的人。具体到本案，即M公司为委托人，G银行为寄单行，H银行纽约分行为代收行，FIRST COMMUNITY BANK OF TIFTON（蒂夫顿第一社区银行）为付款行。

2.根据《中华人民共和国票据法》第95条第2款"本法和中华人民共和国缔结或者参加的国际条约没有规定的，可以适用国际惯例"的规定，鉴于我国票据法对涉外票据的托收规则没有规定，我国亦没有参加相关的国际条约，故本案可适用主要调整托收法律关系的国际惯例《国际商会托收统一规则》（ICC Uniform Rules for Collections ICC Publication No.522）。

3."借"和"贷"都是从银行的立场上来说的，贷记通知书是企业收到外币后，银行通过国际储备减少本行外币，划入企业外币账户，对银行来说是贷记外币存款；借记通知书就是，要把外币换成本币，是将外币出售给银行，银行外币账户借记存款，同时贷记本币账户，将本币打入企业的本币户头中。借记是汇出汇款，贷记是汇入汇款。

4.说明银行间在款项的划拨上规定并不准确。关于托收方式是立即贷记还是收妥贷记的问题，在托收申请书中并无明确，G银行接受托收后向代收行H银行纽约分行发出的托收委托书中记载的托收方式为"FOR COLLECTION"。对该专用术语"FOR COLLECTION"的中文翻译不能确定为"收妥贷记"。在《托收统一规则》中，并没有把托收具体区分为"收妥贷记"和"立即贷记"，仅对寄单行的义务与责任作了统一规定。寄单行的付款义务规定：收妥的款项（扣除手续费或支出或可能的花销）必须按照托收指示中规定的条件和条款不延误地付给从其受到托收指示的一方，不得延误。

在银行之间付款前调拨还是付款后调拨，是有以下方式的。对于双方有往来账户时，有"授权借记"和"主动贷记"。前者可以指示为"in cover, you are autho-rized to debit the face amount to my account with"（授权你行借记我行在你行开立的账户），后者可以指示为："in cover, we have credited the face amount to your account with us."（我行已贷记你行在我行的账户）。

5.G银行为寄单行，对于寄单行的单据审查义务，《托收统一规则》C部分第13款（Article 13）规定：银行对任何形式单据的格式、完整性、准确性、真实性、虚假性或其法律效力、或对在单据中载明或在其上附加的一般性或特殊性的条款不承担责任或对其负责。上述规定显示，无论采取何种托收方式，寄单行仅须对委托人托收的票据进行表面审查，而无须对该票据的有效性负责。同时，寄单行的最终义务是把收妥的款项在扣除相关手续费用后支付给委托人，本身不负有代垫款项的义务。本案中，已查明原告作为寄单行，业已办理相关的票据托收手续向付款人提示付款，并把付款人承兑支票的款项扣除手续费后的所得款项支付给被告。至于托收的支票最后被付款行认定为变造票据而被追索票款，其主要审查义务在于付款行，原告对该票据的真实有效性并不负有审查义务。可见，在票据托收的过程中，G银行已履行相应义务，不存在过错。银行为委托人办理国际汇票委托收款后，收款票据被其他银行追索，应由委托人承担责任，托收银行不承担票据被追索的责任。

第4章　国际结算中的单据

开篇案例

复杂的信用证单据要求条款

【案例正文】

某信用证46 A项显示：

Documents required 46 A：

1. Beneficiary's manually signed commercial invoices（eight copies）describing the goods as mentioned in field 45A and certifying merchandise to be of china origin.

2. Full set（comprising not less than two）of clean "shipped on board" marine bills of lading made out to the order of Bank Alfalah ltd.，Circular Road Branch，Lahore，Pakistan，showing "Freight Prepaid" and marked notify the applicant and Bank Alfalah limited，Circular Road Branch，Lahore，Pakistan.

3. Insurance arranged by the applicant. Details of shipment must be advised by the beneficiary within three working days from the date of shippment to the applicant and to Messers the Crescent Star Insurance via their fax number：0092-42-7640464 refering marine insurance cover note number：MNC-LHR 1736. One copy of each advice must accompany the original shipping documents.

4. Packing List in triplicate.

5. Additional draft drawn on importer at sight for full invoice value of goods required.

6. Shipping company/shipping company's agent certificate required that shipment/transhipment will not be effected through Israeli or Indian vessels and must accompany the original shipping documents.

【涉及的问题】

该信用证要求提交哪些单据？为什么要提交这些单据？怎么缮制这些单据才是相符的？

思政案例

一丝不苟，铸就不凡——平凡工匠的不平凡

《楚天都市报》2022 年 9 月 26 日报道了一个平凡工匠一丝不苟的故事，对于我们准确缮制国际结算单据很有启迪意义。

从业 19 年，经手数万张电气设计图纸，设计了 2 000 多个大大小小的项目，他用日复一日的工作热情，执着专注、一丝不苟的工匠精神，铸就了一批批精品项目。他就是盛隆电气智慧工厂设计七室主任，工匠精神代表人物——李德军。

此处只介绍他的一个典型故事。蒙华铁路项目，要设计 200 余台箱式变电站。变电站只有 4 米长、2.2 米宽，这么小的地方，要放 8 台高压柜、2 台变压器、5 台低压柜和 1 台 RTU 柜，并且，高低压柜的电流线、信号线全部都要与 RTU 柜相连，一共 576 根线的行走通道，要设计得清清楚楚，互不干扰。分毫之差决定着产品的品质，甚至是产品的成败。李德军硬是啃下这块硬骨头。

首先，配电柜内外各个部件的尺寸都要进行精密测量，柜体钣金结构要做尺寸优化，变压器尺寸也要限定，紧凑的结构里面，柜体开孔、铜排连接，误差必须小于 1 毫米，柜子的布局空间，误差也必须在 1 厘米以内。

最难的要数 RTU 连线。576 条线，在极有限的空间里找到行走路径，而且每条线有 8 米长，一共 4 千米多长的线路，要盘踞在柜子之间。这样复杂的线路标注，李德军和同事在两张 A3 纸上就完成了。"其实懂得其中的原理，有经验，也没有那么难，主要是费时间、费精力，要认真、细心，条分缕析、不能出错"，李德军说。

而这样的设计，在蒙华铁路项目中，要进行 200 多次。因为 200 多个变电站的情况各不相同，每一个都要单独设计出图。

一丝不苟，是对每一个细节和精度的严格要求，是对"毫厘"的斤斤计较。蒙华铁路项目 576 条线路的极致连接，就是李德军一丝不苟的注脚。

"我重视我在每一张图纸上签下的名字"，李德军说。

4.1 单据的定义与种类

4.1.1 单据的定义

案例

国际结算单据包括哪些?

【案例正文】 ■━━━━━━━━━━━━━━━━━━━━━

某信用证的相关条款如下:

RCVD	*46A/	DOCUMENTS REQUIRED
RCVD	*	+MANUALLY SIGNED COMMERCIAL INVOICE IN TRIPLICATE STATING FOB VALUE, INSURANCE PREMIUM AND THIS DOCUMENTARY CREDIT NUMBER.
RCVD	*	+FULL SET OF CLEAN ON BOARD OCEAN BILLS OF LADING WITH 2
RCVD	*	NON-NEGOTIABLE COPIES MADE OUT TO THE ORDER OF BENEFICIARY MARKED FREIGHT PREPAID, NOTIFY APPLICANT AND ISSUING BANK AND SHOWING THIS DOCUMENTARY CREDIT NUMBER
RCVD	*	+PACKING LIST IN TRIPLICATE
RCVD	*	+CERTIFICATE OF ORIGIN AUTHENTICATED BY CHAMBER OF COMMERCE
RCVD	*	+BENEFICIARY'S CERTIFICATE CERTIFYING THAT SHIPPING SAMPLE HAVE BEEN SENT TO APPLICANT BEFORE SHIPMEN
RCVD	*	+INSPECTION SHALL BE EFFECTED BEFORE SHIPMENT BY THE BENEFICIARY AND RELEVANT REPORTS OR CERTIFICATES SHALL BE ISSUED BY GEORGE SMITHS INSPECTION AGENT OR INSPECTOR APPROVED BY THE APPLICANT. THE APPLICANT RESERVES THE RIGHT TO RE-INSPECT TE GOODS AT THE DESTINATION PORT
RCVD	*	+INSURANCE POLICY/CERTIFICATE MADE OUT FOR USD 21947.00 AND
RCVD	*	COVERING ALL RISKS AND WAR RISK AS PER C.I.C. OF PICC DATED 1/1/1981
RCVD	*	+SHIPMENT ADVICE MUST BE SENT TO APPLICANT WITHIN 48 HOURS AFTER ISSURANCE OF B/L WITH SHIPPING DETAILS AND CONTRACT NUMBER
RCVD	*	+ALL DOCUMENTS MUST QUOTE THE NUMBER OF THIS LETTER OF CREDIT

RCVD	*46A/	DOCUMENTS REQUIRED
RCVD	*47A/	ADDITIONAL CONDITIONS
RCVD	*	+MAKING SHIPPING MARK AS KD-SPTSC08/SPORTAR/HAMBURG/C/NO.1-UP
RCVD	*	+MULTIMODAL TRANSPORT DOCUMENTS ACCEPTABLE
RCVD	*	+ DRAFTS TO BE PRESENTED FOR NEGOTIATION MUST BE MARKED AS BEING DRAWN UNDER THIS CREDIT AND BEAR ITS NUMBER

【涉及的问题】■━━

上述信用证中要求了哪些单据？它们都是国际结算中的单据吗？

【参考答案】■━━

"单据"（documents）一词，在国际结算业务中有狭义和广义之分。狭义的单据指收付钱或物的凭证，或与此相关的凭证，比如商务中的汇票、商业发票、装箱单、检验证书、保险单据等，运输中的提单、航空运单、铁路运单等。广义的单据还包括与贸易有关的证明性的文件，如商会签发的原产地证明、受益人自己签发的受益人证明。例如，证明"SHIPMENT ADVICE MUST BE SENT TO APPLICANT WITHIN 48 HOURS AFTER ISSURANCE OF B/L WITH SHIPPING DETAILS AND CONTRACT NUMBER."。所有这些都可称为国际结算单证。

4.1.2　单据种类样例

案例

交单是否存在不符点？

【案例正文】■━━

（1）商业发票

COMMERCIAL INVOICE

1) SELLER	3) INVOICE NO.	4) INVOICE DATE
SUNRISE TRADING CO., LTD.	DS-EPSINV01	29-Jul-12
42 FU HAI RD,	5) L/C NO.	6) DATE
JIA DING DISTRICT	EPS-DSLC43	27-Jul-12
SHANGHAI, CHINA	7) ISSUED BY	
	BANK OF MELBOURNE LTD.	
2) BUYER	8) CONTRACT NO.	9) DATE
NEPTUNE CO., LTD.	DS-EPSSC01	26-Jul-12

P.O. BOX28,	10) FROM	11) TO
HOMEBUSH	SHANGHAI	BRISBANE
N.S.W. AUSTRALIA 2140	12) SHIPPED BY	13) PRICE TERM
	YI XIANG V307	CIFC3 BRISBANE

14) MARKS	15) DESCRIPTION OF GOODS	16) QTY.	17) UNIT PRICE	18) AMOUNT
N/M	INDUSTRY BRAND AIR RIFLES			
	ART.NO.			
	G6232	3 670 PCS	FOB SHANGHAI	USD 45 097.20
			PREMIUM	USD 376.41
			FREIGHT	USD 3 600
			COMMISSION	USD 1 466.53
			CIFC3 BRISBANE	
			USD13.32	USD 48 884.40
	G6240	1 630 PCS	FOB SHANGHAI	USD 25 764.25
			PREMIUM	USD 212.86
			FREIGHT	USD 1 800
			COMMISSION	USD 829.34
			CIFC3 BRISBANE	
			USD16.96	USD 27 644.80

	GROSS WEIGHT	MEASUREMENT
PACKAGE G6232	22KGS	0.068m³
(EACH CTN) G6240	24KGS	0.076m³

We hereby confirm that one set of non-negotiable docs. has been sent to the applicant.

packed in 1 060 cartons of 5pcs each

total three 20' containers

TOTAL GROSS WEIGHT: 23 972 KGS

TOTAL NET WEIGHT: 17 286 KGS

MEASUREMENT: 75m³

23) ISSUED BY

SUNRISE TRADING CO., LTD.

24) SIGNATURE

5 copies

（2）包装单据

P A C K I N G　　L I S T

1）SELLER	3）INVOICE NO.	4）INVOICE DATE
SUNRISE TRADING CO.，LTD.	DS-EPSINV01	29-Jul-12
42 FU HAI RD，	5）FROM	6）TO
JIA DING DISTRICT	SHANGHAI	BRISBANE
SHANGHAI，CHINA	7）TOTAL PACKAGES（IN WORDS）	
	SAY ONE THOUSAND AND SIXTY CARTONS ONLY	
2）BUYER	8）MARKS & NOS.	
NEPTUNE CO.，LTD.	N/M	
P.O. BOX28，		
HOMEBUSH		
N.S.W. AUSTRALIA 2140		

9）C/NOS. 10）NOS.&KINDS OF PKGS.11）ITEM 12）QTY.（pcs.) 13）G.W.（kg) 14）N.W.（kg) 15）MEAS（m³)

INDUSTRY BRAND AIR RIFLES

9）C/NOS.	10）NOS.&KINDS OF PKGS.	11）ITEM	12）QTY.	13）G.W.	14）N.W.	15）MEAS
1-367	367 CARTONS	G6232	1 835	8 074	5 872	25.000
368-734	367 CARTONS	G6232	1 835	8 074	5 872	25.000
735-1060	326 CARTONS	G6240	1 630	7 824	5 542	25.000
	in three container					
TOTAL	1 060 CARTONS		5 300	23 972	17 286	75.000
	PER CARTON	G6232		105X18X36CM N.W. 16KGS		
		G6240		118X18X36CM N.W. 17KGS		

16）ISSUED BY

SUNRISE TRADING CO.，LTD.

17）SIGNATURE

（3）运输单据

海运提单

1）SHIPPER SUNRISE TRADING CO., LTD.			10）B/L NO.: JH-FLSBL01	
2）CONSIGNEE TO ORDER OF SHIPPER			**中國遠洋運輸(集團)總公司** CHINA OCEAN SHIPPING (GROUP) CO. CABLE: COSCO BEIJING TLX: 210740 CPC CN	
3）NOTIFY PARTY NEPTUNE CO., LTD. P.O. BOX28, HOMEBUSH N.S.W. AUSTRALIA 2140				
4）PLACE OF RECEIPT SHANGHAI CY	5）OCEAN VESSEL YI XIANG		ORIGINAL	
6）VOYAGE NO. V307	7）PORT OF LOADING SHANGHAI			
8）PORT OF DISCHARGE BRISBANE	9）PLACE OF DELIVERY		BILL OF LADING	
11）MARKS	12）NOS. & PKGS.	13）DESCRIPTION	14）G.W. (kg)	15）MEAS（m³）

INDUSTRY BRAND AIR RIFLES

	367 CARTONS	G6232	8 074	25.000
N/M	367 CARTONS	G6232	8 074	25.000
	326 CARTONS	G6240	7 824	25.000

IN THREE CONTAINERS

FREIGHT PREPAID

16）TOTAL NUMBER OF CONTAINERS OR PACKAGES（IN WORDS） SAY ONE THOUSAND AND SIXTY CARTONS ONLY					
FREIGHT & CHARGES	REVENUE TONS	RATE	PER	PREPAID	COLLECT
PREPAID AT	PAYABLE AT		17）PLACE AND DATE OF ISSUE SHANGHAI 25-Aug-12		
TOTAL PREPAID	18）NUMBER OF ORIGINAL B（S）L THREE		21）		
LOADING ON BOARD THE VESSEL			COSCO SHANGHAI SHIPPING CO., LTD.		
19）DATE 2012-8-25	20）BY COSCO SHANGHAI SHIPPING CO., LTD. 倪 永 海		倪 永 海		
ENDORSEMENT:					
				3 copies	

航空运单

（4）保险单据

货物运输保险单
CARGO TRANSPORTATION INSURANCE POLICY

总公司设于北京　　　一九四九年创立
Head Office Beijing　　Established in 1949

北京2008年奥运会保险合作伙伴
OFFICAL INSURANCE PARTNER OF THE BEIJING 2008 OLYMPIC GAMES

发票号　（INVOICE NO.）LD-DRG-INV0516

合同号　（CONTRACT NO.）LD-DRG-SC0330

保单号次
POLICY NO.　PYIE202459602849582401

信用证号（L/C NO.）834LC43690341

被保险人（INSURED）　SHANGHAI LIDA TRADING COMPANY LIMITED

中国人民财产保险有限公司（以下简称本公司）根据被保险人的要求，由被保险人向本公司缴付约定的保险费，按照本保险单承保险别和背面所载条款与下列特款承保下

还货物运输保险，特立本保险单。

THIS POLICY OF INSURANCE WITNESSES THAT PICC PROPERTY AND CASUALTY COMPANY LIMITED (HEREINAFTER CALLED "THE COMPANY") AT REQUEST OF THE INSURED AND IN

CONSIDERATION OF THE AGREED PREMIUM PAID TO THE COMPANY BY THE INSURED, UNDERTAKES TO INSURANCE, THE UNDERMENTIONED GOODS IN TRANSPORTATION SUBJECT TO THE

CONDITIONS OF THIS POLICY AS PER THE CLAUSES PRINTED OVERL AND OTHER SPECIAL CLAUSES ATTACHED HEREON.

标记 MARKS & NOS.	包装及数量 QUANTITY	保险货物项目 DESCRIPTION OF GOODS	保险金额 AMOUNT INSURED
DRAGON TOY LD-DRG-SC0330 NEWYORK C.NO.1-348	348CTNS	ELECTRIC CARS L/C ISSUING BANK:BANK OF AMERICA L/C NO.:834LC43690341	USD89 800.00

总保险金额 TOTAL AMOUNT INSURED : SAY US DOLLARS EIGHTY NINE THOUSAND EIGHT HUNDRED ONLY

保费：　　　　　　启运日期：　　　　　　　　　装载运输工具：

PREMIUM : AS ARRANGED　DATE OF COMMENCEMENT AS PER B/L PER CONVEYANCE :XING QIN DAO/0095

自　　　　　　经　　　　　　　　至
FROM　SHANGHAI, CHINA　　VIA　　　　　　　TO　NEW YORK　U.S.A

承保险别：
CONDITIONS　　　ALL RISKS
AS PER THE RELEVANT OCEAN MARINE CARGO
CLAUSE OF PICC DATED 01/01/1981.

所保货物，如发生保险单项下可能引起索赔的损失或损坏，应立即通知本公司代理人查勘。如有索赔，应向本公司提交保单正本（本保险单共有　式　份正本）及有关文件。如一

份正本已用于索赔，其余正本自动失效。

IN THE EVENT OF LOSS OR DAMAGE WHICH MAY RESULT IN A CLAIM UNDER THIS POLICY, IMMEDIATE NOTICE MUST BE GIVEN TO THE COMPANY'S AGENT AS MENTIONED HEREUNDER

CLAIMS, IF ANY ONE OF THE ORIGINAL POLICY WHICH HAS BEEN ISSUED IN 2 ORIGINAL TOGETHER WITH THE RELEVENT DOCUMENTS SHALL BE SURRENDERED TO THE COMPANY. IF ONE

OF THE ORIGINAL POLICY HAS BEEN ACCOMPLISHED. THE OTHERS TO BE VOID.

赔款偿付地点　　　　　　　　　　　中国人民财产保险股份有限公司上海市分公司

CLAIM PAYABLE AT/IN　U.S.A　IN CNY　　PICC Property and Casualty Company Limited, Shanghai

出单日期　　　　　　　　　　　　　　　　　刘亦兴

ISSUING DATE　MAY 25, 2010　　　　　_____

GENERAL MANAGER

（5）检验证书

中华人民共和国出入境检验检疫
ENTRY-EXIT INSPECTION AND QUARANTINE
OF THE PEOPLE'S REPUBLIC OF CHINA

编号 NO.: 058923467521604

QUALITY
INSPECTION CERTIFICATE

发货人 Consignor	SHANGHAI TWIN CITY TRADING CO.,LTD.

收货人 Consignee	NOM B.V

		标记及号码 Marks & No.
品名 Description of Goods	GARDEN FURNITURE	NOM TR-NON-SC0330 ROTIERDAM C.NO.1-880
报验数量/重量 Quantity/Weight Declared	880 PIECES 9 448 KGS	
包装种类及数量 Number and Type of Packages.	880 CTNS	
运输工具 Means of Conveyance	BY SEA	

检验结果
INSPECTION RESULTS:

从全批货物中，按 *** 标准抽取样品并按 **GB/T 3325-2008** 标准规定进行检验，结果如下：
From the whole lot of goods, samples were drawn according to Standard   *** and inspected according to the stipulation Standard **GB/T 3325-2008** with the results as follows:

The quality of the products under the S/C No. TC-NOM-SC0330

is in conformity with the requirements of Standard   GB/T 3325-2008

签证地点 Place of Issue ___SHANGHAI___   签证日期 Date of Issue ___MAY 20,2010___

授权签字人 Authorized Officer ___ZHANG GUOXING___   签名 Signature. 张国兴

我们已尽所知和最大能力实施上述检验，不能因我们签发本证书而免除卖方或其他方面根据合同和法律所承担的产品质量责任和其他责任。All inspections are carried out conscientiously to the best of our knowledge. This certificate does not in any respect absolve the seller and other related parties from his contractual and legal obligations when product quality is concerned.

（6）原产地证

ORIGINAL	Certificate No.08051432
1. Exporter （full name and address） SUNRISE TRADING CO., LTD. 42 FU HAI RD, JIA DING DISTRICT SHANGHAI, CHINA	CERTIFICATE OF ORIGIN OF THE PEOPLE'S REPUBLIC OF CHINA
2. Consignee （full name, address, country） NEPTUNE CO., LTD. P.O. BOX28, HOMEBUSH N.S.W. AUSTRALIA 2140	
3. Means of transport and route BY SHIP FROM SHANGHAI TO BRISBANE	5. For certifying authority use only
4. Destination port BRISBANE	

6. Marks and Numbers of packages	7. Description of goods： number and kind of packages	8. H.S. Code	9. Quantity or weight	10. Number and date of invoices
N/M Container No.32345101/02/03	INDUSTRY BRAND AIR RIFLES G6232 734 CARTONS G6240 326 CARTONS three 20′containers ***************************	9307 9307	3670PCS 1630PCS	DS–EPSINV01 29–Jul–12

11. Declaration by the exporter	12. Certification
The undersigned hereby declares that the above details and statements are correct； that all the goods were produced in China and that they comply with the Rules of Origin of the People's Republic of China. SUNRISE TRADING CO., LTD. 29 July, 2012 SHANGHAI	It is hereby certified that the declaration by the exporter is correct. 中国国际贸易促进委员会上海分会 China Council for the Promotion of International Trade （SHANGHAI）
Place and date. signature and stamp of certifying authority	Place and date. signature and stamp of certifying authority

China Council for the Promotion of International trade is China Chamber of International Commerce.

【涉及的问题】◼━━━━━━━━━━━━

1. 审核商业发票、装箱单、海运提单与原产地证书，如信用证显示："All documents must indicate this L/C No.and contract No. Loading on board date not later than

23rd Aug.2012 .", 以上单据是否存在不符点?

2. 海运提单显示 "Consignee: to order of shipper" 为何意?分析海运提单与以上其他运输单据的主要区别。

3. 如信用证显示 "One original insurance Policy/Certificate Covering ALL Risks and War Risk for 110% of invoice value as par CIC of Jan 1st, 1981, with claims (if any) payable in USA... Latest shipment date not later than May 23rd , 2010", 上述保险单是否存在不符点?

4. 如信用证显示 "Preshipment inspection certificate indicating container number and seal number issued by CCIC... Latest shipment date not later than May 19th, 2010", 上述检验证书是否存在不符点?

【参考答案】▶━━━━━━━

1. 存在不符点。发票显示了信用证号码,而其他单据未显示。海运提单显示装运日期为2012年8月25日,已经超过了信用证规定的最迟装运期。

2. 提单收货人栏填写为 "to the order of shipper" 为指示性抬头,凭发货人指示,由托运人/发货人在提单背面空白背书。这种提单亦可根据信用证的规定而作记名背书。托收人也可不作背书,在这种情况下则只有托运人可以提货,即卖方保留货物所有权。航空运单与海运提单不同,它是由承运人或其代理人签发的重要的货物运输单据,是承托双方的运输合同,其内容对双方均具有约束力。航空运单不可转让,持有航空运单也并不能说明可以对货物拥有所有权。国际铁路运单与航空运单、公路运单相似,它们不是物权凭证,而是提货证明,如丢失,货物所有权仍在卖方手中。

3. 存在两个不符点。一是保险单据的签发日期迟于运输单据的签发日期。二是投保的险种与信用证不符。

4. 信用证规定货物检验应在装船前进行,货物检验证书日期晚于已装船提单的签发日期,则该检验证书是不可接受的,开证行可以据此拒付信用证。检验证书未注明集装箱编号和密封编号。

4.2　商业单据

4.2.1　商业发票

┌─────── 案例1 ───────┐
商业发票上的不符点
└───────────────────┘

【案例正文】▶━━━━━━━

广交会上 A 公司与国外一老客户 B 签订合同,购买 A 公司的玻璃餐具

（英文名为：GLASS WARES），贸易条件 FOB WENZHOU，1 个 40' 高柜，金额 USD25 064.24，支付方式为信用证，6 月份装运。

A 公司在按照合同与信用证规定在 6 月份按期交货后，缮制单据向银行交单议付，但银行在审单过程中发现发票将商品名称 "GLASS WARES" 错写成 "GLASSWARES"，即两个单词没有空格，要求 A 公司修改。但 A 公司认为这是极小的不符点，根本不会影响买方提货。又认为这是老客户，就要求议付行凭担保带不符点向开证行寄单了，但后来遭到开证行以商业发票存在不符点拒付。

【涉及的问题】

本案例中的所谓不符点成立吗？

【参考答案】

根据 UCP600 第 18 条 c 款规定，商业发票上的货物、服务或履约行为的描述应该与信用证中的描述一致。"不符点"没有大小之分。在发现"不符点"后，应将其修改。

---------- 案例 2 ----------
商业发票的证实或认证

【案例正文】

信用证要求："Commercial invoice to be certified by chamber of commerce and legalized by XXXX embassy/consulate."

【涉及的问题】

如何根据信用证的要求去证实或认证商业发票？

【参考答案】

信用证对商业发票的要求包含两层意思：（1）发票须经商会证实；（2）单据须经大使馆 / 领事馆认证。

当信用证未具体规定如何满足须经证实和认证的要求时，UCP600 第 3 条第 4 段体现了对"经证实的（certified）"和"经认证的（legalized）"的解释。

在 UCP600 下，须经商会证实（certification）的要求必须由单据表面任何看似满足该要求的签字、标记、印戳或标签来满足。

单据的认证（legalization）通常用于在一个国家（来源国）签署的单据需在另一国家（目的国）使用的场合。为使单据获得目的国的认可并作为有效单据，需要由来源国对单据予以认证。同样，认证的要求可由任何看似满足该要求的签字、标记、印戳或标签来满足。

具体做法上，在商业发票上不必显示诸如"经证实的（certified）""经认证的（legalized）""经签证的（visaed）"的字样。商会通常在单据上盖上它的印戳并签字即可。单据上的印戳和签字的用语可能是开证行所不了解的语言，例如，使用的是受益人所在国的语言。与此类似，认证所使用的通常是进口国的语言。正是这些原因使得 UCP 规定银行应接受任何形式看似满足须经证实和认证的要求的签字、标记、印戳或标签。

legalize、visa、certify、authenticate、witness 等类似措辞用于单证含义较模糊，有时甚至混用，中文翻译也很困难。如果信用证本身对单据的上述要求没有具体规定该如何满足，则任何形式的看似满足此类要求的签字、标记、印戳或标签均可，即便使用的是开证行所不了解的语言。

4.2.2　其他形式发票

------ 案例 ------
临时发票及其审核

【案例正文】■————————————————————————————

一则大宗粮食贸易的信用证中规定允许二次支款，要求第一次支取 90% 货款时提交临时发票，第二次支取剩余 10% 货款时提交商业发票。受益人及议付行对如何审核这两份发票感到困惑。

【涉及的问题】■————————————————————————————

1. 何为临时发票？如何审核临时发票？

2. 临时发票的适用场合有哪些？

【参考答案】■————————————————————————————

1. 临时发票和形式发票都是相对正式发票而言的。此类发票可能标明为"临时发票（provisional invoice）"，也可能为"形式发票（proforma invoice）"，性质并没有本质的不同，均不是正式发票。相比而言，临时发票（或称预开发票）和形式发票，其载明的货物或服务、标明的价格或总值，都只是一个可能或一种估计，并不确切。

临时发票和形式发票都应参照正式商业发票审核。因为虽然它们不是正式发票，但其内容与商业发票相似。

2. 一是预付。即明确在装运货物前先付款，事后做最终结算，此时需开立临时发票。二是寄售。在正式签订销售合同前，货物先行出口，交予出口方的代理人经营，临时发票的价格可作为代理人应收价格的参考。三是投标。临时发票用于销售合同的投标。出口方在接受投标的邀请后，可以不在临时发票上标明货物的金额，而要求未来的进口方出价或提出金额，若经出口方确认，就能成为正式的销售合同。

4.2.3 重量单、装箱单、尺码单

案例

5 吨多驴肉白送还遭到进口国海关罚款

【案例正文】▶━━━━━━━━━━━━━━━━━━━━━━━━━━━━━━

某公司出口一批驴肉到日本。合同规定，该批货物共 25 吨，装 1 500 箱，每箱净重 16.6 千克。如按规定装货，则总重量应为 24.9 吨，余下 100 千克可以不再补交。当货物运抵日本港口后，日本海关人员在抽查该批货物时，发现每箱净重不是 16.6 千克而是 20 千克，即每箱多装了 3.4 千克。也就是说，该批货物实际装了 30 吨。但包括商业发票、提单、装箱单等所有单据上都注明 24.9 吨。议付货款时也按 24.9 吨计算，白送 5.1 吨驴肉给客户。此外，由于货物单据上的净重与实际重量不符，日本海关认为进口人逃税，向进口人开出一笔罚款。进口人随后向出口人索赔该笔罚款。

【涉及的问题】▶━━━━━━━━━━━━━━━━━━━━━━━━━━━━━━

国际贸易中的装箱单性质和作用是什么？只要做到"单单相符、单证相符"就可以了吗？

【参考答案】▶━━━━━━━━━━━━━━━━━━━━━━━━━━━━━━

装箱单、重量单、尺码单等单据是商业发票和运输单据的补充性单据，更详细地表明了货物的包装、重量和尺码情况。

"单单相符、单证相符"是信用证项下结算的原则，当各国海关在货物进出口监管时，还要查验是否"单货相符"，以判断进出口申报人是否存在走私行为。

4.3 运输单据

4.3.1 海运提单

案例

记名提单对出口商有何风险？

【案例正文】▶━━━━━━━━━━━━━━━━━━━━━━━━━━━━━━

甲公司与乙公司签订一笔 2 万美元的出口合同，约定以 D / P at sight 为付款方

式。在货物装船起运后，甲公司按照乙公司要求将提单上的托运人和收货人均注明为乙公司，并将海运提单副本寄给乙公司。货到目的港后，乙公司以暂时资金不足原因要求出口商将付款方式改为 D／A。考虑到提单的收货人已记名为乙公司，使甲公司已无法控制货物，只能答应其要求。然后乙公司对汇票做了承兑后取得了全套海运提单并办理了提货手续。货物被提走转卖后，乙公司不按期向银行付款赎单，并再也无法联系，致使甲公司货款两空。

【涉及的问题】 ▶

记名提单对于出口人有何风险？

【参考答案】 ▶

（1）提单（Bill of Lading 或 B／L），是指由船长或船公司或其代理人签发的，证明已收到特定货物，允诺将货物运至特定的目的港，并交付给收货人的凭证，也是收货人在目的港据以向船公司或其代理提取货物的凭证。（2）提单的托运人有两种，一种是与承运人订立运输合同的人，他可以是出口人，也可以是进口人，取决于采用什么贸易术语。另一种是向承运人实际交付货物的人，此人即为出口人。（3）提单的收货人也有两种，一种是记名收货人，此时的提单称为记名提单，另一种是不记名，如凭指示，此时的提单称为指示提单。在多数国家，记名提单只要收货人出具身份证明，无须出示提单，即可在目的港提取货物，而指示提单下收货人则必须出示全套正本提单才可以提取货物。

本案中，乙公司要求将提单的托运人和收货人均注明为乙公司，这就使得该提单只能由该乙公司提货，也使甲公司丧失了货物控制权，连要求船公司把货物退运给甲公司都困难了。

4.3.2 空运单

---案例---

如何界定空运单是承运人空运单还是货代空运单？

【案例正文】 ■

一份空运出口的信用证中，货运单据要求的是"航空运单"（Air waybill），受益人向银行提交了一份航空运单，上面标题显示为"House Air Waybill"。因为信用证无"货代航空运单可接受"条款，所以，议付银行提出不符点，认为航空运单与信用证要求不符。

【涉及的问题】 ■

航空运单主要分哪两种？应该怎样界定一份航空运单是承运人型航空运单还是货代型航空运单？

【参考答案】

（1）航空运单根据出具人不同，一般分为航空公司航空运单（master air way-bill，MAWB）和货代航空运单（forwarder's air waybill，HAWB）。无疑，此种区分是以出具人业务特征作出的。

（2）以前的UCP规则就是按照航空运单出具人业务特征区分航空运单种类的，开证行也基于此在信用证中规定"货代航空运单可以接受"或是"货代航空运单不可接受"。此种规定忽略了货代作为航空运输承运人的情况。

（3）按照ISBP745第H4段（para H4）的解释，当信用证规定"货代航空运单不可接受"（freight forwarder's air waybill is not acceptable），或者"运输行航空运单不可接受"（house air waybill is not acceptable）或类似措辞时，除非信用证对航空运单如何出具和前述作出明确要求，否则，该规定在航空运局的名称、格式、内容或签署方面没有任何含义。当没有这些要求时，该规定将不予理会，提交的航空运单将按照UCP600第23条的要求予以审核。由于UCP对什么是货代航空运单作出了界定，所以，实务中如果货运代理人或运输行欲签发自己的航空运单，建议以承运人身份签署（as carrier）。

国际商会银行专家委员会意见R230中，信用证要求了Air waybill。提交的空运单由承运人签署，并命名为House air waybill，可以接受吗？国际商会专家在分析中说："As long as an air transport document issued by a freight forwarder fulfills the requirements of UCP500 sub-Article 27（a）（i）in conjunction with UCP500 Article 30，and thereby clearly shows that it is a carrier-type document，there is no ground for rejecting the air transport document solely for the reason that it is named House Air Waybill or otherwise indicates that it is or may be a House Air Waybill，always provided that acceptance of a House Air Waybill is not prohibited by the terms of the credit."

4.3.3　铁路运单

案例

铁路运单未注明编号是否构成不符点？

【案例正文】

在几则国际商会信用证案例中，受益人提交的铁路运单上没有显示承运人（铁路公司）的名称，取而代之的是铁路车站的盖章签署；铁路运单上没有标注火车编号或车厢号；运单被标注为："duplicate"（第二联）。银行对上述问题提出不符点。

【涉及的问题】

上述问题构成UCP项下的不符点吗？

【参考答案】

对于上述问题，UCP600在第24条、ISBP745的J1-J20段给出了答案。UCP600第24条a款："A road, rail or inland waterway transport document, however named, must appear to indicate the name of the carrier and be signed by the carrier or a named agent for or on behalf of the carrier, or indicate receipt of the goods by signature, stamp or notation by the carrier or a named agent for or on behalf of the carrier......If a rail transport document does not identify the carrier, any signature or stamp of the railway company will be accepted as evidence of the document being signed by the carrier."

UCP600第24条b款："A rail transport document marked "duplicate" will be accepted as an original."

ISBP 745第J2段："When a road, rail or inland waterway transport document is signed by a named branch of the carrier, the signature is considered to have been made by the carrier."

ISBP 745第J3段："Any signature, stamp or notation of receipt of the goods is to appear to indicate that it has been made by the carrier, identified as carrier; or a named agent acting or signing for the carrier and indicating the name of the carrier, identified as the carrier, on whose behalf that agent is acting or signing; or a railway company or railway station of departure."

铁路运单或公路运单必须注明车厢或卡车号码吗？铁路运单上往往有火车车厢号（wagon number），公路运单上也会有卡车号一栏。国际商会专家的意见是：除非信用证明确有此规定，否则该栏目空白不视为不符点（参看意见案例R371）。此外，国际商会在意见案例R369中认为同一火车的不同车厢属于同一运输工具，不视为分批装运，但公路运输中装于不同卡车视为分批装运。

4.3.4　公路运输单据

案例

公路运单的签署争议

【案例正文】

有数则公路运单（CMR）的第23栏载有承运人印章及签字，但第16栏的承运人名称一栏没有填写，因而被开证行以签署不合格为由拒付，受益人不解。具体如下：

"The carrier in field 16 is missing resp. in field 23 not indicated as carrier."

"Field 16 in CMR is not filled in and it is not in compliance with field 23."

"Presented CMR is signed and stamped in the field 23 but does not indicate the name of the carrier in field 16."

【涉及的问题】

上述公路运单不符点成立吗?

【参考答案】

(1) UCP600第24条a款i项规定如下:"表明承运人的姓名,并且由承运人或其具名代理人签署,或者由承运人或其具名代理人以签字、印戳或批注表明货物收讫。"提交的公路运单没有在第16栏显示承运人的名字和地址,然而,用签字和盖章填写了第23栏,这栏标签为"承运人签字和盖章"。这种签署方式满足UCP600第24条a款i项的要求,没有不符。

(2) 案例中提到的CMR格式中第16栏是供填写承运人名称的,第23栏是供承运人签字和盖章的。既然第23栏有"承运人签字和盖章"的标签,则其中的盖章及签字人的身份就清楚地表明为承运人,满足UCP600第24条a款i项关于签署运单的要求。

(3) 单据设计有另外填写承运人名称的栏目并不一定要填写。ISBP745第A17段规定:"The fact that a document has a box, field or space for data to be inserted does not necessarily mean that such box, field or space is to be completed."(单据上留有填写数据内容的方框、栏位或空白处,并不必然表示该方框、栏位或空白处必须填写)

4.3.5 邮寄收据和快递收据

------------------------------ 案例 ------------------------------

邮寄收据和快邮收据需要显示取件日期和取件人签字吗?

【案例正文】

邮寄收据和快递收据产生于两类业务,一是向国外邮寄物品、样品等,二是向国外邮寄贸易单据等文件。前者具有货运单据的性质,所以应当具备货运单据的功能;后者是证明性质的,因此应该具备证明功能。国际商会银行专家委员会意见R637 / TA654 rev.的争议案中,信用证要求:"提交受益人证明及相关快递收据,以证明一套副本单据已经在装运日后3个工作日内寄往申请人。(Beneficiary's certificate along with relevant courier receipt certifying that one set of non-negotiable documents have been sent to the applicant within 3 working days after ship-ment date.)。"交单后,开证行提出不符点:快递公司收据没有显示取件日期和取件人签字。

【涉及的问题】

快递收据默认要取件日期吗?需要取件人签字吗?

【参考答案】

国际商会专家在"意见"中说："能够证明符合信用证要求的证据是显示在快递收据上的取件日期。信用证要求提交一份快递收据（证本、副本或者影印件）。"最终结论道："快递收据没有显示取单日期是不符点。"又说："如果正本快递收据有签字的栏位，那么需要签署；如果正本没有签字栏位或者提交的是副本，那么不需要签署。"

虽然受益人证明是不需要日期的，但快递收据需要显示取件日期，不管正本、副本。这是功能性要求，而与信用证是否带有"documents have been sent to the applicant within 3 working days after shipment date"类似要求无关。

如果信用证要求提交受益人证明及相关快递收据，或相关email copy件，或相关传真报告等，以证明一套副本单据已经在装运日后3个工作日内寄往申请人，提交的相关快递收据，或相关email copy件，或相关传真报告，理应与此相似，需要显示日期，这仍是功能性要求。

4.4 保险单据

4.4.1 保险单的作用

案例

收货人货损后向保险人索赔的基础是什么？

【案例正文】

12月，中国北方某外贸公司与荷兰进口商签订一份皮手套出口合同，价格条件为CIF鹿特丹，出口人向中国人民财产保险股份有限公司投保一切险。生产厂家在生产的最后一道工序将手套的温度降低到了最低程度，然后用牛皮纸包好装入纸箱，再装入20英尺海运集装箱。货物到达鹿特丹后，集装箱铅封完好，集装箱箱号与提单标注的一致；但开箱后发现全部货物潮湿、发霉、污损、变色，损失价值达8万美元。据分析：该批货物的湿损主要是由于运输途中外界气温冷热变化导致的冷凝造成的。

【涉及的问题】

荷兰进口商凭什么向保险公司索赔？

【参考答案】

凭保险单向保险人设在荷兰的赔付代理人索赔。理由一是收货人与保险人有保险单，它表明了被保险人与保险人之间的保险合同关系，收货人的被保险人地位是通过卖方这个投保人在保险合同确立后，通过对保险单的背书以及权利转让取得的。理由二是货物受损是由于承保的风险导致的。

4.4.2　保险单的有关当事人

案例

保险经纪人签署的保险单可以接受吗？

【案例正文】▶

一宗 CIF 条件成交的交易中，出口方经过多方考虑，选择通过香港的保险经纪人在伦敦市场按照协会货物保险条款为货物购买的 A 条款货物险，按照习惯，保险单由香港的保险经纪人签发。受益人向银行交单议付时，被银行提示保险单存在不符点，声称保险单应该由保险人签署。

【涉及的问题】▶

保险经纪人签字的保险单据可以接受吗？

【参考答案】▶

在伦敦保险市场上，有很多保险单据是由保险经纪人签署的。交单议付时，有的银行接受此类保险单据，也有很多银行拒绝接受由保险经纪人签字的保险单据，理由是保险经纪人不是 UCP600 下特定的有权签署保险单据的一方。只有当保险经纪人作为保险公司或承保人的代理人或代表，或签字的保险经纪人是该保险公司的员工，且该员工被正式指定为保险公司的保险经纪人时，银行才会接受此类保险单据。ISBP745 的 K3 段规定，只要保险单据已由保险公司或承保人或其代理人或代表签署，保险单据也可以出具在保险经纪人的信笺上。保险经纪人可以作为具名保险公司或具名承保人的代理人或代表签署保险单据。

本案中，保险经纪人需要以保险人或承保人的代理人或代表的身份签署保单，该保单就可以接受，哪怕该保单是以保险经纪人的函头格式出具的。

4.4.3　保险人的责任

案例

进口豆粕在目的港发现发霉变质，保险人要赔偿吗？

【案例正文】▶

中国甲进口公司以 CFR 条件从印度进口豆粕 26 000 吨，并向中国人民保险公司投保了一切险。提单显示，豆粕装船时颜色和质量正常。在目的港卸船时发现，有部分豆粕结块、发霉甚至变黑，失去正常使用价值。经聘请专业检验机构检验，船舶在航行途中货舱水密状态良好，除了5天的小雨天气外，船员也按照规程进行了通风，货物变质发生在运输过程中，可能的原因是豆粕的含水量超过合同约定的含水量所致。经过合理的残损货物处理后计算，收货人货损金额为2 100万元人民币，收货人凭保险单向保险人索赔，但遭到保险人以致损原因非承保风险为由拒绝。

【涉及的问题】

本案中的货物损失应该由保险人赔偿吗？

【参考答案】

不论是伦敦的货物保险条款还是中国人民保险公司货物保险条款，除了规定承保的风险之外，都规定了除外责任。这类除外责任主要是由被保险人行为导致的、由货物自身潜在缺陷造成的、由于货物包装、标记不当造成的非自然灾害或意外事故导致的货物损失。本案中，专业检验机构认定了货损的主要原因是货物本身含水量过高，属于保险条款中的除外责任，所以，保险人拒绝赔偿是有合同依据的。请记住，"一切险"条款并不承保一切险。

4.4.4　保险单据的内容

案例

提交暂保单被议付银行拒收

【案例正文】

一香港出口人为卖给中国内地的一批货物向保险经纪人办理投保手续，并取得了保险经纪人签发的暂保单（cover note），但在向银行交单议付时遭到银行拒绝，声称暂保单不可接受。

【涉及的问题】

什么样的保险单据银行才能接受？保险单据应该具备哪些内容？

【参考答案】

（1）保险单据是保险合同的直接证据，各国保险法对保险合同应当具备的基本内容都做了完整的规定（参阅我国《保险法》第18条和我国《海商法》第217条）。我国《保险法》第13条规定："保险人应当及时向投保人签发保险单或者其他保险凭证。保险单或保险凭证应当载明当事人双方约定的合同内容。"据此，保险单、预约保险中的保险凭证或保险声明，只要载明了保险条款，即为可以接受的保险单据。

（2）UCP以及ISBP745的K1段都规定保险单、预约保险下的保险凭证或保险声明是可以接受的保险单据，但此种保险凭证或保险声明必须载明所据以签署的预约保险合同。

4.4.5　保险单据的转让

------------ 案例 ------------
保险单据转让中背书的困惑

【案例正文】◣━━━━━━━━━━━━

C 银行广州分行对外开立了一笔信用证，其中对于保险单据的要求如下："Full set（included 1 original and 1 copy）of insurance policy/ certificate for 110 pct of the invoice value showing claims payable in China，in currency of the draft，blank endorsed，covering all risks and war risks，showing contract No.，L/C No. and shipping mark." 后来，开证行收到通过 M 银行北京分行寄来的该证项下单据，其中保险单的被保险人是开证申请人，但信用证受益人做了背书。开证行认为，如果开证申请人是被保险人，那么只有开证申请人有权背书。如果其他人背书了，就导致保险权益人不明确，保险公司可以拒绝赔付。于是，开证银行向 M 银行北京分行提出不符点：The insurance policy was not endorsed by the proper party。

【涉及的问题】◣━━━━━━━━━━━━
本案中向 M 银行提出的背书不当的不符点合理吗？

【参考答案】◣━━━━━━━━━━━━
关于保险单据抬头和背书的困惑，在业务中会经常遇到。对此，国际商会专家委员会在意见 R778/TA688 REV.中，通过 6 个案例对信用证下保险单抬头和背书的运用做了原则性说明。

案例 1：信用证要求保险单作空白背书，受益人所提交保险单未做背书，抬头填写为 "to bearer"（交付持单人），银行能否接受该单据？国际商会认为，依据 ISBP745 Para K19，银行可以接受该保单。ISBP745 Para K19 款指出，保险单据应当是信用证要求的形式，如有必要，须凭其指示赔付或由以其为赔付受益人的实体背书。此时赔付指示人按抬头为持单人，故受益人交单即转让了保单权益，无须背书。

案例 2：信用证要求保险单做空白背书，受益人所提交保险单未做背书，抬头填写为 "ABC Exporting Co Ltd to bearer"（ABC 出口有限公司交付持单人），银行能否接受该单据？国际商会认为，银行不能接受该保单。因该保单要求 ABC 公司进行背书，背书才可解除 ABC 公司和持单人的冲突，而抬头中附加的"交付持单人"不能改变被保险人是 ABC 公司的事实。

案例 3：信用证要求保险单做空白背书，受益人所提交保险单未做背书，抬头填写为"to order"（凭指示），银行能否接受该单据？香港国际商会认为"to order"（凭指示）等同于"to bearer"（交付持单人），因此该单据可接受。国际商会根据保险单的上下文，同意香港国际商会的意见。

案例4：信用证要求保险单做空白背书，受益人所提交保险单未做背书，抬头填写为"ABC Exporting Co Ltd to order"（ABC出口有限公司交付指示人），银行能否接受该单据？国际商会认为，银行不能接受该保单。因该保单要求ABC公司进行背书，但由于ABC公司未进行背书，抬头中附加的"交付指示人"并不能改变被保险人是ABC公司的事实。

案例5：信用证要求保单抬头开立成"to order of XYZ Bank Ltd"（凭XYZ银行的指示），受益人所提交保险单未做背书，抬头填写为"to order of XYZ Bank Ltd"（凭XYZ银行的指示），银行能否接受该单据？国际商会认为，保单按要求出具，银行可接受该单据。此案例中赔付指示人为XYZ银行，即使要做背书也是该银行来做，而不是受益人，因此，交单时受益人无须背书。

案例6：信用证要求保单抬头开立成"to order of XYZ Bank Ltd"（凭XYZ银行的指示），受益人所提交保险单未做背书，抬头填写为"ABC Exporting Co Ltd to order of XYZ Bank Ltd"（ABC出口有限公司交付指示人XYZ银行），银行能否接受该单据？国际商会认为，银行不能接受该保单。因该保单要求ABC公司进行背书，但ABC公司未做背书，故抬头中附加的"to order of XYZ Bank Ltd"不能改变被保险人是ABC公司的事实。既然出口人ABC公司未按照信用证要求开立保单抬头，如果为达到控制保单权益的目的需在抬头中增加"ABC Exporting Co Ltd"，应在交单时做背书。

国际商会的上述6个案例及其解释并没有囊括所有的问题，M银行的困惑与上述六个案例也不完全相同，我们应当通过这6个案例解释所确立的原则来处理此类复杂问题。按照这些原则，M银行案例中的保单背书方式是不可接受的。

为避免这类问题，使保单抬头和背书制作更为明确，ISBP745 Para K20指出：保险单不应（should not）显示或被要求显示被保险人是"To Order（凭指示）"或"To Bearer（交付持单人）"。

4.4.6 保险单据中的保险条款审核原则

案例

一般条款不审与特殊约定要审

【案例正文】 ■

国际商会专家委员会意见R724/TA731介绍了两个案例。案例1：保险单的签署区域载有："The cover will be valid，if and only if，the transporting vessel has a valid ISM Certificate and Classification Certificate during the transport".案例2：保险单的签署区域载有："CAUTION：THIS POLICY IS SUBJECT TO THE FOLLOWING MENTIONED CONDITIONS AND WARRANTIES：1. THE VESSEL SHOULD BE FULLY CLASSED AND CLASS MAINTAINED WITH CLASS SOCIETY MEMBER OF IACS AS PER INSTITUES CLASSIFICATION CLAUSE 01.01.2001 AS PER STIPULATION STATED THEREOF. 2.VESSEL SHOULD ALSO BE A MEMBER OF A RESPECTED P & I CLUB MEMBER OF INTERNATIONAL GROUP. 3. VESSEL SHOULD ALSO BE COMPLIED WITH THE ISM REQUIREMENTS. 4. A VESSEL WHICH DOES NOT HAVE ABOVE MENTIONED QUALIFICATIONS AND ARE AGED OVER 35 AND TANKER AGED OVER 15 WILL NOT BE COVERED."

【涉及的问题】

上述两个案例中提及的条款，银行要审核吗？

【参考答案】

保险单据上的保险条款和条件，分为一般性的和特别约定的。按照UCP对运输单据条款和条件的不审核原则，银行对保险单据的一般性条款和条件也不予审核。ISBP745 Para K22说："银行不审核保险单据的一般性条款和条件"。根据该段规定推理，对于保险单据中的特殊约定条款，银行应当审核。那就是说，在上述情况下，向银行交单时，需要提交相关证明文件。

4.5　原产地证明

------ 案例 1 ------

原产地证书与产地商标不能混淆

【案例正文】

国际商会银行专家委员会收到一则困惑（R320）：信用证要求提交一份原产地证明（Certificate of Origin），受益人提交了一份"Certificate of Origin"，显示的货物描述为："Sudan Raw Cotton"，没有单独显示货物原产地的文句。议付行问：这能表明原产地吗？

【涉及的问题】

原产地证明中必须具备的要件有哪些？具有商标性质的原产地文句能够代替原产地文句吗？

【参考答案】

进出口商品的原产地是指商品的来源地，包括产生地、生产地、制造地或产生实质性改变的加工地。主要贸易国家对此都有专门的法规或条例，如《中华人民共和国进出口货物原产地条例》。证明这种来源地的文件就被称为原产地证明、原产地证明书，或简称原产地证。进出口国家要求提供原产地证明的目的是进行贸易措施管理，例如实施最惠国待遇、反倾销和反补贴、保障措施、国别数量限制、关税配额、贸易统计等。

原产地证明的上述性质决定了该项证明所应该具备的要件，以体现出该证书的功能，那就是：一要与所开发票的货物相关联，二要证实货物原产地，三要经过权威机构签署。

上述案例中，提交的文件没有证实货物原产地，所以不可接受。国际商会银行专家说："The issue is whether or not the description 'Sudan Raw Cotton' is sufficient to describe that the goods are of Sudanese origin without specific reference to that effect. The description 'Sudan Raw Cotton' could, indeed, be a brand or trade name for a particular product, Banks are not expected to have any prior or present knowledge to that effect."

同理，货物原产地与货物制造地并不完全等同。"made in China"或者"produced by ABC company in China"也不能证明货物的原产地就是中国，因为"原产地"依据的不完全是制造地或生产地，而是由相关法律依据不同标准界定的。例如，我国的《进出口货物原产地条例》对"完全在一个国家生产"界定了12种情形，对在两个及以上国家生产的货物，以最后完成实质性改变的国家为原产地。

-------- 案例2 --------
原产地证明出具人之争

【案例正文】
信用证要求FORM A产地证，没有规定出具人。受益人提交的FORM A原产地证由官方机构出具在受益人的函头纸上，银行拒绝接受，受益人认为银行吹毛求疵。

【涉及的问题】
应该或可以由谁来出具原产地证明呢？

【参考答案】
ISBP745 Para L3段说：

a. A certificate of origin is to be issued by the entity stated in the credit.

b. When a credit does not indicate the name of an issuer, any entity may issue a certificate of origin.

C. i. When a credit requires the presentation of a certificate of origin issued by the beneficiary， the exporter or the manufacturer， this condition will also be satisfied by the presentation of a certificate of origin issued by a Chamber of Commerce or the like， such as， but not limited to， Chamber of Industry， Association of Industry， Economic Chamber， customs Authorities and Department of Trade or the like， provided it indicates the beneficiary， the exporter or the manufacturer as the case may be.

ii. When a credit requires the presentation of a certificate of origin issued by a Chamber of Commerce， this condition will also be satisfied by the presentation of a certificate of origin issued by a Chamber of Industry， Association of Industry， Economic Chamber， customs Authorities and Department of Trade or the like.

概括地说，如果信用证指明出具人，则原产地证明应由被指名人出具；如果信用证未规定出具人名称时，可由任何人出具；如信用证规定由受益人、出口商或制造商出具，商会或类似机构可以出具，只要该证明上显示受益人、出口人或制造者的名字；如信用证规定由商会出具，类似机构出具的也可以接受。

```
------- 案例 3 -------
原产地证明的内容之争
```

【案例正文】▣━━━

信用证要求提交一份原产地证明，但没有规定货物内容和由谁出具。受益人提交了一份单据，没有函头和名称，只显示文句："We hereby certify that the goods are of French origin"，没有货物描述。该单据中也显示了发货人、收货人等信息。银行拒绝接受该单据。

【涉及的问题】▣━━━

原产地证明的最起码内容有哪些？多出一些信息应如何看待？

【参考答案】▣━━━

按照 UCP600 和 ISBP745 的单据要求原则，除特殊要求外，一项单据具备了其应有功能即可。对于原产地证明而言，只要具备了与商业发票相符的货物、标明货物的原产地和签署人，即视为具备了该单据的功能。据此，案例中的原产地证明缺少了与商业发票相符的货物描述，显然不可接受。此外，如果原产地证明还填写了诸如发货人、收货人、运输路线等其他信息，根据"单单相符"原则，这些信息不得与信用证下其他单据或与信用证条款相矛盾。ISBP745 的 L4-L8 段对这类问题有较为详细的规定。

第5章　国际结算方式——汇款和托收

开篇案例

付款交单为何不应包含远期付款的汇票？

【案例正文】 ■

易方公司与阿尔及利亚泰纳公司签订大蒜买卖合同，贸易术语CIF，买方预付30%，剩余70%的货款以跟单托收的方式支付，合同注明："Payment term：30% of total invoice amount by T/T in advance as deposit， balance by D/P 30 days after sight"。买方支付了30%的货款后，易方公司在约定时间内安排发运。

中国银行S分行受理易方公司的委托，易方公司将全套正本提单、商业发票、汇票等单据交给S分行，并在托收委托书上注明，适用最新版本的国际商会《托收统一规则》（URR 525），代收行指定阿尔及利亚M银行。

不日，M银行退回经泰纳公司承兑的汇票，但未收回托收项下的款项。易方公司通过阿尔及利亚有关机构了解到，泰纳公司已凭全套正本提单提走货物，M银行在泰纳公司未付款的情况下放单。S分行据理力争，要求M银行退回全部单据，要么敦促泰纳公司承兑付款，但M银行不予理睬。易方公司要求泰纳公司尽快付款，但泰纳公司以易方公司有其他违约行为为由拒绝支付。

【涉及的问题】 ■

1. 上述案例采用何种付款方式？是否存在风险？
2. 出口商应向谁主张权利？

思政案例

金融机构简化付汇流程提升付汇效率

中山某进出口公司从事进出口贸易，境外交易对象主要集中在美国。受美国清算系统的影响，汇款手续费默认选择"双方共同承担"，导致其汇款金额总是不能全额到账。而美国供应商后期会因为扣费原因追讨甚至造成报价上涨，影响公司利益。

为提升服务实体经济的能力和水平，促进跨境投融资便利化，中山某金融机构积极走访企业调研，探索开发跨境结算产品，以更好地便利企业跨境支付。客户经理企业在其走访过程中，了解到该公司汇款的痛点，积极推广了最新创新的"美元全汇"全额到账服务。据客户经理介绍，"美元全汇"全额到账服务是该机构为丰富跨境支付产品，适应客户个性化需求而创新推出的，是为满足部分客户将美元款项全额付到收款人账户或收款人银行的需求，提供的全额到账汇款服务。目前正是试点阶段，仅适用于收款人账户位于美国地区的业务。

在国际结算业务日益增加的情况下，进一步增强参与国际竞争能力，该金融机构顺势推出"汇得全"业务，用以满足客户将款项全额付到收款人账户或收款人开户行的需求。该业务对外可实现客户汇款本金全额到收款人账户，若付汇至其海外合作银行，可实现跨境秒级付汇全额到账，中间行费用低，简化付汇流程，减轻柜台压力，提升了付汇时效。

"收到了，全额到了！"电话另一头传来了中山某进出口公司的财务总监汤先生激动的声音，"太好了，以后再也不用被供应商追着讨手续费了！"

中山诸多外贸企业从中受惠良多，通过该业务，以前从汇款本金中扣除不确定的中间行手续费、收款行解付手续费等问题将不会出现，全额到账，避免后续多次往返支付境外行费用的不便，减少沟通成本和财务成本，助力境外业务的拓展。

积极创新和推广金融新产品、新服务，为外贸企业解决痛点、难点，助力企业拓展全球市场，融入国家"双循环"新发展格局部署实践中，是提升金融机构国际业务竞争力的必然之举。

5.1　汇款

5.1.1　汇款当事人

案例

顺汇还是逆汇？

【案例正文】◾━━━━━━━━━━━━━━━━━━━━━━━━━━

广州华远实业公司与美国公司 Nations Investments LLC 签订进口合同，华远公司通过中国银行广州分行向美方支付定金，华远公司在办理业务时，填写相关内容如下：

Applicant's NameNations Investments LLC

Applicant's Address：1700 N.W.64th Street，Suite 100 Fort Lauderdale，FL 33309 USA

Applicant's Bank： Wachovia Bank

Beneficiary's Name： Huayuan Industrial Co., Ltd

Beneficiary's Address： No.1， Shangshan South Street， Baiyun District， Guangzhou， Guangdong Province

【涉及的问题】

1.分析本案业务中的当事人。

2.A公司填写的内容是否有误？应如何更正？

【参考答案】

1.汇款人为广州华远实业公司，委托汇出行即中国银行广州分行，办理款项汇出业务，汇入行为 Wachovia Bank，收款人为 Nations Investments LLC。本案属于顺汇，是由债务人主动向债权人付款。

2.填写有误。更正如下：

Beneficiary's Name（收款人）： Nations Investments LLC.

Beneficiary's Bank（收款银行）： Wachovia Bank.

Applicant's Name（付款人）： Huayuan Industrial Co., Ltd.

5.1.2 汇款方式的种类及处理事务

案例 1
汇款申请书的填写

【案例正文】

8月，广州A银行某支行有一笔美元通过其分行汇款部办理汇款，分行汇款部经办人员在审查时发现汇款申请书中收款银行一栏只填写了"The Hong Kong and Shanghai Banking Corp. Ltd."，没有具体城市名和国家名。汇丰银行在世界各地有众多的分支机构，因此，汇出行的海外账户行在收到这个汇款指令时无法执行。

为此，该分行汇款部的经办人员即以电话询问支行的经办人员，后者称当然是指中国香港汇丰银行，城市名称应该是中国香港。该分行汇款部经办人员即以汇丰银行中国香港分行作为收款人，向其海外账户行发出了付款指令。时隔多日，汇款人到汇出行查询后，称收款人迄今尚未收到该笔款项，请汇出行查阅何日汇出。

银行汇款部当即致电海外账户行，告知收款人称尚未收到汇款，请其复电告知划付日期。汇出行的海外账户行回电称，该笔汇款已由收款银行退回，理由是无法解付。此时，汇出行仔细查看了汇款申请书，发现收款人的地址是新加坡，收款银行理应是新加坡的汇丰银行，而不应是中国香港的汇丰银行。在征得汇款人的同意后，汇出行重新通知其海外账户行，将该笔汇款的收款银行更改为 "The Hong Kong and Shanghai Banking Corp. Ltd., Singapore"，才最终完成了这笔汇款业务。

【涉及的问题】

1. 本案为何不能顺利解付？汇款人应在申请书上如何填写收款信息？

2. 本案中银行应吸取哪些经验教训？

【参考答案】

1. 本案例中该笔汇出款项没有顺利解付，在于汇出行没有准确向汇入行提供收款银行地址和名称。汇款人正确填写汇款申请书，特别是收款人或收款银行的详细地址，包括城市名称和国家名称等，更不能填错或漏填。

2. 银行工作人员应该认真审查汇款申请书，当发现汇款人填写不全时务必请其详细填写，以防款项汇错地址，导致收款人收不到款项或被人误领。如果由于某些原因汇出行不能确切知道收款行或收款人的详细地址时，应向知情的当事人询问清楚，不能主观推测，这样有利于合理保护汇款人和收款人的权益。

案例 2
信汇

【案例正文】

汇款人吴某委托 A 银行支付境外汇款，在汇款申请书中，汇款种类为 M/T。A 银行应吴某的要求，向 B 银行发出了支付通知书，要求解付款项。几日后，A 银行接到吴某投诉，反映自己并未授权 A 银行进行汇款。经调查，由于吴某疏忽，李某获取了吴某的印鉴，其利用印鉴并模仿吴某签字，假借吴某名义向银行授权，将款项汇到关联账户中。事后李某受到了法律的制裁，但是由于所汇款已经挥霍殆尽，吴某仍然遭受到了很大损失。

【涉及的问题】

1. 本案中的汇款是何种类型？

2. 本案中汇款人和汇款行分别得到什么经验教训？

【参考答案】

1. 本案是信汇方式，是汇出行应汇款人要求，用信函通知汇入行向收款人付款的方式。

2. 依照银行业务惯例，客户可致信开户行要求将一定金额的款项汇交收款人。开户行视此信为书面授权，核对客户印鉴相符后，凭以借记客户账户并将款项汇出。欺诈者模仿客户签字，伪造授权信，骗取银行的汇出款项。因此，汇款人应妥善保管印鉴，注意保密。银行办理业务时要仔细核对印鉴，尤其对大额汇出款和转账更要倍加注意。

案例 3

票汇

【案例正文】

国内 A 公司与国外 B 公司达成交易，B 公司提出使用电汇方式汇款，A 公司同意在收到对方汇款凭证后再发货。A 公司第二天收到了对方发来的汇款凭证扫描件，经银行审核签证无误。由于运期紧张，国内港口及货输单位多次催促装船，A 公司有关人员认为货款已汇出，不必等款到再发货了，于是及时发运了货物并向 B 公司发送了装船电文。发货后一个月，A 公司仍未见款项汇到，经财务人员查询才知，B 公司在银行买了一张有银行签字的汇票扫描给 A 公司以作为汇款的凭证，但收到发货电文之后，便把本应寄给 A 公司的汇票退回给了银行，撤销了这笔汇款。

【涉及的问题】

1. 本案中的汇款方式属于电汇吗？在此方式下债权人如何取得款项？

2. A 公司应汲取哪些经验教训？

【参考答案】

1. 本案中的方式并不是电汇，而是票汇。本案中以银行的即期汇票作为汇款工具时，银行应 B 公司的要求开立以其在付款地的联行或代理行为付款人的即期汇票交给 B 公司，由 B 公司自寄或自带到付款地凭票取款。在票汇方式下，汇票必须要交给收款人，也就是债权人 A 公司。B 公司可以将汇票寄给 A 公司，由 A 公司去取。

2. 本案中，电汇方式本是对 A 公司有利的结算方式，但应在合同中约定选取何种汇付方式并明确汇款到达的时限，注意须与交货期衔接。如使用票汇，应待收妥票据款项后方可发货，至少是要收到有效的银行即期汇票之后才发货，防止由于伪造票据或其他原因而蒙受汇款不到的损失。在票汇业务项下，不论退汇原因来自何方，只要申请退汇人能交出汇票，退汇业务就可以办理。汇款人在将汇票寄交收款人之前欲撤回资金，则将汇票交还汇出行注销汇付即可。

5.1.3　三种汇款方式的比较

案例

电汇改票汇致损

【案例正文】

国内出口企业 A 公司与境外 B 公司签订了贸易合同，合同中规定，支付条款为装运月前 15 天电汇付款。在后来履约过程中，B 公司与 A 公司协商，因疫情原因业务受到冲击，资金紧张，等收到一笔业务款项后，立即汇来款项。在 A 公司多次催促下，B 公司在装运月中寄来银行汇票一张，表明货款已汇出。为保证按期交货，A 公司于收到汇票次日即将货物托运，同时委托 C 银行代收票款。几日后，接到 C 银行通知，因该汇票是伪造的，已被退票。此时，货物已抵达目的港，并已被 B 公司凭 A 公司寄去的单据提走。事后 A 公司进行了追偿，但 B 公司早已人去楼空。

【涉及的问题】◼━━━━━━━━━━━━━━━━━━━━━━━━━━━━

1. 结合本案比较电汇与票汇的异同。

2. A 公司在本案中有哪些失误？

【参考答案】◼━━━━━━━━━━━━━━━━━━━━━━━━━━━━━

1. 如本案以电汇方式进行，A 公司会迅速收到款项，通过电报或电传方式汇款，一般三个工作日即可到账。改为票汇后，汇出行应按汇款人的申请，开立以其分行或代理行为付款行的银行票据给汇款人，由汇款人把汇票寄给收款人，凭票到付款行领取汇款的一种方式。A 公司收到汇票后，需要委托自己的银行向付款行托收票款。

2. A 在本案例中有失误。对 B 公司将支付方式由电汇改为票汇的行为，我方未引起重视和怀疑。买卖合同中已规定"支付条款为装运月前 15 天电汇付款"，但是后来"B 方延至装运月中才寄来银行汇票一张"，说明进口企业已经擅自将支付方式由电汇（T／T）改成了票汇（D／D）。

A 公司对 B 公司的资信情况缺乏调查了解，没有采取措施鉴别汇票的真伪就立刻发运货物。在出口业务中，对于原则性条款不能让步，要注意了解对方的资信情况，应尽量避免使用风险较高的汇款方式，尤其是票汇方式；采用票汇时，一定要审核对方寄来的汇票的真伪。可将票据交我方当地银行，并委托其通过国外的代理行向付款行收取货款，在接到收妥通知后，方可对外发运货物，以防止由于对方伪造票据、出票行破产倒闭或其他原因收不到票款而蒙受损失。

5.1.4　汇款头寸的调拨

```
┌╌╌╌╌╌╌╌╌╌╌╌┐
┆   案例   ┆
└╌╌╌╌╌╌╌╌╌╌╌┘
```
头寸调拨

【案例正文】◼━━━━━━━━━━━━━━━━━━━━━━━━━━━━━

国内汇款人 A 通过甲银行对外进行付款，收款人为纽约客户 B，其收款行为乙银行。甲银行发信汇通知书给纽约的乙银行，受益人是乙银行客户 B。由于甲银行和乙银行间没有账户关系，甲银行电报通知其境外账户行丙银行，将资金调拨给乙银行。

【涉及的问题】

1. 本案头寸调拨是何种方式？

2. 甲银行处理是否有不妥？

【参考答案】

1. 本案是信汇偿付，在甲乙双方银行没有互设账户的情况下，汇款偿付必然要涉及第三家银行——账户行。本案中丙银行为共同账户行，甲银行指示偿付行丙银行，借记甲银行账户，贷记乙银行账户。

2. 值得推敲的是通知账户行调拨头寸的方式。甲银行使用电报通知账户行调拨资金，成本太高，失去了信汇意义。因此当汇款银行和解付行之间有直接账户关系时，可以使用信汇；而当汇款银行和解付行之间没有直接账户关系时，应选择其他更好的方式。

5.1.5 退汇

案例

退汇

【案例正文】

谢某从国内中国银行向国外汇款，填写汇款信息时，因疏忽大意将收款账号多写了一位数。谢某向中国银行咨询，银行查询说款项已经到汇到国外。谢某又询问国外收款行，得到回复是多一位数的错误账号是有效账号，暂时无法主动采取任何行动。

【涉及的问题】

1. 请分析这笔汇款是否可以退汇。

2. 谢某和汇款行应如何处理该笔业务？

【参考答案】

1. 是否可以退回要看汇款是否解付，即是否已给收款人入账，如未解付，则收款行可直接退款；否则，需征求收款人同意才能退款。可能会出现收款人拒绝退款的情况。此时无法要求银行退汇，只能通过与收款人联系，让收款人提出退汇。

2. 谢某作为汇款人，如果想要退款，需要找付款银行给收款行发要求退汇的报文，提供正确的账号，要求修改收款人的账号；如收款行无法修改账号，则请其立刻退款。如收款行还未解付，可以修改贷记正确收款账号，否则，只要收款账号的所有者同意，收款行即可借记错误账号并重新贷记给正确账号。同时，向境外汇款有手续费的，如汇款时信息填写错误引发退款，手续费是不退回的，后续更正收款人账号，银行也会收取相应的处理费用。

5.1.6　汇款在贸易项下的应用

-------------- 案例 1 --------------

汇款与信用证的结合使用有无风险？

【案例正文】 ■────────────────────────

某出口商与孟加拉国进口商签订一份买卖合同，总价为 114 600 美元，向孟加拉国出口电视机零配件。合同条款为："50% T/T IN ADVANCE AS DEPOSIT PAYED AFTER FINISHING PRODUCTION AND BEFORE LOADING，AND 50% BALANCE UPON L/C AT SIGHT."出口商收到信用证两个月后，电汇款并没到。该出口商不敢贸然发货，但信用证规定装运期临近，预定的舱位也一推再推。出口商很矛盾，马上发货但电汇款未到，不发货还得承担空舱费。

【涉及的问题】 ■────────────────────────

1. 分析结合使用汇付与信用证方式的原因和有无问题。

2. 从风险防范角度分析出口商应如何处理。

【参考答案】 ■────────────────────────

1. 电汇业务中，如买方先付款而卖方不交货，则买方损失很大；如卖方先交货而买方不付款，则卖方损失很大。结合信用证使用，卖方按时交货和提交符合信用证规定的单据，开证行付款。两者结合使用，平衡了买卖双方的交易风险。本案中电汇的时间规定模糊，出口商可将发货前电汇的日期在合同中明确规定。

2. 出口商应该致电孟加拉国进口商，协商电汇货款未到的缘由，同时要求信用证装期延期，要求孟加拉国进口商先将电汇货款打入出口商的银行账户，再将货物进行装运，同时让进口商重新开立信用证以保证货物的顺利装运。

-------------- 案例 2 --------------

汇款与保函能结合使用吗？

【案例正文】 ■────────────────────────

浙江华创机电技术有限公司（卖方）和 SEALED AIR（买方）签署了一份关于购买一套 F-1800 型高速分切机的商务合同。

This contract is made by and between the buyer and seller， whereby the buyer agree to buy and the seller agree to construct and sell no.1 (one) F-1800 (type) High speed slitter on the terms below：

1. Commodity and Specification： F-1800（type）High speed slitter（F-1800 型高速分切机）.

2. Quantity： one set.

3. Price： USD175000 FOB Shanghai.

4. Term of Payment： Seller Shall be responsible for any and all taxes applicable to the sale on delivery of the equipment. Seller must submit invoice for payment in accordance with the following payment terms for the equipment， given as a percentage of the contract price.

4.1.a 50%of the total contract value： down payment by T/T to seller by buyer upon signature of the contract， receiving seller's invoice.

4.1.b 40% of the total contract value shall be paid by T/T before transport to buyer site after inspecting and testing in seller's factory， upon pre-acceptance certificate signed by seller and buyer.

4.1.c 10% of the total contract value shall be paid by T/T within 18 months after fully operational in accordance with specifications.

5. Bank guarantee： the seller give the buyer a bank guarantee with value 50% of the total contract， to cover the advance payment points 4.1.a with expire date not before the estimate delivery date at buyer's site.

【涉及的问题】■————————————————————————————

1.本案业务采用了何种支付条款？

2.结合汇付的风险分析使用该支付条款的原因。

【参考答案】■————————————————————————————

1.采用了汇付与银行保函相结合的方式。合同签订后，收到卖方发票，T/T 方式付 50% 预付款；卖方工厂验收合格后，发货前，T/T 方式付 40% 货款；机器运作完全符合设计要求，在 18 个月内以 T/T 方式付 10% 尾款。除此之外，卖方需向买方提供合同金额 50% 的预付款银行保函，用于担保，有效期需大于（设备）到达买方工厂的预期时间。

2.本业务涉及成套设备或大型机械产品的交易，履约时间较长，通常采用分期付款或延期付款的办法，可将汇付与银行保函方式结合运用。在分期付款中，进出口合同规定，在货物出运前，进口商以汇付方式预交部分货款作为订金。其余的货款按不同阶段分期支付，买方出具银行保函，通过保函所提供的银行信用，合理、有效地平衡、分摊交易风险。当卖方不履约时，买方可以根据保函内容向担保银行进行索赔。

5.1.7　汇款的特点

案例

电汇前发货风险大

【案例正文】

7月，广东A公司与日本B公司签订了一笔荔枝出口合同，贸易术语为FOB。合同规定，A公司于8月15日之前向B公司发运30公吨荔枝，B公司收到装船提单电传件后立即用T/T支付货款。

A公司按期装运货物后，将提单传至B公司，适逢周末，未收到B公司的回复。第二天A公司与B公司电话联系，对方告知副本提单已收到，但提单内容在传递过程中出现了错误，关键信息无法辨认，请A公司确认。当天下午A公司重新将副本提单发给B公司，对方收到后表示当天办理付款已来不及，次日办理汇款。

次日，B公司称已对到港的货物进行了检验，发现货物规格与合同规定不符，其客户不会接受该批货物，希望A公司提出处理意见，在此之前暂时无法付款。A公司随即与工厂联系，查清货物规格与合同规定不符的原因，并向B公司解释，请对方谅解。B公司坚称货物不符合要求，提出A公司在价格上进一步减让，双方陷入僵局。

【涉及的问题】

1. 分析本案A公司面临此处境的原因。

2. 结合T/T结算特点分析出口商如何降低风险。

【参考答案】

1. 买卖双方合同约定见提单副本付款，A公司未收到款前已将货物发出，货物在海运途中的时间较短，船货已到而提单未到。按照正常情况，应凭正本提单提货，但本案在无正本提单情况下，B公司却能提到货物，发生无单放货情况。推测承运人凭提货人的提单副本和担保函无单放货。A公司的结算主动权转变为被动，收款顺利与否完全取决于对方的信用。

2. 汇款的优点是手续简便、费用最少。在双方互相信任或跨国公司的不同子公司之间，汇款是最理想的选择。100%前T/T，对于出口商来说是款到生产或款到发货，比较安全，一般小额订单可采用此方式。另外，可以将T/T与其他方式结合，如T/T定金+T/T尾款发货前付清，或T/T定金+尾款即期信用证方式。本案中，没有使用T/T部分定金，而是全部货款见提单副本，即A公司承担了货到付款的全部风险。本案使用FOB贸易术语，出口商将货物装运后，进口商或其承运人在货物完成装运后即获得对货物的实际控制权，如果使用C组贸易术语，情况则更利于A公司控制物权。

5.1.8　速汇公司的汇款

5分钟能到账的西联汇款

【案例正文】

福建省连江县上坪村村口的邮储银行，在营业窗口显眼的位置张贴着醒目的黄底黑字的西联汇款标志。这里的营业员每天要办理一二十笔西联汇款业务，多是汇入。取款的手续极为简单——把填好的表格、身份证和收款密码交给营业员，如果没有人排队，不到5分钟就能在窗口领到钱了。

多年来，这家跨国公司扮演着"现金传送器"的角色。对上坪村400多户村民来说，这家总部位于美国科罗拉多州的全球最大的汇款公司西联是他们生活中最重要的机构之一。在上坪村，家家户户的地址门牌都被做成酷似西联汇款标识的模样。村里的一条主要街道被命名为"西联文明路"，西联全球总裁兼CEO高德（Christina Gold）还被村委会授予"荣誉村长"的称号。

类似上坪村这样可办理个人国际汇款业务的西联网点，目前在中国的服务覆盖31个省、自治区和直辖市。与普通国际汇款相比，西联汇款有比较明显的优点。它们不需开立银行账户，1万美元以下业务不需提供外汇监管部门审批文件；汇款在10分钟之内就可以汇到，简便快捷。而普通国际汇款需要3～7天才能到账，2 000美元以上还需外汇监管部门审批。但是西联汇款手续费较高，不太适合高金额交易使用。成立于1851年的美国西联公司最初以发电报为主要业务。随着通信技术的飞速发展，使用电报的人越来越少。最终，西联在2006年1月27日终止了在历史上非常重要的电报服务，并全面转型为一家完全的金融服务公司。

【涉及的问题】

1. 分析西联汇款为何受大众青睐。

2. 与传统银行电汇业务比较，速汇业务优劣势有哪些？

【参考答案】

1. 第一，较可靠。西联全球安全电子系统确保每笔汇款的安全，并有操作密码和自选密码供核实，使汇款在瞬间全部如数、安全地交付到指定收款人手中。第二，手续便捷。西联汇款只需要卖家给买家提供身份证号以及中文名的拼音就可以付款，要注意名在前，姓在后。如张三给到买家的英文名就是"SAN ZHANG"。第三，使用方便。西联国际汇款公司在国外的代理网点遍布全球各地。代理点包括银行、邮局、外币兑换点、火车站和机场，国内西联代理网点已遍布全国各省（自治区、直辖市）。

2.时效上看，电汇到账时间一般为3个工作日左右。国际速汇业务更方便快捷，用户汇款时无须开通银行账户，10分钟左右资金就可到账。手续上看，收汇人在当地就近网点凭有效个人身份证明文件和汇款监控号码，短短几分钟，就可以提取款项。从币种上看，电汇受理的现汇品种多，而国际速汇一般只能受理美元。从费用上看，国际速汇业务按汇出金额不同分档收费，如大额汇款，则手续费较高。电汇每笔要另收一笔80元电报费，因而小额汇款速汇业务手续费相对低。因而如急需用钱，小额可选择速汇业务。大额用汇而对到账时间要求不高的可选用普通电汇业务。

5.2　跟单托收

5.2.1　跟单托收的当事人及其关系

------------ 案例 1 ------------
委托人应如何追讨下落不明的托收货物？

【案例正文】

10月，国内A公司以CIF价向加纳B公司出口化工产品共计29万美元，结算方式为D/P即期。货物出运后，A公司通过国内托收行E银行向买方指定的加纳代收行F银行寄送全套托收单据。F银行是西非地区知名的跨国性商业银行在加纳首都阿克拉设立的分行，全套托收单据由E银行以DHL快递寄出，显示已签收。同年底，货物抵达加纳特马港，A公司与买方B公司失去联系，E银行多次SWIFT致函F银行询问托收单据下落未果。

经调查，A公司与该买方B公司于上一年开始交易，此次下订单前，B公司曾针对A公司头一批出运货物提出质量问题，并口头提出反索赔，但由于市场行情利好，双方在口头约定"历史纠纷问题将在后续交易中解决"的情况下，继续开展交易。10月，在确定A公司已经安排出运并寄出全套托收单据后，B公司便立即书面要求A公司就之前提出的反索赔在本次交易中予以解决，主张抵扣29万美元，A公司当即表示拒绝，在A公司向承运人调查货物状况时，在承运人的官方网站上查询到装载货物的集装箱头"空箱"状态，但无法确定该批货物是否已经被提走。

【涉及的问题】

1.本案托收业务当事人分别有哪些？F银行的责任是什么？A公司应如何处理？
2.结合A公司遭遇，分析应如何防范该类事件发生。

【参考答案】

1. A公司是委托人，B公司是付款人，E银行是托收行，F银行是代收行。F银行接受托收行的委托，应该执行托收行的指示，保管好单据，不应在未收到货款前就交出单据。同时F银行要将付款情况及时通知托收行，以便后者转告委托人。A公司应着重调查承运人是否擅自放货。如货物已经被B公司提取，则后续勘查重点是正本单据的取向和F银行义务履行的调查。如以上属实，则可以向加纳中央银行提起正式的书面控告，要求其审查F银行擅自放单的行为强制要求F银行承担付款义务。

2. 第一，慎重选择代收行。出口商为规避风险常常选择D/P支付方式，虽然通过银行交单可以一定程度上降低风险，但如果代收行的信用不佳，反而会扩大风险。在交易过程中出口商应当事先咨询国内有经验的银行，了解代收行的情况。如买家指定的代收行资信不佳，或者有不良的记录，则应要求买家指定实力雄厚、信誉良好、按照国际惯例操作的银行作为代收行。

第二，与货运代理公司保持密切沟通。出口商在货物出运后不仅要关注单据的流转，同时也要与货运代理公司保持顺畅的沟通，跟踪货物去向。在出现风险信号后，应当及时指示货运代理公司控制住货物，或者在货物被买家提走后，要第一时间从货运代理公司取得相关提货单据，为后期追讨提供有力的证据。

第三，积极采取有效的追讨措施。出口商在通过D/P方式交易时，如果碰到代收行擅自放单的情况，应当尽快咨询或委托专业机构。由于各国监管银行的机构各不一样，有些国家设置了专门的银行监督委员会，有些国家由央行来行使监管职能，而且各国银行监管机构监管的力度也相差很大，因此在发生风险后需要专业人士给予必要的帮助，以便于采取有效的措施来进行追讨。

---------------- 案例2 ----------------

托收货款附加的利息能不能免除？

【案例正文】

国内A公司与B公司签订出口合同，付款条件为45天见票付款交单方式。A公司在填写托收委托书中，说明代收款项除本金外，还需加收利息，但并未说明利息不能免除。同时，在A公司所提交的汇票上也未列明利息条款。当银行向进口商B公司提示单据时，B公司只肯支付本金而拒付利息，在此情况下，银行在收到本金后即交出单据，并通知出口人有关拒付利息的情况。

【涉及的问题】

出口方能否追究代收行未收利息即行交单的责任？

【参考答案】

出口方不能追究代收行的责任。在托收业务中，托收银行及代收银行均按托收委托书的指示办事。URC522 第 20 条 C 款规定，当托收指示规定利息不得免除而进口商拒绝支付时，提示行将不交付单据。尽管出口商在托收委托书中说明需加收利息，但并未说明利息不可免除，且开具的汇票上未列明利息条款。第 21 条规定，如托收指示书中包括收取利息的指示，但在随付的资金单据上未予表明，而受票人拒付利息时，除非托收指示书上明示规定该项利息不能免除者外，提示行可以不收利息而将单据按不同情况在付款或承兑后交与受票人。当需要收取该项利息时，托收指示书上应载明利率和算收的时间。因此，将单据在未收利息只收本金后即行交与进口商的行为是合理的，出口商无权追究代收行的责任。

5.2.2　跟单托收的种类

案例 1

D/P 远期的交单条件是承兑还是付款？

【案例正文】■───────────────────────────

某年 5 月，韩国 S 化学公司与美国 D 工业公司订立贸易合同。根据合同，S 公司需要向 D 公司出口一批丁二烯原料，合同总金额为 12 万美元，结算条款标记为"PAYMENT：D/P 30 DAYS FROM B/L DATE"。S 公司在按照合同生产完所有货物，并在合同规定的最迟装运日前将货物交付运输，备齐所有单据后，向韩国 W 银行申请托收并提交单据。W 银行向 F 银行交付了正本单据。托收行面函上注明的付款方式为"D/P 30 DAYS FROM B/L DATE"，同时对代收行的交单指示为："PLEASE DELIVER DOCUMENTS AGAINST PAYMENT/ACCEPTANCE. IN CASE OF A TIME BILL，PLEASE ADVISE US THE DATE OF MATURITY AFTER ACCEPTANCE"。

同年 8 月 17 日，F 银行在 D 公司做出承兑表示后，向 D 公司交付全套正本单据，同时向 W 银行做出"9 月 15 日为远期汇票到期日"的通报。然而，9 月 15 日 D 公司并没有向 F 银行支付货款。由于 F 银行没有收到货款，又无法向 W 银行返还正本单据，W 银行对 F 银行提出"D/P 交易中，F 银行不应该在 D 公司没有支付货款的情况下向其交付单据"的质疑，但 F 银行认为自己的操作符合 URC522 第 7 条关于不能在 D/P 交易中使用远期汇票的规定。

【涉及的问题】■───────────────────────────

1. D/P 远期的交单条件是承兑还是付款？

2. 分析采用 D/P 远期方式办理结算的原因。

3. 本案中托收行的指示是否明确？代收行是否按照惯例办事？

【参考答案】■───────────────────────────

1. D/P 远期（Documents against Payment after sight，简称 D/P after sight）指进口

商在汇票到期时付清货款后取得单据。理论做法是当托收单据到达代收行后，代收行向进口商提示单据，进口商承兑汇票后，单据仍由代收行保存，直至汇票付款到期日代收行才凭进口商的付款释放单据。《托收统一规则》（URC522）第 7 条规定"如果托收包含远期汇票，则托收行的托收指示应声明商业单据是凭承兑（D/A，Documents against Acceptance）还是凭付款（D/P after sight）放单给付款人；如无此声明，则商业单据只能在进口商付款后放单。代收行对单据交付的迟延所引起的任何后果不承担责任"。

如托收包含远期汇票，托收行的托收指示声明商业单据凭付款放单，则单据只能在代收行获得付款时放单，代收行对单据交付的迟延所引起的任何后果不承担责任。从该条款中可以看出，若提交远期汇票且托收行的指示书中注明凭付款放单，则单据只能凭付款放单。

2.出口商同意远期付款条件，是给予进口商一定期限的资金融通，但出口商从收汇的安全性来考虑，同时又要求付款赎单，主要是担心进口商在承兑汇票后不付款，造成钱货两失的局面。实务中，因为货物在海上航行时间的不同，进口商所面临的情况也不同。若货物到港时汇票已到期，则进口商正好可以付款赎单并办理提货。若航程短或者付款的期限长于航程，货物到港时汇票还未到期，除非进口商提前付款赎单，若是进口商想享受出口商给予的资金融通，在汇票到期日付款，则进口商就无法取得单据凭以提货，会给进口商带来滞港费等费用，甚至影响货物的使用和销售。所以，进口商往往要求代收行给予通融。若进口商是代收行的授信客户，代收行可能会在扣减进口商相关授信额度后放单。从理论上说，这种做法是代收行凭进口商的信用、抵押品或担保借出单据对进口商的授信。

3.本案中交单指示为请凭付款/承兑交单，如果是远期汇票，请在付款人承兑以后通知我行到期日。这本是托收业务系统内的通用格式，出口地托收行的单证操作人员可根据交单的具体条件选择付款或者承兑。但本案中，托收行的操作人员并未根据 D/P 远期的交单条件，明确选择付款或承兑，给代收行一个模糊的指示。按照 URC522 第 4 条："发出托收指示的一方有责任确保单据的交付条件表述清楚、明确，否则代收行对由此产生的任何后果不负责任"。

案例 2
D/A 方式下代收行能否为付款人？

【案例正文】

2020 年 5 月至 7 月间，国外甲银行向国内乙银行某分行寄来了 4 套代收单据，总金额为 100 000 美元，汇票的出票人为出口商 A，发票等其他单据的抬头为进口商 B，付款条件为 D/A at 90 days sight，托收面函及汇票上付款人为代收行，注明适用于 URC522。收到单据后，代收行向进口商提示了单据。进口商在该商业汇票正面用中文写明"同意承兑，到期付款"，并加盖该公司的公章和法定代表人印章。代收行即用 SWIFT 通知寄单行："Documents are accepted to mature on 30th Nov.2020 on which payment will be effected"。

在单据到期付款之前，进口商提出将付款期限延长 60 天，请代收行洽寄单行提出延期付款。乙银行立即致电寄单行甲银行："The drawee requests to extend the bill to mature on 31st Jan.2021，Please approach the drawer for approval. Upon receipt of your return message of agreement， we'll give you a formal message of acceptance"。甲银行电复："Payment can be extended to against your good bank undertake to effect payment on the new maturing date"。乙银行遂致电甲银行确认了新的付款到期日："Docs are extended to mature on 31st Jan.2021 payment will be effected on the new maturing date"。

至新的到期日，进口商又一次提出延期付款，甲银行断然拒绝，要求立即付款。2021 年 1 月，进口商称上述 4 笔单据项下的货物一直未能到达，经买卖双方协商，同意将单据全部退回，其余问题待双方协商解决。乙银行立即致电甲银行，说明应进口商的请求已退回单据，并宣布关闭业务卷宗。

2 月 24 日，甲银行又将 4 套单据退回乙银行，称该行已凭代收行的承兑向出口商做了贴现，要求代收行按照承诺立即付款。该纠纷已述至各自总行，但未得到解决。

【涉及的问题】

1. 本案属于何种托收业务？该业务的交单条件是什么？有何风险？

2. 寄单行和代收行在操作中是否有不当之处？

【参考答案】

1. 远期承兑交单，D/A at 90 days sight 即见票后 90 天付款。交单条件是经付款人承兑后，代收行即可将单据交至进口商，等票据到期时，进口商付款赎单。出口商的风险在于，如果进口商提货后拒付，出口商会陷入钱货两空的境地。

2. 寄单行不应以代收行作为汇票付款人。根据国际商会对 URC522 的解释，"除非征得代收行/提示行的事先同意，委托人/寄单行不应将他们作为汇票的付款人"。出口商要求寄单行同意以代收行为付款人的商业汇票，企图收到承兑通知后，通过银行办理贴现。寄单行本应拒绝办理，但该寄单行却只考虑与客户的业务关系和自身的商业利益，在未征得代收行事先同意的情况下，擅自将代收行作为汇票和托收指示的付款人。这种做法不符合有关国际惯例，极易引发银行间的争议和纠纷。

代收行业务人员业务素质有待提升。URC522 规定，代收行没有义务审核单据，但对于托收和汇票的内容还是应该仔细审核，以"确保所收到的单据与托收指示中所列相符",并且向正确的付款人提示汇票和单据。本案中,代收行业务人员如认真负责,则可发现汇票和托收指示不正常,及时发电询问,就可避免事后纠纷。此外,在代收行致寄单行传达进口商欲延期付款的电文中,写出"我们将给予正式的承兑电文"字句。寄单行在交涉中抓住漏洞,强调是代收行明确承兑了汇票,应该承担到期付款责任。寄单行在回复代收行同意延期付款的电文中称"凭你行在新到期日的付款承诺,付款可以延期到2021年1月31日",其用意是借此电文进一步确认汇票是经代收行承兑的。代收行在收到此电文时,本可予以否认和反驳。

5.2.3　跟单托收的业务流程

-------------- 案例 1 --------------

托收付款人地址不详的责任由谁承担?

【案例正文】■

出口商 A 向进口商 B 出口一批货物,总值20万美元,付款条件是 D/A 20 days after sight,该出口商按合同规定,按时将货物装运并将单据备齐,于3月12日向托收行 C 办理托收手续。4月26日,收到进口商 B 来电,称至今没有收到托收项下的单据。经出口商 A 的详细调查,原来在托收指示中,进口商地址不详。代收行于5月12日发来拒绝承兑付款的通知。由于这批货物没有来得及提货,又由于受到雨淋,严重受潮,进口商拒绝承兑付款,出口商 A 遭受到严重损失。

【涉及的问题】■

1.本案中托收指示由谁发出?托收指示依据什么制作?

2.本案例中谁将对损失承担责任?出口商应该吸取哪些教训?

【参考答案】■

1.托收指示是由托收行制作发给代收行的,是代收行办理托收业务的唯一依据,根据托收申请书的内容制作。

2.本案例中,托收行要核对托收指示是否与托收申请书相符,如未履行核对,则托收行将承担责任,否则出口商应该承担责任。根据URC522的规定,托收指示应该记载进口商详细的地址,如果由于地址记载不详所导致代收行无法向进口商承兑交单,使之无法及时提货从而导致货物损失的责任,不能由托收行及代收行来承担,应由出口商负担。任何被委托的银行只能按照托收指示来行事,出口商要保证托收申请书所填内容应该详细、明确及具体,否则会影响代收行无法按照托收指示顺利履行托收责任。

------------------------------ 案例 2 ------------------------------

委托人是否可以自行寄单给代收行？

【案例正文】◼

国内出口商 A 与美国进口商 B 签订买卖合同，其中约定支付方式是即期付款交单。同年 4 月 19 日，出口商 A 将货物通过海运从上海运往纽约，并取得海运提单。出口商当日就持全套单据以及美国代收行 D 银行的资料前往当地的中国 C 银行办理托收。

当地 C 银行在审查全套单据后，签发了托收指示函，但告知无法在当日寄单。出口商 A 当即要求自行寄单，C 银行同意后将全套单据和托收指示函由出口商 A 签收取走。美国代收行 D 银行于 5 月 11 日签收装有全套单据和托收指示的邮件。在 B 未付款的情况下，美国代收行 D 银行自行放单给 B，B 于 6 月 15 日将货物全部提走，并且于当日向出口商 A 表示无力付款，A 多次与 B 交涉无果，承受巨大损失。

【涉及的问题】◼

1. A 直接寄单给 D 银行的行为是否符合国际惯例？

2. C 银行是否应承担责任？为什么？

【参考答案】◼

1. 出口商 A 的直接托收行为符合托收的国际惯例。单据的交寄发生在托收行和代收行之间，但 URC522 也允许出口商在取得托收行同意的情况下，将托收指示及各种单据等自行寄交代收行，这一行为仍被视为由托收行寄交代收行，因此本案中出口商 A 直接寄单给代收行 D 的行为符合国际惯例。

2. C 银行不应承担任何责任。URC522 第 11 条 a 款规定，为执行委托人的指示，银行使用另一家银行或其他银行的服务，是代委托人办理的，其费用与风险由该委托人承担。第 6 款规定：银行对于它们所传递的指示未被执行不承担义务与责任，即使被委托的其他银行是由它们主动选择的也是如此。托收行向代收行所发出的指示实际上是执行委托人的指令，因此托收行根据托收指示所做的行为而产生的法律后果不能由托收行承担，只能由委托人，即出口商承担。

美国 D 银行违反了托收的基本义务，应当承担出口商 A 的所有损失。在本案中，作为即期付款交单中的代收行，美国银行应当在收到托收指示和全套单据后，向美国的进口商 B 提示付款。D 银行应该在 B 付清所有货款的情况下，才能将相应的单据交与进口商 B。但实际上 D 银行并没有按照惯例办理，相反却在进口商没有付款的情况下，自行将单据释放给 B 公司。因此美国 D 银行应对出口商 A 的损失承担赔偿责任。

------------------- 案例 3 -------------------

托收行是否承担代收行擅自放单的后果？

【案例正文】 ■

A公司按付款交单方式与希腊B公司达成出口交易。A公司指定C银行为托收行，因A公司出具的托收申请中未指定代收行。C银行接受委托后自行指定美国D银行为代收行。A公司发货后，将汇票附上全套单据交付托收行C银行，C银行将全套跟单汇票航寄美国D银行，D银行在未收到A公司货款前将单据交付给B公司。A公司委托律师通过联系目的港的货运代理公司，得知货物抵达港口后已被B公司以正本提单提走。

A公司要求代收行就放单行为做出解释说明，但代收行均声称其已根据正常的业务流程操作，并无过错，要求律师向B公司进行追讨。经实地调查发现，B公司经营地址已经人去楼空，进一步调取B公司的资信报告后，发现B公司并未进行公司注册，其负责人为希腊帕特雷地区某吉普赛家族成员，居无定所，个人名下没有财产。A公司与代收行几经交涉未果遂向我国法院提起诉讼，认为C银行指定的代收行D银行未按托收指示而擅自放单，该违约责任应由指定其为代收行的C银行承担。

【涉及的问题】 ■

1. 你认为法院将如何判决？为什么？

2. A公司应如何追讨货款？

【参考答案】 ■

1. C银行不承担D银行的违约责任。根据《托收统一规则》规定：如果委托人在托收申请书中未指定代收行，托收行可以为其指定一家代收行，托收行对代收行未按托收指示行事不承担责任。因此，在托收业务中，委托人和托收行在指定代收行时必须首先考虑其有良好的资信。否则将有可能给委托人造成损失，也会给托收行带来麻烦。

2. 本案中代收行D银行应承担责任，A公司可采取两种方案。一是在希腊当地通过诉讼施压代收行D银行，但因希腊司法程序时间漫长，起诉D银行，极有可能会拖延极长时间。二是向希腊央行提起正式的书面控告，要求其审查D银行擅自放单的行为，勒令D银行承担相应的责任。相比较而言，希腊央行作为希腊银行业的监管机构，其对本地银行具有一定震慑效果，而向希腊央行进行投诉，操作比较简便，能够比较及时推动追讨工作。

------------------------------ 案例 4 ------------------------------

托收行是否有权预扣托收费用？

【案例正文】

出口商 A 以托收方式向进口商 B 出口一批货物，在托收委托书中明确要求，进口商支付托收过程中在付款地所产生的托收手续费。然而，当出口商收到托收行所划转的款项时，发现款项少于应收款项，随即质问托收行，托收行很快给其答复：进口商 B 拒绝支付付款地的托收费用，托收行只能将费用从货款中扣除。出口商对此非常气愤，指出根据托收委托书的规定，付款地的托收手续费必须由进口商负担，并要求托收行返还此项托收费用。

【涉及的问题】

托收行是否有权预扣托收费用？

【参考答案】

托收行有权预扣托收费用。根据 URC522 规定："应收取的费用，同时注明是否可以放弃。"如果没有在托收指示中注明托收的费用是否可以放弃，则代收行可以在进口商未支付托收费用的条件下放单，只要将托收指示书中所要求的金额付清即可。如果出口商确实想要求进口商负担托收费用，则其必须在托收委托书或托收指示中明确表明"付款人所在地的银行托收费用由付款人承担，不得放弃"。否则代收行没有义务代收相应的托收费用。本案中，出口商 A 要明确表明"不得放弃"。

------------------------------ 案例 5 ------------------------------

提示行能否在部分付款情况下交单？

【案例正文】

4 月，中国香港 T 公司委托当地 A 银行通过内地 B 银行向 C 公司托收货款。B 银行收到单据后向 C 公司提示，要求其按托收金额 USD205 020.00 付款。同年 11 月，付款人通知 B 银行，该公司已将 USD165 020.00 直接汇给出票人，授权 B 银行将剩余的货款 USD40 000.00 通过 A 银行付给出票人。付款人在支付了余款后，B 银行遂将单据交给了付款人。中国香港 T 公司致函 B 银行称，这种做法严重伤害了该公司的正当权益，违背了国际惯例及 URC522 准则。

【涉及的问题】

提示行能否在部分付款情况下交单？

【参考答案】

不能。URC522 第 19 条第 6 款规定："跟单托收时，部分付款只有在托收指示特别授权时才被接受。然而，除非另有指示，提示行只有在全部款项收讫时才能把单据交予受票人。"本案例中，托收指示没有授权指示行（代收行）可部分付款交单，提示行也没有征得委托人的同意，而是根据付款人的授权执行部分付款交单，这种做法是错误的。

5.2.4 跟单托收的利弊分析

------------ 案例1 ------------

托收单据丢失谁应负责？

【案例正文】

国内A公司于4月11日向国外B公司出口一批货物，付款方式为D/P at sight。A公司于3月17日填写了托收指示书，连同单据交至国内C银行，C银行于3月19日通过DHL邮寄到国外代收行D银行。4月18日，A公司突然收到B公司邮件，称"货物已到港，但无单据"。A公司质疑托收行C银行没有尽到责任，对C银行施压。C银行两次发送加急电报给D银行，10天后，D银行回复声称查无此单。

经快递公司提供的已经签收的底联，可以清楚看到D银行的签收日期和印章。A公司将此底联传真给B公司并请转交D银行，之后，D银行不再回复。5月2日，B公司催促A公司，必须立即补办提单等单据，尽快提货，否则将会增加各种港口费。5月4日，A公司到相关机构挂失，同时补办证书，最为困难的是补提单，船公司要求A公司存大额保证金到指定账户后才能签发新的提单。直到5月9日，D银行来电："丢失的单据已经找到，将正常托收"。A公司和C银行都长出一口气，至此A公司已花费大量人力物力财力。

【涉及的问题】

1. A公司应向谁进行索赔？为什么？

2. 结合本案分析托收的风险。A公司应如何防范？

【参考答案】

1. A公司可以向代收行D银行进行索赔。因为托收行C银行已经履行了相应义务。《托收统一规则》第9条提出："银行应以善意和合理的谨慎行事"。第4条规定："与托收有关的银行，对由于任何通知、信件或单据在寄送途中发生延误和（或）失落所造成的一切后果，或对电报、电传等在传送中发生延误，残缺和其他错误，或对专门性术语在翻译上和解释上的错误，概不承担义务和责任。"由此可以断定托收行已经善意地履行了义务。而代收行没有尽到善意和谨慎的义务，且签收的单据找不到，并不是《托收统一规则》规定的不可抗力原因，故无法开脱责任，应该承担单据丢失的责任。

2. 托收项下货款的安全程度不如预收货款、跟单信用证。其依据的是商业信用，一定要先考虑进口商的资信，虽本案中单据遗失与进口商无关，但进口商与代收行处于同一地域，其可以更好地与 D 银行进行沟通，督促其积极处理代收业务。托收业务的代收行责任重大，托收业务风险的发生和代收行的操作不规范或主观恶意有密切关系，因此要尽可能选择那些历史较悠久、熟知国际惯例，同时又信誉卓著的银行作为代收行。要布置当地的代理人，一旦发生纠纷，可委托该代理人在当地及时处理突发事件，避免不必要的损失。

案例 2

托收方式下何种贸易术语适宜？

【案例正文】

国内 A 公司出口农产品给乙国的 B 公司。双方商定用托收方式结算，价格条件是 FOB。B 公司安排的保险公司与 A 公司没有业务关系。A 公司在装运货物后，把全套单据送银行托收。然而，货物在海运过程中遭遇事故，货物严重受损。货至乙国港口后，B 公司表示货物不能接受，拒不付款。A 公司遂向保险公司索赔，但是保单在 B 公司手中，A 公司在理赔的过程中耗费了很多时间和精力，经济损失严重。

【涉及的问题】

1. 托收方式下 FOB 贸易术语是否合适？为什么？

2. 结合本案分析托收的风险。A 公司应如何防范？

【参考答案】

1. 当事人应根据贸易条件的种类选择支付方式。不同的贸易条件，对支付方式的选择也是有影响的。在实际交货（Physical Delivery）条件下，如 EXW、DAF、DDP 等，是不宜采用托收方式的，因为在这类交易中，卖方向买方直接交货若是做托收，卖方没有约束买方付款的货权，这样的托收实质是一笔货到付款的方式。而对于推定交货条件，如 CIF、CER 由于卖方可通过单据控制货权，就可以采用托收方式支付。但在 FOB 条件下，虽买方是凭单付款，但由于买方安排运输，货物装在买方指定的船上，出口商处理货物的主动权会受到很大影响，也是不宜使用托收方式的。

2. 在 FOB 条件下，虽然买方也是凭单付款，但由于买方安排保险，卖方对投保情况不甚了解。货物一旦发生损失需要保险理赔时，出口商可能才发现进口商尚未投保，致使出口商应收货款全部落空，即使进口商确已投保，保单在进口商手中，出口商索赔的主动权也会受到很大影响。所以 A 公司在托收结算方式下，应该尽量用 CIF 价格条件，争取自行安排运输，自办保险，掌握主动。

------- 案例 3 -------

托收项下的制单有标准吗?

【案例正文】■────────────────────

国内某 A 公司向南美 B 公司出口茶叶。合同规定的支付条款为："Payment by draft payable 30 days after sight, documents against acceptance." A 公司按期办理好装运后，在 6 月 2 日，向托收行办理 D/A 30 天托收。7 月 2 日 A 公司收到托收行来电："托收单据于 7 月 13 日收到，我行当天已经向付款人提示，付款人承兑后并于当时收到全套单据。我行于 7 月 12 日提示要求付款，但 7 月 13 日付款人提出拒付，理由是商业发票不符合我当局有关规定，无法通关。"由于 B 公司未在来电中说明合格的商业发票格式，A 公司不得不查找该地区过去的合同当中要求的发票格式，缮制新的发票补寄。7 月 26 日买方 B 公司来电："你方补寄的发票我方已经收到，但海关仍不接受，因发票上未注明原产地。据了解该货物在保税仓库期间的高昂保管费，已经接近货值的四分之一。如果你方不能弥补我方损失，我方将不能接受货物。"

A 公司经研究，为了避免更大的损失，只好愿意就降价问题与买方谈判，损失了 20% 的货款。最后通过其他途径才知道，货物早已被买方提走，只因该公司近期亏损严重，无力付款，故采取这种办法抵赖货款。

【涉及的问题】■────────────────────

结合托收的风险分析 A 公司面临此处境的原因。

【参考答案】■────────────────────

该案例采用了 D/A 托收的方式，买方在汇票上签字表示承兑获得全套单据，并借以向船方提货，等汇票到期才付款。对于出口商而言，风险很大。在实务中，托收方式下的制单似乎比信用证下的制单容易，因为约束要少得多。但实际上由于托收的制单没有严格要求，无章可循，才正好成为许多国外商人拒付的理由。因此，更加要求单证人员通晓各国有关单证方面规定和惯例。采取 D/A 方式结算货款，未对买方的资信足够重视。本案中的买方未告知卖方合格的发票格式，变相采取了欺诈的方式在托收中获利。

5.2.5　跟单托收项下的融资

------- 案例 -------

提货担保是否安全?

【案例正文】■────────────────────

广州 A 公司以托收方式向香港 B 公司出口一批货物，乙银行为代收行。4 月 2

日，甲船公司所属某货轮在香港承运该批货物。货物装船后，甲船公司签发正本提单一式三份。提单载明了托运人名称、收货人凭指示、通知人 B 公司、起运港黄埔，目的港香港及相应货物等信息。

4 月 3 日，货轮抵达香港，甲船公司通知 B 公司提货，因其不能出示正本提单，甲船公司拒绝交付货物。4 月 9 日，B 公司向甲船公司出具一份银行印制的"提货担保书"。担保书在提取货物栏记载信用证号码、货值、货名、装运日期、船名等。在保证单位栏记载："上述货物为敝公司进口货物。倘因敝公司未凭正本提单先行提货致使贵公司遭受任何损失，敝公司负责赔偿。敝公司收到上述提单后将立即交还贵公司换回此担保书"。B 公司盖章并由负责人签字。在银行签署栏记载："兹证明上述承诺之履行"，落款为乙银行，加盖乙银行国际部业务专用章。甲船公司接受"提货担保书"，签发了提货单。但 B 公司其后没有交款赎单，提单最终被退给托运人 A 公司。

A 公司持正本提单以错误交货为由，对甲船公司提起诉讼，要求赔偿货价损失、利息和其他费用。

【涉及的问题】 ▬▬▬▬▬▬▬▬▬▬▬▬▬▬▬▬▬▬

1. 为什么甲船公司同意在没有正本提单的情况下放货？

2. A 公司诉讼理由成立吗？甲船公司应如何处理？乙银行应如何处理？

【参考答案】 ▬▬▬▬▬▬▬▬▬▬▬▬▬▬▬▬▬▬

1. 甲船公司是承运人，取得正本提单证明其履行完毕交货责任，否则，提单持有人有权要求其交付货物或向其索赔，所以必须凭正本提单提货。但国际贸易中提单的流转速度往往慢于货物的运送速度，如货运船舶早于提单抵达卸货港，为及时提取货物，收货人往往要求承运人在没有正本提单的情况下交付货物，而承运人则只有在收货人提交信誉良好的银行出具保函的情况下才敢交货。本案正是乙银行做了提货担保，甲船公司才放货。

2. 成立，甲船公司应向托运人支付赔偿金。甲船公司可随后提示相应索赔单据向乙银行提出索赔，保函申请人 B 公司凭提货担保书提取货物后，至今未将该项货物的正本提单交还，担保人乙银行应赔偿货款损失、利息及其他相关费用。乙银行审核相应单据后向甲船公司进行赔付，再向 B 公司提出索赔。对于乙银行来说，出具保函就意味着承担了保证责任，因此一定要谨慎审查保函申请人的资信，并严格控制根据提货担保提取货物的所有权，有效控制自身风险。

5.2.6 跟单托收在其他方面的使用

------------------------------ 案例 1 ------------------------------

"凭即期汇票付款"是信用证还是托收？

【案例正文】 ▇ ─────────────────────────────────

国内 B 公司与国外 M 公司成交了一笔业务。在交易会上口头商谈时曾提过按凭单即期付款的信用证结算，签订合同时在合同支付条款规定："Payment by draft drawn on buyer payable at sight"。另外，合同中关于装运货物的品质条款规定："Quality certificate by C.I.B.at loading port to be taken as final"。B 公司按合同规定于交货期前按时备妥货物，准备装运，但始终未见买主开来信用证。于是，于 6 月 20 日向买方去电催证。但买方复电称，根据双方贸易合同规定并非信用证结算货款，是以即期付款交单方式办理托收。

B 公司业务核对合同上关于支付条款的规定，认为该条款是凭买方为付款人的即期汇票付款，虽然并未接受托收方式，但在该条款中也未明确以信用证方式结算。买方反馈外汇正在申请中，尚未正式获批，无法在装运期前开立信用证。B 公司根据合同条款并考虑装运期，最后接受买方的意见，以 D/P 45 days after sight 方式结算，并要求由买方负担 45 天的远期利息。

B 公司按期装运货物后，于 6 月 25 日按见票 45 天付款交单办理托收手续，并在托收指示书上规定 45 天利息与货款一起收取。8 月 20 日 B 公司接到托收行通知，该笔托收票款业已收到，但付款人拒付利息，银行只收回本金。

B 公司随即于 8 月 25 日发电向买方追究，而买方于 9 月 29 日回电："你方 25 日电悉。关于第××号合同项下货物，我方提货后发现货物有部分霉斑。本应退货拒付货款，但考虑双方长远贸易关系，故接受货物，在该笔托收中我未付利息作为弥补由于货物霉变的损失。"

B 公司认为在托收指示书上明确指示代收行要货款与利息一起收取。买方拒付部分票款，代收行应将付款人拒付的情况通知委托人，再根据委托人意见决定是否放单，代收行应承担擅自放单的责任。

【涉及的问题】 ▇ ─────────────────────────────────

1. "Payment by draft drawn on buyer payable at sight" 是信用证还是托收条款？

2. B 公司关于代收行应承担擅自放单的责任的看法是否有道理？

3. B 公司应如何规避该类问题发生？

【参考答案】 ▇ ─────────────────────────────────

1. "Payment by draft drawn on buyer payable at sight" 为 "凭买方为付款人的即

期汇票付款"，非常笼统。因为不但信用证支付方式下可以"凭买方为付款人的即期汇票付款"，在托收方式下也可以"凭买方为付款人的即期汇票付款"，所以该合同条款并没有确定具体的支付方式。

2. 根据URC522第20条规定，如果托收指示书规定应收取利息而付款人拒付利息时，除非托收指示书上明确规定收取利息不得免除，提示行可以视情况在未收取利息而凭付款或承兑或其他条件将单据交与付款人。这就是说，如果托收的委托人意欲委托代收行收取利息，不但要在托收指示书上明确做出规定，而且还要明确强调其应收利息不得免除，否则代收行在放单前可以自行决定是否收取利息。因为B公司在托收指示书上仅规定45天利息与货款一起收取，并未强调此利息不得免除，所以代收行在未收到利息的情况下放单是符合国际惯例的。

3. 签订合同时要以慎重的态度订立合同中的一切条款。本案例中B公司虽在洽谈时曾提到过以即期付款的信用证结算货款，但在正式签订有效的合同条款时缺乏慎重的态度，没有将支付条款完整地明确列出，没有确定具体的支付方式，结果造成利息损失。交易行为应该规范化。本案例合同中关于装运货物的品质条款规定："Quality certificate by C. C. I. B. at loading port to be taken as final." 当买方称货物发现霉斑，但B公司在装运前，经商检部门检验合格，符合合同要求，并有品质证书为证。买方并未经当地的有关检验部门复检也未提供有效的复验证书，B公司对此应提出异议。本案例中的利息是经与对方商讨后确定的，其数额应该是明确的，如果B公司在制作商业发票和汇票时将利息与货款加在一起向付款人托收，其利息收回的可能性会大一些，因为对于一张汇票，付款人不是承兑/付款就是拒付，即使拒付代收行也不能放单给付款行，其货权仍然掌握在B公司手中。

------------------------------ 案例2 ------------------------------

信用证支付为何要改托收？

【案例正文】

4月10日，青岛B贸易公司与沙特A公司签约，向其出口一批纺织品，FOB QINGDAO成交。鉴于A是大客户，长期从远大公司批量采购床上用品等，为了给客户提供融资便利，合同拟采用远期信用证结算。同时，结合自身资金周转实际和货款安全，B公司要求A公司预付30%货款作为定金。最终合同的支付方式为："30% deposit T/T in advance and the balance of 70% by 90 days usance L/C"。6月10日，B公司收到信用证，来证对提单要求为"THE DIRECT B/L MUST BE ISSUED DIRECTLY BY YANG MING MARINE TRANSPORT CORP"。B公司审证无误准备发货，订舱时才发现，装运期内阳明海运从青岛到达曼港并没有直达船，为了保证按时装运只能使用其他船公司运输，而这肯定会造成"单证不符"。B公司只好联系

A要求改证，A公司业务员以改证成本较大拒绝改证，声称"随证托收"可行，保证付款赎单。

B公司对此未表示反对，装货后取得提单并随附其他所要求的单据送B银行向韩国进口商办理"随证托收"。待单据寄至沙特开证行后，因提单与信用证规定不符，开证行拒付，遂向进口商按D/P方式代收货款。此时A公司借故拒不付款赎单，并声称货已失踪。经调查，A公司在无提单情况下已从船方手中提走了货物，造成B公司货款两空的重大损失。

【涉及的问题】■

1.为何要随证托收？是否存在风险？

2.本案中B公司是否存在操作失误？

【参考答案】■

1.随证托收是指因信用证已过期或单证不符，受益人将结算方式改为托收，并随附对受益人来说已无用的信用证，以向开证行（现在的代收行）表明该笔托收款项原为信用证项下之款项。"随证托收"一般是出口商违约在先。在不能利用信用证的情况下将信用证结算方式改为按托收办理，是出口商迫不得已采用的变通办法。由此可见。对出口商来说，"随证托收"比"托收"方式更不安全。

2.在FOB出口合同下，B公司除应注意买方资信外，尚需要求买方所派船只是信誉良好的，最好该船公司在我国国内有办事处或常年代理机构。另外，还应在合同中订明买方在派船前应电告卖方船名、船籍、所属船公司等详情，并以我方确认为准。在FOB出口合同中，为防止进口商与船方勾结骗货，出口商尤应坚持信用证付款方式，而不宜采用托收方式，以确保获得银行保证付款的责任。最后，出口商还可投保出口信用保险，以规避收汇风险。

综合案例 上海NS公司诉H银行托收业务赔偿案

【案例正文】■

一、签订合同

上海NS公司于某年2月10日、4月1日、4月8日分别与美国LJ公司签订三份售货确认书，约定由NS公司向LJ公司销售各式鞋类，总计货款1 564 140.60美元。第一批至第四批货的付款条件为D/P 45天，第五批至第十三批货的付款条件为D/P 20天，指定花旗银行为代收行。

上述售货确认书约定，凡因执行该合同所发生的或与该合同有关的一切争议，如协商不能解决，应提交中国国际经济贸易仲裁委员会上海分会仲裁。合同签订后，NS公司履行供货义务，分批委托迪港有限公司装运，并由承运人开出十一套提单。

二、NS公司办理托收

NS公司委托H银行办理托收业务，指定花旗银行作为代收行，向进口商LJ公司托收上述货款，约定其中单据对应的付款条件为D/P 20天或D/P 45天，并将销售发票、收款汇票、提单及保险单、装箱单如数交给H银行签收。

H银行收单后，根据NS公司的委托事项（包括付款方式、付款金额）制作成托收指示书共十份，并附上相应的汇票、发票、提单、装箱单、保险单等单据，邮寄至花旗银行。

托收指示书中提到："Where applicable subject to the Uniform Rules for Collections"。有关指示包括："付款后交单""承兑后请以航空信方式告知到期日""未承兑或未付款请电传告知并说明理由，保留项目，等待我方指示""必要时，根据受票人或我方指示，保存货物并办理保险""如有手续费，再加上其他费用，均从受票人处收取""凡适用处，均按国际商会第322号出版物（1978年修订本）《托收统一规则》办理"。

三、委托人提起诉讼

同年5月30日，第一张汇票到期，而NS公司未收到货款。因后续多笔托收货款未及时转入，花旗银行对托收结果未作回复，H银行曾多次向花旗银行查询，NS公司亦多次向H银行查询。11月20日，最后一张汇票到期货款仍然未到，花旗银行亦未回复。

直至次年1月25日，花旗银行致函H银行，承认其以承兑交单方式处理了上述单据。NS公司认为，花旗银行在没有收到LJ公司付款的情况下，将有关单据交给LJ公司，截至起诉日，NS公司均未能收到上述货款。

NS公司与H银行、花旗银行在交涉无果的情况下，向法院提起诉讼。提交资料包括NS公司与LJ公司签订的售货确认书、出口货物明细单、提单；NS公司开具的销售发票、收款汇票以及货物的海运提单、保险单、装箱单，H银行收取NS公司单据的签收单。H银行致花旗银行的托收指示书，该指示书明确托收方式为D/P 20天或D/P 45天；华侨银行留存的托收指示上盖有"查询"章。以及NS公司与华侨银行、华侨银行与花旗银行之间进行查询、交涉的往来传真函。

NS公司以H银行并未出具拒付通知书，未在合理时间履行义务为由，要求H银行赔偿货款本息1 873 168.43美元，并负担诉讼费。以花旗银行没有合理、谨慎履行代收行义务致其重大损失为由，申请追加花旗银行为被告。请求判令H银行和花旗银行完成货款托收，如果不能履行，则应归还全部单据，或向原告赔偿托收货款本息1 965 098.38美元以及上述款项及利息156 953.53美元。

四、托收行的抗辩

H银行接受NS公司的委托，并按照NS指示缮制了托收指示，以应有的善意和合理的谨慎完全按NS公司的指示，向花旗银行转达和转交了NS的托收指令和所有单证，完成了托收行的职责，也尽全力协助NS公司与代收行之间进行沟通，并给予相应建议，并无过错。并且，代收行及提示行花旗银行皆由 NS 公司自己指定，花旗银行作为代收行，其在业务操作中因过错导致的损失，与 H 银行无关，NS 公司不应向 H 银行索赔，而应向代收行花旗银行追究。

五、代收行的抗辩

花旗银行认为，根据《中华人民共和国票据法》中的冲突法规范，票据接收、承兑交单行为发生在美国，故应以《美国统一商法典》为处理争议的法律。托收指示中明确"Where applicable subject to the Uniform Rule for Collections"之约定，应理解为"在适用的情况下，适用《托收统一规则》"，如不适用，即可不适用。本案是票据承兑、付款引发的纠纷，应根据《中华人民共和国票据法》确定的冲突规范来确定准据法，即适用票据行为地法律——《美国统一商法典》为准据法。上诉人依据《美国统一商法典》规定，以承兑交单方式将单据交给受票人没有过错。

即使 NS 公司对花旗银行享有诉权，其起诉也已超过诉讼时效。NS 公司作为委托人，其在汇票到期日未收到货款，从最后一张汇票的付款到期日即 11 月 20 日起算，NS 公司对花旗银行的起诉已超过诉讼时效。

托收业务中，委托人与托收行、托收行与代收行系两个独立的委托关系，委托人与代收行之间没有委托合同，委托人不能直接起诉代收行花旗银行。NS 公司与花旗银行没有直接利益关系和法律关系，故 NS 公司对花旗银行不具有诉权。花旗银行已完全按照《美国统一商法典》的规定合理、合法地行事，不存在过错。

资料来源：本案例系作者根据上海市高级人民法院（2000）沪高经终字第 335 号上海兰生股份有限公司诉华侨银行有限公司上海分行等票据国际托收赔偿案改编，原素材网址为：http：//www.chncase.cn/case/case/2190581.

【案例使用说明】▇▇▇▬▬▬▬▬▬▬▬▬▬▬▬▬▬▬

一、讨论思考题

1. 请说明上海 NS 公司、H 银行、花旗银行三者在托收业务中的关系。《托收统一规则》是否规定委托人对代收人主张权利？对此你有何看法？

2. 花旗银行认为《托收统一规则》不适用的理由是否成立？如何理解"Where applicable subject to the Uniform Rule for Collections"？

3. 本案托收票据权利的追索是否超过了诉讼时效？

4. 本案责任应由谁承担？H 银行是否应承担责任？

二、分析思路

本案代收行在进口商未付清票款的条件下，将单据交付进口商。《托收统一规则》中对委托人、托收行以及代收行义务的规定。托收行在制作托收指示时对条款准确性的把握，包括对交单方式的规定以及单据的规定。托收作为商业信用的利弊，应采取哪些措施进行风险防范。本案例应当根据托收业务流程、托收当事人责任、托收下票据权利的请求与追索等知识，结合托收统一惯例等条款做出分析判断。

三、理论依据及分析

1.托收是由委托人委托、托收行接受委托、托收行转委托代收行并告知托收指令、代收行按指令收款等行为组成，其中托收行自行指定代收行或按照委托人的要求指定代收行是完成托收的必经环节。

托收行主要起到寄单、联络的作用，其在履行了相应的义务后，对委托人能否收款一般不承担责任。如果由于代收行的过错导致委托人损失，委托人不能直接追究代收行的责任，而只能追究托收行的责任，而托收行在没有过错的情形下，其又不承担责任，导致委托人无法获得司法救济权。法律或《托收统一规则》中并未规定在代收行存在过错的情况下，托收行必须代委托人向代收行主张权利。这样，导致代收行往往逃避其应承担的责任，对委托人并不公平。

2.本案虽然涉及商业汇票的承兑和付款，但票据行为本身不是本案的争议问题。本案作为国际托收纠纷，各方当事人争议的焦点在于托收行和代收行是否违反了委托人的托收指令。鉴于托收行为从其本质上判断，属于当事人依合意而产生的特定条件下的委托代理行为，即委托人委托托收行，托收行转委托代收行，而非单纯的票据行为，故本案应按债法冲突规范确定准据法，亦即应按我国《民法典》之规定来确定，花旗银行提出应按《票据法》确定冲突规范的主张不能成立。

NS公司与H银行对托收指示中约定适用《托收统一规则》并无异议，花旗银行收到华侨银行所寄交的托收指示后并未提出异议，托收指示已经明示选择了适用《托收统一规则》，确定《托收统一规则》作为处理本案争议的法律依据合理。国际惯例并不是当然的准据法，其适用必须满足两个条件：一是要明确规定托收交易全部由该规则管辖，但根据托收指令上的表述，并没有达成适用该规则；二是适用该惯例与本国法不相冲突，而《托收统一规则》对远期付款交单的规定显然与《美国统一商法典》相冲突。我国《民法典》第10条中的"习惯"解释为"包含国际惯例"，并且规定："处理民事纠纷，应当依照法律；法律没有规定的，可以适用习惯，但是不得违背公序良俗。"我国对涉外民事关系的准据法可以是内国法，也可以是外国法，还可以是国际条约或国际惯例，这也是国际司法界的共识。花旗银行认为《托收统一规则》不适用的理由不能成立。

"Where applicable subject to"结构是当事人在合同中订立法律适用条款时经常使用的一个结构，其含义的正确理解应为"凡是能够适用的地方，即应适用"。这是国际贸易中的一个基本常识。

3.诉讼时效期间应从知道或者应当知道权利被侵害时起计算。花旗银行提出其在汇票获承兑后即通知了H银行，NS公司和H银行应当知道汇票的到期日，在到期日届满未收到货款即可表明其知道或应当知道自己的权利被侵害，故花旗银行主张诉讼时效期间应为汇票到期日开始的2年。在仅告知汇票被承兑的情况下，NS公司确实无法据此判断单据是否已经放走、款项是否已经收回，故也无法知晓自己的权利是否受到侵犯。NS公司通过华侨银行转来的花旗银行传真函，才清楚地得知单据已由花旗银行按照其自己对托收的理解完全交给了付款人。NS公司对花旗银行的诉讼时效从收到传真函日期起算。

4.在许多南美国家，存在将远期付款交单作承兑交单处理的情况，但美国作为《托收统一规则》的承认国，本案应适用《托收统一规则》作为确定本案各方当事人责任的依据。花旗银行在未征得委托人和托收行同意的情况下，未按照托收指示的要求，擅自将远期付款交单作承兑交单处理，且在放单以后未及时将该事实告知华侨银行，其行为违反了《托收统一规则》的规定，具有明显的过错，应承担由此产生的赔偿责任。

H银行是否向NS公司出具拒付通知书，根据《托收统一规则》之规定，取决于代收行是否已毫无延误地将拒付通知书交托收行，或已设法确定托付货款的理由。由于本案中的代收行花旗银行并未及时履行该项义务，故H银行不负有向NS公司出具拒付通知书的义务。

第6章 国际贸易结算方式——跟单信用证

开篇案例

审核"单据表面"到底为何意？

【案例正文】

国内 A 公司向巴基斯坦 B 公司 CIF 条件出口货物。国外来证中单据条款规定："Commercial invoice in duplicate. Full set of clean on board B/L marked fright prepaid made out to order of shipper and notifying applicant. The insurance policy in duplicate， covering all risks and war risk according to the marine cargo insurance clauses of the People's Insurance Company of China on January 1，2023.This credit is subject to UCP 600."

A 公司在信用证规定的装运期限内将货物装上船，并于到期日前向议付行交单议付，议付行随即向开证行寄单，开证行收到单据后，来电表示拒绝付款，其理由如下："1. Commercial invoice not signed by beneficiary. 2. B/L not showing the name of the carrier. 3. Insurance policy showing the insured amount same as the invoice amount，which is insufficient." A 公司提出按照信用证单据条款制作单据，信用证中并未规定发票需要签章，也未规定海运提单需注明承运人名称，也未提及保险费的具体金额，开证行审单遵从"表面相符"，其拒付理由并不合理。

【涉及的问题】

1. 本案信用证需要提交哪些单据？

2. 何为"表面相符"？开证行审单依据是什么？开证行拒付理由是否成立？

思政案例

疫情下跟单信用证统一惯例条款的适用困惑

疫情暴发初期，银行在跟单信用证业务中遇到了许多困惑，其中有关 UCP600 第 36 条的争论最为突出，其核心问题是疫情能否适用"不可抗力"。国际商会在 2020 年 4 月紧急发布了《国际商会不可抗力及艰难情形条款》与《针对新冠疫情影响下适用国际商会规则的贸易金融交易指导文件》（以下简称《指导文件》），两份文件在银行区分不可抗力和艰难情形等方面等给出了指导意见。

国际商会指出，如果银行营业未完全中断，只是出现营业不便的艰难情形，不应构成不可抗力；不可抗力要符合障碍无法合理控制、签订合同时无法合理预见、受影响方无法合理避免或克服其后果。同时，不可抗力的认定取决于事实，由有管辖权的法院、政府和监管机构决定，可由贸促会出具的不可抗力事实性文件来证明不可抗力事实存在。中国贸促会指出，即使合同双方未在合同中约定相应条款，若其免责事由符合不可抗力情形，仍可为企业出具不可抗力事实性证明。

疫情全球蔓延引发了快递公司停业、无法收单和寄单等一系列问题，对于银行无法正常收寄单是否免责的问题，也为 UCP600 的适用提出了挑战。

同年6月，国际商会专门发布了《关于正确理解 UCP600 第35条第一段的解释性文件》，确认 UCP600 第35条也适用于信用证中指定的快递公司不接受、收取或交付单据，以及信用证中未指定快递公司，指定银行或保兑行做出了合理的努力仍无法完成交单的情况，即在这些情况下，指定行做出了合理的努力、履行了告知义务均可免责。

6.1　跟单信用证的含义

6.1.1　跟单信用证的定义

------ 案例 1 ------
何为"相符交单"？

【案例正文】 ■————————————————————

某年11月，中国进出口商品交易会（广交会）在广州举办。广东省东莞市 H 贸易公司第一次参展，在9平方米的展位上整齐地摆放了他们的样板产品，其中有一款由新开发材料制作而成的男士长裤特别受来往的外商青睐。来自迪拜的 Y 公司当即在现场与 H 公司达成一笔交易，订购 "男式长裤" 15 000 条。H 公司外贸业务经理喜笑颜开，马上起草合同，合同规定由 H 公司以 CIF DUBAI 价格条件向 Y 公司销售货物，以即期议付信用证支付方式进行结算。

12月10日，Y 公司根据合同的规定，通过埃及 A 银行按时向 H 公司开来即期议付信用证，信用证中表明适用于 UCP600，信用证金额为 USD300 000，受益人为 H 公司，货物描述为 "MEN'S TROUSER，15 000PCS"。

H 公司及时发货，并向议付行提交了一整套单据。其中装箱单右上角显示

"INVOICE NO.STR45678"，装箱单正文显示 "300CTNS MEN'S TROUSER 50PCS PER CARTON N.W 7200KGS G.S 7350KGS 42CBM"。议付行审核后，向开证行寄单并索偿时，开证银行以下列不符点为由拒付：

1. "INVOICE" INSTEAD OF "COMMERCIAL INVOICE" SUBMITTED.

2. THE ADDRESS OF THE BENEFICIARY IN INVOICE SHOWING IN ZHONGSHAN INSTEAD OF IN DONGGUAN.

3. BOTH OF THE PACKING LIST AND B/L SHOWING QTY OF THE GOODS AS 300CTNS INSTEAD OF 15000PCS CALLED FOR BY L/C.

4. PACKING LIST NOT SIGNED BY THE BENEFICIARY.

议付行与开证行就以上不符点产生了争议。

【涉及的问题】 ▬▬▬▬▬▬▬▬▬▬▬▬▬▬▬▬▬▬▬▬▬▬

1. 以上不符点分别是何意？是否成立？

2. 如何正确理解"相符交单"？

【参考答案】 ▬▬▬▬▬▬▬▬▬▬▬▬▬▬▬▬▬▬▬▬▬▬▬

1. 开证行提出不符点：（1）信用证发票条款要求 "Commercial invoice"，受益人提供的单据名称却为 "Invoice"，不符合信用证的要求。（2）发票中受益人的地址为中山市，与信用证规定的地址东莞市不符。（3）装箱单和提单上的数量均为300纸箱（300CTNS），与信用证规定的15 000条不符。（4）装箱单未经受益人签署。

第一点，UCP600对发票的标题未作规定，但国际标准银行实务（ISBP）对发票作了明确的规定为：信用证要求提交 "invoice" 而未作进一步定义，则提交任何形式的发票都是可接受的。然而，除非信用证另有授权，"provisional"（临时发票）、"pro-forma"（形式发票）或类似的发票是不可接受的。反过来，在信用证要求提交商业发票（commercial invoice）时，标明为 "invoice" 的单据也是可以接受的。因此，本案中第一条不构成不符点。

第二点，UCP600第14条j款规定："当受益人和申请人的地址出现在任何规定的单据中时，无须与信用证或其他规定单据中所载相同，但必须与信用证中规定的相应地址同在一国。"因此，开证行提出的"发票中受益人地址与信用证不符"，不构成不符点。

第三点，装箱单是商业发票的补充，其目的是在于描述货物是如何包装的。本案装箱单显示了300纸箱，每纸箱50条，并显示了毛净重与体积，并在装箱单中还注明了发票号码，由此在商业发票和装箱单之间建立了必要的联系。信用证只要求提交三份装箱单，未对装箱单做详细要求。UCP600第14条d款规定："单据中的数据，在与信用证、单据本身以及国际标准银行实务参照解读时，无须与该单据本身中的数据、其他要求的单据或信用证中的数据等同一致，但不得矛盾。"UCP600第14条f款规定："如果信用证要求提交运输单据、保险单据或者商业发票之外的单据，却未规定出单人或其数据内容，则只要提交的单据内容看似满足所要求单据的功能，且其他方面符合第14条d款，银行将接受该单据。"UCP600并非要求单证和单单之间完全一致，而是要求"不得矛盾"。本案发票显示数量为15 000条，与装箱单中300纸箱（300×50=15 000条）并不矛盾，不构成不符点。

第四点，UCP600第34条规定："银行对任何单据的形式、充分性、准确性、内容真实性、虚假性或法律效力或对单据中规定或添加的一般或特殊条件，概不负责……"如果信用证中没有特别规定，只要提交的单据上的内容与任何其他提交的所规定单据内容无矛盾，则银行将接受这类单据。由于信用证未指明装箱单由谁出具，则只要装箱单与其他单据不矛盾，应当接受。此外，除非信用证明确规定装箱单要签署，否则未经签署的装箱单也是可以接受的。

2.UCP600第2条规定，"相符交单"是指"与信用证条款、本惯例的相关适用条款以及国际标准银行实务一致的交单"。首先，单据必须与信用证条款保持一致。根据UCP600第14条d款规定，只要单证之间、单单之间以及单内不矛盾，即视为"相符交单"。其次，单据必须与UCP600相关适用条款保持一致。对于在信用证中未做出明确规定的事项，受益人也应遵循UCP600中的相关适用条款行事并制单。最后，单据须与国际标准银行实务保持一致。ISBP是国际标准银行实务的简写。

案例2
开证行能否拒绝申请人的要求？

【案例正文】

国内A公司从国外B公司进口一批钢材，货物分两批装运，支付方式为不可撤销即期信用证。不日，A公司通过中国C银行向B公司开立信用证。

第一批货物装运后，B公司在有效期内向银行交单议付，议付行审单后议付货款，C银行也对议付行作了偿付。A公司在收到第一批货物后，发现货物品质不符合合同规定，要求C银行对信用证项下的第二批货物单据拒绝付款，但遭到开证行拒绝。

【涉及的问题】

请分析开证行拒绝是否合理？

【参考答案】

合理。根据"单单相符，单证一致"的信用证支付原则，开证行依信用证规定行事合法合理。本案货物买卖的支付方式为不可撤销即期信用证。根据《跟单信用证统一惯例》规定，信用证一经开出，在有效期内不经受益人或有关当事人同意，开证行不得单方加以修改或撤销信用证。信用证开出后，独立于买卖合同。银行只对信用证负责，只要卖方提交符合信用证规定的单据，银行承担无条件付款的义务。开证行不按照A公司指示行事合法合理。

6.1.2　跟单信用证的特点

------------------------- 案例 1 -------------------------

开证行能否以申请人破产倒闭为由拒绝付款？

【案例正文】 ■───────────────────────────────────

国内 A 公司与国外 B 公司签订一份木材出口合同，约定以即期信用证方式结算。A 公司收到 C 银行开来的即期信用证，随即按信用证规定将货物装出。然而，在尚未将单据送交当地银行议付之前，A 公司突然接到 C 银行通知，称开证申请人 B 公司已经破产倒闭，C 银行表明不再承担该信用证下的付款责任。

【涉及的问题】 ■───────────────────────────────────

1. C 银行拒绝付款的理由是否合理？A 公司应如何处理？

2. 银行可采取哪些做法来减少开证业务产生的信贷损失？

【参考答案】 ■───────────────────────────────────

1. 不合理，在单证严格相符的情况下，信用证开证行必须承担第一性的付款责任。银行的第一性的付款责任并不因为进口商即开证申请人发生无力或无意愿偿付货款的情况而解除。A 公司应缮制符合信用证的单据，按照正常程序交单索汇。

2. 首先，开证行应在开立信用证时，根据进口商的经营现状与财务状况，确定是否给予免担保的信贷额度，或是要求一定形式的担保，如要求存入保证金，抵押出口信用证，或要求其他银行的保函担保等。其次，银行需慎重考虑信贷结构，使信贷金额、期限、币种等与相应的进口贸易相联系，以确保信贷额度的正当使用。

------------------------- 案例 2 -------------------------

信用证与合同不符，出口商应如何处理？

【案例正文】 ■───────────────────────────────────

2020 年 7 月 30 日，A 公司与 B 公司签订出口合同后，A 公司收到信用证，内容规定："30M/TONS OF GARLIC. PACKED IN WOODEN CASES. TWO SEPARATE SHIPMENTS: 14M/TONS NOT LATER THAN 15TH AUGUST, 2020.16M/TONS NOT LATER THAN 25TH SEPTEMBER 2020. THE GOODS BEFORE SHIPMENT SHOULD BE INSPECTED BY THE REPRESENTATIVE OF B CO. LTD., MR. JIM BROWN. DOCUMENT TO BE PRESENTED TO NEGOTIATION BANK WITHIN 10 DAYS

AFTER SHIPMENT."

7月31日，A公司电告B公司，信用证中货物包装为木箱包装，合同与实货都是纸箱装，要求修改包装条款。8月2日，B公司电告接受改为纸箱装。A公司即备妥货物，并经B公司代表验货后，出具了合格证明。A公司办理租船订舱后备妥待运，但信用证修改书仍未到达。A公司于8月9日电催B公司修改信用证。B公司12日复电确认：信用证修改确实于同日已办妥，要求A公司按期装运。

8月22日，仍未见信用证修改通知到达，而第一批货交单期限为装运后10天内。A公司向议付行出具保函要求表提寄单。26日，A公司接到开证行信用证修改通知书。A公司即要求议付行退回并撤销担保，议付行不同意，认为必须接到开证行付款通知后撤销。

9月2日开证行提出异议："单据显示包装不符，你方已担保议付，我行经研究并联系申请人，均不同意接受。单据暂代保管，请告如何处理。"A公司接到开证行上述拒付意见后，做出反驳意见："对于纸箱包装条款担保议付的问题，你信用证于8月26日修改为纸箱装，故我单据已符合你信用证要求。根据上述情况，你方应按时付款。"

开证行于9月9日复电："信用证规定装运分两批，第一批于8月15日前装运；第二批于9月25日前装运。我信用证修改于8月26日，即在第一批装运期及交单议付有效期之后修改，8月25日前为第一批货交单议付有效期。该修改只能适用于8月26日以后的第二批议付。上述不符点，我行已与申请人联系，不予接受，于本日将原套单据退回你处。"A公司与B公司联系均无效果，B公司通知已将货物运回。A公司最终在国内降价内销处理，损失惨重。

【涉及的问题】 ▰━━━━━━━━━━━━━━━━━━━━━━

1.何为议付？议付担保在何种情况下采用？

2.卖方对与合同不符的信用证应如何处理？A公司应吸取什么教训？

【参考答案】 ▰━━━━━━━━━━━━━━━━━━━━━

1.议付是指指定银行在相符交单下，在其应获偿付的银行工作日当天或之前向受益人预付或者同意预付款项，从而购买汇票（其付款人为指定银行以外的其他银行）及／或单据的行为。指定银行在相符交单下，在应获得开证行偿付的那天或之前向受益人预付或同意预付并购买汇票及或单据的行为。受益人可以在交单期或信用证有效期内向议付行提示单据、信用证正本及信用证通知书，请求议付。

议付银行要求单证表面严格相符，但单证不符情况时有发生。如交单期允许，应及时修改单据，使之与信用证的规定一致。当议付行审单发现不符点，如情节不严重，在征得进口商同意后，出口商可向议付行出具担保书，要求凭担保议付。议付行向开证行寄单时，注明单证不符点和"凭保议付"字样，此为"担保议付"。本案中，B公司回电告接受改为纸箱装，A公司即备妥货物，并经B公司验货，出具了合格证明。A 公司认为 B 公司同意改纸箱，即使由此产生的不符合，B 公司也可接受，遂向议付行出具担保书，如果议付行议付后，由于该包装问题产生的不符点引起的拒付，将由 A 公司承担。

2. 卖方在履约时，不能只为求得单证一致、单单一致而忽视合同，装运与信用证相符但与合同不符的货物。买方开出与合同不符的信用证，又未按照约定进行修改，实际上造成合同下的违约。在买方已经违约的情况下，卖方可以选择实际履行和损害赔偿，卖方在货物没有出运的条件下，可以自己在自己国内或者就近国家卖掉货物。如果坚持装运货物运往买方国港口，将会产生一系列风险。卖方合理的做法应当是，向买方发出因其根本性违反合同而要求撤销合同的通知，然后着手准备起诉买方或者提请仲裁，要求买方进行损害赔偿。

在信用证修改通知书收到之前，A 公司不能以 B 公司做出的同意修改的表示而备货或者发货，必须等到由通知行转交的信用证修改通知书收到，并经审查无误才能备货和发货。

案例 3

UCP600条文是否优于信用证条款？

【案例正文】 ■

信用证规定：“Transport from： Shanghai airport To： New York airport Transshipment： not allowed.”

提交的空运单显示：“Airport of departure： Shanghai Transshipment： Osaka Airport of discharge： New York.”

【涉及的问题】 ■

1. 请结合 UCP600 相应条款分析该空运单是否可以接受。

2. 能否得出结论 UCP 条文优于信用证条款？请说明理由。

【参考答案】 ■

1. 该空运单可以接受，UCP600 第 23 条第（ii）款规定：“An air transport document indicating that transshipment will or may take place is acceptable， even if the credit prohibits transshipment.” 即使信用证禁止转运，注明将要或可能发生转运的空运单据仍可接受。这是 UCP 条文效力优于信用证条款的情况。

2. 不能，如果上述信用证还规定：“UCP600 Article 23（c）（ii）will not be applicable”。第 23 条 c（ii）款的规定因为被排除已经失效，该空运单是不可接受的。这是信用证条款优于 UCP 条文的情况。需要提请注意的是，上述所提到的信用证对 UCP 条文的修改或排除必须明确表示。

6.2 跟单信用证的内容及关系人

6.2.1 信用证的格式和内容

-------------- 案例 --------------

信用证条款自相矛盾应如何处理？

【案例正文】

A公司将一份出口信用证交到B银行叙做出口信用证议付业务。A公司请该行对该份信用证内容做出预审，之后再按信用证条款制作单据。由于开证行及进口商处于D国，该国开出的信用证条款较繁杂，进出口有比较严格的管制措施，且A公司与D国客户交易较少，故B银行对信用证条款作了非常谨慎的审核。预审后该行审单人员发现，在附加条件中，显示："47A：MAKER AND ORGIN：TAKEMITSU/JAPAN"。信用证中单据要求"46A：CERTIFICATE OF ORIGIN IN DUPLICATE ISSUED BY CHAMBER OF COMMERCE AND INDUSTRIES/CONCERNED GOVERNMENT AGENCY/APPROVED AUTHORITY/ORGANIZATION OF THE EXPORTING COUNTRY CERTIFYING THAT THE MERCHANDISE ARE OF CHINA ORIGIN"。

【涉及的问题】

1. 本案信用证条款有何问题？

2. 本案中A公司会面临什么风险？应如何处理？

【参考答案】

1. 附加条件中要求标明制造商与原产地为日本，而原产地证明书由出口国的商会或相关政府机构、认证机构、组织出具，且证明产品为中国原产地，相互矛盾。

2. 无论A公司在制作原产地证时注明中国还是日本为原产地，都会造成单据内容与信用证要求不一致。A公司应立即联系申请人，核实货物的实际产地，如为中国，则向开证行提出去掉附加条件中的制造商与原产地为日本的附加条款，保证产地证明书的内容确定性，以达到相符交单，必须申请改证去掉矛盾条款后才发货。在开证行发出修改后的信用证后，客户按时发货并将相符单据提交该行进行议付。

6.2.2　信用证的主要当事人及其权责

------------- 案例 1 -------------

申请人和开证行应审单吗？

【案例正文】▰━━━━━━━━━━━━━━━━━━━━━━━━━━━━━━━━━━━━━━━

A 银行应国内申请人的申请，对外开立即期信用证后，收到信用证下来单。在收单当日，A 银行在"对外付款/承兑通知书"（简称通知书）上列明单据明细，并声明："请贵公司审核单据并于 2 个工作日内来我行办理付款/承兑或拒付申请手续……"，并将通知书第一联随附全套单据复印件通知给了申请人。申请人收到通知书，内容未提示单据有不符点存在，因预计船将到港，急于将全套正本提单寄至港口代理提货、清关，未经审核单据复印件，便于次日上午前往 A 银行办理了付款赎单手续（在通知书第二、三、四联上加盖申请人账户预留印鉴，并勾选"同意即期付款"）。开证行于当日下午完成对外付款。

一周后，货物仍未到港。申请人经与船公司联系核实，确认提单为伪造。申请人立即通知了 A 银行，并 A 银行联系交单行，要求以信用证下发生欺诈为由，请求退回信用证款项。交单行回复：受益人账户余额为零，受益人已失联。

申请人此时审核单据，发现单据存在不符点，交单期晚于信用证规定日期。该不符点事后也经 A 银行确认成立。申请人以单据存在不符点为由，要求开证行退赔已支付的信用证款项。A 银行则认为申请人未经审单便在"对外付款/承兑通知书"上盖章确认同意付款，应该为自己的行为负责，拒绝向申请人退还信用证款项。申请人向法院提起诉讼。

【涉及的问题】▰━━━━━━━━━━━━━━━━━━━━━━━━━━━━━━━━━━━━━

1. 开证行是否应审单？申请人是否应审单？

2. 开证行与申请人应从本案中吸取什么教训？

【参考答案】▰━━━━━━━━━━━━━━━━━━━━━━━━━━━━━━━━━━━━━━

1. 开证行应该审单。UCP600 第 14 条规定"接受指定的指定行、保兑行、开证行必须审单"，与第 7 条、15 条 a 款中开证行对受益人/已接受指定的指定行的责任——"UNDERTAKING TO HONOUR/REIMBURSE"，承付或议付的前提条件是相符交单，即"CONSTITUTE A COMPLYING PRESENTATION"，重在强调开证行必须通过审单以确定是否构成单证相符，并由此对自己的付款行为的正当性以及承担付款责任的独立性负责。如果指定行、保兑行对其未经审单确定相符或对其未能审出不符点的交单向受益人做出承付或议付，后经开证行审单确认为不相符交单，则开证行有权拒绝偿付指定行/保兑行。开证行须对自己凭相符交单确立的付款责任尽其义务。从此意义而言，开证行应该审单。

UCP600主要涉及开证行、通知行、转让行、保兑行、指定行、受益人之间在信用证法律关系下的相互权利和义务。申请人不是信用证法律关系中的当事人，在UCP600中，除第37条有提及申请人须承担有关风险和费用的规定外，再无任何与申请人相关的权利和义务的表述。申请人是否应审单UCP600并未规定。

2.银行审单员，在审单过程中要为自己的职业操守尽到合乎理性、合理谨慎的责任。以防授人以柄，陷自身于被动境地，甚至导致法院最终以"未做到合理、谨慎"为由，做出对开证行不利的判决。审单是开证行为自己的付款行为，也为申请人的正当合理权益，应担负的责任。如果因开证未能合理、谨慎地承担为自己审单的责任，直接或间接致使自身在信用证下失去原本可以发起拒付的机会，而最终又因贸易欺诈或纠纷形成申请人在贸易合同下的损失，并由此导致双方对簿公堂，或许开证行不会输在信用证开立申请法律关系的法理下，但却往往已经输在了银企合作关系上。

在信用证法律关系下，申请人对开证行的偿付义务是无条件的。不论单据事后被发现是否实际存在不符点，一旦开证行确认交单相符，并在信用证下付款，即使此时申请人尚未在《对外付款/承兑通知书》上盖章确认同意付款，申请人对开证行的偿付义务也就随即产生了，所以申请人应谨慎对待审单。

案例2

开证行的拒付是否有效？

【案例正文】

7月6日，H银行开立了一份编号为C203012的不可撤销跟单信用证，金额为150 000美元，开证申请人为J公司，受益人为K公司，通知行为F银行。8月5日，K公司将信用证项下有关单据交给F银行，请求付款。F银行审单后于8月8日通过电传，向H银行提出单证不符，并要求H银行指示是否承兑该批单据。

H银行于8月15日向F银行发出电传，明确表示拒付。因该电传发生变字，F银行请H银行重发。8月18日，H银行向F银行重发了该电传。后法兰克福分行将H行表示拒付的电传通知了K公司，并将信用证项下全套单据退还了K公司。此间，K公司发运的货物被与J公司有外贸代理关系的C公司提走。K公司向H银行追索货款未果，诉至L省高级人民法院，请求判令H银行支付信用证项下货款及利息，并赔偿其损失。

后发现，C203012号信用证为C公司依其与J公司之间的外贸代理协议，以J公司的名义向H行申请开立的。K公司认为，H行明知系C公司并无开证委托书，却以 J 公司的名义申请开证，H 银行存在与 C 公司合谋利用信用证进行欺诈、骗取其货物的行为；H 银行超出审单期限等行为违反了《跟单信用证统一惯例》的规定，H 银行无权拒付单据，应承担付款义务，应赔偿其货款及利息损失。

【涉及的问题】

1. H 银行开立的信用证是否有效？

2. H 银行的拒付是否有效？F 银行与 H 银行是何种关系？

【参考答案】

1. H 银行开立的信用证经 F 银行通知被 K 公司接受后，该信用证即发生法律效力，在信用证各方当事人之间产生约束力。K 公司明知 J 公司不是国际货物买卖合同的买方，却接受了以 J 公司为开证申请人的信用证，说明 K 公司在该笔信用证交易中看重的是开证行的第一付款责任。而 C 公司用委托代理协议代替开证委托书，以 J 公司的名义开立信用证的行为违反了信用证开立的一般程序，H 银行作为开证行对此审查不严，有一定过错。

2. 根据 UCP600 第 13 条 b 款规定合理的审单时间不得超过从其收到单据的翌日起算五个银行工作日，以便决定是接受或拒绝接受单据，并相应地通知寄单方。开证行审单及付款的约束均以开证行在信用证有效期内收到单据为前提。开证行只有收到单据，才受七个银行工作日的审单期限的约束，开证行付款责任的履行也是以提交合格单据为前提的。而从信用证开立到被拒付，F 银行及 K 公司均未向 H 银行提交过单据。因此 H 银行有权拒付信用证项下货款，并且这种拒付的意思表示在未收到单据的情况下不受五个银行工作日的期限限制。

F 银行既是通知行也是议付行，F 银行向 K 公司送达信用证时，其身份是通知行，其与 H 银行之间是委托代理关系，受我国《民法典》有关规定约束。F 银行一旦接受 H 银行的指定成为议付行时，其与 H 银行之间就转化为票据关系中的持票人与付款人的关系，即 F 银行从 K 公司处获得合格票据后，对受益人予以议付，然后持票据向开证行要求兑付信用证项下的货款。F 银行审单的目的是取得合格单据后从开证行处得到付款，而不是替代开证行审单，开证行在从议付行处得到单据后，仍有权进行审核，发现单证不符后，有权拒付货款。H 银行和 F 银行各自有权独立进行审单，并对审单后果负责。

---------- 案例 3 ----------

通知行可转为保兑行吗？

【案例正文】

D 公司与英国 A 公司签订出口合同，A 公司按照合同规定，如期开来信用证，并按照操作惯例，指定 H 银行作为通知行。随后，D 公司收到 H 银行发来的问询电函，称由于该信用证涉及的金额较大，开证行的风险评级较高，因此需要对该信用证进行保兑。询问 D 公司作为受益人是否同意其对该项信用证进行保兑。

D 公司一时未能做出决定，未马上回复通知行的问询。时隔不久，D 公司再一次收到了来自 H 银行的信函，要求 D 公司支付 600 美元保兑费。D 公司认为未经其授权，H 银行将其认定为了该项信用证的保兑行。D 公司经研究后向 H 银行表示，在受益人未对问询做出答复情况下，H 银行擅自对该信用证进行了保兑，不同意支付 600 美元保兑费。该行表示，已向 D 公司发过问询函，一直没有收到回音，有理由认为 D 公司对于问询是默认的，即表示同意。其作为该项信用证的通知行，面对以下情况有权处理：该笔信用证涉及的金额较大；根据系统评级该项信用证的风险较高。按照国际贸易往来中不成文的惯例，当通知行有正当的理由感到有必要对于某项信用证进行保兑时，有权自行对该项信用证进行保兑，而不必非得得到受益人的允许。

D 公司对 H 银行的上述解释发表了不同意见，坚持认为 H 银行在未经受益人同意的情况下对该信用证进行保兑，并以其自身作为保兑银行将保兑费记到 D 公司的账上，不可接受。D 公司坚持要求撤销保兑，并拒付保兑费。双方再三交涉，未取得进展。D 公司再次审核来证，发现允许公开议付的。因此，D 公司决定按时发货，随后将单据通过另外一家银行议付，按时收回了货款。

【涉及的问题】■

1. 本案中 H 银行角色转为保兑行是否合理？为什么？

2. 从通知行与保兑行的责任义务分析 H 银行为何主动要求加具保兑？

【参考答案】■

1. 根据 UCP600 第 2 条，保兑行是指根据开证行的授权或要求对信用证加具保兑的银行。作为通知行的 H 银行可以基于自己对于该信用证的信用等级、风险等级以及涉及的金额的判断，要求对该信用证进行保兑。但是程序上应该由其作为通知行向开证行发出该项要求，经过开证行授权同意后，再加以保兑。如是受益人要求开证行指定某行保兑，费用可以由受益人承担，否则，费用应由开证行承担。H 银行在案例当中的做法有悖常理。

2. 按照 UCP600 第 9 条，通知行对于通知的信用证本身无须承担任何责任。按照 UCP600 第 8 条，保兑行则与开证行承担相同的责任与风险。H 银行将其从一个无风险无收益的通知行向有风险同时也有收益的开证行转化。促使 H 银行这样做的原因可能是，经过比较，它认为自己的收益将大于风险。也就是说，该笔信用证基本上风险是很小的，保兑行的收益较为确定。既然如此，那么 H 银行这种主动地向 D 公司询问是否要求加保兑，并且在未经 D 公司同意的情况下就擅自将自己定为保兑行的做法有故意骗取保兑费嫌疑。

┌─────────── 案例 4 ───────────┐
└─────────────────────────────┘

议付条款应如何表明?

【案例正文】

成都 A 公司与伊朗 B 公司签订了电视机出口合同。不日，A 公司收到 C535210 号信用证，开证行为伊朗某银行，偿付行为该开证行伦敦分行，通知行为广州 D 银行，可以分批装运，可以转运。议付条款中表明 "Sole bank authorized to negotiate"。A 公司认为此条款可能是由于信用证有可分批装运条款，故规定只能在一家银行办理交单议付；面单上除了偿付行和通知行外未出现其他银行，信用证经 D 银行通知，可交由 D 银行议付。

A 公司在货物装船 20 天后准备好全套单据，距最迟交单日仅有一天，将单据寄往广州 D 银行交单议付有迟交单的风险，于是选择成都 E 银行办理业务。E 银行按照受益人指示转递单据，并要求 C 银行付清款项。C 银行以信用证限制通知行议付为由拒绝付款，并将其给开证行的电传抄送一份给 E 行，电文内容如下："我行收到 E 行索偿指示，系你行 C535210 号信用证项下，金额 USD300 000，但我行记录索偿行为 D 行，请速指示。"之后 E 行多次电传偿付行，查询此笔款项结果，偿付行以尚未收到开证行指示为由拒绝付款。

与此同时，受益人也积极地做申请人的工作，从申请人处得知，开证行于 6 月 11 日曾电传 D 行要求证实该行未做议付。E 行致电 D 行请其协助尽快发电证实，以求收回货款。D 行致电开证行证实 D 行未做议付。E 行于 7 月 2 日收到开证行的付款（本金），结束此笔业务。

【涉及的问题】

1. 分析该信用证存在的问题。受益人有何启示?

2. D 银行是否应该履行议付行的责任?

【参考答案】

1. 议付条款不明确。议付条款应明确规定是自由议付还是限制议付。限制议付即 "AVAILABLE WITH XXX BANK BY NEGOTIATION"，而公开议付为 "AVAILABLE WITH ANY BANK BY NEGOTIATION。" 本案中 "SOLE BANK AUTHORIZED TO NEGOTIATE" 意义不明确，容易产生歧义。开证行对偿付行的指示指的议付行是 D 行，往来解释与争论浪费了大量时间和费用，开证行指示不明导致受益人产生不应有的损失。

受益人应认真审证，应对不能接受的条款或不清楚的地方表示异议，及时向开证行核实。受益人准备单据时间过长，备齐全套单据之后，距离最迟交单日仅剩一天，将单据邮寄到通知行 D 银行已不太现实，只好选择当地银行 E 银行议付，造成了后续收汇困难。

2.如果信用证中指定了议付行，说明该银行是开证行授权的有效银行，而且该银行在受益人提交单据符合证内规定时同意遵循开证行的指示行事，答应承付，该银行与开证行就真正构成了法律意义上的委托代理关系。如果该授权银行只是转递单据，而没有代为承付或予以议付，则不能称之为议付行。另外一种情况是，受益人向非指定银行交单，这种情况下，该银行只是受益人的交单代理，相当于代替受益人履行交单义务，其收单行为也不代表开证行，而须将单据转递给有效银行处理。本案中，通知行D银行并未做出承付或者议付，不构成真正法律意义上的议付行；E银行虽然未经开证行授权，但是在信用证规定的最晚交单期之前将单据进行有效转递。无论非指定银行是否提供议付融资服务，开证行都必须对受益人的相符交单进行承付。

6.2.3 银行的免责事项

-------------- 案例 --------------

银行电文传递错误是否可免责

【案例正文】■——————————————————————

C银行以电传方式开立了一份不可撤销自由议付信用证，通知行为A行。该信用证规定如下：信用证金额USD80 000.00；装运1 100件计算机零件；不允许分批装运。该电传信用证表明：随后寄上"邮寄证实书"。随后，A行收到的加押开证电传内容如下：信用证金额USD80 000.00；装运110件计算机零件；不允许分批装运。

A行将其收到的加押开证电传通过第二通知行B行通知给了受益人。受益人在出运了110件计算机零件后，提交全套单据给B行，要求支付信用证项下全部款项。经审核无误，B行议付了单据，寄单至C银行，并向被指定的偿付行R银行索偿。由于C银行的偿付指示并未限制银行索偿，R行可对任何议付行偿付。于是R行偿付了B行。

C银行在审核后认为单证不符，电告B行拒受单据，理由为货物短装，信用证要求装运1 100件计算机零件，价值为USD80 000.00，而今金额为USD80 000.00的单据只装货110件。

B银行立即通知了C银行，由A银行发来的信用证项下货物为110件计算机零件而非1 100件。B银行将A银行发来的信用证原始通知副本邮寄C银行。得悉此讯，C银行立即电询A银行有关信用证误传之事，A行核查了来证电文，发现所收到的电文中货物描述确为110件计算机零件。

C银行认为在其电讯传递过程中发生了错误，但仍要求B行立即退还已索偿的款项，强调其在开证指示中声明寄发邮寄信用证证实书。B行理应审核邮寄证实书并更正电传中的错误。B行复告C银行，从未收到过该证实书，此事应与A行联系。C银行随即联系A行，认为既然信用证明确表明寄送邮寄证实书，因此在收到邮寄证实书后，A行有责任确认该证的电传通知与证实书是否一致，但其未尽此责，故应对未更正的差错负责。

【涉及的问题】■━━━━━━━━━━━━━━━━━━━━━━━━━━━━━━━

1. C银行要求B银行退还已索偿的款项是否正确？为什么？

2. C银行面对此情况应如何处理？

【参考答案】■━━━━━━━━━━━━━━━━━━━━━━━━━━━━━━━━

1. C银行以其在开立的信用证中明确表明寄送邮寄证实书为由，迫使A行审核邮寄证实书与加押开证电传，从而更正错误的做法并不合理。

UCP600第11条a款表明：（1）当开证行用任何有效的电讯传递方式指示通知行，通知信用证或信用证的修改，该电讯将被认为是有效信用证文件或有效修改书，并且不需要再发出邮寄证实书。如果邮寄证实书终究被发出，它也是无效的，通知行亦无义务把该邮寄证实书与通过电讯方式收到的有效信用证文件和有效修改书进行核对。（2）如果电讯声明"详情后告"（或类似词语）或声明邮寄证实书将是有效信用证文件或有效修改书，则该电讯将不作为是有效信用证文件或有效修改书。开证行必须不延误地将有效信用证文件或有效修改书径寄该通知行。另外，UCP600表明：银行对于任何信息、信函或单据在传递过程中发生的迟延及/或遗失而产生的后果，或电讯传递过程中发生的迟延、残缺或者其他差错，概不负责。A行可以援引此条款自我保护。B银行的索赔要求不能成立。

2. C银行应向申请人索款，可以通过借记申请人账户的方法向其行使追索权。这一问题的解决主要取决于申请人与开证行间开立信用证的合约。因此，在解决争端时，可参照"开立信用证申请书"或"偿付协议"，这些契约为开证行与申请人处理争端提供依据，不在UCP600规定约束范围内。

6.3　跟单信用证的种类

6.3.1　不可撤销信用证和可撤销信用证

━━━━━━ 案例 ━━━━━━

信用证为何不能撤销？

【案例正文】■

2020年2月26日，A公司在B银行申请开立一份自由议付信用证，金额USD734 200.00，装运日期3月10日，信用证效期同年4月15日。

4月3日，A公司向B银行提出撤销信用证的申请，因受益人C公司未能按约定发货。4月4日，B银行向通知行发报请其联系受益人同意撤销该信用证并确认信用证正本是否已收回。4月5日，B银行收到通知行回复电报："因联系不到受益人而不能撤销该信用证，并请申请人协助联系受益人。"经联系申请人得知：受益人骗取实际供货商2%的履约保证金后失踪，申请人、供货商均联系不到受益人。

4月17日，B银行又收到申请人撤销信用证的申请，因该信用证的有效期为4月15日，现已过信用证效期，故申请人要求再次发报请通知行确认是否联系上受益人同意撤证并确认信用证正本的情况。4月19日收到通知行报文，称"仍未联系到受益人，只能确认其单据未提交且信用证已过效期，按照UCP600第7条，开证行的付款责任已解除"。

后经申请人在受益人所在国进一步了解，受益人骗取实际供货商5%的履约保证金后失踪，该公司已于2020年5月30日被注销，公司所有者也已被户籍部门列为失踪人口。

【涉及的问题】 ▬━━━━━━━━━━━━━━━━━━━━━━━━━━━━━━━━━━

1.信用证为何不能撤销？

2.受益人未交单且信用证已过效期是否表明开证行付款责任已解除？是否存在潜在风险？

【参考答案】 ▬━━━━━━━━━━━━━━━━━━━━━━━━━━━━━━━━━━

1. UCP600将信用证定义为一项不可撤销的安排，无论其名称或描述如何，该项安排构成开证行对相符交单予以承付的确定承诺。其不可撤销并非意味着信用证一旦开立就必须执行，而是指不经过受益人和开证行及保兑行（若有）同意的信用证不得撤销，即撤销不能是受益人或开证行单方面的撤销，必须经过双方同意。信用证不经受益人同意是不能撤销的，或者受益人可以通过不执行的方式使信用证自动失效。

2. 并未解除。信用证效期已过并不意味着开证行付款责任的终结。本案例中信用证正本并未收回，信用证类型又为议付信用证且未限定议付行，信用证失效之时虽B银行未收到单据，但不排除存在有效期内在他行交单的可能性。

6.3.2 保兑信用证和不保兑信用证

```
----------------- 案例 1 -----------------
```

信用证可由多家银行全额保兑吗？

【案例正文】 ▬━━━━━━━━━━━━━━━━━━━━━━━━━━━━━━━━━━

I国的开证行开立了一份信用证给U国的受益人。开证行在信用证中要求位于P国的通知行A银行加具保兑，并通过U国的另一家通知行将信用证通知给受益人。A 银行加保后通过 MT710 将信用证发给 U 国的指定银行 U 银行，部分内容如下：

40b：　irrevocable adding our confirmation.

31d：　date/expiry in country U.

41a：　available with a named bank in country U by payment.

47a：　"instructions for bank in country U：　pls add y/ confirmation to ours，　after which this LC must be advised to beneficiary through （bank name）".

49：　confirm.

57a：　reimbursing bank.

72：　forwarding instructions for documents：　to be send to bank （first confirming bank）in country P.

根据上述 MT710 的请求，U 银行加保后将信用证通知给了受益人。受益人向第二保兑行（U 银行）提交了相符单据，并依据 UCP600 第 8 条 a 款要求付款。

【涉及的问题】

1. 一份信用证可由两家银行全额保兑吗？第一保兑行、第二保兑行与开证行的权利和义务各是什么？

2. 如何理解 40b 条款与 49 条款？请推断第二保兑行是在何种情况下保兑信用证的？

【参考答案】

1. 可以。A 银行可依据 UCP600 第 9 条选择通知信用证，并在承付了 U 银行或受益人的相符交单后，根据 UCP600 第 7 条向开证行索偿。因此以指定银行的身份获得保护。向 A 银行相符交单后，U 银行有权获得 A 银行的偿付。如果 A 银行未能偿付，U 银行还有权依据 UCP600 第 7 条向开证行索偿。如果 U 银行选择直接向开证行寄单，仍可在开证行未能付款的情况下向 A 银行索偿，因为 A 银行保兑时没有规定必须交单到其柜台。

2. 40b 条款 "adding our confirmation"，表明的是信用证的种类，是不可撤销地加具了我行（第一保兑行）的信用证。49 条款为 "confirmation instructions"，意为保兑指示，显示为 confirm，则表明要求收报行保兑该信用证。

推断开证行发送给第一通知行电文中，49 条款为 "confirm"，即开证行请求第一通知行保兑信用证。第一通知行决定保兑，因此在发送给 U 国的通知行（第二通知行）电文的第 40b 条款表明 "adding our confirmation"。然而在第 49 条款依然为 "confirm"，所以 U 银行根据指示加具了保兑。开证行对第一通知行的授权或请求，除非另有说明，该授权或请求不会扩展到第二通知行。而第一通知行本身无权授权他行保兑信用证。因此，在本案中，有可能第一通知行在发送 MT710 时错误地照抄了 MT700 中的第 49 条款，未将 "confirm" 变更成 "without"，而第二通知行也未加核实便加具了保兑。

------ 案例2 ------
保兑行是否应履行付款责任

【案例正文】

I银行开立一张以M公司为受益人的不可撤销信用证，并要求通知行A加保。A银行对信用证加保后通知了M公司，在信用证到期日两天之前，M公司将全套单据交A银行议付。A银行发现全套单据有两处不符：其一是提单抬头做成了托运人抬头并空白背书，而信用证的要求是提单做成买方抬头；其二是信用证超支USD10 000.00，考虑到信用证即将到期，A银行立即将此情况通知受益人。M公司要求A银行立即电传开证行I银行要求其授权付款。开证行在接到A银行的电文后与其开证申请人协商，在后者的同意下，I银行授权A银行议付提示的单据。

在I银行电告A银行对不符单据付款后，I银行所在国国内的政局开始动荡，政变使政府行将倒台，使I银行营业中断。有鉴于此，但A银行通知M公司：尽管它已收到I银行同意对不符单据付款的指示，但A银行不准备照办，因为I银行的资金账户已被冻结。如果A银行对M公司付款，它将无处得到偿付。

受益人认为A银行已对该证进行了保兑，根据UCP600规定，在未征得受益人同意的情况下，不得撤销保兑，故A银行必须付款。而A银行则认为：保兑只是在提交单单一致、单证严格一致的情况下有效。鉴于受益人提供的单据已有两处不符，该保兑已自动终止。

受益人认为，A银行既然已无条件同意与I银行联系，要求后者授权对提示的不符单据付款，这一行为构成A银行同意付款的承诺。因此，受益人要求A银行支付信用证的全部款项外，加付I银行同意付款之日起至A银行实际付款之日间的利息。

【涉及的问题】

1.保兑行是否应向M公司履行付款义务？为什么？

2.保兑行应如何处理以处于有利地位？

【参考答案】

1.此案涉及保兑行的保兑责任，UPC600第8条规定：另一家银行经开证行授权或应其请求对不可撤销信用证加以保兑，即构成开证行以外的保兑行的确定责任，但以向保兑行或被指定的银行提交规定的单据并符合信用证条款为条件。第10条b款规定：开证行自发出修改书之日起，即对该修改书负有不可撤销的义务。保兑行可将其保兑扩大至修改书，并自通知该修改书之日起负有不可撤销的义务。但是，保兑行可以选择不扩大其保兑而将修改书通知受益人，如果保兑行这样做，它必须不延误地将此情况通知开证行及受益人。

信用证加以保兑后，即构成保兑行在开证行承诺以外的确认承诺，对受益人承担必须付款或议付的责任。保兑行不是以开证行的代理身份，而是以独立身份对受益人负责，并对受益人负首先付款责任，受益人不必先向开证行要求付款碰壁后再找保兑行。保兑行有必须议付或代付之责，在已经议付和代付后，不论开证行倒闭或无理拒付，都不能向受益人追索。

本案中 A 银行作为保兑行即承担与 I 行同等的责任。但 A 银行的保兑责任仅限于 M 公司提供符合信用证要求的单据。鉴于 M 公司提供的单据不符合信用证要求，可以认为 A 银行的保兑责任就此终止。但是 A 银行无条件同意请求 I 银行授权对不符单据议付，事实上等于是 A 银行请求 I 银行修改信用证，而 I 银行同意授权付款则意味着该修改成立，那么 A 银行自然而然地将其保兑之责扩展到了修改。所以 A 银行应该对受益人 M 公司付款。

2.根据 UCP600 规定，保兑行可以接受修改，也可以拒绝修改。若拒绝修改，保兑责任只对原证有效而绝不扩展至新证。在此案中，作为保兑行的 A 银行完全可以采取自我保护的做法，可以替受益人与开证行接洽，要求其授权对不符单据议付，但同时声明其保兑责任就此终止。也可以通知受益人直接与开证申请人联系，要求申请人说服开证行接受单据并指示议付行付款。A 银行这样做可以使自己处于有利地位。

6.3.3 即期付款信用证、延期付款信用证、承兑信用证和议付信用证

------------ 案例 1 ------------

信用证的付款人是进口商吗？

【案例正文】

贸易合同中规定："The buyer ABC company shall open a letter of credit in favor of seller BCD company 60 days before the month of shipment, to be available by a draft at sight and to be valid for negotiation in China until the 15th day after shipment. The L/C must reach the seller 60 days before the month of shipment. Payment under documentary sight credit"。受益人在审查信用证时，在汇票条款中显示 "Drawee: ABC company"。

【涉及的问题】

1.案例中的信用证为何种信用证？信用证开立的日期有何规定？

2.汇票条款是否规范？为什么？

【参考答案】

1.即期信用证。买方应在装运月份前 60 天开立以卖方为受益人的信用证凭即

期跟单汇票于装运后15天内在中国议付。上述信用证应于合同规定的装运月份前60天抵达卖方。

2. 不规范，即期信用证可以不开具汇票。如要开立汇票，则不能开具以开证申请人为付款人的汇票，信用证上的指定付款行、开证行为信用证的第一付款人，但不能是开证申请人。

------- 案例2 -------

不附汇票的信用证能收到款吗？

【案例正文】

贸易合同中关于远期信用证的条款如下："The buyer shall open a Letter of Credit in favor of seller 90 days before the month of shipment， to be available by a draft at 30 days after the date of B/L and to be valid for negotiation in China until the 15th day after shipment. The L/C must reach the seller 60 days before the month of shipment. Payment by L/C at 30 days after the date of B/L"。

【涉及的问题】

1. 案例中的信用证为何种信用证？付款日期是什么？不附汇票的信用证能收到款吗？

2. 使用该类信用证对进口商有何益处？

【参考答案】

1. 延期付款信用证。开证行在提单日后30天付款，是远期信用证，开证行必须按信用证规定在一个确定的到期日付款。信用证上规定的到期日一般有两种情况：或提交单据后若干天付款，或自装运日后若干天付款。延期付款信用证不要求汇票，可减少印花税，仅要求受益人在规定的日期临时请求付款，因而付款行不需做出承兑，但在受益人交单时会提供一份延期付款承诺书，注明信用证号码、开证日期、信用证金额以及约定的付款到期日与受益人名称，保证到期向受益人支付货款。受益人若想提前收款，可以以此承诺书为抵押向其开户银行申请预付款。

2. 延期付款信用证是一种不用汇票的远期信用证。有的国家法律规定，超过半年期限的承兑汇票不能进入贴现市场，在这种情况下，远期汇票不起作用，这也是延期付款信用证产生的主要原因。延期付款信用证在资本货物交易中常被使用，这类交易往往金额巨大，付款期限很长，有的超过一年甚至几年。由于延期付款信用证不能以贴现方式获得资金融通，所以出口商往往得利用当地银行的中长期信贷或政府的出口信贷解决资金周转问题。对进口商来说，使用延期付款信用证可以在付款前先收到单据以得到货物，可以安装、调试或进行生产。

```
案例 3
```

出口商何时可收到款项?

【案例正文】 ◼━━━━━━━━━━━━━━━━━━━━━━━━━━━━━━━━━━━━━

信用证内容为:"We hereby engage that drafts drawn in conformity with the terms of this credit will be duly accepted on presentation and honored at maturity."

【涉及的问题】 ◼━━━━━━━━━━━━━━━━━━━━━━━━━━━━━━━━━━━━━

1. 案例中的信用证为何种信用证?出口商何时可收到款项?

2. 该类信用证与延期信用证的区别主要是什么?

【参考答案】 ◼━━━━━━━━━━━━━━━━━━━━━━━━━━━━━━━━━━━━━

1. 为承兑信用证,要求一张以指定银行为付款人的远期汇票。汇票提示时即予承兑,并于到期日付款。当受益人提交远期汇票附上全套合格单据时,由汇票上指定的付款行承兑,银行承兑后收下单据,汇票交还受益人。受益人得到银行承兑的汇票,就等于银行不可撤销地承担了远期付款的承诺,受益人可以持票至到期收款,亦可随时向当地的贴现市场办理贴现以提前获得资金。

2. 区别主要有两点,一是远期付款期限不同,承兑信用证是从开证行或付款行见票之日算起,后者是按信用证中规定的办法,如提单日后××天等时间来确定付款的具体日期。二是承兑信用证要求开立一张远期汇票,延期付款信用证一般不需要汇票。

6.3.4　可转让信用证和不可转让信用证

```
案例 1
```

开证行提出的转让条款合理吗?

【案例正文】 ◼━━━━━━━━━━━━━━━━━━━━━━━━━━━━━━━━━━━━━

某中国香港 A 公司收到了一张经某香港金融公司加保兑并限制其议付的转让信用证。信用证在特殊条款一栏中写明:"本证可以转让。如果发生转让,转让行必须在转让当天将全部转让细节用航邮通知开证行,并提交正式转让的转让人证明。"A 公司在信用证规定的装期内装毕货物,且在有效期内将全套单据交香港金融公司议付。香港金融公司议付后将全套单据寄开证行索偿。

开证行收到单据后以未提供转让人证明、未用航邮形式转让细节通知开证行为由拒绝付款。

议付行香港金融公司则认为提供转让人证明书毫无意义,以航邮通知开证行转让细节实际上泄露了贸易秘密，故认为开证行的拒付是故意刁难。

【涉及的问题】■▬

关于转让的特殊条款是否有效？为什么？对受益人有何启示？

【参考答案】■▬

该条款有待商榷，由于转让信用证的目的是能使中间人对其委托人隐瞒实际供货人的名称。将细节通知开证行不是商业或银行的习惯做法。提交一张转让人证明以证明转让是必需的做法并不常见。

然而，如果该规定写入信用证，那它必须理所当然地被遵守。本案信用证明确规定需提交一张转让人证明，以证明此转让是必需的，在转让当天将全部转让细节用航邮通知开证行，必须严格按照信用证条款办理。一旦没提交该证明，该证不能作为可转让信用证使用。因而开证行将有权拒收在已被转让的信用证下提交的单据。虽然拒收单据可以被解释为不是善意的，因为开证行在事实上收到了转让的细节。

如果在信用证内规定了该单据，必须提交该单据，尽管它对任何人都没有意义；如果要求通知开证行，则必须照办，尽管有悖常理。对于第一受益人和转让行来说，对于不理解或不知其用途的规定应提出质询，应尽可能取消此类条款。

────────── 案例 2 ──────────
开证行的付款能否以收到申请人资金为条件？

【案例正文】■▬

开证行开立了一份指定 B 行转让行的可转让信用证，信用证规定："Upon receipt of credit conform docs stating that all terms and conditions are strictly complied with LC at our counters we undertake to effect payment and demanded by beneficiary as per payment instructions and receiving funds from applicant."

原证的兑用方式为延期付款，转让前被改成议付，第一受益人也接受改证。转让行应第一受益人要求通过 MT720 转让信用证，唯一变更之处就是信用证金额。其中第 47A 条款规定："This letter of credit does not constitute a confirmation of the original letter of credit or an engagement on the part of Bank B. Upon negotiation， invoices of 2nd beneficiary will be substituted by those of 1st beneficiary. Applicant of master LC is in country D." 此外，第 78 条款规定："Payment will be effected only after receipt of funds from issuing bank at maturity."

第二受益人交单不符，转让行拒付。第一受益人接受不符单据，转让行替换了第一受益人的发票和装箱单后向开证行寄单。

开证行接受单据，并申明 "We accept docs on maturity 14.10.2021. We shall pay on maturity date and as per conditions of LC and as received funds from applicant." 转让

行也相应告知了第二受益人的银行，并重申只有收到开证行的款项后方才付款。开证行到期未付，且没有理会催促电报、邮件等。转让行从第二受益人处获悉货物已于2021年12月和2022年1月交给了申请人。

【涉及的问题】

1.该案例属于何种可转让信用证？

2.该信用证中关于付款的规定是否合理？为什么？

【参考答案】

1.可转让信用证是指开证行授权可使用信用证的银行在受益人的要求下，可将信用证的全部或一部分转让给第二受益人的信用证。

按照是否替换发票分类，本案属于替换发票转让信用证，作为中间人的第一受益人，不愿让第二受益人知悉买主的商号名称，第一受益人就可采用替换发票的方式保密。由第二受益人装运货物后，第二受益人以自己的名义向银行提供单证办理议付或付款。银行用第一受益人提供的商业发票替换第二受益人提供的发票。第一受益人所提示的发票金额要大，两张发票的差额为中间人赚取的利润。议付银行议付后，将第一受益人所提示的发票及其他单据一并寄往开证银行索偿。

按照是否变更转让信用证所列条件，本案属于变更条件转让。一般包括金额和单价比原金额和单价降低；信用证期限，提示单证日期及装运期限，比原信用证条件提前；投保金额比原信用证投保的百分比增加等。本案可转让信用证变更了信用证金额。

2.开证行明确表明了以收到申请人的资金为付款条件，该信用证排除了开证行在UCP600第7条项下的承付或偿付责任的条款。第一和第二受益人可能未意识到该潜在的排除条款。UCP600规定，开证行不能免除其责任，必须付款。然而，本案中开证行的付款责任系以收到申请人的资金为条件。本案中的信用证与UCP600第2条定义的信用证不符，银行不应开立此类信用证。作为处理此类信用证的指定银行或转让行也应提请受益人以及第二受益人注意其条款。独立性是信用证赖以生存的基石。然而，尽管本案信用证中的条款极不受欢迎，却不可否定其效力。受益人一旦接受该信用证，就应受其约束，且承担延期甚至无法收到货款的风险。

6.3.5 循环信用证

案例

分批支付条款下为何面临拒付？

【案例正文】

国内A公司向韩国B公司出口500吨核桃，信用证金额为80万美元，装运期为

4月至8月每批100吨。信用证规定："THIS L/C AMOUNTING USD160 000.00 IS AUTOMATICALLY REVOLVING FOR FIVE TIMES BUT OUR TOTAL LIABILITY DOES NOT EXCEED USD800 000.00"。按合同规定，第一批装运时间不迟于4月15日装运数量为100吨，在第一批出货取得提单后可自动恢复原金额及数量。由于船公司舱位紧张，A公司只能赶上4月21日船期，银行以提单中装运日期不符为由，要求以托收方式收汇。A公司于5月1日按信用证要求出货第二批核桃160吨。银行又提出拒付按托收付款，受益人未同意。两批货到港后，由于市场不景气，B公司拒付，A公司只能降价15%达成和解。

【涉及的问题】

1.本案为何种信用证？按何种方式使用信用证规定款项？

2.第一批装运延迟影响第二批顺利收汇吗？分析本案A公司面临的风险？

【参考答案】

1.为循环信用证，信用证金额为16万美元，自动循环5次，开证行负责的金额以80万美元为限。

2.根据UCP600规定，对于分批支付的信用证，由于任何一期未能按期支款或装运，除其另有规定，对该期及以后各期均告失效。循环信用证下，卖方也会由于单证不符的问题不能按期安全收汇。出口商面临进口商拒付的风险。由于提单日期与信用证要求不符，银行付款义务取消，付款方式改为跟单托收，则付款条件由银行信用变为商业信用，不可取。

6.3.6 红条款信用证

案例

何种情况下开证行预支款项

【案例正文】

开证行开来信用证，部分内容如下：

NEGOTIATING BANK IS HEREBY AUTHORIZED TO MAKE A CLEAN ADVANCE TO BENEFICIARY OF 100% DRAWING FOR USD200 000 AGAINST：（1） PAYMENT RECEIPT ISSUED AND SIGNED BY BENEFICIARY AND （2） BENEFICIARY'S UNDERTAKING STATING THAT SHIPMENT UNDER THIS CREDIT NO.138 WILL BE EFFECTED ON/BEFORE THE LATEST SHIPMENT DATE AS STIPULATED IN THIS CREDIT AND GUARANTEEING THAT THEY WILL PRESENT THE FULL SET OF THE STIPULATED DOCUMENTS IN ACCORDANCE WITH THE TERM OF THIS CREDIT TO OPENING BANK THROUGH THE

NEGOTIATING BANK NOT LATER THAN THE EXPIRY DATE OF THIS CREDIT.

IN REIMBURSEMENT FOR YOUR NEGOTIATION OF THE CLEAN ADVANCE FOR USD200 000.WE SHALL CREDIT YOUR HEAD OFFICE U. S. DOLLAR 200 000 ACCOUNT WITH US FOR CREDIT OF YOUR ACCOUNT UPON RECEIPT OF YOUR AUTHENTICATED TELEX/CABLE CERTIFYING THAT YOU HAVE RECEIVED BENEEICIARY ' S UNDERTAKING AND PAYMENT RECEIPT WHICH ARE IN ACCORDANCE WITH THE TERMS AND CONDITIONS OF THIS L/C.

【涉及的问题】

1. 此为何种信用证？银行在何种情况下付款？

2. 分析为何不采用汇付预付款而采用该类信用证的原因。

【参考答案】

1. 此为预支信用证或红条款信用证。议付行被授权在以下情形下凭光票预付给受益人 200 000 美元金额：（1）由受益人发出和签字的付款收据。（2）受益人须声明本信用证 138 号项下的装运将在该证规定的最迟装运期前实施，保证他们将在已装船提单日期后 15 天内但不迟于本证有效期通过议付行向开证行提交符合本信用证条款的规定的全套单据。

开证行承诺一旦收到证实电传/电报，证明已收到受益人的符合本证条款的保证和付款收据，将偿还光票预付的金额，将贷记对方美元账户。

2. 通过电汇汇款，付款人需向经办银行交纳足额款项，且不需要任何形式的单据要求。预支信用证，只需交纳信用证金额一定比例的保证金，甚至有些银贸关系密切的贸易商只需提供一定的担保，于进口方来说资金占压量大大减少。在受益人交单前，通知行/议付行可向其预支部分货款，在收到受益人提交的单据后向其支付信用证金额与已预付金额的差额，开证行收到通知行/议付行寄交的单据，向该交单行支付信用证金额及利息后，才向开证申请人要求付款。在这一过程中开证申请人利用了银行资金。和汇付相比，付款时间向后推迟，如果进口商所在国货币流通比较紧张，延缓对外付款作用更显著。

6.3.7　对背信用证和对开信用证

-------- 案例 1 --------

对背信用证主证回款是子证付款的前提吗？

【案例正文】

Y 公司与香港 S 公司签订销售合同不久，S 公司如期开来了信用证。经过审查，信用证与合同内容除一处以外完全一致，即在信用证最后一段要求如下：

"THE LETTER OF CREDIT IS PAYABLE TO BENEFICIARTY ONLY AFTER OUR RECEIPT OF THE APPLICANT'S DOCUMENTS WHICH ARE FOUND TO BE ACCEPTABLE TO US AND PAYMENT UNDER THIS BACK TO BACK CREDIT IS SUBJECT TO FINAL PAYMENT AGAINST MASTER LC NO. 123 DATED 210605 ISSUED BY ABC BANK UPON RECEIPT OF THE PROCEEDS FROM THE MASTER L/C ISSUING BANK, WE SHALL THEN REIMBURSE THE PRESENTING BANK ACCORDING TO THEIR INSTRUCTIONS AT THEIR EXPENSE."

Y公司找到合作的通知行S银行咨询，是否可以接受。S银行未直接回答Y公司的疑问，称曾接到过类似条款的背对背信用证，核实表面真实性之后通知受益人，交易并未出现问题。Y公司随即接受该信用证，并开始备货、装运，最后将相关单据送到当地G银行收款，G银行随即将单据寄到开证行A银行收款。

两周后，A银行复电称，根据信用证内容，信用证规定了该对背信用证的付款要取决于其原证付款情况，目前暂不能付款，要求Y公司耐心等待。Y公司陷于被动的境地。

【涉及的问题】■————————————————————

1.S银行是否有义务提供审证帮助？该条款是否有问题？

2.分析案例中新证与原证的关系？分析背对背信用正的特点。

【参考答案】■————————————————————

1.S银行为通知行，受开证行委托将信用证转交出口商的银行，只证明信用证的表面真实性，并不承担其他义务。但由于通知银行一般为出口商所在地的银行，对于出口方问题应尽量给予协助。本案例Y公司向通知行S银行就信用证的可信性进行询问时，通知行S银行可运用专业知识告诉Y公司，类似加有强制性条款的信用证，大大地增加了风险，在原证有问题时，该信用证兑现会有风险。

有问题，背对背信用证是信用证的受益人以主信用证为保证，重新开具一个新的信用证，但两份信用证是独立存在的，以上条款要求在背对背信用证中，必须在主信用证回款之后才对子信用证付款，对付款条件有明确制约，因此交单之后付款将不受保障。

2.背对背信用证又称转开信用证，是指受益人要求原证通知行以原证为基础，另行开立一张内容相似的新的信用证。背对背信用证的内容除了开证人、受益人、金额、单价、装运期限和有效期限等可以有变动以外，其余的条款一般和原证是相同的。

由于新证开证人对于新证做出任何修改都牵扯原证的修改，因此一般而言背对背信用证的修改是比较困难的，所需的时间也相应长一点。背对背信用证的开立源于中间商从贸易当中赚取佣金的同时，想要保持住客户资源，在货物真正买卖双方之间通过利用背对背信用证的方式避免他们直接接触，以便从货物的转手当中赚取更大的利润。有的国家之间由于某种原因不能够直接进行进出口交易，只好通过第三方来完成交易，此时会用到背对背信用证。其最大特点就在于，新证和旧证之间是相互独立的，在内容上虽有重合，但是并不互为履行的条件。本案例中的信用证之所以出现问题，就是由于新证的最后一段的附加条款将前后两张本来没有因果关系的信用证建立起来了这种关系，从而导致了一张信用证出现问题，另外一张信用证也无法履行的结果。

```
----------------- 案例 2 -----------------
如何保障对开信用证中先开一方的利益？
```

【案例正文】◼——————————————————————

国内 H 公司与国外 S 公司签订一笔 30 万美元来料加工合同，加工一批工艺特殊的货物。H 公司接洽到 D 公司，D 公司表示有能力接下这批来料加工的订单，并保证加工该批货物需要 40～50 天。S 公司提供原材料和相应的图纸，H 公司赚取佣金，D 公司获得加工费。双方约定采用对开信用证支付方式。

H 公司开出见票 60 天付款的信用证，购买 S 公司的原材料。S 公司收到该信用证后，按照信用证规定发出原材料，随后找到开证行要求承兑汇票，银行承兑了汇票。在 S 公司传送来的运输单据到达开证行以后，开证行向 H 公司提示有单据到来。H 公司便找到当地的有信誉有实力的公司作担保，从银行先借出了单据，取得了货物，进行加工生产。

然而，D 公司未能在 50 天内完成加工任务。60 天后，银行按照信用证规定兑付了汇票，S 公司顺利取得了 H 公司购买原材料款项。D 公司花费 80 天左右才完成加工任务。H 公司通知 S 公司，请对方立开信用证，而 S 公司未做回复。再次发函前去催促，依然如石沉大海。H 公司才发现，原来商议好的对开信用证业务变成了单边的信用证购原材料业务。H 公司拿到了 D 公司生产的货物，在国内销路并不理想，出口又面临激烈竞争，最后造成大批库存积压。

【涉及的问题】◼——————————————————————

1. 对开信用证一般在什么情况下采用？本案中 H 公司存在什么失误？

2. 如何保障对开信用证中先开信用证一方的利益？

【参考答案】◼——————————————————————

1. 对开信用证是指两张信用证的开证申请人互以对方为受益人而开立的信用证，用于解决易货贸易、来料加工贸易或者补偿贸易中双方的"信任度不足"问题。其特点就是第一张信用证的受益人（出口原材料人，即 S 公司）和开证申请人（进口原材料人，即 H 公司）就是第二张信用证的开证申请人（进口加工成品人，即 S 公司）和受益人（出口加工成品人，即 H 公司）。

H公司没有派人到执行加工任务的D公司进行深入调查，听信了D公司的口头担保，以此开出了60天见票付款的信用证。D公司未在远期信用证兑付期限到期之前完成加工任务，H公司也就无法要求S公司开出购买加工品的即期信用证。如能在60天内完成加工，H公司开出的远期信用证兑付期限还没有到，汇票也不能兑付。S公司如果拒绝按照约定开出即期信用证购买成品，可以立即通知银行，至少也不会顺利拿到原材料的货款。可以看出，一旦出口原材料人/进口加工成品人找出借口拒绝开出第二张信用证来购回加工好的成品，进口原材料人/出口加工成品人将不可避免地承担货物积压造成的损失。即使D公司按时在60天以内完成了加工任务，S公司一样可以拒绝开立第二张信用证。

2.在本案中使用了远期汇票，S公司拿到了H公司的汇票之后，得到银行的承兑，可到贴现市场将该汇票贴现，以较小的利息损失立即取得现款。本案可以考虑采用延期付款信用证支付方式。延期付款信用证是为了解决合同时间比较长、合同金额比较大的交易中的付款问题时所采用的。由于汇票在市场上流通的期限一般为一年，因此交易期超过一年的买卖无法采用汇票进行支付，这时可以采用延期付款信用证，延期付款信用证不需要汇票，到期以后直接找到银行付款即可。对开信用证交易的确可以有效地避免上述提到的贴现风险。由于没有汇票的使用，也就完全避免对开信用证中提供原材料的一方将经银行承兑的汇票拿到贴现市场进行贴现，而后立即套现给加工方带来的风险。

6.4　跟单信用证的业务流程

6.4.1　申请开证

案例

大宗商品信用证开证行应如何规避风险？

【案例正文】

A公司委托不同外贸公司向国内数家商业银行申请开立远期信用证，见单后180天付款，用于进口棕榈油。A公司同意向外贸公司支付2%或更高的代理费，以便利用代理公司在开证行的授信额度或开证保证金。货物到岸后迅速出手，用销售资金偿还代理公司在信用证下的付款。A公司通过循环开证，利用期限错配及开证频度大于到期付款频度，短期内便以连续销售的累积收入形成了一笔很大的资金，实现了信用证方式套现。此后，A公司将套现资金进行短期放贷、炒股、炒房，以获取高额收益。如果投资市场稳定，其便可用此投资回报或投资到期款偿还逐步到期的信用证付款。然而，股市动荡使许多股票投资者发生了严重亏损，A公司所放贷款不能收回，回款不足以偿付代理公司信用证款项，资金链断裂，开证行不得不垫付了信用证下受益人款项。

【涉及的问题】▬

办理大宗商贸开证业务开证行应做好哪些工作？

【参考答案】▬

相对于一般商品，大宗商品交易金额大，很大程度上需借助银行融资，一般采用信用证方式进行结算。在办理信用证开立业务时，除审查客户资质、落实客户的信用担保外，审核贸易背景真实性也是至关重要一环。对贸易背景的真实性，应重点审核其是否符合客户主营行业的生产经营周期、商品价格以及资金回款情况等要素。对银行而言，大宗商品进口开证是一把双刃剑，要密切注意同一客户同质产品频繁授信开证，或连续押汇融资的动向，严防利用同一仓单改头换面重复押汇，尤其对进出口商合谋诈骗银行资金，更要严加防范。

6.4.2 开证行开出信用证

-------- 案例 1 --------

出口商否能接受远期信用证而非合同规定的即期信用证？

【案例正文】▬

A公司与新西兰商人成交一批出口货物，合同规定买方开出一份不可撤销的即期信用证。而后，A公司收到一份60天远期信用证，在证中规定："DISCOUNT CHARGES FOR PAYMENT AT 60 DAYS ARE BORN BY BUYERS AND PAYABLE AT MATURITY IN THE SCOPE OF THIS CREDIT"。

【涉及的问题】▬

1. 该信用证为何种信用证？分析使用该证的原因？

2. 出口商在汇票到期前如何获取款项？出口商接受此证是否有风险？

【参考答案】▬

1. 该证为假远期信用证，所附汇票为远期，按即期付款；付款银行同意即期付款，贴现费用由进口商承担。由出口商向进口商开立远期汇票，但信用证明文规定按即期收汇，这种做法的实质是由开证银行或付款银行对进口商提供融通资金的便利，所需支付的利息由进口商承担。采用假远期信用证作为支付方式，对进口商来讲，可由银行提供周转资金的便利，可以先得到货运单据凭以提货，而无需立即付款，使自己获得延期付款的好处。

2. 假远期信用证下，受益人凭此开立远期汇票可以经银行承兑后进行贴现而即刻得到票款。出口方所开立的汇票仍然是远期汇票，只是可以通过票据贴现即刻得到票款，并由进口商承担所发生的贴现费用。出口方若愿意接受远期付款，还可以获得利息。对出口商来讲，可即期获得汇票的票款，但亦承担汇票到期前被追索的风险，需要出口商根据业务情况进行权衡。

---------------------------- 案例 2 ----------------------------

开证后信用证与邮寄证实书内容不一致应如何处理？

【案例正文】 ■

A 公司出口一批冻鱼，信用证规定："80 M/Tons of Frozen fresh， quick frozen, weight per fish：2–3 kgs"。该公司备妥货物后于 8 月 21 日装运完毕。8 月 23 日接到通知行转来的该信用证的证实书。8 月 24 日该公司向议付行交单议付。9 月 2 日开证行来电提出单据不符的异议：发票规格漏表示"整条不去内脏"。

A 公司单证人员立即对照信用证条款，发现信用证关于规格并未规定"整条不去内脏"的类似条款，而信用证的证实书中却有此规定。该业务员当时认为合同中确有此规定，且本实货也是"整条不去内脏"规格，货又已装运完毕，所以也未将证实书交给单证人员。遂通过交单行反驳，称电开信用证中并未有"整条不去内脏"的规定，所以单证相符。

9 月 5 日开证行复电：根据 UCP600 第 11 条 a 款第 2 项，如电讯声明详情后告或声明以邮寄证实书为有效信用证或修改，该电讯不视为有效信用证或修改。我行电讯文件不应被视为有效的信用证文件，应以邮寄的证实书为有效的信用证文件。

A 公司收到开证行的反驳后，对原电开信用证仔细审查，于 9 月 7 日再次向开证行发出如下电文：你行 8 月 16 日发出的电开信用证中曾加有密押，应为有效的正式信用证文件，不应再邮寄证实书。即使在电开信用证中声明"随后邮寄证实书"，实际上也已邮寄证实书，但证实书仍然是无效的。故我方单据完全符合你方有效的电开信用证，所谓不符点不成立，你行应按时付款。

【涉及的问题】 ■

邮寄证实书是否有效？请分析开证行是否应该付款？

【参考答案】 ■

UCP600 第 11 条 a 款规定："以经证实的电讯方式发出的信用证或信用证修改为有效的信用证或修改文据，任何后续的邮寄确认书应被不予理会。"如果在电文中加了密押，就表明该电文已证实作为完整的有效信用证，在此情况下，即使邮寄来证实书也是无效的。开证行应付款。

6.4.3　通知行通知信用证

------------------------------ 案例 ------------------------------

通知行在通知信用证时能否附加条件？

【案例正文】

开证行开立了一份指定 C 银行为付款行的延期付款信用证。C 银行在通知信用证时添加了如下文句：

GIVEN THE REGULATIONS ON DEFENSE AND DUAL-USE MATERIAL，IN ORDER TO USE THIS DOCUMENTARY CREDIT，IT IS NECESSARY TO PRESENT，TOGETHER WITH THE DOCUMENTATION FOR NEGOTIATION，THE EXPORT LICENSES AUTHORIZED BY THE SUB-DIRECTORATE GENERAL OF FOREIGN TRADE FOR DEFENSE AND DUAL-USE MATERIAL，OR，SHOULD SAID EXPORT LICENSES NOT BE NECESSARY，THE FOLLOWING STATEMENT DULY SIGNED BY THE BENEFICIARY：

WE HEREBY CONFIRM THAT THE EXPORT LICENSES ARE NOT NECESSARY FOR THE GOODS AND/OR SERVICES COVERED BY THIS DOCUMENTARY CREDIT，AND THAT THEIR EXPORT DOES NOT INFRINGE COUNTRY S EXPORT LAWS，THE WAR WEAPONS CONTROL ACT OR THE REGULATIONS OF THE COUNCIL OF EUROPE SETTING A COMMUNITY REGIME FOR THE EXPORT OF DUAL-USE MATERIAL，IN PARTICULAR COUNCIL REGULATION （EC） NO. 1334/2000.

【涉及的问题】

1. C 银行添加了何种条件？

2. C 银行应如何履行通知行及指定银行责任？

【参考答案】

1. 要求受益人提交出口许可证，如无须出口许可，应出具相应的受益人证明。

2. C 银行有两种做法。根据 UCP600 第 9 条 b 款，通知行的通知应准确地反映其所收到的信用证条款，也就要求通知行需保持所通知信用证的条款不变。信用证条件是由开证行在开证时确定。作为通知行无权在履行通知行职责外添加任何条件。如果通知行不愿意通知信用证，其应告知开证行并建议开证行选择另一家通知行。C 银行以指定银行的身份想添加与指定有关的附加条件，应清楚地向受益人表明此类附加条件并非信用证本身的条件，而仅仅是要求 C 银行承付交单的条件。通知行添加作为其承付或议付的条件，并不构成对信用证的修改，开证行仍应承付与信用证条款相符的交单。

6.4.4　审核信用证

------------------------------ 案例1 ------------------------------

货物数量在5%的范围内浮动可以接受吗？

【案例正文】■————————————————————

　　A公司出口手持缝纫机1 000台，纸箱装，合同和信用证规定不允许分批装运。在装运过程中，A公司发现有40台产品因包装破裂造成外部变形。A公司认为，根据跟单信用证统一惯例规定，即使不允许分批装运，只要货款不超过信用证总金额，货物数量可以有5%的增减浮动。于是将40台损坏的产品作为瑕疵品留在库房，装运了960台发出。A公司在信用证有效期交单要求银行付款时，遭到了开证银行拒付。

【涉及的问题】■————————————————————

　　1.开证银行有无拒付的权利？为什么？

　　2.如信用证规定货物数量为"about 100kgs"，实际可以装运的数量是多少？

【参考答案】■————————————————————

　　1.有拒付权利。在信用证未以包装单位件数，如"箱、盒、桶"等表示，或以货物自身件数的方式，如"件、个"等规定货物数量时，除非信用证规定货物数量不得增减，货物数量允许有5%的增减幅度，只要总支取金额不超过信用证金额，这是UCP600第30条b款的规定。例如，信用证规定散装铁矿砂10 000吨，只要支取金额不超过信用证金额，货物数量可以有5%的增减幅度。但如果信用证规定50辆汽车或50箱啤酒，不允许分批装运，货物数量就不可以有任何增减，且支取金额不能超过信用证金额。该案例规定了单位数，本条款也不适用。

　　UCP600第30条c款规定，如果信用证规定了货物数量，而该数量已全部发运，规定了单价，而该单价又未降低，或当第30条b款不适用时，则即使不允许部分装运，也允许支取的金额有5%的增减幅度。若信用证规定有特定的增减幅度或使用第30条a款提到的用语限定数量，则该增减幅度不适用。比如，信用证规定装运100台电视，信用证金额USD10 000.00，发票表示100台电视，金额USD9 500.00是可以的。本条款不适用于该案例。

　　2.根据UCP600第30条a款规定，"约"（about）或"大约"（approximately）用于信用证金额或信用证规定的数量或单价时，应解释为允许有关金额或数量或单价有不超过10%的增减幅度。如信用证规定货物数量为"about 100kgs"，则受益人可以在90千克至110千克之间装运。但只限于被特别指明的那一项，并非同时都适用。如上述的 "约" 只在数量前有，那只适用于数量，而金额和单价不可以有增减，除非金额和单价之前也有 "约"。

------------------------------ 案例 2 ------------------------------

受益人交单后能否顺利收到款项？

【案例正文】 ■——

受益人收到信用证，包括如下内容：

UPON RECEIPT OF DOCUMENTS IN FULL COMPLIANCE WITH THE TERMS AND CONDITIONS OF THIS CREDIT AND A COPY OF A SWIFT MESSAGE FROM US STATING THAT THIS LC IS AVAILABLE FOR DRAWING, WE WILL EFFECT PAYMENT AT MATURITY AS PER YOUR INSTRUCTIONS. DOCUMENTS MAY BE SUBMITTED ONLY AFTER RECEIPT BY YOU OF OUR SWIFT MESSAGE ACTIVATING THIS CREDIT FOR DRAWING.

【涉及的问题】 ■——

1. "A COPY OF A SWIFT MESSAGE FROM US STATING THAT THIS LC IS AVAILABLE FOR DRAWING" 怎么理解？

2. 该信用证条款对受益人是否存在风险？受益人交单后能否顺利收到款项？

【参考答案】 ■——

1. 开证行提出在收到完全符合信用证条款的单据以及一份由开证行发出的说明本信用证可供兑用的报文副本后，开证行将在到期时付款。

2. 该信用证包含软条款，即在受益人做到相符交单后，还额外增加了开证行履行付款责任的条件。信用证允许支款和交单的条件隐藏在其规定的使信用证 "真正生效" 的 MT799 报文，只要开证行不发这笔报文，该笔信用证就处于 "未激活" 状态，开证行可以不用对受益人 "擅自" 提交的相符单据付款。该条款削弱了惯例所规定的开证行仅凭相符交单就必须履行的不可撤销的付款责任。如果通知行和受益人没有识别出上述信用证中设置的软条款，则会陷入被动。

6.4.5 　受益人交单

------------------------------ 案例 ------------------------------

受益人提交实际供货人出具的单据是否可行？

【案例正文】 ■——

A 与 B 两家出口公司共同对外成交出口一批货物，双方约定由 B 公司对外签订合同，各自承担50%的货物出口，各自结汇。事后，外商开来以B公司为受益人的不可撤销的即期信用证，证中未注明"可转让"字样，但规定允许分批装运。B公司收到信用证后及时通知了A公司，两家公司都根据信用证的规定各出口50%的货物，并以各自的名义制作有关的结汇单据。

【涉及的问题】 ■————————————————————————

本案提交实际供货人出具的单据是否可行？为什么？

【参考答案】 ■————————————————————————

A、B两家公司的做法不妥当。根据UCP600第38条b款的规定，开证行在信用证中明确注明"可转让"，信用证方可转让。本案中B公司收到不可撤销信用证未注明"可转让"字样，则该证是一份不可转让的信用证。两家公司可根据约定各出50%的货物，但结汇单据的制作必须符合信用证的规定，即以B公司的名义制作整套结汇单据，否则，银行将以单证不符为由拒付货款。

6.4.6　审单议付或承付

---- 案例1 ----

可以部分议付吗？

【案例正文】 ■————————————————————————

信用证金额为USD20 000，兑用条款中表明其为自由议付，未要求提供汇票。议付行没有对信用证加具保兑。受益人为了节省利息，只要求议付行议付USD16 000，余额USD4 000待收到开证行款项后再付给受益人。

【涉及的问题】 ■————————————————————————

1. 如何理解议付？议付行对部分议付可以接受吗？

2. 如议付行接受，会影响议付行对受益人的追索权吗？

【参考答案】 ■————————————————————————

1. 议付指指定银行在相符交单下，在其应获偿付的银行工作日当天或之前向受益人预付或者同意预付款项，从而购买汇票（其付款人为指定银行以外的其他银行）及/或单据的行为。议付是议付行基于信用证项下的相符交单对受益人的一种融资行为，议付方式和金额均可由议付行和受益人自行约定。议付是信用证特有的程序，类似于商业汇票的贴现。受益人在接到开户银行通知后，可请求银行在未到期之前提前将款项付给自己，再委托议付行收款。未到期之前这段时间的利息，由受益人承担。可以部分议付。本案中受益人提出部分议付的请求，议付行也可发出部分议付的提议。

2. 在指定银行没有加具保兑的信用证中，议付通常对受益人有某种形式的追索权。议付条件，包括可能导致发生追索的事件，不在UCP的管辖范围，能否追索取决于受益人和银行之间的协议。该协议最好是书面形式，内容包括议付方式和金额。

---- 案例2 ----

单据显示不同合同号是否构成不符？

【案例正文】■

信用证要求发票、装箱单、产地证、受益人证明、装船通知的传真本等单据，其中只要求发票注明合同号码"21ABC0553A"。

受益人提交的发票如实显示了上述号码。同时，在受益人签发的发票、装箱单、产地证、受益人证明等均标注了"OURREF77321-IMP"或者"77321-IMP"。在装船通知的传真副本中还显示了"CONTRACT NO.77329-SPI"。

受益人收到开证行拒付通知，理由为：CONTRACT NO. ON SHIPPING ADVICE DIFFERS FROM THAT ON INVOICE。

【涉及的问题】■

分析开证行提出的不符点是否成立？

【参考答案】■

不符点成立。在装船通知的传真副本上出现的编号与受益人在其他单据中注明的"参考号"相同。然而，信用证没有要求合同号出现在传真副本上。不过，受益人添加的合同编号以及援引的编号并非信用证当中规定的合同号，也不是出现在发票上的合同编号。通过在单据中添加内容，银行就不得不审查单据内容是否与信用证和UCP600相符。根据UCP600第14条d款，显示为合同号的数据与发票和信用证中所描述的相冲突。故不符点成立。

6.4.7 寄单索汇

---- 案例1 ----

反拒付是否成立？

【案例正文】■

韩国ABC银行向国内受益人开立即期付款信用证，信用证46A内容如下：

+SIGNED COMMERCIAL INVOICE IN TRIPLICATE.

+FULL SET OF CLEAN ON BOARD OCEAN BILLS OF LADING MADE OUT TO THE ORDER OF I BANK MARKED FREIGHT COLLECT AND NOTIFY APPLICANT.

+CERTIFICATE OF ORIGIN IN TRIPLICATE.

ABC银行在收到单据的第五个工作日发来拒付电称："NAME OF CONSIGNEE OF B/L AND CERTIFICATE OF ORIGIN ARE INCONSISTENT. THERE IS NO INDICATION OF APPLICANT ON THE COMMERCIAL INVOICE."

交单行收到I银行拒付电报后，对相关单据进行重检，单据相关信息如下：发票"BUYER"栏位显示申请人名称；产地证"CONSIGNEE"栏位显示申请人的名称；提单"CONSIGNEE"栏位显示："TO THE ORDER OF ABC BANK"。

交单行认为两个不符点均不成立，于收到拒付电的次日致电开证行对其拒付进行反驳，并要求其立即履行付款责任。提醒如由于付款已被长期拖延，利息损失巨大，交单行保留追索利息和其他费用的权利。反拒付当日，交单行即收到I银行发来MT799电报，以收到的货物不符合合同要求，如"不一致、不适合市场销售、货物瑕疵等"为由拒绝付款，为此申请人已提起诉讼申请止付令，I银行正在等候法庭下达止付令。

【涉及的问题】 ▬▬▬▬▬▬▬▬▬▬▬▬▬

1.开证行拒付理由是否成立？为什么？

2.从交单行的业务操作得到哪些启示？

【参考答案】 ▬▬▬▬▬▬▬▬▬▬▬▬▬

1.开证行拒付理由不成立。信用证要求提单出具成"凭开证行指示"，受益人提交的提单"CONSIGNEE"栏位显示：TO THE ORDER OF ABC BANK，产地证中显示的收货人是申请人，完全符合该条款要求，第一个不符点不成立。申请人的名称和地址已在发票上作为买方充分显示，第二个不符点不成立。

开证行提出的申请人以收到的货物不符合合同要求，如"不一致、不适合市场销售、货物瑕疵等"为由拒绝付款，也不成立。信用证是开证行向受益人做出的有条件的付款承诺，只要受益人提交了"单证相符、单单一致"的单据，开证行就要承担付款责任；银行处理的是单据，而不是货物、服务或履约行为；信用证与合同相互独立。

2.妥善处置拒付直接关乎款项是否能安全足额收回。信用证是开证行向受益人做出的有条件的付款承诺，只要受益人提交了"单证相符、单单一致"的单据，开证行承担付款责任；银行处理的是单据，信用证与可能作为其开立基础的销售合同或其他合同是相互独立的交易。交涉时要讲求效率和策略。本案中开证行拒付表面上看是对单据的无理挑剔，实则源于贸易双方纠纷，极有可能是申请人为拖延付款而串通开证行对单据先行拒付。对此，交单行坚决果断地予以反驳，告之保留追索迟付利息及费用的权利，否则，含糊其辞以及拖延等待都可能使交单行陷入被动或不利的局面。严格遵守行业原则，避免卷入基础交易纠纷，交单行要及时采取有效措施对交易的真实性和合规性进行尽职审查，了解贸易背景，分析纠纷原因，明确自身在交涉中的地位和应坚持的立场。

------ 案例 2 ------

受益人应如何寄单？

【案例正文】■————————————————————————————————

伊朗 M 公司和我国 L 公司成交一笔业务。双方经过反复磋商，最终签订了贸易合同。合同规定，由 L 公司向 M 公司出售一批化工产品，货物总金额为 30 万美元，采用即期信用证方式支付。其中 78 条款内容如下：

78： INSTR TO PAYG/ACCPTG/NEGOTG BANK

UPON NEGOTIATION， KINDLY ADVISE US BY TESTED SWIFT CONFIRMING THAT ALL TERMS AND CONDITIONS OF THE L/C ARE COMPLIED WITH STATING DRAWING AMOUNT AND MATURITY DATE. DESPATCH OF DOCUMENTS DIRECTLY TO US， BANQUE SBA 68 AVENUE DES CHAMPS ELYSEES 75008 PARIS FRANCE BY EXPRESS MAIL IN TWO SEPARATE SETS.

不久，M 公司按照合同要求通过本国的 K 银行如期开来了即期不可撤销信用证。来证中明确规定，K 银行指定我国 P 银行为付款行。信用证开出后，直接由 P 银行转给了 L 公司。随后，L 公司货物发出以后，将全套货运单据、连同汇票一起交给了 L 公司在当地的开户银行，委托它作为交单行，在审单后将单据寄交给 P 银行，并代 L 公司收款。

L 公司耐心等待收款，半个月后仍无消息。L 公司向当地的寄单行查询原因。寄单行称通过快递将全套单据寄给 P 银行，但迟迟没有消息。L 公司考虑 P 银行距离很近，邮寄应已到达。L 公司做了进一步调查了解到单据在邮途中丢失。单据是一个包裹寄出，P 银行未收到任何单据。

L 公司请寄单银行代其与 P 银行进行交涉，收回货款。但寄单银行以单据丢失不是自己的责任为由拒绝了 L 公司请求，L 公司无奈之下只得与 P 银行直接交涉，要求其付款。但 P 银行回复称，要凭相符单据付款，而未收到单据，更不能确定单据是否符合信用证的规定，所以不能付款。

【涉及的问题】■————————————————————————————————

1.受益人应如何寄单？何为 "By two lots"？

2.寄单行是否可以免责？为什么？

【参考答案】■————————————————————————————————

1.受益人必须通过银行寄单，受益人交单时，银行在审查完单据后应出具一份详细的收据或者说明，记录所收单据的名称、份数和单据的状况等重要事项，以留作日后的凭证。本案中，虽然寄单银行承认收到了单据，但并没有记录证明这些单据是否与信用证相符，在出现问题时不能分清双方的责任。

By two lots，是指寄单行应该将单据在不同时间分两套寄出，以免途中丢失。

这样即使其中一套单据在途中丢失，付款行也能收到另外一套单据，因为两个邮包都出现问题的概率会比较小。银行寄单时还应该把正本单据分装两处分别寄出。有时虽按照信用证的规定"分两批寄出"，但是把所有正本单据放在一起一次寄出，所有副本单据放在另外一包寄出，结果当正本单据的邮包丢失时，造成受益人无法向开证行结算货款，买方也无法提货，没有真正起到规避风险的作用。在国际惯例中，"分两套寄出"的确切含义是指，将所有在交易中最有价值的、最重要的、涉及最终提货收款环节的单据的正本分开寄送。

2.UCP600第35条规定："如果指定银行确定交单相符并将单据发往开证行或保兑行，无论指定银行是否已经承付或议付，开证行或保兑行必须承付或议付，或偿付指定银行，即使单据在指定银行送往开证行或保兑行的途中，或保兑行送往开证行的途中丢失。"

交单行如要免责，应有三个前提，一是提交单据的银行必须是指定银行，单据由受益人径直邮寄或者通过非被指定银行寄给开证行，单据遗失风险均由受益人承担，并不转移到开证行；二是必须传递的是相符单据，如果是一套不符的单据，不论提交到被指定银行，还是开证行，均不构成开证行对受益人的付款承诺，因此单据遗失风险仍由受益人承担；三是银行应该完全遵照信用证的规定行事，如果指定银行自行其是导致单据遗失或者其他后果，指定银行将不受第35条的保护而要担责，开证行则免责。

6.4.8 开证行或偿付行偿付

------------------------------ 案例 1 ------------------------------
开证行如何处理已拒付的不符单据

【案例正文】 ▉━━━━━━━━━━━━━━━━━━━━━━━━━━━━

B银行开立一张不可撤销保兑信用证，保兑行与通知行均为A银行。受益人在接到A银行通知后，即刻备货装运，且将全套单据送A银行议付。A银行审核单据后，发现有两处不符：其一是迟装，其二是单据晚提示。于是A银行与受益人电话联系，征求受益人意见。受益人要求A银行单寄开证行并授权议付。

收到议付行寄来的不符单据，B银行认为不能接受不符点，并通知申请人。申请人认为严重不符，拒绝付款。B银行电告A银行："由于货物迟装运以及单据晚提示的原因，金额为USD583 600的第IM1203号信用证项下的款项被拒付。我们掌握单据听候你们处理。已与申请人联系，直接与受益人协商，请指示。"

A银行收到B银行电传即告受益人。受益人要求A银行电告B银行单据交由B银行掌握并等待进一步指示。A银行即电告B银行上述内容。收到A银行要求单据交由其掌握，听候受益人进一步指示的电传后，B银行与申请人取得了联系。由于申请人迫切希望得到这批货物，随即指示 B 银行付款。于是 B 银行电传 A 银行道："你方要求单据交由我方掌握，进一步听候受益人指示的电传已收到，经进一步与申请人联系，他已同意接受不符单据，并且授权付款 USD583 600，请对受益人付款，并借记我方开在你行账户另加所有银行费用。"

收到 B 银行电传指示，A 银行打电话通知受益人。受益人表示不能接受，因为此时货物市价突然上涨，他们已将货物以高价转卖给另一买主。得此信息后，A 银行给 B 银行发了一则电传："由于你方拒绝接受我方不符单据，在此情况下，受益人已将货物转卖给另一客商。因此他们不能接受你方在拒绝不符单据后再次接受该单据的做法。此外，据受益人称，申请人已掌握了代表货物所有权的正本提单。我们认为未经我方许可，你方擅自放单严重违反 UCP600 的规定。"

B 银行电告 A 银行称该行放单是为了解决争端。B 银行认为由于受益人提供的单据与信用证严重不符，据其估计该笔业务只能以跟单托收方式收款。既然申请人随后接受单据并且支付了货款，B 银行在此情况下将提单背书给买方，即将货物所有权转至买方，故 B 银行也无须再将全套单据退 A 银行掌握。

【涉及的问题】 ■▶━━━━━━━━━━━━━━━━━━━━━━━━━━

1. B 银行的做法是否正确？为什么？

2. 如何妥善解决此案？

【参考答案】 ■▶━━━━━━━━━━━━━━━━━━━━━━━━━━

1. B 银行的做法违反了 UCP600 的规定。如开证行及/或保兑行（如已保兑）或代表他们的被指定银行决定拒收单据，则其必须在不迟于自收到单据之日起第 5 个银行营业日结束前，不延误地以电讯，如不可能则以其他快捷方式，发出通知。该通知应发至从其处收到单据的银行，如直接从受益人处收到单据，则将通知发至受益人。通知必须列明拒收的所有不符点，还必须说明银行是否留存单据听候处理，或已将单据退还交单人。开证行及/或保兑行（如已保兑）未能按本条规定办理，及/或未能留存单据等待处理或将单据退还交单人，开证行及/或（如已保兑）则无权宣称单据不符合信用证条款。

由于受益人提供的单据存有严重不符，在此情况下 B 银行拒绝付款本无可厚非，但在各方尚未对此事达成协议前，B 银行将此单据放给了申请人，严重违反了规定，若其不能遵守单据条款，就无权宣称单据不符合信用证条款。A 银行既未指示也未提示按托收办理。如果 B 银行想以托收方式进行此项业务的话，它无须电告 A 银行根据跟单信用证统一惯例拒收单据。无论如何 B 银行不能随意地将此业务改为托收，这样做会使人误以为该项业务已受 URC522 的约束，而非 UCP600，受益人的权利得不到 UCP600 保护。

2. B 银行的正确做法是接受不符单据，若拒绝接受则应保留单据听候处理。事至如此，可以说服受益人仍然将货销售给申请人，对于差额部分，即受益人转售给另一买方的价格超过之前售给申请人价格的部分，则由 B 银行与申请人均分。

------------- 案例2 -------------

开证行应偿付指定银行还是直接付款给受益人？

【案例正文】 ▮━━━━━━━━━━━━━━━━━━━━━━━━━━━━

一份延期付款信用证项下的指定银行（付款行）依据UCP600第12条b款给受益人预付了款项，并相应地通知了开证行。

指定银行在到期日没有收到付款，发函询问开证行后，得到的回应是开证行已于到期日当日通过MT103将款汇至受益人在指定银行的账户。由于款项是直接贷记受益人账户，且已被受益人撤走，因此指定银行未获信用证项下的付款。指定银行告知开证行这一情况并向其索款。

【涉及的问题】 ▮━━━━━━━━━━━━━━━━━━━━━━━━━━━

1. 开证行在已经向受益人付款的情况下，仍应偿付指定银行吗？

2. 开证行付款路线及方式应该如何？开证行使用MT103付款是否恰当？

【参考答案】 ▮━━━━━━━━━━━━━━━━━━━━━━━━━━━━

1.UCP600第7条c款规定：指定银行承付或议付相符交单并将单据转给开证行之后，开证行即承担偿付该指定银行的责任。对承兑或延期付款信用证下相符交单金额的偿付应在到期日办理，无论指定银行是否在到期日之前预付或购买了单据，开证行偿付指定银行的责任独立于开证行对受益人的责任。开证行承付受益人的条件是受益人相符交单；偿付指定银行的条件是指定银行已承付或议付相符交单并寄单给开证行。

如果指定银行已按指定行事，此时开证行就应偿付指定银行，而不是承付受益人，因为受益人已经获得了指定银行的付款。只有在受益人相符交单，但指定银行未按指定行事的情况下，开证行才直接承付受益人。

由于开证行未能根据所收到的指示在到期日偿付指定银行，因而没有履行其责任。因此，开证行在该信用证项下的责任依然存在，仍应偿付指定银行，包括迟付期间的利息。

2.无论是否存在指定银行，受益人均可选择直接向开证行交单。但实务中鲜有这种做法，因为会存在受益人身份核实、后续沟通、付款路线等问题。受益人的交单一般都是通过银行办理的，银行代理受益人交单后，便有权利代为收款。银行在交单时会提供收款的路径，指示将款项汇至本行账户。开证行应按指示进行支付，而不应将款项直接付给受益人。实务中，开证行到期付款时，一般使用MT202报文，即银行间头寸调拨报文格式，安排付款给交单银行，再由交单银行支付给受益人。

本案中开证行使用MT103报文进行付款是不恰当的，因MT103是客户直接汇款格式，银行收到款项后直接转入受益人账户。收款银行无法判断，也无须判断该笔资金对应或关联于哪笔交易，即便该直接汇款引用了信用证信息。

------- 案例 3 -------

开证行是否排除承付或偿付责任？

【案例正文】■━━━━━━━━━━━━━━━━━━━━━━━━━━━━━━━━

信用证的第 78 条规定："UPON RECEIPT OF CREDIT CONFORM DOCS STATING THAT ALL TERMS AND CONDITIONS ARE STRICTLY COMPLIED WITH LC AT OUR COUNTERS WE UNDERTAKE TO EFFECT PAYMENT AND DEMANDED BY BENEFICIARY AS PER PAYMENT INSTRUCTIONS AND RECEIVING FUNDS FROM APPLICANT."

【涉及的问题】■━━━━━━━━━━━━━━━━━━━━━━━━━━━━━━━

1. 如何理解 "AS PER PAYMENT INSTRUCTIONS AND RECEIVING FUNDS FROM APPLICANT"？

2. 开证行是否承担相符交单下到期付款的责任？受益人是否能接受该类条款？

【参考答案】■━━━━━━━━━━━━━━━━━━━━━━━━━━━━━━━━

1. 表明了开证行以收到申请人资金为付款条件，该信用证排除了开证行在 UCP600 第 7 条项下的承付或偿付责任的条款，是潜在的排除条款。银行应避免开立此类信用证条款。

2. 本案中信用证中关于付款条件的规定否定了信用证的不可撤销属性，任何付款需以申请人放款给开证行为条件，意味着不可预料的延误，甚至无法付款。依据 UCP600 第 2 条的定义条款，信用证是指一项不可撤销的安排，构成开证行对相符交单予以承付的确定承诺。独立性是信用证赖以生存的基石。然而，尽管本案信用证中的条款极不受欢迎，却不可否定其效力。受益人一旦接受该信用证，就应受其约束，且承担延期甚至无法收到货款的风险。作为处理此类信用证的指定银行或转让行也应提请受益人以及第二受益人注意其条款。按照 UCP600 规定，开证行不能免除其责任，必须付款。

6.5　跟单信用证的修改和撤销

6.5.1　修改的提出

------- 案例 -------

受益人未明确答复的修改电文是否有效？

【案例正文】■━━━━━━━━━━━━━━━━━━━━━━━━━━━━━━━━

黑龙江 D 公司出口大豆 5 000 吨至朝鲜 A 公司，双方约定采用信用证方式结算。

A公司要求朝鲜W银行开出以D公司为受益人的不可撤销信用证一份，议付行则为黑龙江T银行。信用证的有效期为2021年5月30日，最迟装运期为同年5月15日。

4月，A公司通过W银行发来修改电一份，要求货物分两批分别于5月15日、30日出运，信用证的有效期延展至6月15日。T银行在第一时间将信用证修改通知了受益人。5月30日，D公司将5 000吨黑龙江大豆装船出运，在备齐所要求的单据后，于6月3日向上海T银行要求议付。T银行审单后拒绝对其付款。

【涉及的问题】 ■————————————————————————

受益人是否接受了修改？开证行拒付是否有效？

【参考答案】 ■————————————————————————

信用证的修改通知了受益人，而受益人没有明确表明接受或拒绝，在此情况下，若其按旧证内容办理，则表明他拒绝了修改，若按新证内容办理，则认为他接受了修改。本例的情形显然是D公司接受了信用证的修改。

由于该信用证的修改项目有三项：分批装运、装运期、有效期。既然D公司接受了信用证的修改，就必须全盘接受，而不能接受部分、拒绝部分。因此，D公司接受展装运期和有效期而拒绝分批装运的做法不符合规定，开证行拒付合理。在不可撤销信用证情况下，任何方对信用证的修改，都必须经过各当事人的同意，特别是受益人的同意，方能生效。当修改项目不止一项时，则必须全部项目接受，否则必须全部项目退回，不能只接受其中一项，而拒绝其他各项。

6.5.2 修改信用证的流程

案例

受益人对修改条款应如何回应？

【案例正文】 ■————————————————————————

S公司与英国的A公司订立机械出口合同，约定以不可撤销信用证作为结算方式。信用证受益人为S公司，最迟装运期日为2021年6月15日，信用证到期日为同年6月30日。S公司在合同履行的过程中收到信用证修改要求，修改要求有两条：第一，将信用证的最迟装运期日与信用证到期日分别推后一个月；第二，将信用证受益人由S公司修改为T进出口公司，T进出口公司为S公司旗下负责国际贸易业务的全资子公司。S公司在收到信用证修改要求之后未对此进行回复。

7月18日，S公司向议付行交付单据要求议付，单据显示受益人为S公司。议付行以受益人不符拒绝议付，随后S公司声明拒绝信用证修改要求，再次提出议付要求，议付行复电称："ACCODING TO THE ORIGINAL CREDIT TERMS AND CONDITIONS.CREDIT EXPIRED, DOCUMENTS REFUSE"。

【涉及的问题】

1.S公司是否接受了修改？银行按照原证还是修改后的内容审单？

2.S公司应汲取哪些经验教训？

【参考答案】

1. 根据UCP600第10条c款，如果收到信用证修改要求的当事人未对是否接受修改做出回复，银行可根据其提交的单据来判定其是否接受修改要求。S公司如果提交了符合修改要求的单据，视为其接受了信用证修改要求。UCP600第10条款规定对同一修改的内容不允许部分接受，部分接受将被视为拒绝修改的通知。S公司未对信用证修改做出明确书面诺否，以实际行动表示了对信用证修改要求的部分接受，即接受了关于时间的修改，但没有修改受益人。被银行视为对修改要求的拒绝，银行则会按照原信用证的条款进行审单，但按照原条款的规定，信用证已经失效了。

2. 当收到信用证条款修改要求的时候，应该首先判断修改后的条款是否会给交易带来实质性影响，本案两项修改要求，一是推迟信用证有效期和最终交货日期，这样的修改对受益人是有利的，受益人有更充分的时间履行合同。这一类修改往往由受益人提出。二是修改受益人，这样的修改对受益人和开证申请人来说并没有任何实质性意义。开证申请人提出该条款修改要求其动机值得怀疑。因此，受益人如收到目的不明确的信用证修改要求需要谨慎。S公司在第一次被拒的情况下，可以S进出口公司为受益人重新缮制单据，在7月30日前再提交给议付行，争取相符交单，最大限度减少损失。

6.5.3　修改信用证的实务处理

案例

修改条款时如何避免不符点产生？

【案例正文】

国内A公司与韩国的K公司订立合同，约定由A公司向K公司出口一批木材，结算方式为信用证。在信用证中有"partial shipment prohibited"的条款。合同订立之后，A公司依照合同条款履行义务，在接近完成装运之前，K公司突然要求将所订购的货物数量增加一倍，并提出修改信用证中的数量条款，以符合新合同的要求，信用证上其他条款则保持不变。由于此修改对A公司意味着销量提升，因此A公司同意了K公司的修改要求。但由于货物将近完成装运，班轮出港前在同一班轮上实施装运已经不可能。因此，A公司决定将追加订购的货物在下一批次进行装运。在所有装运工作和单据缮制工作结束之后，A公司向议付行交单要求议付，但议付行在审单后以"分批装运"为不符点拒付。

【涉及的问题】

1.该信用证条款和信用证的修改是否存在问题？分析K公司提出修改的动机？

2.A公司应如何防止该类事件发生？

【参考答案】

1.原信用证没有问题，出现修改也比较常见，但处理不当则会成为受益人相符交单的障碍。A公司在得到K公司追加订购的通知后，如供应能力尚可，一般会接受修改。而由于信用证交易的独立性原则，无论是受益人还是开证申请人都需要保持信用证条款与贸易合同条款一致，当贸易合同被修改之后，修改信用证是很正常的。

无法考证K公司提出修改合同与信用证条款的目的。从善意的角度去理解，K公司根据自身经营活动的需要追加订购是完全可以理解的，至于要求"只修改信用证上涉及货物数量的条款"，可以看成是K公司考虑不周全所致。不能排除K公司在明知船期临近的情况下追加订购一定会带来分批装运，却在一张含有禁止分批装运条款的信用证下追加货物数量。不论K公司是否善意，信用证条款和信用证的修改均无问题，事实上A公司如审核得当，是有机会避免损失发生的。

2.合同履行过程中对信用证条款的修改需要警惕。由于信用证是基于贸易合同开立，因此在合同履行阶段出现修改合同条款的情况，势必要修改信用证。如果受益人是在合同订立之后履行以前收到修改要求，可以依据实际情况修改信用证。本案中，要求一次性装运需要在所有货物齐备之后一同交付运输，当原定数量的货物已经完成装运，且船期临近的时候要求追加货物数量，且仍又要做到一次性装运，在实务上难以实现。如在合同履行后期收到信用证修改要求的，需要斟酌。

A公司有机会避免损失的发生，可以拒绝K公司修改合同及信用证条款的要求，并要求将追加货物视为一项全新的交易。又或者在收到K公司修改合同与信用证条款的要求时，以"原定数量货物已完成装运"为由，追加修改禁止分批装运条款。无论A公司采取哪一种措施，都可以在保证原有信用证结算的同时，又获得更多销量。而在K公司立场上，如果K公司是善意的，A提出的这两种要求不会对K公司造成不利影响，K公司也会接受。

6.5.4 信用证的撤销

案例

邮寄证实书是否构成对信用证的撤销？

【案例正文】

国内A公司接到国外W公司经银行开来的一份不可撤销信用证，信用证系开证行通过电讯方式经中国银行某分行通知给 A 公司。

该公司接到电开信用证后按其要求备货装运，货物装船后又接到通知行转来信用证的邮寄证实书，经对照发现证实书比原电开信用证增加一条款"受益人必须提供船长收据以证明一份卫生检验证书副本已交船长随货转交收货人。"

A 公司接到证实书时，船已离港，无法履行上述条款。即电告 W 公司，说明信用证的证实书收到时货物已装运且船已离港无法随货带卫生检验证书，恳请修改信用证，删除该条款。W 公司电复，当地海关规定该商品必须提供卫生检验证书才能清关提货，所以无法删除。W 公司要求立即航空邮寄卫生检验证书及一份正本提单待用，并建议改以托收方式通过银行寄单，以便付款。

A 公司经研究，决定接受 W 公司的要求，立即向 W 公司邮寄卫生检验证书及正本提单，弃信用证方式改以 D/P 即期托收。但时过两个多月未见货款收回。A 公司通过托收行查询才知道 W 公司已倒闭，货物早已被提取。A 公司钱货两空。

【涉及的问题】 ■

1. 邮寄证实书是否构成对信用证的修改或撤销？

2. 分析 A 公司出现的不当操作。

【参考答案】 ■

1.UCP600 第 11 条 a 款规定："以经证实的电讯方式发出的信用证或信用证修改为有效的信用证或修改，任何后续的邮寄确认书应被不予理会。"这种情况下，邮寄证实书是无效的。

第 10 条规定，除 38 条有关可转让信用证以外，未经开证行、保兑行（如有）及受益人同意，信用证既不得修改，也不得撤销。所以本案中，信用证未经受益人接受，不能由申请人单方面修改或撤销。

2.A 公司对有效的信用证不执行而去执行无效的信用证。由于 A 公司不熟悉国际惯例，误认为先收到的电开本信用证是无效文本，后收到的证实书为有效信用证，反而请求 W 公司修改信用证从而为后续错误埋下祸根。A 公司将有效的信用证放弃不用，改以 D/P 即期托收从而使得开证行解除了信用证项下的付款责任，也使 W 公司利用托收方式的特点，可以不付款。即使改为托收，A 公司不应该不通过银行而自己航寄单据给对方。

▌综合案例　T 集团远期信用证非法融资贴现案

【案例正文】 ■

一、背景

20 世纪 80 年代，物资匮乏，地区信息极度不对称，袁某委托某军工企业生产座钟，再高价卖给沿海城市，靠赚取差价，成为当时的万元户。某次外出，袁某在火车上闲谈中得知，面临解体的前苏联准备售卖飞机，但找不到买主。袁某打听到J航空公司准备购进飞机的消息。当时购买一架普通民用飞机需五六千万元人民币，买一架波音客机则需二三亿元人民币。经过政府批准同意，J航购进了袁某以易货贸易购进的3架普通民用飞机。袁某在全国多省组织了交易，赚取利润数千万元。

飞机贸易成功后，时任T集团总裁的袁某制订T集团的发展计划，随着一系列巨大投资项目的运作，T集团出现了严重的资金短缺。作为非国有企业，当时很难通过金融机构实现充足的融资。随着集团前期贷款陆续到期，急需继续投入大量资金，T集团焦急万分。

二、"贵人"相助

正当T集团上下为了巨大的资金缺口焦急如焚时，出现了一个"贵人"——何某，其声称可以帮助T集团挺过危机补上资金缺口。为了渡过危机，袁某与何某展开合作，通过开立远期信用证，贴现后获得资金，再将资金借给T集团。在远期信用证项下，进口商仅需对开证行承诺付款，便可取得单据并凭以提取货物，等承兑到期日再通过开证行对外付款。对出口企业来说，因有银行信用参与，收汇有保障，也非常乐意通过远期信用证的结算方式开展贸易。

通过何某的描述，T集团认为开立远期信用证，在远期信用证下进行融资，利用融资款再循环开立信用证，对于缓解T集团资金困境"大有可为"。但是谁也没有意识到，一场灾难正在悄悄地降临。

三、开立信用证前的准备

1995年6月，袁某与何某商定，由何某寻找可为T集团申请开立信用证的外贸公司。7月，袁某通过何某与中国香港D公司副董事长王某取得联系，决定由D公司作为信用证的受益人即出口商。

同时，何某联系到可为T集团申请开立信用证的公司。T集团职员姚某、程某与何某商谈有关事宜。8月8日，袁某根据何某的要求，同意付给何某2%开证手续费，同意支付开立信用证所需的其他费用。

姚某起草由何某协助T集团进口产品的协议，后者看过协议后，让姚某在协议上再填进口代理公司为H轻工公司、进口产品等内容，规定由何某负责代表外商与外贸公司签署有关合同及相关手续。

何某作为T集团的代理，与H公司签订委托代理进口货物协议，通过H公司为T集团从A银行对外开出180天的远期信用证，由何某所在的澳华公司及美国索斯曼公司代理境外贴现。至此信用证"融资"计划初步形成。

四、多笔远期信用证陆续开立

何某作为中介人，委托H公司代理进口"货物"。H公司的王某为所在公司获取外贸代理费，与何某签订虚假进口合同，并向A银行申请开立总额为10 727 181.88美元的7单信用证。

1996 年 1 月 4 日为返还前期即将到期的信用证款项，T 集团继续运作开立信用证。1 月 16 日至 2 月 10 日，袁某先后对何某签署了 2 份承诺书，明确表示由何某作为中介人，委托 H 公司代理进口 2 800 万美元的货物。何某立即通过 H 公司总经理助理王某，陆续在 A 银行开出总额为 28 695 800 美元的 11 单信用证。此后，同何某通过王某，又陆续在 A 银行开出总额为 35 651 022.22 美元的信用证 13 单。

远期信用证对于进出口双方均有好处，对开证行的风险却较大，银行在未收足保证金的情况下，无法掌握物权，但要承担到期兑付的承诺。远期循环信用证或多次开立远期信用证，如无实际货物进出口做真实的贸易支撑，出口商收到信用证后，伪造单据骗取开证行货款，再通过不法手段将外汇调回国内，利用外汇牌价与黑市价之间差价从中获利。利用循环信用证或多次开证，只要使开证时间和付款时间衔接得当，就可变相利用银行资金。

鉴于此，A 银行提出，若继续申请开立远期信用证，必须提供担保。

五、远期信用证的担保与贴现

袁某与 G 银行李某取得联系，要李某为其提供具有担保内容的"见证意见书"。1996 年 1 月至 7 月，袁某先后多次找李某，要李某为其提供具有担保内容的"见证意见书"，获取 18 份"见证意见书"用于开证担保。同时，袁某又以 T 集团名义与中国香港 D 公司签订了"代理贴现协议"。

A 银行、H 公司在对 G 银行提供的"见证意见书"进行核保并收到 D 公司提供的 27 套无货物的虚假单据后，先后开出 27 单信用证。

从 1995 年 8 月 15 日至 1996 年 8 月 21 日，T 集团采取虚构进出口货物的手段，通过 H 公司在 A 银行共计开立信用证 33 份，总金额为 8 013 余万美元。T 集团通过 D 公司代理"贴现"7 单，在中国香港渣打、丰业、东亚、运通等银行议付 31 单，获取资金总金额 7 507 余万美元，折合人民币 6.2 亿元。T 集团指示 D 公司，将"贴现"资金转入 T 集团的指定账户，用于返还集团债务及业务支出合计折合人民币 1.87 亿元。余款用于循环开立信用证、支付利息及手续费。

六、公安部门对 T 集团涉嫌经济犯罪进行调查

1998 年 2 月，公安部门经过对 T 集团在 A 银行开具的信用证开展调查，初步查明 T 集团从 1995 年至 1996 年以澳大利亚某公司何某为中介，通过 H 公司在 A 银行开具信用证 33 单，开证金额 8 000 余万美元，实际承兑金额 7 500 余万美元。截至 1997 年 4 月，T 集团共返还 H 公司 3 900 余万美元，用于循环开证造成 H 公司 3 500 余万美元的损失。并查实 T 集团在开具上述信用证过程中，未实际进口货物。侦查人员根据全国人大《关于惩治金融犯罪的决定》第十三条，认为 T 集团涉嫌信用证诈骗。

法院认为 T 集团和袁某伙同他人虚构进出口货物的事实，非法获取资金并造成经济损失数额特别巨大；无货物进口，直接参与信用证诈骗，构成信用证诈骗罪。依照《中华人民共和国刑法》判决如下：T 集团犯信用证诈骗罪，判处罚金 500 万

元；袁某犯信用证诈骗罪，判处无期徒刑，剥夺政治权利终身；其余被告人也以信用证诈骗罪分别被判处相应有期徒刑或缓刑或免予刑事处罚。

资料来源：本案例系作者根据湖北省武汉市中级人民法院刑事判例天津开发区南德经济集团暨牟其中等信用证诈骗案改编，原素材网址为：https://ishare.iask.sina.com.cn/f/7TLHABNQJ5.html.

【案例使用说明】

一、讨论思考题

1.T集团是如何申请开立信用证的？开立信用证的一般程序是什么？

2.涉案人员利用的是信用证下的何种融资方式？

3.T集团如何非法占有信用证款项？请推断开证行损失是如何造成的？

4.请总结本案的国际结算业务程序。

5.当事人应当从本案中吸取什么教训？

二、分析思路

分析本案例应从信用证的当事人责任、信用证的业务流程、信用证下的融资等方面做出分析判断。从开证行与开证申请人的角度申请开立信用证要遵循的程序，如不能规范操作，将给开证行带来不可估量的风险。在掌握远期信用证知识的基础上，理解融资的原理，结合信用证结算业务流程，分析开证行的损失是如何造成的。

三、理论依据及参考结论

1.无进出口经营权的T集团不能直接与外商签订购货合同，更无法申请开证，因而利用现行外贸代理制，先与H公司签订外贸代理进口协议，再由进口公司与出口公司签订进口合同，最后再向A银行申请开立信用证。联系G银行提供具有担保内容的"见证意见书"为其担保，最终陆续开立信用证。实际上T集团以廉价代理费"租用"了国有企业H公司和G银行的资信及其合法身份，达到了开证目的。在本案中，没有进口任何货物，出口公司也没有出口任何货物，其进口合同及其进口委托人和出口受益人身份纯属虚构。进口商申请开立信用证的程序为：

（1）递交有关合同的副本及附件。进口商在向银行申请开立信用证时，应向银行递交有关的进口合同副本及附件，如进口许可证、进口配额证（进口许可证及配额商品时）、某些部门的批文等。如果首次办理申请开证业务，开证申请人还需递交营业执照复印件和企业代码证复印件。如果是代理进口，还需递交委托代理协议。

（2）填写信用证开证申请书。进口商填写银行统一印制的信用证开证申请书，是进口商申请开立信用证过程中最重要的工作，它是开证银行对外开立信用证的基础和依据。进口商填写开证申请书时，必须按合同条款规定，写明对信用证的各项要求，内容须明确、完整，无词意不清的记载。

（3）办理开证授信或抵押、缴纳开证手续费。按国际惯例，进口人向银行申请开立信用证，应向银行交付一定比例的押金或其他担保金。银行根据资信调查情况规定一个开证授信额度，在授信金额范围内开证可不收保证金。如果开证金额超出开证授信额度，开证行就会要求申请人提供保证金。申请人可以不动产作抵押，或以动产及财产权利作押，或以提供其他银行的保函，或以现金作押。

（4）银行开立信用证。开证行收到进口商的开证申请，立即对开证申请书的内容及其与合同的关系、开证申请人的资信状况等进行审核，在确信可以接受开证申请人的申请并收到开证申请人提交的押金及开证手续费后，即向信用证受益人开出信用证，并将信用证正本寄交（有时使用电传开证）受益人所在地分行或代理行（通知行），由通知行将信用证通知受益人。申请开立信用证的时间须按合同规定。合同没有规定时，一般掌握在合同规定的装运期前一个月到一个半月左右。

2.信用证融资是国际贸易中由银行向进口商融资的基本方式。指商业银行应进口商的要求，向出口方开出信用证，准许出口商对开证行或其分支行、代理行开立一定金额的汇票，在接交的单据完全符合信用证有关条款的条件下，银行保证付款。在使用信用证融资方式时，开证行在进口商没有实际收货付款的情况下向出口商先行凭单付款，履行第一付款责任。对出口方受益人来说，这种付款又是最终性的，开证行履行付款后不能事后因进口商拒绝向银行付款赎单而向出口商追索已付款项。这样，在信用证支付条件下，银行信用取代了商业信用，使出口商面临的信用风险大为降低，同时由于信用证提供付款保证，出口商一般可以在当地银行将票据议付或贴现，取得资金融通，促进了进出口贸易的发展。

本案涉案人员主要利用的是银行向出口商提供的贸易融资方式：（1）票据贴现。在远期信用证项下，出口商发货并取得开证行或其他汇票付款人已承兑汇票后，到当地银行将期票以折扣价格兑现的一种融资方式。在这种利用票据贴现贸易融资方式下，银行对已贴现票据有追索权。（2）出口押汇。出口商将全套出口议付单据交其往来银行或信用证指定银行，由银行扣除从议付日到预计收汇日的利息及有关手续费。将净额预先付给出口商，向出口商有追索权的购买物权单据的一种融资方式。

3.A银行开证后通过通知行将信用证转递给出口公司。由于A银行开立的是180天远期信用证，该行、通知行以及H公司都不必在收到汇票后立即付款，而是待满180天后再付款。但A银行须在汇票上加盖"已承兑"字样表示到期一定付款，便可将汇票再转递给出口公司。这样，商业信用性质发生了变化，成为银行承兑汇票，为远期汇票即期使用创造了条件。

持有银行承兑汇票的出口公司可提前将汇票向有关金融机构贴现，受理贴现的金融机构将钱支付给D公司，待汇票期满后向H中行兑现。随后出口公司将钱转往T集团，"空手道"圈钱如愿以偿，由此非法占有信用证款项。

假设从1995年8月1日起，每个月1日开出3份金额为两百多万美元的180天远期信用证，D公司收到信用证后伪造单据交议付行，议付行寄单给开证行，开证行承兑后寄回汇票，D公司在当地向其他金融机构贴现汇票后扣除自身手续费将余款寄给T集团，则T集团于10月1日即可用上这笔款项。当第一次开出的3份180天远期信用证需要付款时已是2月1日，T集团此时可能已收到前五次开立的信用证返来的款项了，足以应付对外付款，且还有四次开证带来的返还款可供其一直使用。

4.本案的国际结算业务程序：

（1）T集团与H省轻工业品进出口公司签订虚假进口货物的代理协议。

（2）受T集团委托，H公司与中国香港D公司签订虚假进口合同。

（3）H公司向A银行提交开证申请书，申请开证。

（4）A银行向D公司开出以该公司为"受益人"的信用证，保证凭该公司提供的相符单据付款。

（5）D公司收到信用证后，将虚假、伪造和过期的商业单据及其开立的以H中行为"付款人"的180天远期汇票寄来H中行。该行承兑了上述汇票，并寄还D公司。

（6）D公司到中国香港渣打银行等金融机构贴现上述已承兑汇票，取得票款。

（7）D公司将票款汇交袁某的T集团。

（8）中国香港渣打银行作为A银行已承兑的远期汇票的贴现人，到期向A银行提示汇票索要票款，A银行必须偿付。

（9）A银行对外付款后，向H公司索款。直至T集团索偿，但T集团只偿付了部分款项，给A银行造成严重损失。

（10）1995年9月，因开证金额增大，A银行提出若继续开证，必须提供担保。袁某联系从G银行开具多份含有担保内容的"见证意见书"，交给A银行，作为再次开证的担保文件。

5.当事人应当从本案中吸取教训：

（1）开证行要认真审查开证申请人的资信状况，严格对企业的授信管理

开证行在开证时一定要对开证申请人和进口业务委托人进行严格的资信审查，并严格审查委托代理合同和进口合同，金额较大的信用证还需对国外出口商有一定了解。同时要根据开证申请人的资信状况、偿付能力等核定每一客户开立远期信用证的最高授信额度。对授信企业在授信额度内办理开证，其余部分落实有效担保。对非授信企业开立各种信用证原则上收取全额保证金。另外，对于异地代理进口项下开证一定要收取100%的保证金。

（2）开证行要控制远期信用证的开证规模

为了有效控制风险，应根据各级银行的资产负债率、资金实力及信用等级，设立其开立远期信用证的总规模及权限。一般来说，远期信用证占信用证总金额和开证未付款余额的比例最好不要超过30%，相对于即期信用证的付款赎单而言，远期信用证的承兑赎单风险要大得多。正常的国际贸易结算通常都在60天内完成，如

果超过此期限，很多有借贸易名义进行融资的倾向，欺诈可能性更大。银行应严格控制远期信用证的开立，并建立相应的分级审批制度，避免无贸易背景的融资，防范远期信用证欺诈。

（3）代理进口企业、担保人要认真审查委托人及外商的资信

代理进口企业要防止为了少许的手续费而承担不必要风险，在接受委托时，必须严格审查委托人和外商的资信，并对进口货物的市场行情和合理价位有所了解，必须将物权牢牢掌握在自己手中，对于异地客户委托进口更要对其进行资信调查。若发现欺诈并掌握了确切证据，应在开证行付款/承兑前及时向法院申请禁止开证行付款/承兑，以保障自己的权益。

远期信用证欺诈的另一个受益人是信用证开证担保人，G 银行即担当了这个角色。开证时，开证行需要开证申请人提供足够的保证金或有力的担保，因此开证申请人往往请比较有经济实力的公司为其提供担保。当开证申请人无法还款时，担保人则要负连带偿还开证行对外支付信用证项下款项的责任。若开证申请人是欺诈者所选中的代理进口的外贸公司，则此时的外贸公司及担保人均成了欺诈者的替罪羊。

（4）各级商业银行和法院要严格遵守法律和国际惯例

信用证结算业务的性质决定了开证行处理的是单据，而不是货物、服务或其他履约行为，因此，开证行负有第一性的付款责任。故各商业银行应严格按照国际惯例办事，只要受益人提交了符合信用证规定的单据，就应对外付款或承兑，特别是对已承兑过的远期信用证确保到期日对外支付，不应以任何理由拖延付款，即使明知自身遭遇欺诈也必须这样做，否则只能是赔了夫人又折兵，损失了资金，又损害了信誉。而各级法院在开具禁付令时，一定要以事实为依据，按照我国的有关法律规定，避免随意性、人为性的因素，审慎出具禁付令。

第7章 国际贸易结算方式——银行保函和保付代理

开篇案例

D/P 方式下进口商不付款出口商如何变通?

【案例正文】

2021年4月,上海A公司与国外B公司签订了五份出口合同。合同总金额为85万多美元,付款方式均为见票付款托收方式。6月,前四批货物分两批陆续从上海港装船发出,运到目的港。A公司也陆续分两次将四套总金额为60万美元的单据通过C银行寄往B公司的账户银行办理托收。由于发货时间紧凑,第四批货物发出后,第一批货款亦将到期,B公司坚持全部货物验货后再付款,因而一再拖延,直至逾期一个月。

同年7月,B公司又提出签订第五份合同,总金额25万美元,A公司吸取教训,提出改为即期信用证付款方式,并催收前四笔托收款项。B公司提出因资金不足,履行第五个合同后一次付清。经多次洽商,A公司同意向买方执行第五份销售合同,需以即期信用证方式结算,B公司还应按A公司要求,开立一份备用信用证,若在信用证结算时,还未将前四笔托收款项付清,A公司可凭信用证项下结汇水单、违约证明及应收金额的汇票进行索赔申请。B公司按要求开立信用证后,频频来传真催促发货,却不提前四笔托收款项,也不提开立备用信用证的事。A公司则立即发传真明确通知买方,表明如不开立备用信用证,将不会发货。

由于货物销售行情较好,B公司已在当地签订了销售合同,如不能按时收到货物,将要承担高额罚款。但仍然坚持,保证在第五批支付货款时,将所欠四笔货款付清。A公司仍表示必须开立备用证方可发货。B公司在万般无奈之下,终于通过原开证银行,开立了一份备用证,其有效期为跟单信用证有效期后一个月。

A公司收到备用证并审核无误后立即发货,缮制单据交议付行,附上汇票,要求议付行进行电索。十天后,C银行支付了该笔议付金额。但B公司未能将前四笔货款按约定一并付来。A公司立即催款。B公司来电称资金仍然困难,容一个月后即付,并表示承担利息。

【涉及的问题】

1.分析卖方应采取何种有效措施进行应对。为何买家推诿一个月之后付款?

2.比较本案不同结算方式中出口方面临的风险。

思政案例

L 公司巨额贷款易主为金融业带来"脑震荡"

L 公司总部为上市公司，必须定期公开披露财务信息，为投资者决策提供参考。其中资产负债率、应收账款等指标是投资者最为关注的。总部为降低资产负债率，扭转近几年经营亏损和连续出现负现金流的局面，要求其控股公司加强财务管理、压缩贷款和出售应收账款。L 公司自然在此之列，要尽一切努力提升现金流量。加大还贷力度正是其措施之一，L 公司还在寻求更为彻底的解决方法，如国际保理业务，即无追索权应收账款转让业务。

由于 L 公司生产的是大型电信设备，目标客户为各大电信运营商，在设备卖出后，通常产生巨额应收账款。为提高应收账款回收速度、降低经营风险，无追索权应收账款转让业务正是解决的好办法。无追索权应收账款转让业务即银行买断应收账款，当到期不能收到贷款时，银行无权再向爱立信公司索赔。

L 公司早在 2000 年就向中资银行申请办理保理业务，鉴于 L 公司的债务人主要是国内信誉优良的三大通信公司，偿还贷款基本是有保证的，因此中资银行有办理无追索权应收账款转让业务的意向。中资银行曾对 L 公司开展了有追索权应收账款转让业务，这个业务还作为一种金融创新的典范在银行内部推广。显然这种业务对于 L 公司来说仍要承担部分责任，不能满足其降低财务风险的需要，于是 L 公司向中资银行申请办理无追索权应收账款转让业务，就是由银行买断其应收账款，全部承担信用风险。由于国内保险公司无法对银行买断的应收账款提供债权保险，按国际惯例应由保险公司与银行共同分担此项业务的权利和风险。中资银行无法满足 L 公司的要求，于是 L 公司就转投承诺提供买断性服务的外资银行。

2022 年，H 外资银行首先获准向中国境内各类客户开办外汇业务，这是我国履行对世贸组织的承诺，进一步开放银行业的第一项举措。与此同时，媒体也爆光了 L 公司放弃中资银行、投奔 H 银行的信息。L 公司凑足巨资提前还完了中资银行巨额贷款，转而再向 H 银行贷回同样数额的巨款。

7.1 银行保函的性质和作用

7.1.1 银行保函的概念和性质

案例

该保函为独立性保函吗?

【案例正文】

Z银行根据申请人要求,于2022年12月1日开立银行保函,受益人于当日收到保函正本,保函约定,该保函于同年12月31日失效。保函内容显示:"鉴于申请人与受益人签订了编号为5376的合同,我行开立保函;我行将在收到受益人法定代表人签字并加盖公章并声明申请人违约的书面通知后,向受益人支付本金人民币100万元及利息、实现债权的费用、损害赔偿金等款项;保函适用URDG758。"同年12月20日,Z银行收到受益人通过快递公司退回的保函正本,Z银行终止保函下义务。

【涉及的问题】

1. 分析该保函是否为独立性保函。

2. 分析受益人退回保函正本,是否表明独立保函权利义务的终止。

【参考答案】

1. 独立性保函必有索赔单据、必有最高金额两个明确条件;同时,在适用条件时选择见索即付、或选择独立性规则、或选择独立承诺。这是判断所开保函是否具有独立性的基础。只有同时满足两个必要条件,且满足三个选择条件之一的银行保函,才被认定为独立保函。

本案中尽管载明适用国际商会的URDG758,也载明据以付款的单据,但保函金额包含了利息、实现债权的费用、损害赔偿金等款项,无法通过担保人自身记录或保函条款中约定的指数加以确定,即未载明担保人在保函项下应承担的最高金额。载明据以付款的单据和最高金额,要满足两个必要条件,建议注明最高金额不超过人民币100万元。故保函不能被认定为独立保函。

2. 独立保函权利义务终止的条件可以归纳为五种情形:有效期已过、款项全部支付、金额减额至零、受益人解责文件、约定终止的其他情形。独立保函的保函责任终止只能以满足五种情形之一为准,与受益人是否持有正本保函无关。URDG758指出,仅将保函文本退回担保人而不附有解除担保人保函项下责任的说明,将无法终止该保函。鉴于此,Z银行在收到受益人退回的保函正本后,不能贸然认为是受益人对终止保函的认可，而应与受益人沟通，加以确认。受益人持有独立保函正本，不代表必然有索赔权；受益人未持有独立保函正本，也不代表必然没有索赔权。

7.1.2 银行保函的当事人

案例

转开行索赔是否合理？

【案例正文】

国内 A 公司与国外进口商 D 公司签订了出口厨卫家具合同。按照合同约定，D 公司开立了以 A 公司为受益人的不可撤销信用证，该信用证的生效条件是 D 公司收到 D 公司所在地 B 银行开立的以其为受益人的不可撤销履约保函，金额为合同总价的 10%。为此，A 公司向 C 银行申请开立此项履约保函。

C 银行对申请人进行资信调查后，同意其申请，向国外 B 银行开出了保函，保函到期日为 2022 年 5 月 10 日，并委托 B 银行以 C 银行的保函，向 D 公司开立履约保函，规定索赔条件是收到受益人出具的证明申请人未能履约的书面文件。

2022 年 4 月 30 日，A 公司按照合约规定装运货物并议付单据。2022 年 5 月 2 日，C 银行收到 B 银行的来电要求保函展期 3 个月，否则要求赔付。C 银行征求申请人意见，申请人对此不予接受，理由是申请人已经履行了合约，因而其合约责任已经解除，保函没有必要展期。C 银行根据申请人的要求，对 B 银行的展期要求予以拒绝，并向 B 银行提供了证实 A 公司履约的提单等复件，同时提醒 B 银行注销保函，B 银行对 C 银行的拒绝电没有答复。

2022 年 5 月 15 日，B 银行向 C 银行提出索赔，理由是受益人已经提交了一系列证明，并且申请人没有在原有效期内提交履约证明，B 银行认为履约保函仍然有效，而且 B 银行已经赔付受益人，故 C 银行必须赔付 B 银行。C 银行立即去电拒付索赔款，并驳斥 B 银行的索赔理由：保函已于 2022 年 5 月 10 日到期，申请人已经履行了合约义务，并且在保函有效期内，受益人未能提交符合要求的索赔单据，受益人无权得到赔付。

【涉及的问题】

1.分析本案中保函当事人的关系。

2.分析该保函的索赔流程以及 B 银行索赔是否有理。

【参考答案】

1.保函的基本当事人包括三方：申请人，通常是卖方/服务方；担保人，开具保函的银行；受益人，通常是买方/业主。受益人为方便在当地索款，往往要求由其所在国银行作为担保人，这时将涉及第四方：指示行，即向担保人发出开具保函指示并向担保人提供反担保的银行。这种情况的保函为间接独立保函，其保函开立方式为转开。本案例中涉及的履约保函属于转开保函，转开保函是指申请人所在地银行（即指示行），以提供反担保的形式委托国外受益人所在地银行（即转开行）出具保函，并由后者承担付款责任。指示行只对担保行负责，受益人要求付款的对象是担保行。A公司为保函申请人，D公司为保函受益人，双方形成基础合同关系，C银行作为指示行向当地B银行提供反担保。

2. 如D公司进行保函索兑，基本流程是：D公司根据开具的保函向当地B银行索赔，见索即付保函独立于基础合同，如提供的书面文件符合保函的单据要求，B银行应直接向D公司付款。与此同时，担保行根据C银行开具的反担保保函向C银行索赔，并根据与A公司签订的反补偿协议（或索偿担保）向A公司要求补偿。

B银行索赔无效。间接保函项下的索赔，B银行收到受益人的索赔要求并付款时，应及时通知指示行C银行，并将受益人提交的单据以及担保行的书面声明交给指示行。书面声明的内容应包括：担保行已经收到索赔，索赔符合保函条款，随附必要的违约声明。指示行在反担保失效之前收到担保人本人的书面声明及受益人提供的索赔文件或单据时，应进行审核，若审核无误，应立即支付，并从申请人处得到补偿；若发现不符点，可以通知拒付。而本案例中，有效期内受益人未发起索赔，保函有效期已过，保函自动失效，保函终止。

7.1.3 银行保函的特点

案例

银行保函下的索付理由是否合理？

【案例正文】

2021年4月30日，R公司、N公司、国内A公司三方签订了技术开发合同，约定由R公司向A公司提供项目技术开发服务，N公司作为A公司的代理人进口技术开发合同项下的技术服务，合同总金额400万欧元。

5月19日，B银行签发了以N公司为受益人的不可撤销银行保函一份，承诺在收到N公司的第一份书面付款请求时，向其支付不超过40万欧元的款项。该书面请求声明R公司未能履行合同项下的义务并表明侵权已经发生，保函自R公司收到预付款之时起生效；保函适用国际商会《见索即付保函统一规则》第758号出版物。6月16日，N公司将约定的40万欧元在依法扣缴10%所得税后，向R公司电汇了36万欧元作为预付款。

12月17日A公司发现，R公司没有完成工程任务，随即以R公司未能按时完整履行合同义务为由，提出终止技术开发合同。N公司于2022年1月14日向巴塞罗那银行发出索付预付款之书面请求，以R公司违约为由，请求巴塞罗那银行支付保函项下的40万欧元款项。1月31日，B银行回电，以R公司已在中国提起仲裁，并在出口国法院提起要求暂停付款的临时救济程序为由，拒付保函项下款项。R公司于3月21日向中国国际经济贸易仲裁委员会申请仲裁，请求裁决A公司和N公司承担违约责任和赔偿经济损失。

【涉及的问题】

1. N公司向B银行发出索付请求是否合理？为什么？

2. 结合保函的单据化特征，分析B银行拒付是否合理。

【参考答案】

1. R公司、N公司以及A公司共同签订的技术开发合同依法成立并生效，其对各方均具有法律约束力。R公司应当依照合同的约定完成各项技术开发服务，但至A公司发出终止合同通知前，R公司没有完成履约，违反合同。在B银行签发以N公司为受益人的见索即付银行保函后，N公司将约定的40万欧元在依法扣缴所得税后，向R公司电汇了36万欧元作为预付款，符合技术开发合同的约定。

依保函载明的内容，B银行承诺在收到N公司书面请求时向N公司付款该书面请求已声明R公司未能履行合同项下的义务并表明侵权已经发生。向B银行提出索付请求，是基于R公司违约和保函载明的事实，理由正当。

2. 保函是独立于委托人和担保人的合同。担保人无权以委托人违反该合同为由拒付保函项下的索款要求。担保人对单据的审核责任仅限于表面相符。因此，见索即付保函具有第一性付款责任和单据化特征，即受益人只要在有效期内提交符合保函条件的申请书及保函规定的任何其他单据，担保人即应无条件地将款项赔付给受益人，而不管申请人是否确实违约及受益人实际所遭受损失程度。

保函的单据化特征。保函的单据化特征表现为其金额、付款期限、付款条件和付款责任的终止均取决于保函本身条款及索赔书和其他保函所规定单据的提交。如果受益人未能提交单据或所提交的单据与保函要求不符，或索赔要求未以保函要求的形式出具且未能在保函有效期内提交，受益人就无权获得付款。

7.1.4　银行保函的作用

----------------- 案例 -----------------

银行保函能否作为信用证业务中的单据？

【案例正文】

2021年3月7日，A银行应S公司的申请开出金额为60万美元的即期自由议付信用证，受益人为 T 公司，通知行为 W 银行。信用证所要求提交单据中含一份正本银行保函，保函金额为 10% 的合同款，有效期至同年 9 月 30 日。

7 月 31 日，A 银行收到信用证下全套正本单据，交单行为 W 银行。经审核，银行认为单证相符，除留下待核实真实性的银行保函外，A 银行将其余单据交给申请人，并定于 8 月 7 日对外付款。从表面上看，该保函出具银行是 W 银行，A 银行向其发出查询电后收到回电，该行称无法核实保函，要求 A 银行传真保函，A 银行立刻将保函传真至该行。8 月 7 日，A 银行收到该行的回电，告知该保函系伪造。A 银行立即暂停了该笔信用证的付款，并与申请人联系，申请人退回已收到的所有单据要求拒付。8 月 8 日，A 银行在收到单据的第六个工作日，向 W 银行发出拒付电报，拒付理由：银行保函系伪造。之后 A 银行没有收到对方银行的电文。8 月 21 日，申请人书面通知 A 银行已收到该信用证项下真实合格的银行保函并同意 A 银行付款，A 银行当日解除拒付并对外付款，此笔业务圆满闭幕。

【涉及的问题】

1. 银行保函与信用证有哪些区别？

2. 结合本案分析银行保函能否作为信用证业务中的单据。

【参考答案】

1. 银行保函与信用证都是银行开立的，同属于银行信用，而且都被用于国际贸易中的货款支付，两者区别主要表现在：

（1）银行付款责任不同。信用证业务中，开证行承担第一性付款责任；在银行保函业务中，见索即付保函银行承担第一性付款责任，而有条件保函银行则承担第二性付款责任。

（2）适用范围不同。信用证业务一般只适用于货物买卖，而银行保函除适用货物买卖外，更多地用于国际工程承包、投标招标、借款贷款等业务，因而适用范围更广。

（3）对单据要求不同。信用证项下货运单据是付款的依据，单证不符银行可拒付，银行保函项下单据不是付款的依据，一般凭索赔书或其他文件付款。

（4）能否融资不同。信用证项下受益人可通过议付取得资金融通，而银行保函项下单据不成为索汇的依据，也不能作抵押贷款，受益人不能取得资金融通。

（5）与合同关系不同。信用证与合同是两个完全独立的契约；而出具有条件的保函的银行，当受益人以对方不履约，提交书面陈述或证明，要求银行履行赔偿诺言时，银行一般须证实不履约的情况，如果双方意见不一，保证银行就会被牵连到交易双方的合同纠纷中去。有的国家，如美国、日本等，法律禁止银行介入商事纠纷，故不允许银行开立银行保函。

总之，信用证是开证行应进口方的请求向出口方开立的在一定条件下保证付款的凭证，付款的条件是受益人向银行提交符合信用证要求的单据。银行保函是指银行应委托人的申请而开立的有担保性质的书面承诺文件，一旦委托人未按其与受益人签订的合同的约定偿还债务或履行约定义务时，由银行履行担保责任。

2.银行保函作为信用证业务中的单据并不妥。主要体现在以下两方面：

首先，关于核实银行保函真实性的问题。根据UCP600第34条，银行对于任何单据的真伪性免责。同样，作为信用证项下单据提交的银行保函，银行对其真实性不负责任，除非信用证中明确规定其真实性需要核实，因为此时银行保函只是信用证需要的一份单据而已，不是经银行通知的文件。作为信用证开证行和保函的通知行，银行承担的责任和义务是不同的，前者审核保函与信用证及其他单据的表面一致。后者则检验保函的表面真实性。因此，当正本银行保函作为信用证项下单据提交时，银行不负责核实其真实性，也不能以需要核实其真实性为由拖延对外付款或拒付的有效期限。核实银行保函真伪只是开证行提供的额外服务而不是开证行的责任。

其次，关于保函的格式。实务中，保函的格式多种多样，买卖双方一般在合同中对保函的格式都有规定。通过银行通知的保函，如果格式不符合要求，保函的受益人地位较主动，可以要求对方修改，否则可以不接受。而当银行保函作为信用证规定的单据提交时，其是否可接受完全依据银行的审单标准。根据国际标准银行实务，银行保函应作为UCP600规定的单据来审核，信用证没有规定的内容是不予审核的。为此，在开证时申请人往往要求开证行开立如下条款：正本银行保函的出具银行和格式需得到申请人确认；保函的格式必须和合同上规定的一致等等。显然，信用证开立如此条款是不符合国际惯例的，但是不按此要求开立，又难以满足申请人对保函格式的要求，所以开立此类信用证，开证申请人容易陷入被动不利的局面。

7.2　银行保函的内容及种类

7.2.1　银行保函的内容

案例

银行保函适用于URDG吗？

【案例正文】

2020年6月25日，A公司因承包B公司的工程而要求其开户银行C银行向B公司出具一份履约保函。随后，A公司向C银行提交了"保函申请书"，要求C银行向B公司开出有条件的不可撤销的履约保函，担保金额为300万元，有效期至2021年6月25日，A公司提供了30万元的保证金。

C银行出具了履约保函中写明"应A公司申请，我行在此开立以你方（B公司）为受益人的不可撤销保函，担保金额最高不超过300万元人民币。如果A公司未能按工程合同规定履行其全部责任，我行保证为其承担责任。本保函自开立之日起生效，至工程竣工验收（一年）后失效"。2021年7月1日，B公司以A公司承包的工程质量问题为名，在工程竣工验收前，向C银行提出索赔，C银行以保函有效期截止为2021年6月25日为由，拒绝承担保证责任。B公司以C银行为被告，向法院提起诉讼，法院支持B公司的诉讼请求，判决C银行立即向B公司支付保函金额300万元及其他费用。

【涉及的问题】 ■————————————————————————

1. 本案所涉及业务是否适用URDG？

2. 本案保函期限约定存在什么问题？

【参考答案】 ■————————————————————————

1. 本案中，担保人的责任取决于申请人的违约，且仅限于受益人实际遭受的损失，所以该保函不适用于URDG。如果保函规定：我们保证凭首次书面要求向你方支付索款要求的金额，最高不超过200万元人民币的款项，即"We undertake to pay you on first written demand the amount specified in such demand up to a maximum of RMB 3 million"，这就是URDG范畴内的见索即付保函，因为付款责任仅仅取决于书面要求文件的提交，支付金额也仅取决于要求文件本身和限定最大责任的保函条款。

2. A公司与B公司之间工程合同中预定的竣工验收期为2021年6月25日，于是，银行与甲公司根据对工程竣工日期的推算，在保函申请书中将保函日期确定为2021年6月25日。由于具体施工中情况发生变化，一直到2021年7月1日，工程仍未竣工，便谈不上验收。保函的有效期表述为"工程竣工验收（一年）后失效"，这句话中有关日期表述不明，即"工程竣工验收日""一年""工程竣工验收合格日"，保函有效期的截止日确定模糊。法院判定C银行应支付保函金额，是认为工程竣工验收合格日为保函有效期截止日，则只要工程竣工未验收合格，C银行的保证责任就不能解除。

7.2.2 银行保函的种类

----------- 案例 1 -----------

为何产生内保外贷业务？

【案例正文】 ■————————————————————————

国内S公司从事皮具加工和生产，在中国香港设立H公司，H公司在国外收购生皮卖给T公司。2020年，中国香港的贷款融资成本比内地低很多。

S公司每月在国内销售熟皮和皮制品约 2 000 万元人民币，因此 T 公司与当地 A 银行谈妥将此款质押给当地银行。A 银行随即与 T 公司签订包括银行当地分行、银行总行离岸金融部和母公司及子公司在内的四方协议，分行冻结此款后向离岸金融部发出保付函，离岸金融部随即向 H 公司开出保函，H 公司以此向本地银行融资。T 公司以此方式定期与银行展开此项业务，解决境外融资难及境内融资成本高的问题。

【涉及的问题】

1. 分析内保外贷业务存在的原因。

2. 分析内保外贷业务的银行保函业务流程。

【参考答案】

1. 内保外贷业务属于融资性保函，存在的原因之一是更好地帮助国内的企业"走出去"，国内企业在国外展开业务初期，由于业务规模可能较小，综合实力不足，难以从国外获得贷款，因此需要国内银行为企业增信。二是由于直接的境内资金汇出境外进行投资，需要发改委、商务部门、外汇局等相关部门的批准及备案，且需要外汇额度，境内资金出境比较困难。三是降低融资成本，国外有很多国家利率较低，甚至为负，直接从境外银行融资有利于降低融资成本。

2. 内保外贷业务是在预先获准的对外担保额度内，境内银行为境内公司的境外投资子公司提供对外担保，境内公司反担保境内银行，最后境外银行给境外子公司发放相应的贷款的行为。

本案中，首先境内母公司要为银行提供反担保，即境外子公司（借款公司 H 公司）的境内母公司（S 公司）通过给银行提供反担保，向银行申请保函额度，从而最终担保子公司在境外取得贷款授信。其次，A 银行为境外 S 公司向境外合作银行的借款提供担保。银行提供对外担保可以为保函、备用信用证等形式。而且，银行与境外合作银行需就保函及备用信用证的具体条款达成一致。最后，境外合作银行对境外 S 公司提供授信。境外合作银行根据境内 A 银行的资信状况和境内 S 公司对 H 公司的参股比例来确定对 H 公司的授信额度。境外合作银行与 H 公司确定贷款利率报价，同时境外公司需在境外合作银行处开立账户。

---------- 案例 2 ----------

补偿贸易保函业务风险几何？

【案例正文】

国内 A 公司与国外 B 公司签订补偿贸易进出口合同，由 A 公司从 B 公司引进全套生产设备和技术，A 公司以设备生产的产品返销给 B 公司，用以支付引进设备价款和利息，每半年支付 1 次，6 年内付清。国内 C 银行应 A 公司的申请，出具以 B

公司为受益人的补偿贸易保函，保证在B公司提供生产设备和技术的前提下，A公司以引进的设备所生产的产品返销给B公司，或以产品外销所得的款项支付给B公司作为补偿。如A公司不能返销B公司要求的质量和数量的产品，C银行则开立以自己为付款人，以B公司指定的银行为收款人的银行承兑汇票付清款项。

关于产品的回购，A公司按照C银行的建议，要求B公司开立产品回购商业保函。项目投产后，A公司未能按照B公司要求保质达产，产品积压返销量小，未达到生产规模。A公司认为，B提供的设备有质量问题使产品质量不能满足要求。B公司认为，A公司不能按时交货，使B公司不能回购。

随后，B公司利用补偿贸易保函向C银行索赔，A公司因无法生产出B公司满意的质量和数量的产品，又无资金付款，C银行须承担其担保责任，按照保函的规定，每半年偿付到期的汇票。虽然C银行采取了相应的反担保措施，即要求A公司上级单位提供反担保；同时要求A公司抵押500万美元不动产，但由于反担保单位为亏损单位，基本不具备反担保资格，加上抵押物处置困难，最终造成银行亏损巨大。

【涉及的问题】

1. 分析该类保函的开立形式和担保内容。

2. 分析C银行应汲取哪些经验教训。

【参考答案】

1. 在补偿贸易合同项下，银行应设备或技术的引进方申请，向设备或技术的提供方所作出的一种旨在保证引进方在引进后的一定时期内，以其所生产的产成品或以产成品外销所得款项，来抵偿所引进之设备和技术的价款及利息的保证承诺。补偿贸易担保的金额取决于出口商提供的设备和技术的价格。有效期始于进口商收到设备，完成安装和调试并进行试生产，直到担保项下的全额付款付清或双方约定的具体日期为止。为了避免不必要的纠纷，补偿贸易担保函必须表明，担保人本金或担保人向受益人作出的任何补偿，都会使担保银行的付款责任减少，直至全额赔偿。

2. 首先，对项目评估均不充分。A公司缺乏前期评估工作，对设备引进后产品补偿工作调研不够，对各种影响设备安装调试、生产的因素估计不足。C银行仅对项目本身评估不充分，对项目执行人的综合实力和项目的外部环境缺乏科学判断，较盲目地承担了担保责任。

其次，C银行出具的补偿贸易保函内容有所缺漏。一是补偿贸易保函项下支付发生的前提与设备提供方所发运的设备质量的好坏及设备提供方回购产品的保证未关联，因此C银行建议A公司要求B公司开立以A公司为受益人的产品回购保函，但此保函为商业信用。担保银行应要求设备出口方为此提供足额的银行信用承诺，并在保函中制定一旦出现不利情况时担保银行可凭以拒付引进设备款的有关条件和条款。二是C银行的保函中应当增加担保责任递减条款，即随着产品返销，C银行的担保责任相应递减。待产品返销金额已经补偿外方所提供的设备款之后，C银行担保责任解除。

最后，C银行反担保措施不够完善，在开立保函时，对抵押和反担保措施的审查不严，虽是信用担保加抵押，但信用担保是亏损企业或潜亏企业，只考虑其净资产可以覆盖担保金额是不足的，抵押的资产处置困难。一旦保函项下发生了索赔和赔付行为，担保银行理应享有向申请人提出追偿的权利。但申请人因资金短缺无力偿付，担保银行仍将面临着其收到受益人符合保函条款要求的索赔，并办理了垫款支付后无法获得相应补偿的风险。

```
------- 案例 3 -------
```

保函金额递减条款

【案例正文】

A公司在境外成立B公司，由B公司承包境外C公司工程项目。根据基础合同，A公司向D银行申请开立以C公司为受益人、金额为1 000万美元履约独立保函。保函表明，D银行将在收到受益人声明申请人违约的书面通知后，向受益人支付本金人民币不超过1 000万元的赔偿。

D银行请境外E银行开立上述独立保函并向其出具独立反担保函。E银行与C公司在独立保函中约定，该保承金额根据每次项目到期的接收证明，或该期每次发运的发票价值，或C公司发给E银行的书面同意，而自动地、成比例地减少。但D银行在为E银行出具的反担保函中并未出现上述内容。

随后，E银行向D银行请求索赔1 000万美元，并附C公司给E银行的索赔函。A公司向D银行发函，称其已完成工程项目70%的工作量，并已得到C公司的确认，故其申请D银行为其减额至300万美元。D银行虽要求E银行对保函予以减额，但E银行坚持要求D银行全额付款。经外汇管理部门核准，D银行对外进行了1 000万美元赔付。D银行多次向A公司发函请求其划款，但A公司未予履行。

【涉及的问题】

1.D银行就保函金额递减问题向E银行提出请求是否合理？

2.D银行应汲取哪些经验教训？

【参考答案】

1.不合理。独立保函及反担保函均独立于基础合同，独立保函及反担保函的金额在没有特别约定的情况下均不能随着申请人义务的履行而自动减少。因此，反担保函中没有写明保函金额递减条款，则独立保函金额的减少并不能导致反担保函金额相应减少。E银行对受益人的独立保函中列明了保函金额递减的条款，而D银行向E银行开具的反担保函中没有金额递减条款的约定，故D银行无权就保函金额递减问题向E银行提出请求。

2.将独立保函重要条款内容予以细化以明确银行义务标准，将会减少银行的法律风险。

（1）反担保条款。为保障银行权益，银行在与申请人签订书面的反担保协议中，应特别明确申请人付款条件，银行承担的义务不应超过银行在独立保函中所负的义务，主要是审查义务和通知义务。银行在设定索赔条件时应以对单据进行形式审查为限，即审查书面请求和单据是否与保函要求相符。

（2）保函金额条款。该条款中应避免保函金额敞口，将保函金额明确限定为具体额度。如保函金额递减条款，银行的保函金额或反担保金额可随基础合同的履行而相应递减，具体支付机制可设计为银行经受益人请求即付款，除非申请人提交证明基础合同已履行的单据。

（3）保函有效期条款。担保银行应避免保函期限敞口，将保函期限明确约定为具体日期，尽量避免保函期限的延长，或对期限延长作出严格限制。

7.3 银行保函的业务程序

7.3.1 申请人开立保函

--------- 案例 ---------

保函条款是否规范？

【案例正文】◼▸━━━━━━━━━━━━━━━━━

A公司向H银行申请以B公司为受益人的银行保函，H银行作为担保人，保证履行合同要求，按时按质按量地交运货物，如申请人违约，B公司有权向H银行索赔。保函主要条款如下：（1）索赔条款：如由于A公司主观原因造成未能按合同规划最迟装运期装船交货，银行保证赔款。（2）金额条款：USD1 750 000，与合同总金额相同。（3）保函生效条款：该保函自签发之日起生效。（4）保函失效条款：保函生效后180天或申请人装船交货后保函失效，以较早者为准。

A公司与B公司签订的商务合同规定，B公司以T/T方式向A公司支付货款，出口商品"样品须交B公司确认"。4月，H银行应申请开立保函，考虑到A公司为知名大型外贸专业公司，H银行落实了有关财产抵押措施，未收取保证金。同年8月，A公司告知H银行，A公司多次寄样品，而B公司一再挑剔，不予确认。交货期已临近，H银行建议A公司马上联络B公司延长装运期。而B公司既不确认样品又不延长装运期，并坚持按违约处理。

之后，H银行收到B公司所在国G银行的索赔电传，称A公司未按合同规定按时装船交货。H银行必须在3天内赔款。H银行立即与A公司联系并要其提供情况说明，A公司在其情况说明中一再声明，未能按时装船交货完全不是由于其主观原因，而是由于B公司故意刁难，A公司的样品完全达到了合同规定的标准，并随附了中国商检局出具的商检证书。H银行据此电复B公司：中国商检局已经出具产品符合合同规定标准的商检证书，B公司不确认样品，造成A公司无法按期装船交货，非A公司主观原因造成。建议B公司立即协商A公司解决，至于样品是否符合标准，在买卖双方协商不成的情况下应诉诸法律，由法庭裁决。所以银行不承担赔偿义务。

最后，A公司与B公司经过多次谈判协商，双方终于达成共识。一是重新立约确认书。二是B公司同意不向A公司索偿，担保行的保函失效。

【涉及的问题】

1. 分析该案例所述是何种保函。

2. 分析保函主要条款是否规范。应如何修改？

【参考答案】

1. 该案例属于国际贸易中的履约保函，主要是保证卖方履行贸易合同项下的交货义务，即保证卖方按时、按质、按量交运合同规定的货物。有时买方要求的履约保函不仅保证卖方按期发货，而且保证其所发运的货物在一定期限内质量完好，后者以履约保函代替了质量保函。

2. 首先，使用单据化条款代替非单据条款。H银行修改后的索赔条款中的"因主观原因导致违约"，属于非单据化条款，虽然对A公司有利，但使银行卷入商务纠纷之中，处于相当被动的地位。因为受益人索赔时，即声明A公司是因主观原因违约，要求银行赔偿，如H银行对外偿付，则无法向申请人追索对外偿付的款项，因为申请人将想尽办法提出各种证据证明并非其主观过错。而要证明是主观原因还是客观原因都是十分困难的。H银行被迫去证实，就不可避免地被卷入商务纠纷之中。"由于A公司的主观原因"可改为"在B公司向H银行提交了经法定程序裁决B公司索偿的仲裁裁决书后，银行保证赔偿"的单据化条款，以避免银行陷入商务纠纷之中。

其次，在申请人申请开立保函时，要缴纳保证金或进行反担保，对担保金额占合同总金额比例较大的保函，担保行应要求申请人交存100%的保证金，并加列控制受益人无理索偿的单据化条款，该类情况不应出具无条件见索即付保函。

7.3.2　担保行审查及开具保函

-------- 案例 --------
保函内容单据化

【案例正文】 ■————————————————————————

S公司为引进国外先进技术和设备，与C国A公司签订了技术引进合同。合同规定，A公司负责提供S公司所需机械制造技术和有关设备，同时负责设备安装调试及有关人员的技术培训。合同金额的25%以现汇支付，其余75%以延期付款的方式支付，合同总金额为140万元。S公司需提供D银行的担保，担保金额为105万美元。根据A公司提供的保函格式，S公司填制后递交D银行，请求其依此向A公司出具不可撤销的付款保函。

A公司提供的保函格式中内容包括：我行在此范围内对申请人下述支付负有保证责任：（1）如申请人未能全部或部分支付合同中规定的款项，且又不能证明受益人未履行合同规定时，在收到受益人书面通知3天之内，我行无条件地将A公司应付的有关金额连同迟付利息（按年利息a%）一并支付给受益人；（2）本保函即日起生效，保证金额随申请人逐次支付货款而相应递减，申请人支付完合同规定的款项后，保函自动失效。

D银行接到S公司递交的开具保函申请书、交易合同、保函样本等材料后，经审查研究，认为保函内容当作修改，修改后的保函内容如下：

根据受益人（A公司，以下称卖方）与S公司（以下称买方）于2020年1月3日签订的总金额为140万美元购买设备与技术资料的编号为S1124的合同，应买方的要求，我行兹开立以卖方为受益人的金额为合同总价款75%计105万美元的不可撤销保函，编号为T35768。合同价款的25%，已由买方预先支付给卖方。我行担保如下：

（1）如卖方已全部履行其合同所规定之义务，而买方未能依合同的相应规定支付款项时，我行保证在收到卖方通过T银行通知并证实其签字的书面索赔通知和合同中规定的各项单据副本后15天内，将买方应付的有关款项连同迟付利息（按年利息a%）一并支付给卖方。

（2）本保函金额随买方逐次向卖方支付的金额而相应递减。

（3）本保函自开具之日起生效，至买方付清货款之日失效，无论如何，其最终失效日不晚于2022年1月1日。

（4）本保函失效后，请以挂号航邮退还我行注销。

得到S公司确认后，D银行开出不可撤销的付款保函。在合同的履行过程中，由于设备安装后一直未能达到规定的标准，S公司拒绝向A公司支付货款。A公司认为原因在于S公司操作人员技术水平不达标所致，责任不在卖方，认定S公司违约，遂向D银行要求索赔。

【涉及的问题】

1. 根据保函开具内容分析D银行应如何处理？

2. 本案例中可以使用预付款保函取代付款保函吗？为什么？

【参考答案】

1. 按照保函规定，买方未能依合同的相应规定支付款项时，卖方索赔，应通过银行通知，并由银行证实签字的书面索赔通知和合同中规定的各项单据副本。所以，通过受益人直接向D银行的索赔通知书，是不符合规范的。同时，D银行应立即与S公司联系，向S公司了解情况，研判索赔条件是否成立，是否有合同规定的各项单据副本，如设备试验合格证书、设备移交证书等。如无上述单据，则索赔不合理。通过上述操作，侧面督促A公司对安装好的设备再次进行调试，积极组织培训买方操作技术有关人员，以便达到规定的标准。D银行在开具保函过程中，应对保函开立申请书和保函格式进行审查，避免后续索赔可能出现的被动局面。

2. D银行应S公司要求开具的是付款保函，属于进口保函，进口保函是银行保函的一种，是银行应进口方要求向出口方开立的保证文件。开立保函的银行保证进口方在出口方履行保函规定的责任后履行其应负的责任，否则由开立保函的银行代为偿付货款或价款。付款保函是担保银行应买方的申请而向卖方出具的，保证买方履行因购买商品、技术、专利或劳务合同项下的付款义务而出具的书面文件。付款保函应买方、业主等申请，向卖方、施工方保证，在卖方、施工方按合同提供货物、技术服务及资料或完成约定工程量后，如买方、业主不按约定支付合同款项，则银行接到卖方、施工方索偿后代为支付相应款项。其所起的作用是当S公司不履行付款义务时，A公司可以凭S公司未履约证明等材料向D银行索赔，保证其利益，给其收款提供了保证。所以当S公司违约时，A公司可以向D银行索赔，D银行为保证自身利益也积极地调解，最终促成交易的顺利完成。而预付款保函属于出口保函，是银行应出口方要求向进口方开立的保证文件，保证申请人未发货或未按要求使用预付款时，由银行退还受益人所支付的预付款。

7.3.3 受益人凭保函要求支付或索赔

案例1

如何理解保函索赔条款中"on the first demand"？

【案例正文】

申请人A公司要求，担保行G银行开立一笔以B公司为受益人的履约保函。保函含有如下条款"on the first demand, we shall pay you"，保函适用 URDG758。由于A公司违约在先，受益人B向担保人发来索赔文件，担保人审核索赔文件后确认索赔相符，于收到索赔文件后第四个银行工作日作出赔付。次日却收到受益人索要利息的电文，受益人以保函条款规定"on the first demand"为由要求担保行支付迟付利息。受益人认为保函索赔条款措辞"on the first demand, we shall pay you"，表明担保行在收到索赔文件当日理应完成赔付。

【涉及的问题】■

1. 分析G银行拒付是否合理。

2. 如何理解"on the first demand"？是否应当日赔付？

【参考答案】■

1. URDG758第20条a款规定：如果提交索赔时没有表明此后将补充其他单据，则担保人应从交单翌日起五个营业日内审核该索赔并确定该索赔是否相符。这一期限不因保函在交单日当日或之后失效而缩短或受影响。但是，如果提交索赔时表明此后将补充其他单据，则可以到单据补充完毕之后再进行审核。所以本案担保行不应承担迟付利息。

2. 其本意是强调担保行见索即付第一付款责任，强调保函独立性特点，既不约束担保行当日赔付时点，也不界定为索赔顺序次数。只要赔付发生在合理时间范围内即可。

------ 案例2 ------
见索即付保函下提单的审核

【案例正文】■

韩国B公司与国内A公司签订的发电机组供货合同中，约定由A公司向C银行申请开立不可撤销见索即付保函，以作为基础交易中承兑交单托收结算方式的担保。保函载明B公司索赔时需提交"凭指示的、标注运费到付且通知人为申请人A公司的清洁海运提单副本"。

A公司在原定的托收结算方式下未能按期付款，B公司在上述保函下向C银行索赔并提交记名提单副本被拒。为此，B公司请求C银行偿付保函项下款项和滞纳金。而C银行辩称，B出口公司依据独立保函作出的索赔系无效索赔，C银行已依约发出拒付电文，并指出不符点，驳回B公司索赔请求。

B公司认为，URDG758第19条c款表明，如果保函没有规定单据的内容，那么提交的单据只要满足所要求单据的功能且与该项单据中的其他内容、其他要求的单据或保函中的内容不矛盾，即视为相符。因此，B出口公司认为针对受益人所提交的提单副本未显示"TO ORDER"抬头的不符点不成立。认为保函仅要求提交一份副本提单，并未要求提交任何正本提单，这意味着在该保函下并不存在一份作为审核副本参照的且必须与之一致的相应正本提单。而且，与海运单一样，副本提单不是物权凭证，因此收货人一栏没有必要做成"TO ORDER"。

【涉及的问题】

分析 C 银行拒付是否合理。

【参考答案】

见索即付保函是单据化的赔付承诺，担保行对单据仅从表面上审核，看其是否为"相符交单"，不需对单据表面记载之外的事实进行核实。URDG 对"相符交单"规定，首先要与保函条款相符，其次与 URDG 所要求遵循的相关适用规则相符，最后在保函及 URDG 没有规定的情况下，与见索即付保函的国际标准实务相符。

C 银行开立的保函明确列明了单据条件，受益人 B 公司索赔时即应提供与该保函条款和条件相符的全部单据。B 公司提交的记名提单副本与本案所涉保函所要求的指示提单副本在提单类型上显著不同，两者在国际贸易和海上运输中存在差异，C 银行以存在不符点为由拒付款项符合保函约定。B 公司主张其提交单据与保函要求相符，违背银行保函业务下审单标准。

---------- 案例 3 ----------

以电子邮件方式索赔妥否？

【案例正文】

A 公司收到一份履约保函，金额为 300 万美元，适用 URDG758，保函到期日为 2021 年 8 月 21 日（周日），保函开立行为 B 银行纽约分行，通知行为 C 银行伦敦分行。根据保函文本规定，通知行应将保函正本及修改不迟于保函到期日交到保函开立行并附索赔相关文件进行索赔。鉴于申请人受疫情影响无法履约，A 公司于 2021 年 8 月 15 日（周一）经研究决定对外索赔，经办人员就索赔事宜咨询当地银行，当地银行答复，为加快业务处理速度，受益人直接发电子邮件于保函开立行索赔。

【涉及的问题】

1. 以电子邮件方式进行索赔申请是否妥当？

2. 本案中正确的做法应如何？

【参考答案】

1. 不妥。一是保函开立银行无法识别受益人身份，不会作出赔付；二是保函开立行顾虑存在发生重复索赔风险，如赔付后，保函受益人再持保函正本及修改按照保函文本规定索赔，保函开立行将面临重复赔付风险；三是按照 URDG758 第 14 条 C 款："如果保函表明交单应采用电子形式，则保函中应指明交单的文件格式、信息提交的系统以及电子地址。如果保函中没有指明，则单据的提交可采用能够验证的任何电子格式或者纸质形式进行。不能验证的电子单据视为未被提交。"电子邮件方式交单实务中一般不被认可。

2. 本案中保函失效日为 8 月 21 日，据 URDG758 第 2 条，保函失效日指保函指明的最迟交单日期，意味着索赔必须在该日当日或之前以保函规定的方式交到/发送给保函开立行，否则将面临过效期索赔，致使索赔无效风险发生。正确做法是受益人应抓紧时间，在保函失效前及时将相关文件交通知行，并请通知行以 SWIFT 发报告知担保行相关情况。

7.3.4　担保人对申请人或反担保人的追索

案例

反担保行拒付是否合理？

【案例正文】

国内 A 建筑公司中标，为国外 B 公司建设某发电厂，合同规定在 30 天内，A 公司应开出以 B 公司为受益人的履约保函。由于 B 公司所在国法律规定仅接受本国银行开立的保函，于是，A 公司向国内 C 银行申请开立以 B 公司所在国 D 银行为受益人的反担保履约保函，D 银行根据收到的反担保函，向 B 公司开立相应履约保函。反担保函与担保函都适用 URDG758。主保函索赔条款规定：凭索赔声明和受益人索赔书无条件见索即付。

项目施工接近尾声，D 银行收到受益人 B 递交的索赔文件，经审核，D 银行确认为不相符索赔，进行了拒付。D 银行向反担保行发起索赔，索赔声明其收到受益人在主保函项下索赔，要求反担保行见索即付。C 银行向法院申请了止付令，拒绝赔付担保行。

【涉及的问题】

D 银行索赔是否有效？C 银行拒付是否合理？为什么？

【参考答案】

本案中担保行拒付索赔后，却声称收到相符索赔，即虚假声明。在受益人明知没有付款请求权仍滥用付款请求权的情形下，目的是利用保函与反担保函相互独立的特性达到索赔的目的，该行为属于滥用付款请求权，构成欺诈事实，索赔无效。保函欺诈主体一般指受益人，在反担保函中，担保行的角色就是受益人。实务中有可能存在受益人与担保行勾结进行欺诈的情况，甚至是担保行独自隐瞒事实。C 银行利用欺诈例外原则，及时止付是合情合理的。

7.3.5　保函的终止

受益人对保函终止时间的抗辩是否合理？

【案例正文】▮————————————————————————————————

A 公司为 B 公司建造工程，A 公司向 C 银行申请开立以 B 公司为受益人的履约保函，保函适用 URDG758，保函失效条件为"一旦工程完工，保函即失效，或在 2022 年 10 月 10 日失效，以二者较早者为准"。

2022 年 9 月 10 日，A 公司告知 C 银行工程完成，保函已经失效。C 银行将保证金退还给 A 公司。同年 10 月 10 日，受益人提交了索赔申请，C 银行拒付，称保函已经失效，工程已经于 9 月 10 日完成。

【涉及的问题】▮————————————————————————————————

保函对于失效时间的规定是否合理？为什么？

【参考答案】▮————————————————————————————————

见索即付保函必须明确凭以拒付的单据，这是 URDG 确立的基本原则。在保函实务中，必须避免非单据化条件，如果出现，则担保人可不予理会。本款同时表明，提交的单据必须是保函中明确规定的单据，否则担保人将不予理会。

本案中"一旦工程完成，保函即失效"属于非单据化条件，据 URDG758 第 7 条非单据条件规定："除日期条件之外，保函中不应约定一项条件，却未规定表明满足该条件要求的单据。如果保函中未指明这样的单据，并且根据担保人自身记录或者保函中指明的指数也无法确定该条件是否满足，则担保人将视该条件未予要求并不予置理，除非为了确定保函中指明提交的某个单据中可能出现的信息是否与保函中的信息不存在矛盾。"担保人应该不予理会。正确的做法是使非单据化条件单据化，这种做法与见索即付保函独立性精神保持一致。担保人仅关注保函项下单据是否相符，而不去介入基础合同相关事实。所以受益人的抗辩是符合惯例规定的。

7.4 备用信用证

7.4.1 备用信用证的含义

---案例2---
化解外资银行流动性风险的金融工具

【案例正文】 ▓━━━━━━━━━━━━━━━━━━━━━━━━━━

2008年10月，金融危机席卷全球，多家在华外资银行的贷存比超标。出于对境外银行倒闭潮蔓延的恐惧，境内中资银行几乎在一夜之间停止向在华外资银行拆出资金，在华外资银行资金头寸告急，面临流动性枯竭的金融危机。

我国中央银行与数国央行联手，利用备用信用证融资来化解国内外资银行出现的流动性风险。让在华外资银行的境外母行将一定数额的货币（本、外币）、黄金、债券或相关的其他经认可的金融资产质押给所在母国的央行，该境外央行据此向中国央行开出一张美元金融数以亿计的备用信用证，中国央行再凭此证向在华急需资金救援的相关外资银行发放巨额借款，尤其是十亿、百亿的人民币借款。这一措施及时化解了多家陷于资金链断裂的在华外资银行面临的流动性风险。在当前的中国企业的对外投资与收购的潮流中，备用信用证起到了极大的推动作用，在解决在华外资银行流动性危机中，体现了备用信用证这一金融工具的巨大价值。

【涉及的问题】 ▓━━━━━━━━━━━━━━━━━━━━━━━━

请联系备用信用证的含义分析案例中其如何发挥化解外资银行流动性风险的作用？

【参考答案】 ▓━━━━━━━━━━━━━━━━━━━━━━━━━━

备用信用证实质上是银行保函，也是一种特殊形式的信用证，担保信用证。一般情况下，在备用信用证的有效期内，如申请人违约或未能按约定支付款项，受益人可以根据备用信用证规定，要求开证行付款，以取得赔偿；如申请人已履约，则该证不起作用，故称为备用信用证。

本案中，金融危机下境内外资银行履行义务的能力不足，其母国央行作为财力足够的一方介入，通过开备用信用证的方式，代替外资银行对我国央行作出承诺。因此，备用信用证实际上是银行保函性质的支付承诺。境外央行向中国央行开出美元金融数以亿计的备用信用证，此时备用信用证成为境外央行担保的金融工具，一旦境内外资银行无法支付我国央行的借款，则我国央行可以按照备用信用证规定，向境外央行赔偿。

7.4.2　备用信用证的性质

【案例正文】

We hereby authorize you to draw a draft on us up to an aggregate amount of USD417 652.00 accompanied by： Your signed statement stating that ABC company （the exporter） failed to timely delivery of the relative goods under your order No.123 and that failure to deliver was not the result of fire， strikes， civil commotion， government action， or other occurrences of force majeure and further stating that the amount drawn represents the portion of proceeds of the undelivered goods. Drafts must be drawn and presented to us at our office not later than January 312020. All drafts drawn under the credit must bear its date and number. We hereby agree with you that all drafts drawn under and in compliance with the terms of this credit will be duly honored upon presentation on us.

【涉及的问题】

1. 本案涉及何种备用信用证？

2. 请分析受益人在索赔时应提交什么单据以及交单时间与地点。

【参考答案】

1. 本案中为履约备用信用证（Performance Standby L/C），履约备用信用证是开证行对申请人的某项履约义务，而非支付款项进行的担保，即对申请人在基础交易中违约引起的损失进行赔偿的担保业务。本案中，申请人即进口商，ABC公司为受益人，当其未能履行123号合同时，因违约引起的损失，由开出这份备用信用证的银行进行赔偿的担保。

2. 一是提交以开证行为受票人的金额为417 652.00美元的汇票，须注明日期和编号；二是提交受益人签署的声明，声明ABC公司（出口商）未能及时交付第123号订单项下的相关货物，且未能交付并非因不可抗力事件，索款金额为未交付货物。交单时间为不迟于2020年1月31日，交单地点为开证行所列明办公室地址。

7.4.3 备用信用证的关系人

```
------------ 案例 ------------
```

备用证因申请人违约失效？

【案例正文】▉————————————————————————

应潜在业主B公司之邀，P公司递交了一份标价为1 000万德国马克的建筑工程投标书，随附一份G银行开立的金额为50万德国马克的备用信用证。最后，B公司在备用证下提出索款要求，P公司抗辩称道，B公司已与T公司签约，所以备用信用证已经失效。

【涉及的问题】▉————————————————————————

1.本案涉及何种备用信用证？分析各方当事人的关系。

2.请分析G银行可否拒付。

【参考答案】▉————————————————————————

1.投标备用证，是开证行担保申请人中标后一定履行合同义务的备用信用证。若投标人没有履行合同，则由开证行承担赔偿义务。本案中担保银行G银行应供货方或承包方（中标者）P公司的要求，向业主（承包方）作出履约的担保。

2.按照ISP98的规定，备用信用证具有独立性和单据化的特点，开证人对受益人的付款责任以受益人提交的与备用信用证条款表面相符的单据为依据，而不介入确定申请人是否违约的事实。备用信用证已经失效一般会有明确的时间规定。因此，除非P公司能证明B方欺诈或有其他权利滥用行为，并以此凭有关适用法律组成对B方索款要求的有效抗辩，否则G银行必须付款。

7.4.4 备用信用证的种类

```
------------ 案例1 ------------
```

备用信用证可用于贷款担保吗？

【案例正文】▉————————————————————————

A公司主要从事机电系统的研发生产。B公司为其德国子公司，成立时间不长且业务还未充分开展，流动资金需求量大，但难以从国外银行获得融资，故向A公司寻求融资支持。A公司向国内S银行申请开立备用信用证，受益人为境外贷款银行，以此为境外子公司B公司取得贷款提供担保，用于企业支付原材料、采购和其他运营费用。该备用信用证覆盖贷款本息，担保期限60个月，约定担保金额将随着借款人归还本金或担保行付款而递减。

【涉及的问题】

1. 本案例所涉何种备用信用证？

2. 银行开立该类备用信用证时应在哪些方面做好风险防范？

【参考答案】

1. 本案为融资备用证，是开证行对申请人的付款义务进行担保的备用信用证，包括证明借款义务的任何凭证。开证行担保在到期日由开证行向受益人直接履行付款义务。主要运用于国际信贷，如到境外投资时，通过融资备用证可以获得东道国的信贷资金支持。国内母公司 A 公司凭借备用信用证的担保作用，把企业的商业信用转化为银行信用，为境外子公司 B 公司的融资提供信用支持。

2. 融资备用信用证主要应用于为特定的贷款或融资提供担保，通常作为贷款的前置条件提出，需要提供基础交易背景材料，作为风险评估的依据。做好业务准入审查，确定申请人和债务人是否具有所涉业务的相应主体资格，是否已获得商务部、发改委、外汇局相关核准或批准。备用信用证通常会采用减额条款，在减额条件成就后及时释放申请人在开证行的授信额度，同时控制申请人的风险敞口。实务中经常遇到境外投资人提供纸质备用信用证作为出资条件的情况，金额巨大。遇到此类备用信用证时，应注意核实备用信用证的真实性、审核条款措辞的合理性，以避免欺诈风险。

----- 案例 2 -----

为何转开备用信用证？

【案例正文】

A 公司与 P 国政府部门代理机构 B 公司签订两国经济走廊能源项目项下水力发电项目。合同约定，A 公司需按时完成电站建设并在建设完成后成功运行。为保证工程正常开展，A 公司向 G 银行申请开立以 B 公司为受益人的备用信用证，开立方式采用电开转开方式，由 G 银行通过反担保形式要求 C 银行开立，担保事项为 A 公司在合同项下履行合同的责任。

【涉及的问题】

1. 本案例所涉何种备用信用证？

2. 为何转开备用信用证？

【参考答案】

1. 本案所涉为履约备用证，是开证行对申请人的某项履约义务进行的担保，即对申请人在基础交易中违约引起的损失进行赔偿的担保。本案中 G 银行开立以 B 公司为受益人的备用信用证，保证 A 公司按照合同要求，按时完成电站建设并在建设完成后成功运行，担保事项为 A 公司在合同项下的履行合同的责任。

2. 由于许多受益人只接受本国银行开立的备用证，因此申请人所在国的开证行给其受益人所在国的往来银行出具反担保备用证，以便对方凭以向受益人开立单独的备用证。反担保备用证是保证反担保备用证受益人所开立的另外备用证或其他承诺。本案中，G 银行通过反担保形式要求受益人 B 公司所在国的 C 银行开立，如 A 公司违约，则 B 公司可直接通过其国内的 C 银行进行索赔申请。

7.4.5　备用信用证业务中有关环节的要求

------------------ 案例1 ------------------
生效期前能否撤销备用信用证？

【案例正文】

根据 A 公司的申请，G 银行于 2021 年 3 月 1 日开立一份以 B 公司为受益人的备用信用证，规定备用证生效时间为 2021 年 4 月 1 日。3 月 14 日，A 公司联系 G 银行，指示其撤销备用信用证，撤销理由为申请人与受益人就基础合同的签订发生分歧，未达成一致。

【涉及的问题】

请分析 G 银行是否应执行该项指示？

【参考答案】

G 银行应拒绝执行 A 公司指示。备用信用证自 3 月 1 日开立后即不可撤销，而备用信用证的生效日 4 月 1 日，代表的是可凭备用信用证提出索款要求的最早日期，该日期与备用信用证变为不可撤销的时间无关。

通过备用信用证的独立性特点，我们知道尽管备用信用证是为担保申请人和受益人之间的基础合同而开立的，且备用信用证条款中常引述基础合同，但备用信用证一经开立即独立于基础合同。也就是说，开证人对受益人的付款责任是以受益人提交的与备用信用证条款表面相符的单据为依据的。

------------------ 案例2 ------------------
备用信用证有效期能否早于交货期？

【案例正文】

备用信用证规定，受益人支款时须提交一份有关申请人未能在 2020 年 9—12 月间交货的违约声明，单据必须通过 EMS 快递寄送给开证人，但不要求快递收据。备用信用证的有效期为 2020 年 10 月 31 日。受益人于 2021 年 1 月 1 日通过 DHL 寄单，向银行提交违约声明，但遭开证行拒付。

【涉及的问题】■━━

1. 要求用 EMS 寄单是否为非单据条款？开证行拒付是否合理？

2. 备用证关于日期的规定是否合理？分析受益人在该案中应吸取什么教训。

【参考答案】■━━

1. ISP98 明确规定，开证人须对非单据条件不予理会。非单据条件是指未要求提交单据以证明条款内容，并且开证人无法通过自身记录或正常的业务操作判断备用信用证是否得到满足的条款。因此，尽管上述备用信用证未要求 EMS 快递收据，但如受益人交单通过 DHL，开证人可在正常的业务操作中判断备用信用证的寄单条款没有满足，上述 EMS 寄单要求不属非单据条件，开证人完全有权拒付。

2. 备用信用证关于日期规定存在问题。受益人只能于 2020 年 12 月 31 日后才能证实申请人未能在此日期之前交货的违约事实，这使得受益人最早也只能于 2021 年 1 月 1 日提交申请人违约声明，而该备用信用证已到期。造成延期交单，势必遭到开证行拒付。尽管上述备用信用证中有关期限的规定不合理，但开证行只按备用信用证条款行事，并无检查备用信用证条款对受益人是否合理的义务。备用信用证下受益人可支款的确定日期，应为所担保的基础合同中规定的申请人应履约或应付款日之后的某一天。

7.4.6　备用信用证的单据

案例

备用信用证下的索赔拒付

【案例正文】■━━

国内 C 公司从美国 D 公司进口钢材，约定使用信用证付款。由于订单金额巨大，C 公司担心 D 公司不履行合同而导致巨额损失，于是要求 D 公司先开立备用信用证。D 公司请求纽约 A 银行开立了备用信用证。2018 年 5 月 20 日，该备用信用证开出，失效期为同年 7 月 21 日。其中规定："This credit is available by beneficiary's draft drawn on ourselves at sight when accompanied by the following documents： Beneficiary's statement stating that the applicant has failed to fulfill the obligations under the contract No. ST2101-817. This credit is not operative unless beneficiary open an irrevocable letter of credit for USD 7 320 000.00 in favor of applicant under contract No. ST2101-817 and restricted to us for negotiation"。

C 公司于同年 5 月 31 日，向 B 银行申请向 D 公司开立了跟单信用证，金额为 USD7 320 000.00，受益人是 D 公司，装运期为 7 月 6 日，有效期为 7 月 26 日。之后，D公司迟迟不履行贸易合同，C公司请求B银行根据A银行开立的担保出口商履约的备用证向A银行索赔。

7月21日，B银行向纽约A银行寄单索赔。7月30日，A银行来电称：不接受B银行的单据和索赔，其理由是B银行开出的信用证未注明"限制A银行议付"条款。经查，C公司申请开证时并未要求B银行在信用证中加注"限制A银行议付"条款。

【涉及的问题】■————————————————————————

1.该案例中备用信用证是何种类型？在何种情况下可以索赔？

2.如何理解"限制A银行议付"条款？C公司在业务处理中有哪些不妥？

【参考答案】■————————————————————————

1.该案例为履约备用信用证，在履约备用信用证有效期内如发生申请人违反合同的情况，开证人将根据受益人提交的符合备用信用证的单据（如索款要求书、违约声明等）代申请人赔偿保函规定的金额，即开证人承担对申请人在基础交易中违约而造成的损失进行赔偿的义务。

2.D公司通过A银行开立的备用信用证要求："and restricted to us for negotiation"，表明需要开立一份限制议付行为A银行的信用证。而C公司申请的跟单信用证在信用证兑付条款中未表明"限制A银行议付"条款，导致A银行拒付。否则，在出口商不履约时，C公司可利用备用信用证索回损失。

除未在信用证中注明"限制A银行议付"条款，C公司未注意备用信用证的有效期应长于信用证的有效期，这样，在备用信用证申请人不履约时，进口商才有合理时间向备用证开证人索赔。本案备用证有效期为7月21日，而信用证的有效期为同年7月26日。

C公司应注意到银行拒付的时间。若开证行认为不付，应在单据提示后一段合理的时间（3个营业日）发出拒付通知，超过7个营业日将被认为是不合理的。

7.4.7 备用信用证与保函、跟单信用证的比较

————— 案例 —————

备用信用证下银行应如何审单？

【案例正文】■————————————————————————

H银行开出不可撤销的备用信用证，经A银行加保并通知受益人B公司。该证要求：（1）提供一份违约证书，声明"根据B公司与C公司1月1日签订的第111号合同，我们在2月2日装运。按照上述合同条款要求，我们从装船日起已等待C公司付款达120天，C公司未付应付款。因此C公司已违约，应在备用信用证项下向

我方支付 187 650 美元。"（2）提供商业发票副本一份，注明装运商品的细目。（3）提供运输单据副本一份，证明货物已装运并注明装运日期。

B 公司按合约发货，并按合同规定向 C 公司开出了 120 天到期付款的汇票。在发货后的第 120 天，由于未直接从 C 公司收到款项，B 公司缮制了备用信用证所要求的文件，提交给保兑行。保兑行审核了违约证书、商业发票副本和运输单据副本，认为单证相符，即向受益人付了款，并以快邮向开证行寄单索款。

收到单据后，H 银行拒付款项，并把付款情况通知了 A 银行。H 银行提出的不符点为：晚交单。根据 UCP600 第 14 条 c 款，单据不得迟于装船后 21 天提示，而货物早于 2 月 2 日装运，单据迟至 3 月 6 日才提交。

A 银行复电反驳："来电拒付无理。UCP600 第 14 条 c 款适用于商业跟单信用证，而非备用信用证。后者系担保你客户履约而立。只要证明你客户违反与受益人之间的商业合同条款，即为有效。为履行商业合同，受益人必须在发货后等待 120 天，以便客户付款。如后者违约不付，则受益人将使用备用证取得该证项下的付款。因此，在装运后，作出必要的违约证书以前，受益人既要给予 120 天的融资，同时又要按信用证要求，在发货后 21 天之内提交单据是不可能的。据此，我行认为你行拒付无根据，并希望偿付我行已付的款项，加上我行付款日到你行偿付我行之日的利息。"

【涉及的问题】

1. 本案能否按 UCP600 审单？开证行拒付是否成立？
2. 结合本案理解备用信用证与信用证的区别。

【参考答案】

1. UCP600 在适用范围中说明，"其可适用的范围，包括备用信用证"这一灵活规定。但是 UCP600 中许多条款是不适用备用信用证的。ISP98 的制定目的就是为了满足备用信用证业务的需要。有些机构曾要求国际商会明确规定 UCP600 中哪些条文适用于备用信用证，哪些条文不适用于备用信用证。国际商会答复说：国际商会对此无法具体指明。这是因为，UCP600 中一项条款是否适用于备用信用证完全由一张备用信用证的具体性质决定。并不是 UCP600 的所有条文都能适用于备用信用证。备用信用证可以注明同时适用两个惯例。

本案中，UCP600 由于交单日期的条款适用于跟单信用证而不是备用信用证。为了与合同一致，违约声明书要求受益人必须在装运之后 120 天内等待申请人付款。只有申请人违反了合同的付款规定，受益人方可使用备用信用证索款。在备用信用证项下，受益人在做违约证书之前，需有一段必要等待的时间，以证实开证申请人确已违约。因此 UCP600 第 14 条 c 款对本案不适用。开证行的拒付无理。同时，不宜在备用信用证中规定提交运输单据的副本，以免授予开证行延迟交单的把柄。为慎重起见，在要求副本运输单据的备用信用证中应注明。

2. 备用信用证的功能与银行保函相同，即银行向受益人担保申请人履行合同中的相关义务，即本案中的付款义务，如果开证申请人没有履行付款义务，则开证行保证向受益人付款。信用证是开证行应申请人的申请和要求向受益人开立的，凭规定的单据在一定期限内支付一定金额的书面承诺。

本案中，在受益人提出开证申请人未履行付款责任的情况下，备用信用证启用，由开证行作为担保人，代申请人付款；备用信用证是开证行的被动付款，不一定被受益人使用，一般是备而不用，即备用信用证作为银行担保，开证申请人都会主动付款，如开证申请人违约，受益人利用备用信用证索款。受益人履行了信用证规定的条件（即提交符合信用证规定的单据），开证行就保证付款。

7.5 保付代理

7.5.1 保理业务产生的原因及发展

------------------------ 案例 ------------------------

国际保理优于信用证结算吗？

【案例正文】 ■————————————————————————————

英国T公司主要从中国S公司进口医疗器械产品，主要以信用证结算。随着进口量的增长，T公司感到结算方式烦琐，缺乏灵活性，开始谋求至少60天的赊销付款方式，S公司虽与T公司已建立良好的合作关系，订单量也比较稳定，但S公司在结算方面比较谨慎，认为赊销方式下收汇风险过大，一直未同意T公司的赊销建议。随着市场竞争加大，S公司也希望能在结算上为客户提供便利。

国内保理商A公司为S公司提供了解决方案，保理商根据买卖双方资信及背景调查，核定信用额度，在额度内提供融资服务。A公司作为进口保理商，中国C银行作为出口保理商，通过双保理制，帮助贸易双方提供赊销方式下的融资服务。运用双保理的形式，T公司得到了赊销的优惠付款条件，而S公司也得到100%的风险保障，以及发票金额80%的贸易融资。

【涉及的问题】 ■————————————————————————————

1.分析国际保理业务如何解决信用证方式存在的"烦琐不灵活"。

2.保理与一般的赊销有何不同？

【参考答案】 ■————————————————————————————

1.与信用证业务相比，保理业务简化了结算手续，保理商凭进口商的信誉和财务状况核准一定的信用额度，而无须像信用证业务那样，既要交纳保证金又要办理申请，而出口商只要凭信用额度发货就得到了收回货款的保证，其产生的保证作用和信用证是相似的。同时，保理业务对单据的要求不那么苛刻，避开了信用证项下严格的审单环节，对各方来说都简化了结算手续。出口商只要在核准的信用额度内发货，其信用风险、汇率等风险便转嫁给了保理商，可以避免信用证业务中经常发生的迟付或因进口商倒闭、赖账而遭受的损失。对于进口商来说，该业务可保证其单据和货物的合格，因为保理商承担坏账风险的前提条件是货物的品质符合合同规定，一定程度上制约了出口商必须按合同行事。

2. 在赊销方式下，卖方根据合同或订单发货交单后，只能被动地等待买方到期时付款，赊销是汇款方式中的货到付款，属于商业信用，并不像信用证由银行来承担第一性的付款责任。由于各种原因，进口商可能会一再拖延付款，甚至有些进口商可能永远也不会付款，除非进口商的资信可靠，或者双方中的一方是另一方的子公司。案例中，签订了保理协议，保理商将负责对进口商的资信进行调查，提供风险担保，并替出口商催收账款及进行有关账务管理和资金融通等，从而解除出口商的后顾之忧。

7.5.2 保理业务的当事人

案例

保理业务下的款项由谁支付？

【案例正文】

2020年5月，国内B公司向意大利C公司出口西药原料，并向A银行申请办理出口保理业务，A银行随即联系意大利D银行，于同年5月18日得到其正式额度核准通知，金额为20万美元，循环使用。A银行与B公司签订出口保理协议。次年7月27日，B公司向A银行转让出口保理协议项下商业发票，A银行应B公司要求为其提供了融资。B公司在该协议项下共出单30余次，货物总额接近200万美元。

【涉及的问题】

1. 本案保理业务中涉及的当事人有哪些？保理业务下的款项由谁支付？

2. 如何理解循环的信用额度？

【参考答案】

1. B公司为出口商，A银行为出口保理商，C公司是进口商，D银行是进口保理。B公司向A银行提出叙做出口保理业务的申请，并与A银行签订保理协议。B公司将应收款项出售给A银行。A银行负责向B公司提供包括预付款融资在内的保理服务，同时与国外的D银行签订代理协议，委托后者提供相应服务并将B公司出售的应收账款转让给 D 银行。D 银行位于 C 公司所在地，作为提供信用额度以及债款回收和坏账担保的保理商，直接与 C 公司打交道，与 B 公司没有直接的契约关系，仅对 A 银行负责。C 公司为债务人，对提供货物或服务所产生的应收账款负有付款责任。保理业务下的款项最后由 C 公司支付。

2. 信用额度可以是单笔业务的，也可以循环。单笔信用额度即对进口商的一项订货所支付金额的信用额度，只能使用一次，也称单笔订单的核准。循环信用额度是对一个进口商的经常交易确定一个最高信用限额，供其循环使用。如第一次发货按期收妥货款后，该额度在下次发货时仍可使用。

7.5.3 保理业务的服务内容

案例

何为核准信用额度？

【案例正文】

中国 A 公司向马来西亚 B 公司出口拖拉机，双方曾有贸易往来，B 公司曾有拖延付款习惯，A 公司计划申请通过保理开证该笔业务，遂通过 C 银行向马来西亚 M 银行申请信用额度。马来西亚 M 银行回复称 B 公司规模很小，无法批出额度。C 银行将实际情况反馈给 A 公司，A 公司对 M 银行的信息十分重视，随即减少订单，对于未付款的订单，取消发货。半年后，A 公司得知，B 公司因经营不善，已破产倒闭。

【涉及的问题】

1. 联系案例中马来西亚 M 银行的服务，分析进口保理商的业务内容。

2. 分析核准信用额度的目的。

【参考答案】

1. M 银行作为进口保理商，对进口商的资信进行调查和评估，核定信用额度。进口保理商对进口商的公司组织形式、股东情况、所属行业、经营业务、经营业绩、财务状况、经济实力以及偿债表现开展调查，并通过进口商的开户银行以及往来的企业了解进口商的经营作风、履约情况，通过法律顾问、司法部门了解该进口商是否发生过经济纠纷、诉讼等。

2. 核定信用额度的目的是为明确保理商承担的风险与责任，保理商将在核准额度内，对应收账款承担商业信用风险。如进口商信用良好，进口保理商将为其批准信用额度。

7.5.4　保理业务的分类

出口保理商融资后能否追索？

【案例正文】

国内 A 公司获得向 H 国 B 公司出口的 20 万美元保理信用额度，A 公司按合同出货后，将两张发票共计 20 万美元的债权转让给出口保理商，获得信用额度 80% 的融资金额，计 16 万美元。出口保理商随即将发票转让给了 H 国核定信用额度的进口保理商。

当应收账款到期时，B 公司提出因资金困难无法如期付款，请求延展付款到期日。两个月后，进口保理商致电出口保理商，B 公司已正式向其提出贸易纠纷，理由是 A 公司之前所发运货物出现过质量问题，因而怀疑两张发票项下的货物也存在质量问题，进口保理商因此暂时免除担保付款的责任。经调查该批保理项下的货物运抵目的港后，因 B 公司欠款问题已被控制在当地某银行手中。因此，出口保理商多次致电进口保理商，要求履行赔付责任，但未被进口保理商接受。

【涉及的问题】

1. 本案中涉及何种国际保理业务？

2. 出口保理商是否可以向出口商追索？

3. 面对进口商到期不付款应如何处理？进口保理商是否履行了其责任？

【参考答案】

1. 本案为双保理业务，涉及进出口双方保理商，在双保理模式下，由出口商与出口国所在地的保理商签署协议，另外出口保理商与进口保理商双方也签署协议，相互委托代理业务，并由出口保理商根据出口商的需要，提供融资服务。进出口双方均只与本国的保理商打交道，不存在法律、商业习惯和语言等方面的障碍，有助于降低成本，提高效率。

2. 要通过出口保理商与出口商之间的保理协议及融资合同来确定。保理业务分为有追索权的保理和无追索权的保理。前者在发生了协议约定的情况导致无法收回款项时，出口保理商可按照合同约定向出口商追索；而无追索权的保理业务，出口保理商要自己承担资金损失。欧美等发达国家基本采用无追索权保理，我国开办保理业务时间不长，保理商为保护自身利益，采用有追索权保理的较多。

3. 如进口商以货物质量存在问题等为由到期不付款，则进口保理商会将拒付原因通知出口保理商，出口保理商再通知出口商；保理商会协调进出口双方解决贸易纠纷。若纠纷确实是由于出口商未按照基础合同执行，则进口保理商可免除付款担保责任。若属于进口商无理拒付，则进口保理商仍需承担付款担保，最迟于发票到期后90天向出口保理商付款。如果出口商完全履行了基础合同，而进口商却出现破产等突发事件，无力偿还欠款，则进口保理商必须履行付款担保，向出口保理商付款。

本案中进口保理商履行责任不足，应对进口商的资信进行调查和评估，核定信用额度，进口保理商在应收货款的到期日没有得到进口商的付款，就应催收。在货款到期后第90天，进口商仍未付款时，进口保理商有义务支付全部货款，扣除手续费后，交出口保理商转给出口商。

7.5.5　保理业务的流程

------------案例------------
出口商可在保理业务下融资多少？

【案例正文】■

美国C公司计划从我国T公司进口一批服装，金额约7 668 000美元。C公司提出使用的结算方式为"D/P at 90 days"。T公司经过慎重考虑，建议运用保理方式进行结算。T公司随即选择A银行签订保理协议，约定保理授信额度40 000 000元人民币，收购款按照应收账款债权的78%的比例计算。保理截止日即为保理合同买方应付款日，进口保理商为美国B银行。

发货后，T公司向A银行提交两份出口单据，总计7 668 000美元，提出融资申请。美元兑人民币外汇牌价为6.3。按照保理业务合同的约定，A银行向C公司支付了37 870 000元人民币收购款，受让了T公司对C公司所享有应收账款债权。T公司与A银行共同向美国C公司发出"应收账款债权转让通知书"，指示C公司直接将货款付给保理商，美国C公司在签收回执上盖章确认并承诺履行付款责任。

【涉及的问题】■

1.本案属于公开性还是隐蔽性保理？正常情况本案保理业务流程应如何？

2.请分析A银行的融资金额是如何计算的？是否在授信额度之内？

【参考答案】■

1.本案T公司与A银行共同向C公司发出了"应收账款债权转让通知书"，C公司在签收回执上盖章确认并承诺履行付款责任。此举表明出口商以书面形式将保理商的参与通知了进口商，并指示进口商将货款直接付给保理商，故该业务为公开型保理。

按照正常流程，T公司向A银行提出信用评估的申请，A银行向进口地B银行传递评估申请，B银行对进口商进行信用评估后，核定信用额度，反馈给A银行，

A 银行最后核定信用额度，并通知出口商，签订保理协议。C 公司与 T 公司签订买卖合同。T 公司发货，并向 A 银行提交债权转让单据，A 银行向 T 公司提供 78% 的融资金额，并发债权转让单据信息给 B 银行。出票 90 天后即应收账款到期日，B 银行向 C 公司催收，C 公司付款，在扣除手续费后将货款转给 A 银行，A 银行再扣除手续费后转给 T 公司。

2. 买卖双方签订的合同金额为 7 668 000 美元，按照当时外汇牌价 6.3，约 48 308 400 元人民币。按照融资金额为应收账款债权的 78% 的比例计算，在保理授信额度 40 000 000 元人民币内。

7.5.6　出口商应具备的条件

案例

大型设备是否适合叙做保理业务？

【案例正文】

2020 年 4 月 21 日，因向 B 公司出口大型设备，A 公司向 S 银行提出申请叙做保理业务。S 银行从 A 公司财务报表了解到其年销售额较高，经营状况良好。经过核定，授予 A 公司人民币 1 200 万元授信，期限 12 个月，业务品种为公开型有追索权保理。5 月 18 日，A 公司向 S 银行交单，提出保理融资申请。S 银行核对各项单据后，发放了保理融资款 936 万元人民币，到期日为同年 10 月 26 日。10 月，S 银行盘点核实应收账款时，发现该笔账款存在异常，后获悉 A 公司法定代表人因经济纠纷被公安局刑事拘留，该笔保理融资转逾期贷款，最终造成坏账。

【涉及的问题】

1. 本案中出口商是否具备叙做保理业务的条件？

2. 分析本案保理业务出现风险的原因。

【参考答案】

1. 本案中，A 公司经营资本性商品，资本性商品一般比较昂贵，如大型精密机床、成套设备、产品生产线等，而且融资方式、结算方式也比较复杂，还要包括一系列售后服务，货款也往往是分期支付。由于合同执行期长、内容繁多、条款复杂，容易发生纠纷，且商品的流通性差，所以，这类商品交易不适合保理业务。

2. 造成业务出现风险的原因主要是资信调查阶段，客户经理对该客户的信用调查不力，对具体业务贸易背景、实际情况的真实性未仔细核对。即使是有追索权保理，在卖方经营不善面临破产的情况下，保理商依旧面临无法全部收回贷款本息的风险。因此，加强对卖方信用的考察，是防范保理操作风险的有力措施。

7.5.7　保理业务的利弊分析

---------- 案例 1 ----------

保理商有无权利撤销核准信用额度？

【案例正文】■▶──────────────────────────

A公司与B公司达成一笔出口合同，双方拟采用D/A远期方式结算，同时采用国际保理方式融资。A公司向国内保理商申请采用此服务，出口保理商通过买方所在地进口保理商对B公司进行资信调查，核准金额为8万美元额度应收账款。该合同项下货物为分批装运，共进行4次装运，A公司已经装运了2次，价值4万美元。此时A公司收到进口保理商撤销该信用额度的通知。原来由于B公司涉嫌财务欺诈，目前正在接受该国司法部门的调查，进口保理商认为B公司的资信已经发生了根本的改变，因此提出撤销已核准的信用额度。

【涉及的问题】■▶──────────────────────────

1. 进口保理商有无权利要求撤销该批货物的信用额度的核准？

2. A公司可否获得先前运出货物已核准账款的赔偿权利？

【参考答案】■▶──────────────────────────

1. 国际保理商联合会规定的《国际保理业务惯例规则》第十八条规定，进口保理商有权视情况缩减或撤销信用额度。撤销（或减额）必须通过书面形式。在收到撤销通知后，出口保理商应立即通知供应商，此撤销对供应商收到通知后的发货依然有效。如果收到进口商资信的不利报告，进口保理商有权撤销先前已经核准的信用额度。

2. 进口保理商虽然有权撤销先前已经核准的信用额度，但是仅局限于尚未出运的货物。对已经运出的货物，进口保理商仍然要承担支付责任。因此，出口商可以获得对先前已经出运的货物已核准的账款。

---------- 案例 2 ----------

因货物质量产生纠纷保理商能否追索？

【案例正文】■▶──────────────────────────

2020年2月，A公司向美国C公司出口电子产品，A公司与国内B银行签订了无追索权保理合同。3至4月间，A公司共向美国C公司发出四批货物，B银行向A公司就其中两批货物金额的80%提供融资。同年8月，C公司提出，另外两批货物因质量问题，遭到美国海关扣留，因此在问题解决之前，拒付剩下两批货物的货款。了解此情况后，B银行从A公司账户上直接划扣了融资款。

A公司起诉要求判令B银行赔偿因扣款造成的损失，并支付余下货款。A公司认为，美方提出拒付货款时，B银行作为保理商应当与美方交涉。保理业务下的货物未出现质量争议，也无充分证据证实因A公司责任引起拒付，A公司与B银行签订的是无追索权保理合同，故B银行扣回融资款，违反了协议规定，应承担相应责任，并应按协议支付A公司余下货款。

【涉及的问题】 ■━━━━━━━━━━━━━━━━━━━━━━━━━━━━━

A公司诉讼请求理由是否合理？B银行是否有权追索？

【参考答案】 ■━━━━━━━━━━━━━━━━━━━━━━━━━━━━━

A公司诉讼请求不合理。本案例虽是无追索权保理合同，但若C公司提出质量争议或因A公司责任引起的拒付及拖延付款，保理商将有权追索。由于遭美国海关扣留的货物仍属于保理业务范围内，A公司未将合格的应收账款转让给保理商，故保理商可以行使追索权，划扣融资款。剩余货款属基础合同交易的范畴，B银行无支付剩余货款的义务。A公司诉讼请求理由不足。

▌综合案例　国际工程项目银行保函索赔案

【案例正文】 ■━━━━━━━━━━━━━━━━━━━━━━━━━━━━━

国际工程项目银行保函索赔案

一、背景

C银行客户A公司作为承包商和供货商，于2019年8月与海外业主B公司签订了燃煤电厂项目的设计采购施工（EPC）总包合同。根据合同规定，A公司在开工之前须向业主B公司提交一份由C银行出具的履约保函，以保证A公司履行合同项下的义务。

C银行网点应A公司的申请，就上述合同，开具了一份履约保函，保函有效期至C银行收到业主B公司签发的性能测试验收证书副本，或2022年7月，二者以先到之日为准。保函适用URDG758。保函内容包括如下：

The stated amount under this letter of guarantee is available against presentation of a manually signed written demand in paper in the form of Schedule 1 hereto （the Sight Draft）and accompanied by a drawing statement in the form of Schedule 1-A （i.e The Beneficiary is entitled to Delay Liquidated Damages under the agreement）, Schedule 1-B （i.e Beneficiary is entitled to Performance Guarantee Liquidated Damages under the agreement）, Schedule 1-C （i.e Beneficiary is entitled to Performance Shortfall Drawing under the agreement）, or Schedule 1-D （i.e The Applicant has failed to pay an amount due, as either agreed by the Applicant or determined under section 33 of the agreement as applicable（a drawing statement），with the blanks duly completed，the applicable reasons for the drawing duly selected，and signed by one of your duly authorized officers.（注：协议第33条为争议通过仲裁解决）

All such sight drafts and drawing statement may be sent though our F Branch with their confirmation that the signatures appearing thereon are authentic.

二、受益人首次索赔与担保行审核

2022年5月14日，C银行收到受益人B公司邮寄的第一次索赔文件，名为"Sight Draft"单据一张、名为"Drawing Statement"单据两张。

A公司了解到银行保函项下索赔的通知后，向C银行反馈项目运行情况，项目建设接近完工，但个别环节刚结束返工，导致暂时未签发性能测试证书；由于A公司延期交工，业主B公司受到融资方的压力，项目损失无法等到项目验收统一结算，要求在保函项下对延期造成的损失给予赔偿。

C银行经审核发现，两张"Drawing Statement"中，第一张根据Schedule 1-A格式内容声明"The Beneficiary is entitled to Delay Liquidated Damages under the agreement"，与保函条款相符。另一张内容为"The Applicant has failed to pay an amount due，as presented in the attached Annex A"，另外随附了索赔金额计算依据的附录A。内容与保函所提及的任一格式内容均不相符。于是，C银行于5月17日，以加押电通过海外F分行向受益人拒付。

5月23日，C银行收到了受益人B公司重新提交的索赔文件，受益人将首次交单中的第二张"Drawing Statement"进行了替换，其内容完全照抄了保函条款中Schedule 1-D的表述"The applicant has failed to pay an amount due，as either agreed by the applicant or determined under Section 33 of the agreement"。

C银行给予了审核意见，认为受益人误解了保函条款中"either…or…"语义中选择其一的本义，受益人索赔声明中"either…or…"直接照搬原保函格式的表述并未满足保函索赔条款要求的内在功能，以此作为不符点拒付。经与客户A公司商洽，A认为其在项目建设中确实存在过失，同意接受此次索赔中的不符点，放弃拒付，C银行于6月2日在保函项下对外赔付。

三、受益人再次索赔与审核

5月29日，C银行收到B公司第二次索赔文件，"Sight Draft"和"Drawing Statement"单据各两张。经审核，C银行发现此次受益人出具的两份"Drawing Statement"内容与5月23日索赔提交的单据表述完全一样，仍然存在相同不符点。

A公司收到该银行索赔通知后，希望争取时间与受益人谈判解决合同争议，要求以上述不符点为由对外拒付。6月12日，C银行以"either…or…"的不符点发出了拒付。由于此次索赔提交的两套索赔单据，其中两张Sight Draft分别对应两张"Drawing Statement"，相对独立，原则上，该银行仅针对一套索赔单据中的不符点进行拒付，应另外一索赔予以赔付，然而受益人的索赔书中并未说明两类单据如何对应，而且该银行也无法自行判断其对应关系。因此在此次拒付中，该银行同时要求业主 B 公司对于其出具的 "Sight Draft" 和 "Drawing Statement" 的对应关系予以澄清。

6 月 18 日，该银行再次收到受益人提交的索赔单据，重新提交了一套 "Sight Draft" 和 "Drawing Statement" 声明 "The applicant has failed to pay an amount due，as agreed by the applicant." 替换原索赔中不符的单据。此次交单无不符点。6 月 25 日，该银行针对此次索赔对外赔付。

资料来源：陈菲，吴雨霏.国际贸易中银行保函业务的审核［J］.商、2015（44）.作者有改编.

【案例使用说明】

一、讨论思考题

1. Drawing Statement 是什么单据？受益人在银行保函下的索赔一般提交什么单据？

2. 受益人在银行保函下反复进行索赔合理吗？为什么？

3. 保函条款中所附 Drawing Statement （Schedule 1-D）声明的内容改为："The applicant has failed to pay an amount due 1）as agreed by the applicant，or 2）determined under Section 33 of the agreement." 是否可行？如行，说明原因；如不行，应如何修改？

4. 索赔真实性鉴证条款有无问题？如无，应如何鉴定索赔真实性？如有，应如何修改？

5. 受益人提交相同内容的单据，C 银行对第一次交单进行了索赔，而对于第二次予以拒付，是否合理？

二、分析思路

与银行保函在货物贸易中的运用相比，银行保函在国际工程项目中的运用更复杂，对于业主或受益人索赔、申请人违约的处理也需要更谨慎。担保银行在受益人进行索赔的情况下审核单据，其审核的难易程度，与初始保函条款的订立密不可分。本案例应当在掌握银行保函的业务流程、银行保函当事人责任、保函下的索赔及单据审核等知识基础上，结合 ISP98、URDG758 相关条款做出判断。

处理该类业务要求熟悉国际结算担保业务内容及业务办理注意事项、银行保函的当事人的责任与义务；掌握银行保函审单标准与信用证下的异同，准确把握担保行开立保函的条款，尤其是对交单方式和单据的规定；熟练掌握银行保函索赔的程序，明确应在何时交单进行索赔。案例中，受益人在单据内容上是直接照搬保函原文，需从文义上进行仔细考量，具体问题具体分析。

三、理论依据及参考结论

1. Drawing Statement 是为索赔声明列明关于申请人违约的内容。受益人在银行保函下的索赔一般提交的单据，需要表明申请人在哪些方面违反了基础合同项下的义务。

2.受益人在银行保函下反复进行索赔合理。即使开立银行因为受益人在第一次的索赔中没有表明具体原因而拒绝付款，只要银行保函没有超过有效期，受益人还可以表明具体索赔原因再进行第二次的索赔。保函与信用证不同，信用证的交单期限为货物装运日后一定天数之内，而保函项下没有这样的交单期限。因此，在保函有效期到期之前，在保函所规定的金额内，受益人可以反复地进行索赔。

3.判断 Drawing Statement （ Schedule 1-D）声明的内容更改，可参考根据 ISP98 中 1.11 条款的规定："A or B" 表示 "A 或者 B 或者 A、B 两者"；"either A or B" 表示 "要么 A，要么 B，但不包括 A、B 两者"，此处的两个选项由于在事实上相互排斥，不宜用 "or" 连接，并且，如果受益人照搬保函条款，依然可能造成该银行审单上的困难。

为避免歧义，可分解成两个 Drawing Statement，提交其中之一。描述为 "The applicant has failed to pay an amount due，as agreed by the applicant." 和 "The applicant has failed to pay an amount due determined under Section 33 of the agreement." 受益人便不会误解语义中要求选择其一的本意而去照抄保函条款。可遵循 URDG758 第 15 款，将单词 "stating" 改为 "indicating"，受益人提出索赔时就不会照抄保函条款，而是声明申请人违约具体情况。

4.根据本案有关于鉴证索赔真实性的描述，表达受益人可以通过海外 F 分行索赔，但并非强制通过海外 F 分行提交索赔声明，也并非强制通过其他往来银行提交，所以在 C 银行收到其索赔时，只能建议受益人通过其银行发送证实其索赔真实性电文，但受益人并未接受建议通过 F 分行证实其索赔。

另外，如受益人 B 公司不是海外 F 分行的客户，F 分行无法确认其索赔声明的真实性。这一条款使得担保人无法要求受益人按保函条款规定提交索赔单据。如果指定该银行作为证实索赔真实性的银行，应在事前确认受益人是否为指定银行的客户，这一点，在指定该银行海外分行作为证实索赔真实性的银行时显得尤其重要，以避免索赔发生时，出现指定银行无法证实索赔真实性的尴尬情况。在本案中，如该银行并不指定银行，特别是不指定海外 F 分行确认其索赔真实性，而是泛写成 "sent through your bank"，从实务上便能使得受益人交单及该银行审单更易操作。

5.受益人提交相同内容的单据，C 银行对第一次交单进行了索赔，而对于第二次予以拒付，从受益人的角度来看，可能会困惑。虽然 URDG758 中并没有对接受不符点予以赔付的情形有明确的规定，但 URDG758 第 18 条明确规定，对一项不相符索赔的付款，并不放弃对其他索赔必须是相符索赔的要求，所以该银行的第二次拒付是合理的。但是如果能在第一次赔付之时，明确告知受益人其索赔不相符，是担保人主动放弃其不符点而选择赔付，可减少很多不必要的质疑。

第8章 跨境贸易人民币结算

开篇案例

扩大人民币跨境结算服务范围，促进贸易投资便利化

【案例正文】◼━━━━━━━━━━━━━━━━━━━━

2023年3月初，中国银行发布《中国银行支持外经贸企业扩大人民币跨境使用促进贸易投资便利化行动方案》，坚持把人民币国际化业务作为全行的战略业务，将全面提升在人民币国际化业务领域的经营质效，支持外经贸企业主动适应新形势、把握人民币国际化发展机遇，进一步便利跨境贸易投资人民币使用，更好满足外经贸企业交易结算、投融资、风险管理等市场需求。

方案中提到，针对"走出去"企业、世界500强等各类客群的金融需求及实用场景，提供综合化金融服务方案。持续扩大货物贸易、服务贸易、直接投资等基础跨境人民币结算服务覆盖面，2023年全年为境内外市场主体提供跨境人民币结算服务不低于30万亿元。

【涉及的问题】◼━━━━━━━━━━━━━━━━━━━━

什么是跨境贸易人民币结算？作用是什么？流程是怎样的？

思政案例

我国首单进口液化天然气跨境人民币结算交易完成

2023年3月28日，我国首单以人民币结算的进口液化天然气（LNG）采购交易达成，标志着我国在油气贸易领域的跨境人民币结算交易探索迈出实质性一步。

此单交易是中国海油与道达尔能源在上海石油天然气交易中心达成的，LNG资源来自海合会国家阿联酋，以人民币结算的进口LNG成交量约6.5万吨。

海关总署数据显示，2022年，我国进口原油超过5亿吨，进口天然气超过1亿吨，其中，LNG进口量为6 344万吨。随着国际市场对人民币接受程度的提高，油气贸易双方尝试采用人民币结算的条件日趋成熟。

此次推动国际LNG采购以人民币结算，是中国海油对促进能源贸易全球化发展、打造LNG交易多元化生态的有益实践。上海石油天然气交易中心联手中国海油开展国际LNG贸易人民币结算，有利于促进国际国内市场对接，以及国内外两种资源高效循环。

号外消息：日本从俄罗斯进口石油不得不接受使用人民币结算。2023年初，日本被迫重启进口俄罗斯石油，不过，由于俄方强硬坚持，日本这次购买俄罗斯石油使用的是人民币结算。其实，2022年下半年，俄罗斯就已经开始了人民币结算石油政策，印度也使用人民币从俄罗斯大量进口石油。中国一家石油巨头也已签署了首笔以人民币计价的中东原油进口协议，并且计划签署更多此类合约，比如，俄罗斯、安哥拉和伊朗等市场可能会优先使用人民币交易。这意味着，如果沙特也决定以人民币出售原油给中国市场，那么这种情况将会改变全球市场，从而打破"石油–美元–美债"这个主导了半个世纪的原油交易体系。相信人民币在未来的国际贸易中将扮演越来越重要的角色。

8.1 跨境贸易人民币结算制度及其发展

--------------- 案例 1 ---------------

国际货币与跨境贸易人民币结算制度

【案例正文】▓▬▬▬▬▬▬▬▬▬▬▬▬▬▬▬▬▬▬▬▬▬▬▬▬▬

国际货币是指具有国际结算、国际交易和国际储备职能的，在世界范围内被广泛接受和认可的货币。一国货币成为国际货币大致要经过三个阶段：一是成为国际贸易和国际投资中的计价货币，二是成为国际贸易和国际投资中的结算货币，三是成为国际上各国承认的国际储备货币。人民币国际化就是逐步让人民币在国际金融和国际贸易中逐渐承担起世界货币功能的过程。

2008年金融危机后，为了防范美元为主的国际货币体系带来的潜在风险，我国开始逐渐加快人民币国际化进程。2009年中国人民银行公布了《人民币跨境贸易结算实施细则》，开展直接应用人民币实现跨境贸易的结算。

IMF最新数据显示，截至2019年4季度末，人民币外汇储备资产约合2 176.7亿美元，占全球官方外汇储备资产的1.96%，位列第五位。

【涉及的问题】▓▬▬▬▬▬▬▬▬▬▬▬▬▬▬▬▬▬▬▬▬▬▬▬

结合当前形势谈谈你对人民币国际化前景的看法。

【参考答案】▓▬▬▬▬▬▬▬▬▬▬▬▬▬▬▬▬▬▬▬▬▬▬▬▬

世界货币中的硬通货，是随着大国霸权地位的转移而不断发生变化的。荷兰盾作为主导货币延续了80年，法郎曾经延续了95年，英镑曾经延续了125年，如今美元的霸权地位已经延续了76年。我们可以从美元自身的一些新变化得到一些启发。

一是美国经济当前面临着通胀的巨大压力。美元处于无底线的宽松状态，美联储负债已经超过7.3万亿美元，美国国债已经超过30多万亿美元，目前货币政策空间已经不大。

二是全球去美元化的进程已经开始。世界各国都在抓紧建立独立的结算体系。2018年，欧洲的英、德、法和伊朗就已经建立了这一体系，现在又扩大增加了8个国家，已经有11个国家建立了独立于美元之外的结算体系。俄罗斯已经建立了金融系统信息传递系统，对美国进行了断网试验，看在脱离美元交易系统时，其结算系统还能不能正常使用。中国已于2015年建立了人民币跨境支付交易系统，原油期货交易采取人民币结算与黄金挂钩。目前我国的原油期货交易份额已经占全球的14%。

三是全球去美债的进程也已开始。目前已经有24个国家加入了抛售美债的行列，俄罗斯已经将其所持有的美债抛售了95%。随着世界各国不断抛售美债，美元的循环环流被打破，将会对美元地位造成釜底抽薪。

四是世界各国纷纷从美国运回黄金。现在已经有11个国家将保存在美联储中的黄金运回国内了，未来这一趋势还可能会加大。

但是，客观金融规律表明，一旦成为主导世界的霸权货币，其生命周期会长于国家霸权的生命周期，例如，尽管英镑已经被美元所取代，但英镑仍然是世界主要货币，而伦敦也仍然是世界主要的金融中心，因此，人民币国际化仍将会是一个漫长的过程。

---- 案例2 ----

自贸试验区昆明片区跨境贸易人民币结算制度创新

【案例正文】▶

云南的鲜花、咖啡、烟草、茶叶、食用菌、蔬果等农产品深受国外市场欢迎，每年出口量较大。中国（云南）自由贸易试验区的设立以及RCEP的签署为云南农产品进出口带来了新的发展机遇。昆明官渡农村合作银行深耕云南农信国际业务，率先将跨境人民币贸易结算便利化政策落实在农产品出口领域，积极宣传推广、规范业务流程、加强事中事后监管，以创新优化的金融服务为高原特色的现代农业国际化发展持续提供支持。

【涉及的问题】▶

云南如何在农产品出口中开展跨境贸易人民币结算？

【参考答案】▶

一是率先将跨境贸易人民币结算便利化政策运用到农产品出口领域，规范业务操作流程。在开户环节，银行按照相关管理制度，了解农产品供应商的经营、交易、资金等情况后，核查相关资料和证件，为客户办理人民币单位结算账户开户、网银签约等业务，并签署"跨境人民币结算优质企业告知书及承诺书"。在资金收付环节，对优质企业跨境人民币结算业务直接办理收付业务，无须事前逐笔提供进出口合同、协议、发票、报关单等资料，极大简化审核流程。在业务检测环节，借助工商、税务、海关、人民银行、外管局等共享信息监测分析，通过网银转账落地维护、电话跟踪、反洗钱监测等措施监督和管理，切实防范风险。

二是针对云南高原特色现代化农业企业，加强宣传和指导。对农产品进出口企业进行跨境贸易人民币便利化政策宣传，特别是宣传优质企业认定标准。根据农产品出口企业业务情况、经营现状进行初分，审慎筛选统计符合优质企业标准的名单，并根据自律机制的工作安排积极进行推荐。

三是通过业务抽检、现场回访，夯实事中事后监管。根据跨境贸易人民币便利化政策要求，自贸试验区内的银行事后随机抽检客户业务资料或者现场回访，对客户进行抽检。在抽检工作中按照调阅清单，逐笔审核合同、发票、报关单等资料真实性，和资金收付信息的一致性。

8.2　跨境贸易人民币结算的作用

----- 案例 1 -----

选择跨境贸易人民币结算好处多

【案例正文】

中国商务部新闻发言人束珏婷 2023 年 1 月 12 日在例行新闻发布会上透露，近年来，跨境人民币使用规模稳步提升。2022 年，货物贸易跨境人民币结算金额 7.92 万亿元，同比增长 37.3%。2023 年 2 月 20 日，央行上海总部发布《上海市银行跨境人民币业务结算量情况通报（2023 年 1 月）》称，截至 1 月末，上海市辖内共有 90 家银行报送跨境人民币结算业务信息，1 月结算量 14 089 亿元。

【涉及的问题】

进出口企业选择人民币跨境贸易结算有哪些好处？

【参考答案】

按照目前国家相关规定，外贸企业在进出口业务中选择人民币跨境结算主要有以下好处：

一是规避汇率风险。以往国内企业进出口只能以美元或第三方货币结算，在目前国际金融市场剧烈动荡的大背景下，各国货币汇率起伏不定，企业在外汇交易中容易遭受损失。由于人民币是境内企业的本币，以人民币计价的国际贸易可以帮助企业防范汇率风险。

二是降低经营成本。使用人民币进行国际结算的境内企业无须办理结售汇，企业没有汇兑损失，降低了经营成本，同时减少外汇衍生品及双重外汇交易成本。

三是享受出口退税。凡以人民币进行结算的出口贸易，均可按照有关规定享受国家出口货物退（免）税政策。具体出口货物退（免）税可参考国务院税务主管部门制定的相关管理办法。

四是便于财务核算。合同计价货币和企业运营货币一致，企业在签约前就能切实了解交易成本和收入，可提高企业决策有效性。

五是提高资金效率。贸易用资金和生产用资金的币种一致性，减少了汇兑手续以及资金流动的环节，加快了企业结算和资金周转速度，提高企业资金使用效率，使得企业能更有效地进行资金管理。

---------------------------------- 案例 2 ----------------------------------

H银行推行首批跨境人民币结算便利化业务

【案例正文】▶━━

案例背景：A企业是一家主营业务为建筑工程设计、建筑装饰设计、承包境外建筑工程和境内国际招标工程的国有大型建筑工程企业。日常经营中跨境人民币收款笔数多，收汇金额大，且单笔报关金额较小，合同、发票和运输单据繁多，急需简化业务办理流程，提高业务办理效率。

沟通交流：A企业向H银行咨询跨境人民币收款业务。客户经理了解到该企业主营业务为对外承包工程，在查询《对外承包工程类跨境人民币结算优质企业名单》之后，确认该客户为名单内企业。随后，客户经理为A企业详细介绍了相关便利化政策，同时向企业了解核实业务经营状况、境内外交易对手、交易背景等信息，确认企业交易背景真实合规。

便利化方案：H银行凭借A企业提交的"跨境人民币结算收款说明"直接为其办理货物贸易以及服务贸易项下跨境人民币收款业务，无须A企业事前逐笔提交真实性证明材料。与此同时H银行要求A企业自行妥善保存跨境人民币结算交易单证等真实性证明材料至少5年，便于事后核查、抽查。

根据人民银行等国家六部委联合发布的《关于进一步优化跨境人民币政策 支持稳外贸稳外资的通知》（银发〔2020〕330号），对有良好的内控管理机制，能够自行妥善留存跨境人民币业务相关交易单证等真实性证明资料，并愿意配合经办银行或人民银行的事中事后抽查、核实工作；守法自律，无实质性违反或故意规避跨境人民币管理规定、外汇管理法规、国家"三反"规定等法律；长期、稳定地使用跨境人民币结算的优质企业，各银行凭优质企业提交的《跨境业务人民币结算收/付款说明》或支付信息清单，直接办理货物贸易及服务贸易跨境人民币结算业务，企业无须事前逐笔提交真实性证明材料。

【涉及的问题】

跨境人民币结算便利化对外贸企业有何作用？

【参考答案】

A企业负责人表示，以前收汇要逐笔向银行提交证明材料，银行逐笔审核，公司不但要花大量的时间整理业务资料，而且到银行柜面办理业务还需大半天时间。现在通过银行的便利化方案，公司只需提交收款说明和资料清单就可以办理业务，银行业务处理时间也大大缩短了。

该企业还表示，跨境人民币便利化政策加快了企业货款回笼速度，显著提高了企业资金的使用效率，进一步减轻了财务人员的压力，大大节省了人力、物力和时间成本，在以后贸易议价过程中，企业也更有动力选择跨境人民币作为结算币种了。

8.3 跨境贸易人民币结算业务流程

---------- 案例 1 ----------

如何进行跨境贸易人民币结算？

【案例正文】

某企业生产并出口文具，年交易额都在300万美元以上。多年来，因一直以美元计价和结算，备受美元和人民币汇率波动困扰。有时对汇率走向判断不准，只能让汇率波动风险敞口，默默自己承担；在感觉能够把握汇率走向时，便通过外汇期货市场操作规避风险，但有时做对了方向，有时做错了方向；即使做对了方向，也要产生套期保值的成本支出。该公司也初步了解跨境贸易人民币结算，但因对操作流程不熟悉，仍习惯性地采用美元计价结算，承受汇率波动风险困扰。

【涉及的问题】

人民币跨境贸易结算是怎样操作的呢？

【参考答案】

中国人民银行等六部门于2009年7月1日联合发布《跨境贸易人民币结算试点管理办法》，对跨境贸易人民币结算试点的业务范围、运作方式，试点企业的选择、清算渠道的选择等问题作了具体规定。2011年8月23日，六部委又联合发布《关于扩大跨境贸易人民币结算地区的通知》，明确河北、山西、安徽、江西、河南、湖南、贵州、陕西、甘肃、青海和宁夏回族自治区的企业可以开展跨境贸易人民币结算；吉林、黑龙江、西藏自治区、新疆维吾尔自治区的企业开展出口货物贸易人民币结算的境外地域范围，从毗邻国家扩展到境外所有国家和地区。至此，跨境贸易人民币结算境内地域范围扩大至全国。

根据上述规定，商业银行开展跨境贸易人民币结算业务有两种操作模式，即代理模式和清算模式。代理模式是指中资行委托外资行作为其海外的代理行，境外企业在该代理行开设人民币账户；清算模式主要指境外企业在中资行境内总行和境外分支行之间开展业务，境外企业主要在中资行境外分行开设人民币账户。

人民币进口结算业务包括：进口信用证、进口代收、汇出汇款。其付款流程如下：企业及其境外交易对手签署业务协议，约定以人民币计价和结算；银行审核客户提交的付款申请材料，扣划客户人民币资金后，将汇款指令发送至中国人民银行大额支付系统；银行通过港澳清算行在中国人民银行开立的账户进行人民币资金的跨境清算；港澳清算行收到汇款指令后指示境外参加银行贷记收款人账户；银行根据有关规定办理国际收支统计申报，并通过人民币跨境收付系统报送相关信息。

人民币出口结算业务包括：出口信用证、出口托收、汇入汇款。其收款流程如下：企业及其境外交易对手签署业务协议，约定以人民币计价和结算；港澳清算行根据境外参加行的汇款指令，扣划其人民币资金后，将汇款指令发送至中国人民银行大额支付系统，并通过银行在中国人民银行开立的账户进行人民币资金的跨境清算；银行收到汇款指令并贷记收款人账户；银行根据有关规定办理国际收支统计申报，并通过人民币跨境收付系统报送相关信息。

企业在办理跨境贸易人民币收入业务时应如实填写并向境内结算银行提交"跨境贸易人民币结算出口收款说明"，同时还要提供的资料包括出口合同、发票以及现有规定要求的相关贸易单据。

------------------------------ 案例2 ------------------------------

跨境电商人民币进口结算案例

【案例正文】■

国内A公司主要销售海外商品给国内消费者。A公司从海外进口了一批商品，以前他们需要将美元兑换成人民币进行支付，现在他们通过与银行合作，采用人民币结算的方式进行支付。A公司与海外卖家签订合同，合同明确规定以人民币作为支付方式。A公司将货款汇往银行，银行确认货款并通知转账完成。银行根据A公司提供的跨境支付信息，向海外卖家支付人民币。银行与海外银行进行清算，完成跨境支付。

B公司与A公司一样，许多业务也使用跨境电商人民币结算。B公司在某跨境电商平台上选择海外供应商并下订单，选择人民币作为支付货币，通过跨境支付系统向供应商支付货款，获得供应商发货的确认信息。货物到达国内后，B公司通过海关系统进行报关申报，获得进口报关单据后，将有关单据和文件提交给银行。银行根据相关法规规定，对报关单等相关文件进行审核，确保进口商品符合相关法规和标准。审核通过后，B公司选择使用人民币支付税费等费用。完成结算后，B公司使用人民币采购原材料、支付员工工资等。在此过程中，国内许多从事外贸业务的企业都表明，使用人民币结算不仅减少了货币兑换环节，提高了贸易效率，也避免了汇率波动带来的风险。

【涉及的问题】◼━━━━━━━━━━━━━━━━━━━━━━━━

跨境电商进口人民币结算的流程是怎样的？

【参考答案】◼━━━━━━━━━━━━━━━━━━━━━━━━

（1）境内消费者在跨境电商平台选购商品后下单，并选择通过平台指定的第三方结算公司进行支付。

（2）跨境电商平台根据成功支付结果通知境外商户发货。

（3）境外商户通过第三方物流保税仓运输及报关或境外直邮方式将商品配送至境内消费者手中。

（4）境内消费者确认收货后，跨境电商平台将款项划拨至第三方结算公司在境内合作银行开立的人民币备付金账户中，并向第三方结算公司提供交易明细及相关资料进行真实性审核。

（5）第三方结算公司对审核通过的交易向境内合作银行提交相关资料并发起跨境汇款指令。

（6）境内合作银行审核通过后，根据第三方结算公司汇款指令将人民币资金从第三方结算公司的备付金账户汇至境外商户在境外银行开立的人民币账户中。

（7）境内合作银行完成收支申报和数据报送等工作。

综合案例　A建材公司使用跨境人民币结算经验

【案例正文】◼━━━━━━━━━━━━━━━━━━━━━━━━

8月，中国A建材国际贸易有限公司（以下简称A公司）与伊朗老客户签订一份出口10个20尺货柜丙二醇的合同，支付方式为即期信用证，结算货币为人民币，合同总金额1 888 560元人民币。这份使用人民币作为结算货币的合同签约时币种选择了人民币，提供给伊朗客户付款的账户为公司的人民币账户，即公司现有的人民币结算账户（注：使用外币结算，出口企业须开立人民币待核查账户和外币基本账户）。该合同的履行与其他币种的合同履行基本一样，但在时间上较其他币种合同的履行稍有节省。8月24日，该批货物发运，8月29日收到提单，9月7日交单，9月24日人民币全款到账，并可与境内人民币一样使用，加速了资金的利用率。

假如，A 公司出口伊朗的丙二醇合同使用美元作为结算货币，那么，公司在进行报价计算和出口成本核算时就应考虑到汇率变动的风险。8 月 24 日，中国银行外汇牌价美元现汇买入价为 629.84，如以美元作为结算货币，则合同总金额应为 299 847.58 美元；9 月 24 日收汇时，中国银行外汇牌价美元现汇买入价为 624.20，则 A 公司到账人民币为 1 871 648.59 元（均未考虑国外银行扣费），较采用人民币跨境结算少收入 16 911.41 元人民币。这就是汇率波动给出口企业带来的结算风险，在人民币升值时期可以帮助出口企业规避汇率风险，相反，在人民币贬值阶段可以为进口企业规避汇率风险。

A 公司在与伊朗客户使用人民币跨境结算时，曾因业务不熟悉、银行管理问题等原因而导致晚收汇 3 个多月。某年，伊朗客户从 A 公司进口 180 吨铝箔，合计 358 078 美元。因伊朗遭遇金融制裁，所以双方商定采用人民币结算，当时汇率为 100 美元=635 元人民币，折合后为 2 273 795.30 元人民币。7 月 12 日伊朗客户将人民币付出，一周后，公司仍没有收到货款，银行多次电文催款未果。此时，A 公司已经跟工厂签订了采购合同，计划安排生产。于是，请客户到银行查询，获悉付款需要货款流转，需要 CNAPS Code（银行网点联行号），因未提供 CNAPS Code，货款被迫在中转行滞留。公司财务迅速联系银行，获取 CNAPS Code 后，迅速提供给了客户，款项得以继续流转。在 8 月 10 日，终于收到银行收汇通知，货物得以顺利发运。可事情并非像想象中那么简单，款收到了，但是银行人民币结算，需要向银行提供收汇说明、跨境业务人民币结算收款说明填写、预计报关时间说明、正本报关单、正本合同、汇率说明等，以诠释业务的合理性。公司遂向银行提供了上述资料，很快银行将汇率说明退了回来，原因是合同签订货币是美元，报关采取的是人民币，必须提供严格的汇率说明，要求汇率必须符合当时的即时汇率，而 A 公司的货物系分批发运，每次货款结算的汇率都需要重新核查当时的即时汇率，再进行修改。货款因此在银行搁置了 3 个多月。最终经过与银行一整天的无缝对接，才使结汇资料顺利通过审核，15 天后成功结汇。

A 公司开始尝试使用跨境人民币结算，既体会到了跨境人民币结算所带来的好处，也总结出了相应的经验，如果业务操作过程中未注意到某些细节或规定，都会给企业造成损失。

跨境人民币结算业务流程与外币结算业务流程存在一定差异，以出口为例，在签约、报关、收款和出口退税环节都与外币结算业务有所不同，需特别注意，否则会给企业造成损失。采用人民币跨境结算，在签约时，币种必须选择人民币，收款账号必须填写出口公司在银行的人民币账户信息。报关时，报关单上计价单位直接填写人民币，以人民币方式申请出口报关。报关时需向海关提供以下资料：（1）以人民币计价和结算的外销发票；（2）装箱单；（3）报关录入单；（4）报关委托书。无须提交出口核销单。

出口使用人民币跨境结算，向交单银行办理的是收款而非结汇手续，发货后收款的，需向银行提交以人民币结算的出口合同、以人民币结算的外销发票、以人民币结算的出口报关单和跨境业务人民币结算收款说明；100%预付货款的，在收款后，需尽快向银行提交以人民币结算的出口合同、以人民币结算的外销发票和跨境业务人民币结算收款说明。由收款银行做网上国际收支申报，核对相关收款信息和报关信息后，通过人民币跨境支付信息管理系统（RCPMIS）报送给人民银行。货款由银行直接划入出口公司人民币账户。特别需注意的是分批发货的合同，每批次收款时均需提交一份合同，且合同号及相关信息必须与报关单一致。

出口使用跨境人民币结算收款后，出口公司需向税务部门申报退税，提交以人民币结算的外销发票、以人民币结算的出口报关单和增值税专用发票。因向银行办理收款时和向税务部门办理申报出口退税时都需提交报关单原件，所以出口公司必须先持报关单原件向银行办理收款，待银行退回报关单原件后，再向税务部门办理申报退税。

资料来源：廉国恩，赵劫．E-Trade时代传统跨境贸易人民币结算实例分析［J］．对外经贸，2018（1）．作者有改编．

【案例使用说明】

一、讨论思考题

1.进出口企业选择人民币跨境贸易结算有哪些好处？

2.国际贸易采用人民币跨境结算应注意哪些问题？

二、分析思路

本案例适用于国际结算课程中第8章跨境贸易人民币结算，重点围绕跨境贸易人民币结算的好处和注意事项进行分析。本案例可以有效地帮助学生理解跨境贸易人民币结算的概念、流程及模式等知识点，理解跨境贸易人民币结算的实践意义和风险的规避。分析本案例应当根据讨论思考题，到案例中找出与每一道讨论思考题相对应的案例素材，认真阅读案例相关材料，再运用所学专业知识对相关问题进行分析和讨论。

三、理论依据及参考结论

1.人民币跨境结算给传统国际贸易带来了便利。跨境贸易人民币跨境结算简化了结算流程和手续，不需要像外币结算那样纳入外管局进出口核销管理，也不用办理核销手续。同时，跨境贸易人民币跨境结算不纳入外债额度管理。对于预收预付和延收延付业务，企业可按现行外债统计监测有关规定，登录贸易信贷登记管理系统办理人民币债权债务的登记，无额度控制。

人民币结算有助于规避传统贸易所面临的汇率风险。从签订合同到货款结算的这段时间，因外汇汇率变化会产生结算的风险，采用人民币结算，能够准确预算出口收益，无须考虑结算风险。

人民币结算节省了传统贸易中远期合同的结算成本。传统贸易中，企业为了规避汇率风险，通常需要对远期、金额较大的合同进行衍生品交易以进行保值，因此要承担相应的外向衍生产品交易费用。而跨境贸易使用人民币跨境结算，企业可避免结算风险，并且不用承担因规避汇率风险而产生的交易费用。解决出口到美元短缺国家的收款问题。

2.常见的汇款、托收、信用证等结算方式同样适用于跨境贸易人民币结算，但由于我国目前尚属于外汇管制国家，本币用于国际贸易结算，必将对境内原有的相关政策带来一定的改变，因而在银行办理跨境贸易人民币结算时必须注意相关政策的变化。

（1）企业在首次办理跨境贸易人民币结算业务时，应当确定一家境内结算银行作为其主报告银行，以便该银行按规定向中国人民银行报告企业的相关信息。如企业名称、组织机构代码、海关编码、纳税人识别号、企业法定代表人和负责人的身份证等信息。

企业也可以选择多家境内银行办理跨境贸易人民币结算业务，但主报告银行只能选择一家，若企业因账户调整等原因变更主报告银行，应该以书面形式分别报告新、旧主报告银行。

（2）企业在办理跨境贸易项下的人民币收付时，应填写"跨境业务人民币结算收款说明"或者"跨境业务人民币结算付款说明"。如出口报关或进口报关后发生收付，则应当向其境内结算银行提供出口或进口报关的确切时间。如收付后出口报关或进口报关，则应当向其境内结算银行提供出口或进口报关的预计时间。

（3）企业应依法诚信经营，确保跨境贸易人民币结算的贸易真实性。应建立跨境贸易人民币结算台账，准确记录进出口报关信息和人民币资金收付信息。中国人民银行可依法对企业的跨境贸易人民币结算台账及相关信息进行检查，发现企业违反有关规定的，可依法进行处罚。

（4）企业预收、预付人民币资金超过合同金额25%的，应当向其境内结算银行提供贸易合同，境内结算银行应当将该合同的基本要素报送人民币跨境收付信息管理系统。

（5）企业来料加工贸易项下出口收取人民币资金超过合同金额30%的，企业应当自收到境外人民币货款之日起10个工作日内向其境内结算银行补交企业超比例情况说明、出口报关单、试点企业加工贸易合同或所在地商务部门出具的加工贸易业务批准证等资料及凭证。

第9章　国际贸易结算中的融资

开篇案例

出口买方信贷业务成功引进聚丙烯成套设备

【案例正文】

某年初，中国 A 公司为 30 万吨乙烯工程项目拟引进年产 7 万吨的聚丙烯成套设备，在竞争条件下有可能与意大利供应商泰克尼蒙特签订购买合同。上海市建设银行作为 30 万吨乙烯工程的筹资银行，建议采用意大利的出口买方信贷，并争取获得意大利的混合贷款。上海市建设银行与花旗银行商量争取意大利的出口信贷事宜。花旗银行于同年 2 月 18 日致函上海市建行保证能获得意大利的出口信贷。根据花旗银行的担保函，上海市建行和中国 A 公司商量后决定于 2 月 26 日与意大利泰克尼蒙特公司签订 4 380 万美元的商务合同，合同中明确规定使用意大利的出口信贷。上海市建行随即向花旗银行发出了委任书，委任该行向意大利中央中期信贷局提出信贷申请。

花旗银行于 3 月 12 日向意大利中央中期信贷局正式提出初步认可的申请，后者于 3 月 27 日通过花旗国际公司表示批准上述申请，并随附贷款协议草案，其主要条款有：

出口商：米兰市泰克尼蒙特公司

进口商：中国 A 公司

借款人：中国建设银行上海分行

贷款人：香港花旗国际公司

供应：聚丙烯工厂的设备、工程、零部件

合同金额：4 380 万美元

融资金额：2 628 万美元

协定利率：年利率 7.4%，每半年支付一次利息

期限：13 年零 3 个月

其他条款：略

花旗国际公司于 4 月 24 日寄来贷款协议初稿，经过讨论修改后于 5 月 15 日寄来修改稿，再经借贷双方讨论达成一致意见后于 6 月 15 日在上海正式签字。签字后上海市建行即开始按提款先决条件的规定办理各种手续，并向花旗银行提供所需资

料。花旗银行于7月7日向意大利中央中期信贷局提出贷款协议，经过4个月的历程，意大利中央中期信贷局于11月11日正式批准该项贷款协议。次年1月27日起正式生效，其间虽有波折，但问题都得到妥善处理，5月11日发生首笔提款，贷款协议执行顺利。

【涉及的问题】

什么是国际贸易融资？国际结算和融资存在什么关系？

思政案例

民生银行创新跨境金融，助力"一带一路"高质量发展

"2022对外承包工程行业发展大会暨中国对外承包工程行业发展论坛"以"逆势布局、稳中求进、融合创新、协同发展——共建新生态，一起向未来"为主题，邀请政府主管部门、金融机构、对外承包行业领军企业，基建、新能源、矿业等领域产业链上下游企业，共议行业发展大计。

作为中国对外承包工程商会第一家股份制银行理事单位，民生银行在本次论坛上应邀做了主旨发言，介绍了该行跨境业务的主要经验和特色服务模式。

民生银行公司代表介绍了该行始终坚持聚焦"民营企业的银行、敏捷开放的银行、用心服务的银行"的战略定位。作为首批加入"一带一路"银行间常态化合作机制的股份制银行，该行已经是跨境项目融资领域的重要参与者。为支持共建"一带一路"高质量发展，民生银行将在以下三个方面提升服务水平，提高服务质量：

一是重塑战略客户服务体系，为重点走出去企业提供全方位综合金融服务。民生银行持续优化提升战略客户服务体系，围绕走出去企业的特点，"一企一策"制订专属金融服务方案。加强与政府、行业组织以及走出去企业的深度融合，充分发挥民生银行机制灵活、服务高效、协同创新等优势，共建"一带一路"政企银生态圈。

二是深入落实国家发展战略，为行业转型提升贡献民生智慧。民生银行聚焦行业痛点，对战略客户重点国别的重点项目、经济可行性较好的项目、绿色可持续性发展的项目、小而美的民生类投资项目等符合国家政策导向的各类项目加大服务力度，切实解决企业在国外投资、运营、建设等各个环节中的痛点难点。

三是积极参与行业共建，构建行业合作新生态。在当前行业发展面临严峻挑战和转型压力的形势下，民生银行愿意积极参与跨境融资模式创新，为行业发展注入金融活水，为行业参与者提供优质综合金融服务，共同构建新形势下行业生态，真正实现行业抱团出海。

民生银行相关负责人表示，该行在未来的跨境金融服务中，将不忘初心、砥砺

奋进，扎实做金融创新的"奋进者"，为持续推动行业发展转型升级和共建"一带一路"高质量发展贡献民生力量。

9.1　国际贸易融资的特点和意义

------ 案例1 ------

A公司是否应拿下这笔订单？

【案例正文】■————————————————————————————

A公司是一家专业从事医疗诊断设备生产的美国公司。在其开拓国际市场的过程中，A公司发现B国一家公司C对其生产的一种遥控影像系统有较大需求。但是在实际接触过程中C公司提出，由于其只是经销商，该设备资金占用比较大，因此希望采用较为宽松的支付方式，且提出可否由B国某著名银行担保，付款期为两年。然而，A公司对B国的经济和政治现状有所担忧。

【涉及的问题】■————————————————————————————
分析应如何解决A公司的难题。

【参考答案】■————————————————————————————

利用国际贸易融资的方式，既解决付款期限较长的问题，还能运用风险分散和资本市场的技术，规避经济和政治风险。

传统的国际贸易融资，例如贷款是银行通过向借款人提供一定数量的资金由借款人在规定的时间内使用、到期归还本金并支付利息的一种借贷行为，因此，传统的国际贸易融资是银行为进出口商提供的与国际结算相关的资金融通，并围绕着结算的有关环节进行，不但是中间业务，还是资产业务。而国际贸易融资是银行将中间业务与资产业务融合起来，其中还包含了金融创新产品。因此，国际贸易融资的特点决定了国际贸易融资能服务于企业生产经营的不同阶段，安全性、流动性和收益性方面能有所保证。

------ 案例2 ------

利用假远期信用证贸易融资三方获利

【案例正文】■————————————————————————————

假远期信用证的偿付业务是国内银行业中结算方式的一个亮点，成为银行、进口商、出口商三方共赢的金融品种。所谓假远期信用证（Usance Credit Payable at Sight）是指进出口双方签订贸易合同中规定了即期付款条件，但进口方开立信用证要求出口方发运货物后提交远期汇票和单据，同时在信用证上注明该远期汇票可即期议付，由偿付行对远期汇票进行贴现，对出口方进行即期付款，且由进口方支付贴现费用和贴现利息的一种信用证形式。

天津市某韩资银行资产主要以假远期信用证业务为主，该韩资银行天津分行作为偿付行先行垫付款项形成了较大的余额。某年，该银行假远期信用证业务、贷款业务、联行往来资产方分别占资产总额的53.7%、36.09%和1.71%。假远期信用证业务日平均余额6.15亿元，由此项业务产生的利息和手续费收入也是该银行的主要收入来源，假远期信用证贴现的利息收入占全部收入总额的38%，偿付手续费收入占全部收入总额的13%，当年该分行共承担来自韩国总行的假远期信用证偿付业务16 459笔。

外资银行国内分行采用假远期信用证快速实现盈利，也为外资银行开办人民币业务奠定基础。按照《中华人民共和国外资金融机构管理条例》的规定，外资金融机构经营人民币业务的标准包括：提出申请前在中国境内开业3年以上；提出申请前2年连续盈利。假远期信用证的开证行境外总行指定境内外资银行为偿付行，相当于将大量无风险又盈利的业务分拨给境内分行，境内分行轻而易举地实现2年内盈利的目标，为外资银行尽快开办人民币业务作出贡献。

【涉及的问题】■
结合此案例谈谈假远期信用证在国际贸易融资方面的作用。

【参考答案】■
假远期信用证实际上是一种国际贸易融资。此案国际贸易融资能给参与人带来收益。

（1）国际贸易融资是银行有发展潜力的业务之一，是银行有效运用资金的一种较为理想的方式，具有收益率高、利润丰厚的特点，该业务能提高银行的营运能力，能密切银行和企业的关系。银行提供国际贸易融资服务并不是简单的放款行为，而是有综合效益的：首先，一定时期风险低、收益高的国际结算量增加了；其次，安全性高、周转快的贷款量增加了；再次，保证金等自然存款增加了；最后，国内人民币结算量增加了。这些会涉及银行的不同部门，从而能产生全行性的综合效益。

（2）国际贸易融资有利于进出口商扩大贸易。国际贸易融资能解决进出口商资金周转的困难，能帮助国际贸易参与人争取有利的支付方式，增强谈判中的优势。进出口商只要能从银行获得融资，在整个国际贸易中，甚至不需要动用企业自己的资金，就可以完成贸易过程（当然，企业要支付利息和相关费用）。这一点对企业有很重要的意义。而且，有时进出口商不是生产企业，没有大量的厂房、设备和固定资产，也没有原料、半成品库存，更没有太多的流动资金，只要上有货源下有买家就可以开展业务，其业务量可做到多大，往往取决于从银行获得融资支持的多寡。在目前企业资金普遍比较紧张的情况下，银行资金支持的意义更为重要。而银行如果能遇到经营良好的企业并予以融资，本身亦可得到综合收益。

（3）国际贸易融资能促进对外贸易的增长。国际贸易融资既可以调节进出口结构，促进国际收支平衡，也是一个国家贸易政策的组成部分，是国家鼓励出口的手段，还能促进一国有效地参与国际经济活动。

9.2　传统的国际贸易融资

9.2.1　出口贸易融资

案例 1

善用打包放款做装运前融资

【案例正文】

我国出口商 A 贸易公司收到花旗银行开来的不可撤销即期信用证，由于资金周转紧张，而凭信用证向中国银行申请金额为 500 万元人民币的打包贷款，用于生产该信用证项下的出口产品。中国银行对信用证真实性、条款等项内容及 A 公司提交的进出口合同等证明文件进行了审核。审查结果表明，信用证真实有效，条款清晰明确，符合银行或其他金融机构有关规定。经银行或其他金融机构信贷部门审查，A 公司财务状况良好，信誉可靠，履约能力亦符合有关规定。在此情况下，中国银行为 A 公司办理了打包放贷手续，为其发放了 300 万元人民币的打包贷款。

【涉及的问题】

什么是打包放款？打包放款的操作程序包括哪些环节？

【参考答案】

打包放款是出口地银行向本国出口商提供的一种短期（最长为 6 个月，一般为 3 个月）资金融通。出口商凭国外开来的正本信用证向银行借入资金，用于购买、包装、出运信用证内所规定的货物。打包放款是对银行业务的一种创新，从法律上分析，信用证本身只是一种国际结算方式，而这并不是一种有效担保方式。

我国商业银行在开展此项业务时，一般要求出口商是在当地登记注册、具有独立法人资格、实行独立核算、有进出口经营资格、在银行开有人民币账户或外汇账户的企业、信用等级评定 A 级以上；同时，申请打包放款的出口商，应是信用证的受益人，并已从有关部门取得信用证项下货物出口所必需的全部批准文件；信用证应是不可撤销的跟单信用证，并且信用证的结算不能改为电汇或托收等其他结算方式；开证行应该是具有实力的大银行；信用证条款应该与所签订的合同基本相符。出口的货物应该属于出口商所经营的范围；开出信用证的国家政局稳定；如果信用证指定了议付行，该笔打包放款应该在议付行办理；信用证类型不能为可撤销信用证、可转让信用证、备用信用证、付款信用证；远期信用证不能超过 90 天。

打包放款的操作程序包括以下几个环节：

（1）申请。欲利用打包放款的出口商，事先一般应与银行签订《打包放款总协议》，该协议会确定双方的责任和义务以及总的放款额度。协议签订之后，出口商提出贷款要求时，可凭正本信用证和"打包放款申请书"到银行提出申请。有的银行还要求出口商提供外销合同、境内采购合同、营业执照副本、贷款证、近3年的年度报表、最近1个月的财务报表以及法定代表人证明书等。

（2）审查。其包括资信审查和信用证审查两个方面，如审查申请人的经营范围、经营能力、财务状况等，这在签订"打包放款总协议"之前为确定总额度已经做过了；如未签订过总协议，此时银行要进行认真的审查，然后是审查信用证的条款，如开证行的资信、出口货物的市场情况、信用证的有效性等。

（3）签订打包放款合同。经审查，若银行同意出口商的申请，则双方磋商后即可签约。合同的内容除包括贷款货币、金额、期限、利率、还款方式、违约处理等项目外，还包括出口商的承诺，如出口商在本合同下的全部出口商品必须向银行所认可的保险机构投保，银行有权检查监督出口商对贷款的使用情况，有关打包放款合同项下贷款债务的转移需经银行同意等。

（4）发放。签约后，银行便可向出口商发放贷款，贷款金额一般为信用证金额的60%~80%；期限从贷款之日起至信用证项下的货物出运办理议付或货款收妥结汇日止，一般不超过信用证有效期后的15天，大多为3个月。核发贷款时，银行应在信用证上批注。

（5）偿还。提供打包放款的银行承担议付行的义务，当出口商交单议付时，银行从议付款中扣除打包放款的本金、利息和其他费用，也可按协议在收妥结汇时偿还。如出口商未在信用证的有效期内交单，或开证行因单证不符拒付，或开证行无理拒付，银行有权在贷款到期时，从出口商的存款账户上扣除本息及费用。

打包放款的资金必须专款专用，仅限于信用证项下出口商品的备货备运、生产和出运，不得用于其他用途。

---------------- 案例 2 ----------------

利用出口押汇做装运后贸易融资

【案例正文】■

广东某进出口A公司（以下简称A公司）是某B商业银行广东省分行（以下简称B银行）的重点客户。某年6月，在按美国C银行开来的金额为200万美元、期限为提单日后90天付款的远期信用证出运货物后，A公司将全套单据提交给B银行，申请办理出口押汇业务。B银行将单据寄往C银行后，C银行向B银行开来承兑电，承诺到期付汇。B银行与A公司协商以人民币押汇，在扣除自贴现日至预计收汇日间利息及有关银行费用后，总计押汇额度 1 400 万元人民币，提供 700 万元人民币贷款，700 万元银行承兑汇票额度支付给 A 公司。信用证到期，B 银行将汇票提交开证行托收，收到信用证项下款项后，归还银行押汇融资后，尚有一些余款，B 银行划入 A 公司账户。通过信用证出口议付，银行支持了 A 公司的业务。

【涉及的问题】 ■

什么是出口押汇？信用证项下单证相符押汇的程序是怎样的？

【参考答案】 ■

出口押汇是指银行以出口商提供的信用证项下完备的货运单据作质押，在收到开证行支付的货款之前，向出口商融通资金的业务。银行以单据为质押先垫付一笔资金给出口企业，使出口商在整个出口业务中资金不被占用，在开证行付款以前就能得到货款。如果单据遭到国外开证行的拒付，押汇银行有权向出口商行使追索权，索回融通的资金及其利息。由于其授信行为有货权作质押且有追索权，所以银行的风险较小。

信用证项下单证相符押汇的程序：

（1）出口商申请。出口商要和银行签订出口押汇总质权书（General Letter of Hypothecation），在出运货物交单时还要逐笔申请，填具出口押汇申请书。总质权书是出口商出具的承担有关付款责任的书面文件，具有长久的效力。出口商承担责任的内容也因银行而异，但要点不外乎以下几条：出口商愿意提供其所装运的货物或代表该货物的单据作为银行的质押品；付款人拒绝承兑、付款或承兑人拒绝付款时，银行可以处理货物以抵偿损失，如不足以清偿，银行有权继续向出口商追偿其差额；当银行认为有必要时，可随时要求增加抵押品或担保品；出口商将以银行的名义投保，银行有权代为投保，保险赔款归银行，保险费或损失由出口商承担；付款人如提前付款，可按适当利率扣减利息。

出口押汇申请书的内容通常包括三部分：出口商请求押汇的文句及提交的单据；保证银行所承购的汇票一定能获得承兑和付款，否则由出口商负责赔偿；指示处理押汇的方式，如拨入某账户或签发支票等。

（2）银行审核。银行收到申请书后，要认真审核以决定是否接受出口商的申请，具体包括：开证行及出口商的资信状况，特别是要审查进口方国家的外汇管制情况及开证行的经营作风等；同时也要对出口商进行了解。

（3）支付押汇款项。押汇行在对有关当事人的信用调查及单据审查完毕之后，如无缺陷或虽有缺陷但有开证行的授权，银行即可向出口商支付货款。这里的货款是扣除了押汇利息的货款。押汇天数可按实际押汇天数计算，也可按经考核的平均收汇天数加上银行合理工作日制定。押汇利率参照国际上同种货币的银行同业拆放利率来计算。

银行办妥上述手续后，将押汇金额及日期在信用证上做背批，单据寄往国外银行（信用证项下的开证行或被指定行，或托收项下的代收行）进行索汇。国外银行收到单据后提示给信用证项下的开证申请人，或托收项下的付款人，到期向押汇行付款，押汇行用以归还押汇款项。

（4）押汇款项的追索。信用证的最终付款取决于开证行，如遇开证行拒付，银行有权向出口商追回垫付的货款以及由此而产生的利息、费用等，并可从其账户中扣还。

------ 案例3 ------

"CMR"运输单据下的出口押汇纠纷案

【案例正文】■—

9月，中国A银行作为通知行和议付行，收到美洲银行开来的一份受益人为B公司、金额为100万美元的不可撤销自由议付信用证。A银行核押相符后通知了B公司，B公司未提出任何修改意见。10月10日，B公司向A银行提交了信用证项下有关单据请求议付，A银行审单时发现信用证要求的运输单据用括号备注了"国际公路货物运输合同公约"（"CMR"运输单据），随即向承运人电话查询其提供的运输单据是否为"CMR"运输单据，得到肯定答复后即结束审单，向外寄单索偿，并为B公司办理了押汇手续。

10月22日，美洲银行以收到的运输单据与信用证的规定不符为由拒绝付款。A银行与其多次交涉均无果后，转而要求B公司偿还垫付的押汇款及利息，遭到B公司拒绝后向法院提起诉讼。B公司认为A银行作为议付行，对其审单不严造成的法律后果应承担相应的民事责任。

法院审理认为，由于我国未参加《国际公路货物运输合同公约》，中方承运人根本无法出具"CMR"运输单据，但B公司收到信用证时没有提出异议并要求修改，以致最后美洲银行以此为由拒绝付款，B公司应承担主要过错责任。而A银行在审单时仅凭电话查询就轻信单证相符而寄单索偿，遭到拒付，应认定为没有合理谨慎地审核单据，应承担部分责任。因此，判令B公司返还押汇款项及占用期间的利息，A银行承担押汇款项被拒付后产生的利息损失和与美洲银行交涉的费用。

【涉及的问题】■—
谈谈受益人面临损失的原因，应如何规避类似情况的发生？

【参考答案】■—
本案涉及议付行因未审出单据不符点而引起开证行拒付，给受益人造成损失，对此议付行是否应承担责任，国内司法界尚无明确规定。事实上，本案的关键在于议付行虽对相关单据进行了审核，但是没有做进一步的查询确认，轻信了承运人的答复。另外，议付行的审单人员对国际公约惯例又不够了解。A银行作为通知行，对于信用证中要求不清楚或不完整的特殊条款，应提醒受益人注意；作为交单行，对于信用证条款中不能确切把握其要求的单据，应避免对受益人融资。

---------------- 案例 4 ----------------

出口托收押汇与到期收汇的比较

【案例正文】 ■————————————————————————

　　我国 A 企业以托收为结算方式，向某国出口了一批价值为 USD1 000 000.00 的 DVD，某年 6 月 20 日，向出口地银行交单，信用证付款条件为提单日后 90 天（提单的出单日期为 6 月 18 日），当天的美元对人民币的汇率为 USD100=CNY826.44，企业可以享受的美元利率为年息 5.5%，在人民币有升值趋势的情况下，A 企业有两种方式处理该笔业务：第一种方式为到期收汇，企业财务经理考虑到押汇尽管可以将远期收回的外汇立即结成人民币使用，规避了汇率风险，但企业将付出利息成本，虽然美元对人民币三个月的远期汇率是贴水（即三个月后的结汇价低于即期结汇价），与即期结汇价比将造成损失，但损失不足为虑。9 月 21 日，A 企业如期收到国外银行付款，由于人民币在 7 月 21 日一次性升值了 2% 左右，并且持续几周小幅升值，9 月 21 日当天的汇率为 USD100=CNY800.05，A 企业在被扣除国内外银行费用 USD1 350.00 后，实际得到的人民币为：（USD1 000 000.00−USD1 350.00）× 8.0005=7 989 699.33（元）。

　　第二种方式，企业财务经理考虑到企业办理出口押汇将付出利息成本，但出口押汇既可以将远期收回的外汇立即结成人民币使用，规避汇率风险，又能加速资金周转速度，因此，6 月 20 日当天就叙做了出口押汇，企业应付出的利息为：

USD1 000 000.00×5.5%×90/360=USD13 750.00

　　A 企业实际得到的人民币为：

（USD1 000 000.00−USD1 350.00−USD13 750.00）×8.2644=8 139 607.56

　　第二种方式与第一种比较，

8 139 607.56−7 989 699.33=149 908.23（元）

　　显然，A 企业采用第二种方式比第一种多了 149 908.23 元的收益，这还没有把 8 139 607.56 元相应的 90 天的人民币存款利息，或该资金带来的周转效益计算在内。

【涉及的问题】 ■————————————————————————

　　结合此案例谈谈出口托收押汇的作用与特点。

【参考答案】 ■————————————————————————

　　出口托收押汇是出口方收款人在装运货物并向出口地银行提交有关的单据后，向出口地银行（托收行）申请短期融资，在国外货款到达之前提前从银行得到垫款，解决了出口企业托收项下货款尚未收妥入账前的临时资金周转问题。与其他融资方式比，具有手续简单、融资速度快捷的特点。另一方面，在本国货币有升值趋势的情况下，由于押汇可以提前将外汇结成本国货币使用，因此，可以将出口托收押汇作为规避汇率风险的手段之一。

案例 5

光票托收项下的押汇

【案例正文】

我国 A 公司向美国某大企业供应汽车用点火线，国内的 A 公司不是直接的供货商，而是 A 公司在美国境内设立独立法人的 B 公司，美国某大企业直接从 B 公司购货，与 B 公司直接结算，再由 B 公司与我国 A 公司进行结算，为了节省费用，封锁美国某大企业对 A 公司付款信息的掌握和控制 A 公司的现金流，B 公司采取不定期开支票的方式与 A 公司结算。此时，A 公司就不得不使用光票托收的方式收汇。由于从提交票据给出口地银行办理托收，到实际收汇需要 7～15 天的时间，因此，也可能造成公司资金周转有困难，这时，公司就很可能向出口地的委托行提出押汇融资要求。

【涉及的问题】

结合此案例谈谈你对光票托收下出口托收押汇融资的理解，分析其是否有追索权。

【参考答案】

此案例告诉我们，光票托收也可以作出口托收押汇融资，虽然光票托收在贸易项下并不常见，但由于一些企业采用特殊的销售方式也会采用光票托收来收汇。光票托收（Clean Collection），是指不附带商业单据的金融单据（一般指汇票、支票、本票）的托收。其适用范围较广，可以作为贸易、非贸易、贸易项下从属费用等的结算工具，但由于其收款人收到款项后，仍然有被付款人追索的可能（如美国普通支票的一般追索期为 1 年，伪造背书的追索期为 3 年；美国财政支票的一般追索期为 18 个月，伪造背书的追索期为 3 年；美国邮政本票的一般追索期为 24 个月，但伪造背书的追索期为 3 年），加上收汇速度不快，因此，出口商会与出口押汇融资方式结合起来收汇。

案例 6

利用贴现做装运后贸易融资

【案例正文】

A 公司收到一张花旗银行香港分行开立的见票后 90 天付款、金额为 1 000 万美元的信用证，经过一段时间的备货发运后向我行交单。10 天后收到开证行发出的承兑电，承诺于9月30日付款。

由于还有约90天才能收到货款，A公司向B银行咨询有何资金融通的产品可以提供，因为该公司在B银行目前未有任何授信，且开证行资信良好，收汇较有保障，B银行向其推荐了出口贴现业务。

A公司按要求提供了出口贴现申请书、外贸合同等资料申请办理贴现，利率约定为3%，低于同期人民币流动资金贷款利率。B银行审核了相关资料后，扣除相应的议付手续费及贴现利息（手续费1.25万美元，贴息7.5万美元）后将余额发放给A公司。

A公司收到贴现款后在B银行结汇（汇兑收益1.5万美元），用于支付前期货款，用较低的财务成本加速了企业资金的流转，达到了远期信用证即期收汇的目的。

【涉及的问题】■

对B银行而言，从此项出口贴现业务中获得了哪些好处？

【参考答案】■

对B银行而言，出口贴现业务的风险小。B银行在到期开证行付款用于归还该笔贴现款项之前，对出口商保留追索权。

出口贴现业务收益可观。B银行的综合收益合计为1.25+7.5+1.5=10.25万美元，折合85万元人民币。

------ 案例7 ------

出口商业发票贴现业务项下融资天数如何计算？

【案例正文】■

申请人在某年3月25日要求办理融资，提单显示的装运日是3月21日，出口贸易合同规定的付款条件是提单后30天，预计收汇日为4月20日，则融资天数为：从3月25日—4月20日的天数（26天）加上5~7天，即为31~33天，不超过33天。融资天数不宜过短或过长：过短，容易造成出口商业发票贴现业务项下融资申请人（出口方收款人）融资逾期，给其带来不良影响和麻烦；过长，出口地融资银行不容易监控风险、及时发现问题。

【涉及的问题】■

出口商业发票贴现业务项下融资天数如何计算？

【参考答案】■

出口商业发票贴现业务项下融资天数的计算方法为：办理融资日到预计"货到付款"项下收汇日的天数加一定的宽限期（考虑到节假日，实务中一般将宽限期定为5~7天）。

------ 案例8 ------

出口押汇和福费廷业务的融资成本比较

【案例正文】 ■

10月，国内某外贸公司（以下简称 A 公司）与香港某公司（以下简称 H 公司）签署高新技术产品出口合同，合同金额为 200 万美元（产品收购价为 185 万美元），采用见单后 30 天延期付款信用证结算。A 公司在发货交单后，为增加资金流动性，拟向银行申请办理贸易融资，但对采用出口押汇还是福费廷的融资方式犹豫不定，此时国内某银行（以下简称 E 银行）为 A 公司做了出口押汇和福费廷业务的详细分析。

A 公司申请办理融资业务时，银行结汇汇率为 7.86 元/美元，银行办理出口押汇业务融资利率为 5.75%（同期 LIBOR+50BP），银行办理福费廷业务融资利率为 5.8%（同期 LIBOR+75BP），银行人民币活期存款利率为 0.72%，产品出口退税率为 17%。

采用出口押汇方式时，A 公司付出融资成本计算如下：

2 000 000.00×5.75%×30/360=9 583.33（美元）

折算为人民币为 9 583.33×7.86=75 325（元）。

采用福费廷方式时，A 公司付出融资成本计算如下：

2 000 000.00×5.8%×30/360=9 667（美元）

折算为人民币为 9 667×7.86=75 980（元）。

但采用福费廷方式，A 公司可提前获得出口退税，退税款带来的银行存款收益（按活期存款利率计算）为：

1 850 000.00×7.86×17%×0.72%×30/360=1 483（元）

故采用福费廷方式，客户付出融资总成本为 75 980−1483=74 497（元）。

综上，客户采用福费廷方式比采用出口押汇方式，可节约融资成本 75 325−74 497=828 元人民币，同时采用福费廷方式还可规避国别风险、商业风险等。

经 E 银行详细比较分析，A 公司首选办理福费廷业务。

【涉及的问题】

结合此案例谈谈与其他融资方式相比，福费廷业务有哪些特点？

【参考答案】

福费廷（Forfaiting）即包买票据。这是一种中期的、利率固定、无追索权的出口贸易融资方式。"Forfaiting"来自法文，是放弃或让出某种权利的意思。具体地说是指出口商向进口商提供货物或服务后，包买商（Fofater）从出口商那里无追索权地购买已经承兑的，并通常由进口商所在地银行担保的远期汇票或本票，以此提供融资服务。这里的包买商通常是商业银行或银行的附属机构。

与其他融资方式相比，福费廷具有五个特点：

（1）无追索权融资。

（2）福费廷服务的交易多限于资本商品。

（3）福费廷是中期融资，在3~7年之间。

（4）利率固定。

（5）福费廷不仅有初级市场，而且还存在二级市场。

```
------ 案例9 ------
  非融资性风险参与
```

【案例正文】 ■————————————————————

以下为两个相似的案例：

A银行为一级包买商，为企业C办理了信用证项下的、金额为USD10 800.00的福费廷业务，即从企业C那里"买断"了单据所代表的应收账款（债权）。后A银行考虑风险较大，与B银行（二级包买商）协商，要求B银行以融资性风险参与的方式，转买该债权。B银行考虑到与开证行有良好的合作关系，风险在其可控范围内，因此，同意A银行的要求，叙做了融资性风险参与的"买断"，在与A银行签订相关的协议后，将USD10 800.00扣除相关的费用、利息后，将余额划给A银行，A银行再转划给企业C，企业C可以像办理一笔正常的福费廷业务那样使用该笔资金、办理核销等，以后若出现了开证行拒绝付款、倒闭的情况，与A银行及企业C无关，B银行对A银行及企业C均无追索权。

E银行为一级包买商，为企业C办理了信用证项下的、金额为USD18 800.00的福费廷业务，即从企业C那里"买断"了单据所代表的应收账款（债权）。后E银行考虑风险较大，与F银行（二级包买商）协商，要求F银行以非融资性风险参与的方式，转买该债权。F银行考虑到与开证行有良好的合作关系，风险在其可控范围内，因此，同意E银行的要求，叙做了非融资性风险参与的"买断"。在与E银行签订相关的协议后，F银行并不需要将资金划给E银行，而是E银行将自己的资金垫付给企业C，企业C仍然像办理一笔正常的福费廷业务那样使用该笔资金、办理核销等，以后若出现了开证行拒绝付款、倒闭的情况，与E银行及企业C无关，E银行垫付了款项，可以向F银行追索，但对企业C无追索权。

【涉及的问题】 ■————————————————————

结合两个案例分析两个案例的当事人风险，分析"买断"债权有哪些形式？

【参考答案】 ■————————————————————

非融资性风险参与，是指二级包买商通过让一级包买商款项让渡或背书"买断"一级包买商的债权（收款权）。与融资性风险参与不同的是，叙做非融资性风险参与的二级包买商在办理买断业务后，不需将单据或票据所代表的债权金额立即付给一级包买商，而是当信用证项下的开证行（或保兑行）、票据的承兑行（或承付行）出现了拒绝付款、倒闭的情况下，承担赔付的责任，实际上起了一个对债权的担保作用。

按"买断"债权的表面形式，可以分为以下几种：

（1）在出口远期信用证项下，开证行（或保兑行）已承兑的汇票或已承付的单据所代表的债权。

（2）出口商出具的并已被进口商承兑的汇票所代表的债权。

（3）进口商出具的以出口商为收款人的本票所代表的债权。

（4）由包买商可接受的担保人出具的独立保函所保付的以进口商为付款人的汇票或进口商自己出具的本票所代表的债权。

（5）由包买商可接受的第三者加注了保付签字（Per Aval）的汇票或本票所代表的债权。

由于无追索权地购买纯汇票或本票的风险极大，因此，在实务中，包买商购买的主要是在出口远期信用证项下，开证行（或保兑行）已承兑的汇票或已承付的单据所代表的债权。

------ 案例 10 ------
双保理贸易融资

【案例正文】

美国 A 服装公司（以下简称 A 公司）想从我国 B 公司进口一批服装，金额约为 7 668 000 美元。此次 A 公司想用 D/A at 90 days 进行结算，但是我国 B 公司在 D/A 方面涉及较少，并认为资金稍大，占用时间较长，会使自己资金吃紧，影响与其他合作伙伴的合作，因此提出使用出口双保理，双方达成协议同意使用出口双保理。B 公司随即选择了中国银行广东某分行签订授信协议和扣款申请书，约定有追索权公开型出口保理授信额度为 40 000 000 人民币。双方通过签订国际保理业务合同约定对该额度的具体使用并且依授信协议约定，签订多份相关文件，约定保理届至日即为保理合同买方应付款日。美国方面的进口保理商为美国远东国民银行（Far East National Bank）。B 公司于当年 4 月 16 日和 5 月 18 日向中国银行广东省分行提交两份出口单据（INV. 2054，INV. 2055）总计 7 668 000 美元提出融资申请，按照国内保理业务合同的约定，中国银行广东省分行向 B 公司支付了 3 787 万元人民币的收购款，受让了 B 公司对美国 A 公司所享有的 48 348 036 元人民币的应收账款债权。保理合同约定原告基本收购款按照应收账款债权的 78.1% 的比例计算。双方共同向美国方面发出了应收账款债权转让通知书，美国 A 公司在签收回执上盖章确认并承诺向原告履行付款责任。

【涉及的问题】▰━━━━━━━━━━━━━━━━━━━━━━━━━━━━

对出口商而言，双保理是否能够确保货款收回？

【参考答案】▰━━━━━━━━━━━━━━━━━━━━━━━━━━━━

国际保理是一种国际贸易融资。在出口双保理的情况下，保理商对已核准的应收账款提供100%的坏账担保，但条件是出口商出售给保理商的应收账款必须是正当、无争议的债务请求权，所以对产品的质量、服务水平、交货期所引发的呆账和坏账，保理商不承担赔偿责任。在该案例中，美国A公司不能因为货物部分不符而拒付全部货款，而因为是有追索权的公开保理，所以保理商即将此部分货物的货款视为未核准的应收款项，不承担赔偿责任。

9.2.2　进口贸易融资

------ **案例 1** ------

进口授信开证

【案例正文】▰━━━━━━━━━━━━━━━━━━━━━━━━━━━━

进口商A企业向B银行申请开立信用证，信用证金额为500万美元，若采用足额保证金开证方式，进口商A企业需向B银行提交100%，即500万美元的保证金。若采用授信开证，B银行根据进口商A企业的情况，给予了A企业1 000万美元的开证额度，在1 000万美元的额度内，保证金比例为5%，则A企业申请开立的信用证金额为500万美元，只需提供25万美元的保证金。

【涉及的问题】▰━━━━━━━━━━━━━━━━━━━━━━━━━━━━

什么是进口授信开证？分析办理该业务的一般流程。

【参考答案】▰━━━━━━━━━━━━━━━━━━━━━━━━━━━━

开证行为开证申请人办理开证一般有两种模式：一是足额保证金开证，即申请开证的企业在提交了开证金额的100%的保证金后，银行才为企业开出信用证。在这种情况下银行为企业开证将占用企业的资金，影响企业的资金周转。二是授信开证，即申请开证的企业未提交保证金或未提交开证金额100%的保证金的情况下，银行为企业开出了信用证。在这种情况下，银行为申请开证的企业开证，采用为企业核定授信额度的办法，解决了企业因足额保证金开证而带来的资金周转困难。银行给予企业的开证额度，其实质是一种变相贷款，是银行给予企业的一种融资。

------- 案例 2 -------

进口开证额度的种类

【案例正文】 ■————————————————————————

B 银行经过审核，确定给 A 企业 100 万美元的开证额度，有效期为一年，则 A 企业在一年内，只要开证余额控制在 100 万美元以内，就可以多次开证，实际开证余额的计算方法为：

$$\begin{aligned}\text{实际开证余额} &= \text{已开证余额} + \text{信用证修改增加金额（如有）} - \text{已付金额} \\ &\quad - \text{信用证修改减少金额（如有）} - \text{开证行合理撤销的金额}\end{aligned}$$

例如，2022 年 1 月 5 日，B 银行经过审核，确定给 A 企业 100 万美元的开证额度，有效期为一年。

2022 年 2 月 10 日，A 企业在 B 银行开立了编号为 LC001、金额为 10 万美元的信用证，在同年 3 月 10 日，A 企业在该证项下付出了 8 万美元，余下的 2 万美元，贸易双方决定不再发货履约，3 个月后，银行冲销了该证项下的 2 万美元。

2022 年 4 月 11 日，B 银行应 A 企业的要求，为其开立了编号为 LC003、金额为 50 万美元的信用证，4 月 15 日，又进行了信用证的修改，增加金额 5 万美元，6 月 15 日，在该证项下，对外支付了 55 万美元。

2022 年 6 月 17 日，B 银行应 A 企业的要求，为其开立了编号为 LC007、金额为 60 万美元的信用证，6 月 21 日，又因需要进行了信用证的修改，减少了金额 10 万美元，付款日为 2022 年 7 月 29 日。

那么，截止到 2022 年 6 月 22 日，A 企业在 B 银行的实际开证余额为：

按照"统算"法，

$$\begin{aligned}\text{实际开证余额} &= \text{已开证金额（10 万美元+50 万美元+60 万美元）} + \text{信用证修改增加金额（5 万美元）} \\ &\quad - \text{已付金额（8 万美元+55 万美元）} - \text{信用证修改减少金额（10 万美元）} - \text{开证行合理撤销的金额（2 万美元）} \\ &= 50 \text{ 万美元}\end{aligned}$$

按照"逐笔清"法，

$$\begin{aligned}\text{实际开证余额} &= \text{LC001 余额（10 万美元-8 万美元-2 万美元）} + \text{LC003 余额（50 万美元+5 万美元-55 万美元）} + \text{LC007（60 万美元-10 万美元）} \\ &= 50 \text{ 万美元}\end{aligned}$$

【涉及的问题】 ■————————————————————————

根据以上案例，请谈谈你对进口开证额度的理解。

【参考答案】 ■————————————————————————

从以上案例可以看出，尽管 B 银行为 A 企业核定的开证授信额度为 100 万美元，但实际开证总额（含修改信用证增加的金额）远远超过了授信额度金额，在 6 月 22 日这个时点总计金额就达到了 125 万美元，而实际开证余额仅仅为 50 万美元，

A企业还剩余50万美元的开证额度（100万美元-50万美元），即还可以开立50万美元。而在2022年7月29日向国外支付了50万美元后，A企业的实际开证余额将降为0，开证额度将又恢复为100万美元，依此类推，循环往复至一年。

------------------------------ 案例3 ------------------------------

S银行诉H公司进口开证授信额度纠纷案

【案例正文】 ■

某年12月27日，S银行与H公司签订进口开证授信额度协议，S银行同意向H公司提供进口开证授信额度510万美元用于H公司申请开立信用证。同日，S银行为H公司开出以香港某公司为受益人，总金额为510万美元的不可撤销跟单信用证。同年12月31日，S银行收到该信用证项下全套单据。审核后，S银行向H公司提出不符点。次年1月2日，H公司同意S银行承兑该信用证，声明因单证不符引起的任何纠纷由H公司承担，与S银行无关。同日，S银行对外承兑了该信用证项下的远期汇票，并将全套提单交付给H公司。1月3日，H公司将全套提单转让，收回货款人民币3 331万元，于1月7日交付给某制药厂。S银行于6月16日、6月26日向H公司发出支付信用证项下资金的通知，于6月25日向保险公司发出索赔通知书，要求两单位支付付汇资金。H公司和保险公司均未向S银行支付付汇资金。6月28日，S银行对外垫付了信用证项下应付款项510万美元。在先后两次以书面形式通知保险公司要求其履行担保责任未果的情况下，S银行诉至省高院，请求判令H公司偿付510万美元及垫付利息，保险公司承担连带保证责任。

【涉及的问题】 ■

法院会支持S银行的诉讼请求吗？

【参考答案】 ■

支持。H公司未在信用证付款期届满前交付付汇资金致使S银行垫付信用证项下款项510万美元，已构成违约，H公司应向S银行偿还信用证垫款510万美元及利息。保险公司在保险合同中承诺当H公司不能向S银行按时交纳信用证项下款项时，保险公司保证代H公司向S银行偿还，其承诺有效。保险公司应代H公司向S银行承担连带清偿责任，S银行要求H公司偿还510万美元信用证垫付款及利息，保险公司承担连带保证责任的主张应予支持。该院判决如下：一、H公司偿还S银行信用证垫付款本金510万美元，并按同期银行美元贷款利率偿还自垫付款项当年6月30日至该一审判决生效之日止的利息；二、保险公司对H公司的上述债务负连带清偿责任。

案例 4
信用证担保纠纷案中信托收据的法律定性

【案例正文】

4月17日，某实业公司应某贸易公司要求，向某银行出具担保函，承诺其愿为贸易公司在该行自当年4月1日起至次年3月31日内所开立的所有信用证的免保证金部分或押汇资金提供担保，担保金额为3000万美元或等值人民币及相应的利息、费用、罚息、违约金、损害赔偿金等全部应付款项。本担保方式为连带责任担保。

当年4月17日至4月30日，贸易公司向银行申请开出4份见票后180天付款的远期信用证，从香港进口泰国产的天然橡胶，信用证金额共计335万美元，并向银行出具开证申请人声明，承诺"我公司保证在贵行规定的时间内向贵行支付该证项下的应付货款、手续费等所需的外汇和人民币资金。在我公司未付款赎单前，贵行对该证项下的货物和单据有完全的权益，贵行无须征求我公司同意，有权自行处理，包括转让或变卖，我公司决无异议，并全力予以配合。"境外议付单据到达银行后，经银行审查单证相符，银行对外承兑，承诺到期履行信用证项下付款义务。贸易公司向银行出具信托收据，言明贸易公司仅作为银行受托人代银行处理有关进口货物，包括货物的运输、保管、加工、保险及出售等，在这期间，所有货物的货权属于银行。贸易公司凭此向银行赎回信用证项下单据，凭提单提出货物并对外销售，但销售款项被挪作他用。

信用证到期后，贸易公司没有支付信用证项下的款项，与银行续签押汇合同，押汇期限一个月，银行对外付汇335万美元。押汇期满，贸易公司未向银行支付押汇款项，实业公司亦未履行担保义务，银行诉至法院，一审法院审理后作出了全面支持银行诉讼请求的判决。保证人不服一审判决，向市中级人民法院提起上诉。律师受银行委托参加本案的二审诉讼。二审法院在综合考虑各方面意见后，最终作出了对银行有利的终审判决：驳回上诉，维持原判决。

【涉及的问题】

分析信托收据的主要功能与业务风险。

【参考答案】

信托收据或称信托提单，是指进口商为提前得到货物，在未付清货款时出具的文件。在此文件中，进口商将货物抵押给银行，以银行受托人的身份提取货物，并在一定的期限内，对银行履行其付款责任。

信托收据的主要功能就是协助进口商从银行获得资金融通，以利于资金周转。这种融资方式的核心是：依据信托收据，进口商与银行便形成了一种信托关系，进口商以受托人的身份，根据信托收据上的条款，用信托收据换取货运单据以提取货物，并出售这些货物，将出售货物的款项一次或分数次还给银行，以清偿其票款；而银行则以信托人的身份，保留对货物的所有权，直到进口商完全清偿货款。进口商如违反信托收据上的条款，银行有权以货物所有人的身份，随时向进口商收回货款，以确保其债权。

信托收据需逐笔申请，进口商在付款或承兑日前向银行提出书面申请，申请书需明确信托收据的金额、期限、申请人的责任、还款方式、还款责任及违约处理等，并注明此业务的船名、货名、唛头、金额、信用证号码。

在使用信托收据的情况下，虽然进口商处于受托人的地位，货物的所有权归银行，但银行往往很难实际控制货物。如进口商资信欠佳，银行所承担的风险是很大的。比如，客户将单据抵押给第三者，货物经加工后已改变形态，将货物运往第三国加工或转卖等，在这些情况下，银行收回货款的机会很小。因此，银行对此业务一般都从严掌握。

案例 5
开证行诉进口商进口押汇违约

【案例正文】

6月，B公司为进口木浆向A银行申请开立信用证，A银行于6月20日对外开出不可撤销信用证，但因B公司的资金未能存入账户，而向A银行书面申请以进口押汇的方式垫付款。双方于10月30日签订一份进口押汇协议书。

协议规定：鉴于第LC220131号信用证项下单据将到，B公司向A银行提出融资要求。A银行接受申请同意叙做进口押汇。押汇金额100万美元，期限一个月，押汇利率10%；到期日为该年11月30日。如B公司未能按期还款，则A银行有权对逾期欠款按照押汇利率加倍收罚息两个百分点。在B公司未能还清A银行押汇款之前，单据所有权归属A银行，B公司可以凭信托收据预借单据提货，还款后单据所有权归属B公司。

此后，B公司没有按约定期限偿还押汇款的本金和利息，A银行诉至法院。法院经审理后，判决B公司承担违约责任。

【涉及的问题】

进口托收押汇存在哪些风险？办理进口押汇应注意哪些问题？

【参考答案】

进口押汇（Import Bill Advance）是在进口采用信用证支付货款方式下，银行凭有效货运和商业单据代进口商对外垫付进口款项的短期资金融通。进口商无须支付信用证项下的款项，即可取得信用证项下的单据，开证申请人凭单提货并在市场销售后，将押汇本息归还开证行。进口押汇是开证行向进口商提供的一种资金融通。

进口托收押汇存在风险，具体表现为：（1）货物价格下跌的市场风险。银行放单，进口商凭单提货销售时，商品价格却大幅度下跌，从而造成企业的还款能力降低，银行风险增加，这种市场风险对中小企业来说尤为明显。（2）还款资金挪用的风险。进口商虽然将货物卖出，但将资金挪用，而不是按时归还押汇银行的到期押汇款，这样银行的风险将增加。（3）汇率变动风险。若押汇币种是美元或其他外币，则企业要承担货币贬值的风险，但进口商可以提前办理外汇结汇，规避汇率风险。

办理进口押汇应注意一些问题：

对于申请人而言，进口押汇款项专款专用，不能结成人民币自用，只能用于履行信用证项下的对外付款；进口押汇是短期融资，期限一般不超过 3 个月；进口押汇需要逐笔申请，逐笔使用，一般不设额度；押汇比例及期限等根据实际情况与开证行协商解决。

对于开证行而言，了解开证申请人的资信情况和经营能力；了解进口货物的市场行情，若货物畅销、变现能力强，可适当放宽押汇条件；适当考虑增加其他安全措施，因为进口押汇还款来源单一，风险较大，在需要时，可以要求申请人增加第三方担保、房产抵押、有价证券抵押等，以增加申请人的谨慎程度，并使银行的损失降到最低；注意押汇后的管理，必要时监控申请人的进口货物资金回笼情况，并采取适当措施，减少损失。

9.3　创新的国际贸易融资

9.3.1　出口退税贷款

----- 案例 -----

企业纳税信用能"变现"为"可贷资产"吗？

【案例正文】

A 公司是 F 市一家专门从事游乐设备的出口企业。2021 年，在疫情蔓延、海运费用高涨等形势下，不少外贸企业经营困难，A 公司也出现了流动资金不足的情况，由于缺乏有效抵押物，A 公司融资面临困难。

国家实施新的税费支持政策助企纾困，人民银行指导金融机构与税务部门合作，推动将企业纳税信用等信息"变现"为"可贷资产"，对金融产品进行创新，为企业拓宽"融资路"。为促进出口退税信用贷款落地，F 市人民银行 B 支行加强银税互动，通过银税信息匹配，综合生成出口退税企业"白名单"，鼓励银行以"白名单"企业的出口退税作为参考，放宽放贷条件。税务部门将出口退税数据纳入"银税互动"数据推送范围，同时与 C 银行于 2021 年 5 月签订战略合作协议，C 银行接入 F 市银税互动平台，并基于企业出口退税数据，推出全线上审批的出口退税信用贷款业务。

C 银行获悉 A 公司融资需求后，了解到企业虽实际缴税金额较小，但每年约有 70 万元出口退税额。C 银行推出新的出口退税信用贷款产品，以企业每年出口退税金额作为参考，核定 A 公司贷款额度，很快为 A 公司发放了 100 万元出口退税信用贷款，助力企业融资经营。

【涉及的问题】

1. 哪些企业可以办理出口退税贷款？

2. 结合案例分析出口退税贷款有何特点。

【参考答案】

1. 目前享有出口退税权利的企业包括外贸企业、自营出口的生产企业、没有进出口经营权但委托外贸企业代理出口的生产企业。根据税法规定三类企业在出口退（免）税环节中采取不同的计算和抵扣方法。以上企业没有非法逃套汇和偷税、骗税、抗税行为，资信良好，均可申请出口退税贷款。

2. 一是资金周转迅速、满足出口企业的临时资金需求。出口企业在税务部门办理出口退税手续前收到出口退税款项，可以加快资金周转，缓解资金短缺压力。二是融资方便快捷。解决一般融资业务下，企业融资担保难的问题，借助政府资信平台信息即可获得银行融资便利，原则上无需其他保证、抵押或质押担保。三是融资模式新颖。解决了企业频繁出账的问题，降低了企业的操作成本。真正实现将企业纳税信用"变现"为"可贷资产"。

9.3.2 仓单融资

案例

仓单融资适用于何种贸易？

【案例正文】

B 公司是 F 省大型油脂经销企业，年销售额突破 2.5 亿元，每年都需要筹集大量资金进行大豆采购，B 公司向 A 银行提出融资申请。A 银行认为，B 公司年销售规模较大，作为当地龙头企业，有较好的开发价值。大豆属于油脂加工的初级原材料，价值稳定，交易较为活跃，可以作为质押物。经研究后，银行设计采用标准仓单质押方式融资。

B 公司提交大豆标准仓单质押贷款申请，A 银行授信金额为 700 万元银行承兑汇票。该行与当地商品交易所共同起草仓单质押贷款担保协议书，当事人签订仓单质押贷款担保协议书及一系列附属文件，对授信金额、期限、利率、质押率、标准仓单的质押冻结和解冻、保证金比率（不高于70%）、资金用途等均做了明确规定。标准仓单的质押价格以当地粮食批发市场公布的同期同品质的平均价格为准。

【涉及的问题】

1. 仓单融资一般适用于何种货物贸易？仓单质押融资的申请人是哪些企业？

2. 结合案例说明仓单融资的流程。

【参考答案】

1. 仓单融资适用于流通性较高的大宗货物，特别是具有一定国际市场规模的初级产品，如有色金属及原料、黑色金属及原料、煤炭、焦炭、橡胶、纸浆以及大豆、玉米等农产品。任何特制的商品、专业机械设备、纺织服装、家电等产品，一般难以取得银行仓单融资的机会。仓单质押融资的申请人一般为以标准仓单作为原材料进行生产的工业企业，或以对应的货物作为销售对象的商贸企业。

2. 本案仓单融资业务流程如下：

第一，A银行按照一般法人客户的授信管理办法，对B公司进行风险等级测评，给予一定的授信额度。

第二，B公司将货物存入银行认可的仓储公司，取得仓单。在授信额度内，A银行、B公司、当地商品交易所签署授信监管等协议。B公司与A银行签订信贷合同与仓单质押合同。

第三，A银行将由当地商品交易所出具的仓单凭证进行入库保管。B公司与A银行共同向商品交易所签发"出质通知书"。

第四，A银行凭信贷合同、质押仓单、质押合同、出质通知书等文件，按照正常程序和审批权限为B公司办理授信额度的银行承兑汇票。

第五，承兑到期，如果B公司资金及时到位，顺利解付汇票，A银行下达资金解冻通知书，同时向交易所下仓单解冻通知书解冻仓单，该笔业务结束。如果B公司不能将除保证金之外的资金汇入银行账户，A银行将实施相应措施，确保资金安全，避免出现承兑垫款风险。

9.3.3　订单融资

案例

出口商货物出运前备货阶段如何融资？

【案例正文】

A公司为专业生产各类冲压件的生产厂家，是某知名品牌汽车的一级供应商。近年来钢坯采购量增加，资金缺口明显，遂向B银行提出融资申请。B银行在资信调查中发现，某国际知名汽车有限公司已与A公司签订了年度采购协议。B银行建议可通过订单融资方案进行授信。

B银行提出，A公司与国际知名汽车有限公司所签订的单笔订单须经B银行确认；B银行发放的融资款仅用于购买生产用钢材；货款必须回笼至B银行指定的应收账款保证金账户，该账户内的资金使用须经B银行审核同意方可使用，确保进入B银行账户的销售回笼款优先偿付银行债务。

【涉及的问题】

1.订单融资适用于哪些对象？

2.结合案例说明订单融资流程。

【参考答案】

1.订单融资主要及时适用于解决客户接到订单后在非信用证结算方式项下的生产备货资金需求，使客户有充裕的时间完成备货。客户的融资额度最高可达订单实有金额的100%，因此订单融资主要适用于自有资金缺乏，拥有订单却无法顺利完成订单生产任务的企业，如在备货、生产、装运阶段有融资需求的贸易型企业。由银行提供专项贷款，供企业购买材料组织生产，企业在收到货款后立即偿还贷款。

2.本案A公司可以通过如下流程进行订单融资：

第一，A公司与购货方即某国际知名汽车有限公司签订购销合同，取得购货订单；A公司持购销合同和购货订单向B银行提出融资申请。

第二，B银行确认合同、订单的真实有效性，确定A公司的授信额度后，A公司在银行开立销售结算专用账户；A公司与B银行签订订单融资合同及相关担保合同。

第三，B银行向A公司发放贷款，A公司须按合同规定用途支用贷款、完成订单项下交货义务。

第四，购货方即某国际知名汽车有限公司支付货款，B银行在专用账户扣还贷款。或在货物出运后，A公司办理发票贴现或出口押汇，用以归还订单融资款项。

9.3.4　现货融资

案例

进口货物未销售前如何融资？

【案例正文】

F公司主要向S国进口棉花销售给国内家纺企业，由于公司固有资产有限，银行按一般标准难以为其核定足够的信用额度。F公司在遭遇融资困境之际，A银行建议，F公司可将进口棉花抵押给银行，申请现货融资业务。A银行邀请第三方对货物进行监管，F公司可通过按协议质押率向银行办理进口押汇，F公司可将押汇款用于对外支付。

F公司将进口货物质押给A银行后，银行委托H仓储监管公司进行货物监管。H公司按照A银行指示进行分批放货，F公司在分批提货时，支付监管方相应费用，付款赎货后货物用于国内销售。

【涉及的问题】

1. 分析现货融资业务为何引入第三方监管。

2. 结合案例说明现货融资的流程。

【参考答案】

1. 现货融资中，借款人以存货作质物向银行借款，为实现质物的转移占有，银行委托物流企业或资产管理公司等为第三方企业，代为监管和存储作为质物的现货。

由于金融机构不得从事除金融服务以外的其他领域的经营活动，要实现对动产的占有必须借助除借款人之外的第三方（仓储公司）提供担保物仓储服务。由仓储公司出具以金融机构为寄存人的进仓单，并交付金融机构，此时金融机构并不直接占有担保物，而是通过仓储公司间接对货物进行管理、占有。

同时，金融机构既没有能力也不可能对担保物进行实际监管，而是由仓储公司，根据借款人与金融机构签订的现货质押贷款合同以及三方签订的存货监管合同约定，对寄存在仓储中心的担保物提供仓储、监管服务。

2. 现货融资业务涉及货主（F公司）、授信银行（A银行）和仓储企业（H公司）三方，现货融资流程如下：

第一，F公司与A银行签订银企合作协议、账户监管协议；三方签订仓储协议；同时H公司与A银行签订不可撤销的协助行使质押权保证书。

第二，F公司将进口货物送到指定的仓库，仓储企业确认开立专用存货仓单；F公司对专用存货仓单作质押背书，仓库签章后，交付A银行提出现货质押贷款申请。

第三，A银行审核后，签署贷款合同和现货质押合同，放款至F公司在A银行开立的监管账户。

第四，贷款期内实现正常销售时，货款全额划入监管账户，A银行按约定根据到账金额开具分提单给F公司，仓库按约定要求核实后发货。

9.3.5　短期出口信用保险项下的贸易融资业务

---------- 案例 ----------

出口信用保险项下的应收账款可以转让吗？

【案例正文】

A公司向南美洲某发展中国家出口小家电，结算方式为赊销，账期为120天。A公司了解到，中国银行推出的"融信达"业务，是对已投保信用保险的应收账款，凭相关商业单据为卖方提供的贸易融资业务。

事实上，考虑到买方信用风险及其所在国家风险较大及人民币的升值压力，A公司向中国出口信用保险公司投保了出口贸易信用保险。为了加快资金周转、改善现金流量，A公司希望将该贸易项下的出口应收款项卖断给银行以获得融资。于是，在"融信达"业务下，A公司将出口信用保险单项下的赔款权益转让给中国银行，并经由中国出口信用保险公司确认。

中国银行在中国出口信用保险公司核定的买方信用限额及赔付率以内，为A公司确定了合理的融资比例，在受让A公司应收账款的基础上，将相应的融资款项支付到该公司账户。出口项下应收款项120天后正常收汇，中国银行收取融资本息后余款支付给A公司，借助"融信达"业务，A公司提前回笼了应收账款，提高了资金使用效率，有效规避了收汇风险。

【涉及的问题】

1. "融信达"贸易融资业务适合哪些对象？

2. 结合案例说明短期出口信用保险项下贸易融资的优势与主要风险。

【参考答案】

1. 适合已向信用保险机构投保信用保险的出口企业，该保险机构是授信银行认可的，同时，企业能提供相关商业单据、投保信用保险的有关凭证、赔款转让协议等合规文件，将应收账款转让给授信银行。

2. 优势在于在进口商支付货款前，出口商就可以提前得到偿付，加快了资金周转速度，改善了财务状况。出口商只需购买保险就可申请融资额度，无须提供另外的抵质押担保，可以避免汇率风险，锁定销售利润，相关融资成本比较合理。对于银行来说，出口信保融资业务既获得了保险公司一定的理赔保障，降低了融资风险，也扩大了银行的客户范围。

主要风险在于贸易真实性风险。贸易的真实性是保险公司赔付的基础，但保险公司在承保时只调查买方资信和财务状况，并不审查出口贸易真实性及合法性，只在收到客户报损后才会介入调查。如果出口商、进口商及中间商一方或几方出于诈骗、骗贷等目的，虚构贸易背景，将无法获得保险公司的理赔，融资银行也将受到损失。

9.3.6　出口发票贴现

------ 案例 ------

赊销方式下出口发票如何融资？

【案例正文】

A公司大部分出口业务采用赊销（O/A）结算，收款账期为60天。近年来，A

公司明显感到，出口赊销业务下，企业流动资金不足，汇率波动也存在不确定影响，A 公司希望尽快解决融资问题。B 银行向 A 公司推荐了出口商业发票贴现业务，建议 A 公司将现在或将来的基于其与国外进口商订立的出口销售合同项下的应收账款转让给银行，由银行为其提供贸易融资、应收账款催收、销售分户账管理等服务。A 公司装运完货物后，向 B 银行提供贸易合同、商业发票、运输单据副本及其他相关单据后，从 B 银行获得发票面值90%的融资款。

【涉及的问题】

1.出口发票贴现有何作用？银行是否有追索权？

2.赊销方式下出口发票如何融资？

【参考答案】

1.能加快资金周转。在进口商支付货款前得到融资款项，从而加快资金周转速度。融资手续简单，融资手续相对于流动贷款等简便易行。能规避汇率风险，通过贴现业务提前得到融资，避免远期市场汇率出现不利的变动。

对于出口发票贴现业务，银行对出口商的融资有追索权。一旦进口商未按期付款，银行可向出口商行使追索权，并从发票到期日 30 天后计收逾期利息。

2.出口企业与国外客户签订贸易合同，约定以赊销方式结算。出口企业与申请贴现银行建立授信关系，申请出口商业发票贴现额度，与银行签订发票贴现业务总协议。在出口商向进口商发货后，向银行申请贴现并随附商业发票等单据。银行审核完毕后向出口商进行贴现发放融资。其中，银行审核出口商资信状况、审核进口商资信状况，主要考察进口商与出口商是否有常年贸易关系，进口商以往付款是否及时等。对提单、发票等商业单据及报关单等进行一致性审核，确保贸易背景的真实性。了解出口商品市场情况，主要了解国际当前出口商品市场行情及变化趋势。在商业发票到期时银行向进口商催收货款。进口商付款，银行扣除融资本息后将余款汇入出口商账户。如进口商到期未付款，银行及时向出口商追索贴现款项。

9.3.7 保函项下的融资

案例

何为"内保"与"外贷"？

【案例正文】

B 公司为境内 A 公司在海外的子公司，B 公司经营规模比较小，固定资产有限，在经营过程中流动资金紧缺，急需要银行的授信支持。但 B 公司在海外成立时间较短，且海外银行对 B 公司有"规模"的要求，在短时间内得到海外授信的难度比较大。而 A 公司实力强大，与 C 银行境内分行合作情况良好，且有授信的支持。C 银行建议，通过"内保外贷"业务解决境外B公司的融资困境。

由境内A公司向C银行境内分行申请开立融资性担保函，由C银行境内分行出具该担保函给离岸中心，由离岸中心提供授信给海外公司，解决了B公司融资需求。

【涉及的问题】

1.如何理解"内保"和"外贷"？内保外贷业务的基本当事人分别有哪些？

2.分析内保外贷业务的贷款如何偿还。

【参考答案】

1."内保"是境内企业向境内银行申请办理设立担保函，由境内银行出示融资性担保函给离岸中心；"外贷"即由离岸中心凭接到的票据向海外企业放贷。基本当事人分别为担保人、被担保人、反担保人、受益人。担保人指某银行境内分行，被担保人是境外企业，受益人就是指提供授信的机构，即离岸中心，反担保人就是被担保人的国内母公司，或者具有其他担保资质的企业或者机构。

2.担保项下债务人（或反担保人）主动履行对担保人还款义务的，债务人（或反担保人）、担保人可自行办理各自的付款、收款手续。债务人（或反担保人）由于各种原因不能主动履行付款义务的，担保人以合法手段从债务人（或反担保人）清收的资金，其币种与原担保履约币种不一致的，担保人可自行代债务人（或反担保人）办理相关汇兑手续。

综合案例　信用证进口押汇下信托收据引起的争端

【案例正文】

一、信用证开立

B公司从国外进口一批货物，外国客商提出信用证结算。B公司联系国内银行，了解到按照信用证业务规范，开证银行通常要求开证申请人交纳一定数额的保证金，然而B公司没有充足的周转资金用于保证金的缴纳。B公司通过进一步咨询，了解到如果要减免保证金开证或办理贸易融资，开证银行会要求开证申请人提供多重担保，以保证银行资金安全。

B公司联络到业务伙伴C公司，C公司作为担保人，签订了不可撤销的担保书。A银行应B公司申请，凭C公司担保书开立信用证，C公司的担保金额为信用证开证金额以及可能产生的利息和罚息，担保书中约定，如被保证人叙做进口押汇，如到期后被保证人未能偿还押汇本息，担保人承诺在收到银行的书面通知后14日内代为偿还押汇本息。

二、申请叙做进口押汇业务

信用证顺利开出至国外受益人后，受益人向A银行如期交单。在受益人提交的三批单据中，B公司均以自有资金对外付款，顺利取得第一、二批单据。然而，在银行提示第三批单据时，B公司向A银行提出，由于面临资金周转困难，需要向A银行申请进口押汇。

不日，A银行收到B公司出具的押汇申请书。A银行出于降低押汇风险的考虑，要求B公司向其出具了一份贸易融资总抵押书，承诺将押汇项下的物权单据、货物、货款、汇票、索赔款以及B公司将要存入银行的本、外币资金或其他财产抵押给银行，以确保B公司及时归还押汇款。

三、申请人出具信托收据

B公司向A银行出具了一份信托收据，承认信用证项下货物为A银行所有，B公司作为受托人代为占有、管理和处理货物，处理货物所得货款应交付A银行，以清偿信用证项下的债务。在落实了上述担保措施后，A银行为B公司办理了进口押汇，将货款付给国外受益人，同时将货权单据交给B公司，由B公司提货并销售。

信托收据内容包括："Dear Sir，in consideration of the release to me/us of the undermentioned documents， I/we engage in landing， storing and holding the goods represented thereby as Trustee for and on behalf of A Bank. I/we undertake said goods shall be lodged and kept in an approved warehouse separate from our other goods and separate from those of other parties， and that the proceeds of the sale（s）of the said goods shall be received by me/us as Trustee for A Bank， kept separate from all the other mine/ours of money and separate from the money of other parties ， and paid to A Bank as and when received."

四、银行要求申请人偿还押汇款

A银行了解到B公司已将货物在国内市场上销售，但B公司并未偿还押汇款。A银行向B公司和担保人C公司追讨，但一直未有实质性进展，遂向当地法院提起诉讼。A银行向法院提交押汇申请书、融资抵押书、C公司担保书等资料，请求法院判决B公司偿还押汇款及相应利息、罚息，C公司承担连带保证责任。

五、法院判决担保人免除连带责任

法院认为，B公司向银行申请押汇，押汇期满后未还清押汇款，应承担还款责任；C公司为B公司出具了担保，原本应承担连带保证责任，但A银行将抵押物交给B公司处理，对抵押物失去了控制，其行为表明放弃物的担保。

根据我国法律规定，债权人放弃抵押权的，保证人就放弃抵押权的部分不再承担保证责任。因此，法院判定B公司应向银行偿还押汇款及相应的利息、罚息，但驳回了A银行要求C公司承担连带保证责任的诉讼请求。A银行不服判决，拟向高一级人民法院提起上诉。

资料来源：李莉.进口押汇业务中的担保法律问题探析［J］.金融论坛，2002（10）.作者有改编.

【案例使用说明】

一、讨论思考题

1.结合信托收据的内容分析其作用。

2.信托收据下开证行有何风险？

3.分析进口押汇与信托收据的区别，根据本案押汇业务程序，分析进口押汇与信托收据的关系。

4.分析 C 公司担保连带责任是否应免除。

二、分析思路

在减免保证金情况下，开证行要求开证申请人提供多重担保后，开立信用证。受益人交单后，开证行应申请人要求，办理进口押汇业务，分析此情况下押汇业务的功能。当货到目的地后，进口商又在信用证下提交信托收据，取得货物处置权。此时，信托收据下银行作为委托人身份，面临多重风险。该案例中，进口押汇业务下凭信托收据放单。要分析该信用证项下融资业务中债务人、债权人及担保人的责任，委托人与被委托人的责任，开证行在多重身份下面临的风险，在业务中的注意事项。

三、理论依据及参考结论

1.本案中信托收据是进口商 B 公司与融资银行 A 银行订立的信托合同，表明 A 银行作为委托人设立以进口货物为信托财产的信托，进口商作为受托人代理销售货物，由此产生的收益优先用于偿还银行融资。信托收据应用于预付款融资、押汇、假远期信用证、反保理等进口贸易融资产品，是融资银行控制货权、防控风险的重要工具。

2.一是市场风险，如市场价格发生较大幅度的下跌，进口商将不得不以低于预期的价格销售货物，所得款项无法覆盖融资本息，在此情形下，融资银行应承担差额损失。二是进口商滥用受托人权利的信用风险。受托人违反信托目的处分信托财产或因违背管理职责、处理信托事务不当，会使信托财产受到损失。在此情况下，银行有权向法院申请，要求受托人恢复信托财产的原状或予以赔偿。三是融资银行对信托业务的意识风险。融资银行会因为控制了货物所有权，放松对进口商经营管理状况的关注。如发现风险迹象，应及时采取措施，维护自身利益。

3.进口押汇是指进口商在从国外供应商购买货物时向银行开具的信用证，在进口押汇中，银行作为中介机构，承担了向供应商支付货款的责任，主要确保进口商能够按时支付货款并收到货物。信托收据则是指进口商向银行签署的一份文件，用于确认货物所有权已经由银行转移给进口商，进口商承诺将货物用于销售，偿还贷款。在信托收据中，银行并不直接支付货款给供应商，而是转移货物处置权给进口商，以支持开展业务。

本案进口押汇业务分为三个步骤：一是 A 银行根据与进口商签订的进口押汇协议对外付款。二是 B 公司凭信托收据领取货运单据。三是按照正常操作，B 公司销货后，将货款归还 A 银行，换回信托收据。因此，本案中信托收据是进口押汇业务中，在进口商未付款之前向银行出具的领取货权的凭证。进口信用证押汇业务中开证行收到来单并代进口商对外付款之后，其实意味着已取得了货权，在此基础上银行将单据交给进口商提货并销售等处理动作，实际上是一种信托性质的活动。尽管货物是由进口商购买的，但通过信托收据明确了进口商所提取货物的所有权仍属银行，及由进口商代为保管和销售货物的地位。在理论上和法律关系上进口商并不享有货权，只有待其按规定支付了货款或归还押汇款后，货权才由押汇行转移给进口商。

4.本案中问题关键在于开证申请人出具信托收据后，法院认为开证行对信用证项下货物所有权与处置权分离，致使保证人免除连带保证责任。

A 银行尽管按照常规操作将物权单据交给申请人，但并没有放弃抵押权。一是因为开证行与申请人之间的开证申请书系两者之间的主合同，而 C 公司的担保和约是从合同，根据法律规定，主合同无效的，作为从合同的担保也无效，但是担保合同另外有约定的，按照合同约定的规定处理。本案中 B 公司与 A 银行的开证申请书没有失效，C 公司的保证责任就不应免除。

第10章　国际结算及融资活动中的风险及风险控制

开篇案例

开证行接受不符交单后面临何种风险?

【案例正文】 ■————————

2020年12月14日,A银行开立一份提单日后90天付款的远期议付信用证,进口商品为热带水果。12月15日,开证行收到议付行提交的全套单据,发现存在不符点如下:(1)植物检疫证中毛重错误。(2)短装超过允许范围。

申请人同意接受不符点单据,银行于当日释放单据。然而,申请人在实际提货时,因植物检疫证中毛重错误无法提出货物。申请人于12月22日联系银行,提交"拒付理由书",指示做拒付处理。在银行向申请人要求退回单据时,了解到申请人已经将植物检疫证寄回给受益人,要求其改单后再寄回申请人。A银行因未保留全套单据,丧失了对外拒付权,被迫于当日发承兑电,承诺到期付款。

申请人通过多次与受益人联系沟通,最终受益人将修改后的植物检疫证寄回申请人。申请人于12月29日提货,与海关协调最终减免其滞港费。对申请人虽没有引起损失,但其中潜在风险足够引起重视。

【涉及的问题】 ■————————

1. 本案开证行能否拒付? 本案中银行面临什么风险?
2. 分析银行应如何规范操作。

思政案例

疫情下的信用证之"机"

根据《2019年国际商会贸易登记报告》显示,过去十年,进口信用证违约率为0.16%,出口信用证违约率为0.01%,与其他结算方式相比,信用证交易违约率最低。疫情下贸易风险骤增,出于安全考虑,许多企业优先选择信用证进行结算。

近年来,越南、印度尼西亚、孟加拉国、墨西哥等国家逐渐代替中国承接了劳动密集型产业链的转移。据国际商会银行委员会发布的《2020 年国际商会全球贸易金融调查报告》反映，2019 年，包含上述这些国家在内的亚太地区，MT700 报文数量大幅增长，其中进口占 76%，出口占 78.1%。疫情期间，随着我国疫情缓解，印度、孟加拉国等国家疫情的加重，外贸订单又回流至中国，以纺织品、医药、肉制品行业为首的外贸交易量企稳回升，叠加疫情风险防范因素，信用证结算方式开始回归。从中国农业银行当年第三季度数据来看，其出口信用证结算方式已恢复至往年同期水平，进口信用证业务同比增长明显。

疫情使得物流长链的贸易下降，区域化交易增多。2020 年，东盟超越欧盟和美国成为我国第一大贸易伙伴。中国加上东盟的贸易总量约占全球贸易总量的五分之一。从贸易总量、信用证使用的流量份额与信用证使用的地区占比来推算，中国与东盟、其他亚太地区，贸易越频繁，信用证的使用越活跃。

疫情使贸易相关方重新审视信用证业务，一方面增信需求迫切，另一方面又受困于信用证传统交单方式的不便。在这种情况下，国际商会结合国际惯例规则条款的适用，给出了电子交单的应对措施。同时，区块链技术下的信用证业务也逐渐铺开应用。无论是电子化为基础的电子交单，还是数字化为基础的区块链技术，都是以原有的信用证结算为依托，促进流程优化改造，提升信用证结算的便利化和标准化，这些新技术的应用，让信用证业务育生新机。

10.1　国际结算及融资活动中的风险

10.1.1　托收业务中的风险

---- 案例 1 ----

单据正本退回后发现遗失是否应问责托收行？

【案例正文】■————————————————————

2020 年 1 月 27 日，H 公司向德国 P 公司发货。H 公司委托 Z 银行办理出口托收，代收行为德国 C 银行，双方签订的托收委托书显示，托收申请人确认提供的代收行名称、地址信息准确无误，并自行承担因此可能产生的风险。当日，Z 银行通过 DHL 快递寄出单据。

2 月 29 日，H 公司通知 Z 银行，P 公司告知其信息有误，单据要被退回。通过 DHL 公司了解，因 H 公司提供的邮寄地址并非 C 银行而是一家公司的仓库，DHL 发现邮寄地址错误后径行将单据转递到附近 C 银行 F 分行。3 月 2 日，Z 银行与 C 银行 F 分行联系，C 银行 F 分行称 P 公司并非其客户并对单证予以退回处理。3 月 6 日，Z 银行将收到的退回材料全部交给 H 公司，H 公司签收，未提出异议。3 月 8 日，H

公司发现货物在3月3日已被德国P公司提走，称收到的退回单证为"彩色影印件"，而非正本，但已无法联系到P公司。

3月9日后，Z银行向C银行F分行发函追问单证情况。H公司认为Z银行无法交回他们所委托的全套正本提单，未尽到妥善保管财物的责任，构成保管合同的违约，应承担赔偿责任。Z银行则认为H公司已经签收了正本提单，Z银行已严格按照托收委托与URC522行事，已尽到善意和合理谨慎的义务，对收到单据、单据有效性、单据在传送中的延误和损坏等方面免责，不承担责任。

【涉及的问题】◾━━━━━━━━━━━━━━━━━━━━━━━━━━━

1. 分析Z银行是否应承担相应责任。

2. 应如何防范案例所涉及的风险？H公司应如何处理？

【参考答案】◾━━━━━━━━━━━━━━━━━━━━━━━━━━━

1. Z银行可免责。托收委托书明确表明H公司确认提供的代收行名称、地址信息准确无误，并自行承担因此可能产生的风险，Z银行不承担单证交付于快递公司后发生的任何延误、遗失、残缺、或由于其他一切错误而产生的风险。根据URC522第11条和第12条规定，银行对被指示方行为免责，对收到的单证免责；另外，托收的单证被退回后，H公司签收时载明的亦为"原件"，可推知被退回的"彩色影印件"副本与原件在外观上不易区分，Z银行不存在明显的过失。

2. 首先，优先选择信誉好、海外分支机构布点多的托收行、提示行，银行内控严格，不易发生提单被调包之类的道德风险；一旦托收行、提示行发生差错，造成收款人损失，便于收款人在本国提起诉讼和获得赔偿。其实，务必要求寄单行对提示行名称和地址进行真实性验证。按照URC522，托收行对此免责，但付款人若提供虚假的提示行名称和地址，很可能引发提单被骗、钱货两空的风险。寄单行应协助收款人验证，以防范欺诈风险。

H公司可以基于委托合同关系起诉存在过错的代收行C银行F分行，以及基于承运合同关系起诉存在过错的DHL公司。

┄┄┄┄┄┄┄┄┄┄┄┄┄┄ 案例2 ┄┄┄┄┄┄┄┄┄┄┄┄┄┄

代收行是否应履行托收行关于"担保"的指示？

【案例正文】◾

托收行A银行在发给代收行B银行的托收指示中规定："DOCS TO BE RELEASED ONLY AGAINST ACCEPTANCE"，"PAYMENT ON DUE DATE TO BE GUARANTEED BY B BANK. TESTED TLX TO THIS EFFECT REQUIRED."代收行办理承兑交单后，向托收行寄出承兑通知书，明确指出"THE BILL ACCEPTED BY DRAWEE"，到期日为2020年9月13日。不久，当托收行查询有关承兑情况时，代

收行复电再次告知 "DOCS HAVE BEEN ACCEPTED BY DRAWEE TO MATURE ON 20200913"。在上述通知及问询答复中，代收行未表明担保付款，亦未发出承诺担保的电传，托收行亦未就此提出异议。

承兑汇票到期后，进口商拒付货款，代收行即向托收行发出拒付通知。托收行认为托收指示中要求凭代收行到期付款的担保放单，而代收行已将单据放给付款人，因此要求立即付款。代收行反驳道，放单是基于付款人的承兑，根据 URC522 规定，代收行没有担保到期付款的责任。虽经多次交涉，此纠纷仍未得到解决。

【涉及的问题】

1. "DOCS HAVE BEEN ACCEPTED BY DRAWEE TO MATURE ON 20200913" 如何理解？当事人对 DRAWEE 的理解是否一致？

2. 托收行对代收行作出何种指示？代收行是否应履行托收行的指示？分析托收行发出此类指示的原因。

【参考答案】

1. 单据已经由付款人承兑，付款到期日为 2020 年 9 月 13 日。DRAWEE 指的是付款人，代收行认为付款人为进口商，托收行认为付款人为代收行 B 银行，其作为担保人，有连带付款责任。

2. 托收行在寄单面函中指示代收行担保到期付款，而且要求代收行以加押电加以证实。虽然代收行并未明确回复托收行拒绝接受该指示，但也未按照要求以加押电形式告知托收行照此执行。代收行对托收行发出的两项指示均未作出反应，其中，加押电告并不能通过默示方式来完成，故代收行未回复，不能表明托收行的指示已接受。

不应履行。托收行的指示不符合托收业务基本原则，托收行接受客户委托收款义务，并不因此承担额外风险。代收行义务是在进口商付款或承兑的情况下放单，赋予其担保客户付款的义务并不合理。

承兑交单是商业信用，一些托收行为降低了客户的收款风险，会要求代收行承担担保进口商付款的责任，以便将商业信用转化为银行信用。代收行如发现托收行的指示难以做到，应当不迟延地通知托收行，以免产生不必要的纠纷。

10.1.2　信用证业务中的风险

------ 案例 1 ------

知名开证行资信绝对安全吗？

【案例正文】

2019 年 11 月，国内 A 公司向黎巴嫩 B 公司出口了一批卫星和有线电视接收机，约定预付款 20%，余款采用 180 天远期信用证支付，信用证由黎巴嫩知名 C 银行开出。A公司交单后，收到开证行C银行的承兑电文。2020年6月3日，信用证承兑日到期，开证行并未付款。

A公司联系B公司，B公司回复付款义务在C银行，建议A公司向C银行催讨。A公司让B公司协助与开证行沟通无果。同时，A公司通过国内交单行给C银行发催收电文多次，C银行均无反馈。直至2020年9月24日，交单行发送第六次催收电文后，C银行反馈由于黎巴嫩财务危机、疫情暴发等原因，其不能支付该信用证项下款项，并表示已要求开证申请人B公司与A公司协商，通过信用证以外的方式来解决款项支付。A公司转而与B公司协商，向B公司提供了分期还款方案，但B公司分期还款方案并未同意。

【涉及的问题】 ▰━━━

1.结合本案分析出口商面临的开证行风险。

2.A公司应采取哪些措施进行处理？

【参考答案】 ▰━━━

1.一是开证行因破产或丧失偿付能力而无理拒付。出口商提供相符单据后，能否从开证行处得到付款，要视开证行是否实力雄厚、经营稳健，具有良好的信用基础。开证行一旦倒闭，出口方可凭合同要求买方付款，尚有挽救之余地。

二是开证行的资信、经营作风等方面存在问题，与申请人串通勾结，会根据进口商的要求，无理拒付或严加挑剔，迫使出口商降价，或协同进口商要求法院冻结信用证项下货款的支付。

2.一是面对开证行的无理拒付，以及进口商的推诿，A公司应根据国际惯例据理力争，有可能收回开证行欲拒付的货款。

二是开立信用证时要求增加保兑行，保兑行在信用证上加具保兑后，即对信用证独立负责，承担必须付款或议付的责任。如信用证指定的该受票银行未能承兑，则保兑行必须承兑，并在到期日支付汇票，或当受票银行对汇票已承兑，但到期不付，则保兑行应予支付。

三是提前投保出口信用保险，以便有效转嫁风险。2020年初的突发疫情让全球经济受到重挫，黎巴嫩作为中东"小瑞士"也未能幸免于难，曾经信誉良好的银行不顾声誉无理拒付。疫情之下，出口企业在采用信用证作为结算方式时，要在充分了解开证历史信用情况的基础上，提前投保出口信用保险，以便有效转嫁风险。

━━━━━━━━━ 案例2 ━━━━━━━━━

信用证规定卖方提交由买方银行出具的保函是否合理？

【案例正文】 ▰━━━

2020年3月12日，国内B公司与英国A公司签订一份进口设备合同，总金额为

3 289 564.36 美元，付款方式为信用证，支付条款中列明信用证下款项分两次支付。卖方需在提单日后 18 日内向议付银行交单，议付合同金额 90% 部分，剩下 10%，于货物验收后凭履约保函、验收证书、商业发票三类单据支付，履约保函由英国 W 银行出具。A 公司通过开证行开立一份到期日为同年 4 月 21 日的信用证。4 月 3 日，B 公司交单后顺利取得 90% 合同金额货款。

5 月 5 日，B 公司通过议付行寄送单据，金额为 328 956.44 美元（即合同金额的10%）的单据，开证行经审核反馈三个不符点：一是单据中未见履约保函。二是信用证过期。三是延期交单。开证行收到的商业发票出票日期为 4 月 22 日，验收证书上买卖双方的签署日期均为 4 月 27 日。开证行向议付行发出拒付电文。

B 公司提出机器安装调试后，A 公司表示对产品质量认同，但是一直未安排签署验收证书，后最终同意验收，但已过信用证有效期。根据合同及信用证对验收证书的规定，检验应不迟于安装调试后的两个月，否则视为买方验收合格，同意支付尾款，开证行应据此付款。根据合同及信用证规定，卖方需提交由英国 W 银行出具合同金额 10% 的履约保函，B 公司曾与 W 银行联系，但受地域影响，无法提供银行要求的资料，且买方已在验收证书上签字，认可产品质量，即表明卖方已履约，无须银行再行担保。合同中规定若因买方验收延误等原因使卖方不能及时得到 10%的尾款时，该信用证有效期应作相应延长，虽然该条款未出现在信用证中，不影响开证行付款责任。

【涉及的问题】

1. 信用证规定的保函条款是否合理？你有何建议？

2. B 公司在信用证和合同条款审核上应汲取哪些经验教训？

【参考答案】

1. 规定卖方需提交由英国 W 银行出具合同金额 10% 的履约保函，该银行不在 B公司所在地，其获取履约保函的难度客观存在，造成单证不符。买卖双方签订合同时不必限定履约保函的出具银行，双方可以协商，由 B 公司列出与其有业务联系确定能开出履约保函的银行，从中选择资信较好的银行，将其列入合同条款供其选择。这样既能保证最终能够收到银行保函，也有利于卖方相符交单。

2. 首先，验收证书签署时间规定应明确。卖方获取 10% 尾款需买方的验收证书，该条款将卖方能否按时交单的决定权交由买方，损害卖方权益，极易产生不符点。如果要提交验收证书，卖方一定要在合同条款的拟定上明确买方验收签署的时间。如规定买方需在装运日后某个时间段内完成验收签署，在合同中限定买方验收签署的时间。

其次，对信用证有效期的规定不合理。案例中合同对信用证的有效期除了规定提单日后 18 日内，还附加规定若因买方现场验收延误等原因使卖方不能及时得到 10% 的尾款时，该信用证的有效期应作相应的延长，但具体延长的时间未规定。合同对信用证有效期的规定不能出现含糊不清不合理的表述，以免引发误会和纠纷。

10.1.3　保函业务中担保行的风险

案例 1
担保行开立借款保函的风险

【案例正文】

2020 年 4 月，应 B 公司申请，A 银行为其 1 000 万港币借款出具保函，受益人为 C 银行，期限为 9 个月。由于 B 公司经营投资失误，资不抵债，还款期满时未能依约归还 C 银行贷款。2021 年 3 月，C 银行向当地人民法院起诉 B 公司和 A 银行，要求归还贷款本金及利息。法院判定 B 公司在 2021 年 4 月 30 日之前将债务款偿还 C 银行，如 B 公司不能履行，由 A 银行承担代偿责任。

2021 年 5 月底，B 公司归还 600 万港币，本金 400 万港币及相应利息未归还。当地人民法院执行庭多次上门要求 A 银行履行担保责任，否则将采取强制措施，查封资产。该笔担保的反担保人为 T 公司，经查验实际上为空壳公司，难以履行反担保责任。为维护银行声誉，A 银行垫付本金 400 万港币及相应利息于 C 银行。

【涉及的问题】

1. 分析本案中借款保函的用途。

2. 分析 A 银行在担保业务中的风险。

【参考答案】

1. 借款保函是银行应借款人的申请向贷款人开出的保函，银行保证借款人按期还本付息，如借款人不履行还款义务，担保银行凭贷款人的索赔书代为还本付息。借款保函的金额即借款金额加利息，有效期从开立日或与贷款协议同一日生效，到期日为贷款本息还清之日。本案中，B 银行为担保行，如 A 公司未在还款日偿还 C 银行借款，则 B 银行代为还本付息。

2. A 银行主要面临来自申请人与反担保人的风险。本案中 B 公司作为保函申请人，未履行合约义务，担保行 A 银行则向受益人 C 银行承担赔偿责任。反担保人的责任是保证担保行对外支付后，特别是在申请人无力偿还的情况下，补偿担保行因履行担保责任而作出的任何支付。正常情况下，担保行可向反担保人索偿。然而本案反担保人不具偿还能力，担保行面临反担保不具法律效力的处境，反担保人无力履约，使反担保函成为一纸空文。A 银行可在保函开具时，要求申请人提供抵押品或质押品，一旦赔偿，可依法行使其抵押权或质押权。

---- 案例 2 ----
内保外贷下的"提前履约"

【案例正文】

A 公司为解决其境外子公司 B 公司融资问题，向境内 C 银行先后申请三笔融资性内保外贷业务。在每笔保函到期前，A 公司都以 B 公司资金周转困难为由主动申请履约。为其开立内保外贷的 C 银行，以 A 公司缴纳的保证金对外支付，用作该保函项下的履约款。

无独有偶，L 集团以其境内附属公司和资产为抵押，向境内 Z 银行上海分行申请出具内保外贷保函，由受益人 Z 银行香港分行向 L 集团在中国香港创立的子公司 F 公司投放信贷资金 27.4 亿港元，用于跨境收购业务。后因 F 公司经营状况恶化，拖欠 Z 银行香港分行两月利息，Z 银行香港分行多次催收无果后，内地担保行 Z 银行上海分行向法院申请了紧急财产保全。

【涉及的问题】

1. 分析该担保的形式和内容。为何担保行 Z 银行上海分行向法院申请了紧急财产保全？

2. 结合案例分析内保外贷业务中担保行的风险。银行应如何规避该类风险？

【参考答案】

1. 内保外贷业务，形式为境内银行通过出具银行保函为境外企业在境外银行的贷款提供担保，境内的企业为之提供反担保，若境外企业按期还款，则银行保函自动失效，若境外企业未能按期还款，则境外银行可依据银行保函要求境内银行偿还贷款，在内保外贷业务中，银行保函一般为"见索即付"，境内银行偿还贷款之后，可向反担保人追偿。在整个还款的过程中，实现资金出境。

本案中，L 集团用境内资产做抵押，向境内银行申请内保外贷，继而在债务违约的情况下，通过境内担保行对外履约，有间接将境内抵押资产的价值转移至境外的嫌疑，所以担保行 Z 银行上海分行向法院申请了紧急财产保全，避免假内保外贷之名，行资产转移之实。

2. 银行作为内保外贷业务的担保人，当境外债务人无法偿还贷款时，须按照银行保函要求向境外银行履约，若发生担保项下主债务违约，银行应先使用自有资金履约。银行内保外贷多有反担保人，但一旦反担保人破产或境外债务人破产，银行仍然需要面对其他相关债权人的请款诉求。

银行签订担保合同时，应慎重调查债务人自身是否具备足够的清偿能力或可预期的还款资金来源。如债务人预计的还款资金来源不明，银行不得为其办理内保外贷业务；如债务人有明确的还款来源，但经营状况不良或负债率过高，银行应谨慎为其办理内保外贷业务。同时，应审核主债务合同规定的融资条件与债务人声明的借款资金用途是否存在明显不符；担保当事各方是否存在通过担保履约提前偿还担保项下债务的意图；担保当事各方是否曾以担保人、反担保人或债务人身份发生恶意担保履约或债务违约。

10.1.4 保理业务中的风险

-------------------- 案例 --------------------
国际保理商何种情况可以免责？

【案例正文】■

2020年1月，A公司向Z银行申请办理一笔出口保理业务，进口商为K公司。Z银行选择了K公司所在地B银行作为进口保理商。2020年3月，收到B银行核准25万美元的信用额度通知后，Z银行即与A公司签订了出口保理协议，A公司开始陆续出运货物。2020年9月28日，A公司将该保理业务项下的一笔金额为20万美元、付款日为同年11月15日的应收账款转让给Z银行，Z银行随即将货物发票转寄B银行。

发票到期后，K公司未按期付款。2022年1月27日，K公司通过B银行发来质量争议通知。2022年7月11日，B银行向Z银行发来应收账款的反转让通知，免除其作为进口保理商在发票付款到期日的赔付责任。

Z银行立即通知A公司，并按照《国际保理业务惯例规则》第14条规定，只要进口商提出抗辩，保理商担保付款的责任就解除。A公司并不认同，认为货物质量没有问题，B公司抗辩无效。A公司与K公司之间的销售合同约定，质量异议期限为"货到目的港后20天"。货物到达目的港后20天内，K公司并未提出质量异议。A公司与Z银行签订的"出口保理协议"，出口保理商为出口商提供了买方资信调查与坏账担保服务，A公司已将货物发票合法有效地转让给了Z银行，Z银行应与B银行积极沟通协调。Z银行将A公司反馈的情况告知B银行，B银行认为依据《国际保理业务惯例规则》，其已免除了赔偿责任。后续沟通，B银行未再作回应。

【涉及的问题】■

1.结合此案例分析出口商面临的风险。国际保理商何种情况可以免责？

2.如何理解反转让？分析进口保理商为何消极面对此状况。

【参考答案】■

1.出口商主要承担货物质量风险、保理商与进口商联合欺诈风险。保理业务不同于信用证以单证相符为付款依据，在商品和合同相符的前提下保理商才承担付款责任。如果由于货物品质、数量、交货期等纠纷而导致进口商不付款，保理商不承担付款责任。进口商可能会联合保理商对出口商进行欺诈，因为保理商对其授信额度要负100%的责任，进口保理商很可能为了免除责任与进口商串通。

国际保理业务适用于国际保理商联合会颁布的《国际保理业务惯例规则》，该规则在第14条中规定，如果债务人提出抗辩、反索或抵销（争端）并且如果出口保理商于发生争端的应收账款所涉及发票的到期日后270天内收到该争端通知，进口保理商不应被要求对债务人由于这种争端而拒付的金额进行付款。本案中进口商提出抗辩，保理商担保付款的责任将解除。不排除进口商故意制造纠纷以拖延付款，而保理商以此为理由推卸责任，这是国际保理的潜在风险。

2.反转让实质指追索，应收账款债权反转让是指保理商在受让应收账款债权后，在某些情形下，向供应商追回有关转让款项的情形。

根据国际保理惯例的规定，进口保理商有义务尽力协助解决纠纷，包括提出法律诉讼。本案中，进口保理商态度消极，是基于进口商偿付困难的现实，认为最终将由进口保理商承担损失，尽力协助解决纠纷的后果是进口保理商承担付款责任。本案中，出口保理商为出口商提供了买方资信调查与坏账担保服务，提供的融资应属于无追索权融资。如事先与出口商未就贸易纠纷下的追索权问题达成协议，则拒付风险将由出口保理商承担。

10.1.5　融资业务中的风险

案例 1

运输单据正副本的"妙用"

【案例正文】

T银行开立一份不可撤销自由议付信用证，经由A银行通知给受益人。货物装运后，受益人将单据提交给通知行要求议付，并称由于进出口港距离较近，准备将正本提单寄申请人，请通知行发电开证行，征求其凭副本提单议付的授权，同意后再进行议付。A银行审查单据未发现其他不符，同意发电T银行征询意见。T银行征求申请人意见，申请人同意。T银行电复通知行同意授权凭副本提单议付，A银行对受益人付款后，寄单T银行索偿。两天后，T银行收到单据，发现除未提供正本提单外，均符合信用证规定，于是T银行付款。次日，申请人要求T银行出具提货担保以便提货。此时货物已到港，正本提单尚未收到。鉴于已对A银行偿付，T银行出具了提货担保，申请人以银行担保提走了货物。

一周后，T银行从B银行收到了一套托收单据，提单恰好是上述信用证下的正本提单，托收委托人为另一公司，并非原信用证受益人，付款人则仍为原信用证申请人。T银行回复托收行，将保留单据听候托收行意见处理。

B银行将此情况通知其客户，托收委托人告知B银行，T银行已开立提货担保，申请人已据此提走了货物，如持正本提单无法提货，将向公司索赔货款。T银行认为其已代表申请人支付了货款，不会对同一批货物再次付款。托收委托人向公司索赔货款，公司则向T银行反索赔。T银行在权衡利弊之余，以银行信誉为重，向公司作了赔偿，再委托律师调查和追寻申请人。

【涉及的问题】

1.分析提货担保存在的风险。

2.开证行应采取何种防范措施？

【参考答案】

1.提货担保书由于没有明确的金额和担保期限，经常发生的风险主要有：买卖双方串通诈骗担保银行；买方设计一定的担保措施迷惑开证行骗取提货担保书；银行办理提货担保陷入无单放贷的纠纷风险。开证行签发提货担保，便失去了对外拒付的权利，一旦真正货主持全套正本提单无法提货而向公司索赔时，开证行必须全额赔偿。提货担保易产生风险，原因在于未收到单据而出具提货担保时，银行对货物情况知之甚少。本案中托收项下的委托人是无辜的，其向公司索赔货款，公司则向T银行反索赔，T银行以银行信誉为重，只得向公司作赔。

2.本案中一单两卖，银行受损，银行应具备对信用证下自寄正本提单的风险意识，凭副本单据授权付款具有潜在风险。不建议信用证加列自寄正本提单的条款，除非申请人已提供了十足保证金。对加列该列条款的信用证，开证行不能再接受申请人的担保提货的要求，因为已不存在担保提货的需要。出口公司也可以从中吸取教训，作为信用证受益人，如来证规定正本提单直寄申请人或申请人要求受益人自寄正本提单，也应要求将"正本提单作为开证行抬头"以控制物权。

案例2
银行开具的提货保函可靠吗？

【案例正文】

上海A船运公司按照运输合同，为新加坡B公司从马来西亚装运货物到印度孟买港，收货人为印度C公司。货物到港后，C公司向A船运公司出具了由收货人和印度D银行共同签字盖章的银行保函，要求A船运公司出具放货通知，A船运公司据此向收货人签发了放货通知单。

两个月后，上海A船运公司收到B公司函件，称因收货人未在规定时间内赎单提货，提单被退回。他们要求A船运公司归还货物或支付该笔货物货款。A船运公司立即向印度D银行进行了核查，该行答复没有出具过提货保函。经专家鉴定，保函上银行签字及签章为伪造。

【涉及的问题】

1. 分析提货保函中银行的责任。

2. 分析 A 船运公司是否应承担责任。

【参考答案】

1. 在提货保函业务中，银行承担了连带保证责任。银行出具提货保函，会要求进口商事先交纳货物价值等额保证金，备付船运公司的索赔。一旦公司利益受到损害，公司可要求进口商赔偿，也可直接要求银行承担保证责任，不以对进口商的起诉或仲裁为条件。事实上，一旦损失发生，公司都会直接向银行进行索赔，如果卷入纠纷或诈骗案件，银行很容易成为最终受害人。

2. A 船运公司应承担责任。受益人 A 公司从收货人处取得的是一份伪造保函，保函中列示的印度 D 银行没有签发该份保函，不会承担担保责任。A 船运公司要依法与货主协商赔偿数额，履行赔偿责任。再对收货人提起刑事诉讼，收货人应承担伪造银行保函骗取 A 船运公司放货单的法律后果。如果事先能认真审核保函真伪，A 船运公司的偿付会有担保银行的保证。

10.2　风险控制

10.2.1　对客户资信的掌握及信用额度的确定

案例

市场行情变化托收风险加大

【案例正文】

2022 年 2 月，杭州 A 公司与巴西 B 公司签订一份丝绸销售合同，合同注明 "D/P 60 DAYS AFTER SIGHT UNIT PRICE USD12.00 FOB HANGZHOU"。货物分两批发往桑托斯港，合同金额 50 万美元。3 月 25 日，A 公司发货后委托 C 银行办理托收业务。4 月 6 日，代收行 D 银行复电称已经收到单据，C 银行根据发电的时间，推测第一笔货款的付款日为 6 月 5 日，而款项未在该日到账。C 银行当即致电催收账款，D 银行却表示 B 公司尚未批示其付款。

6 月 10 日，D 银行复电称，B 公司已经对汇票作出了承兑，但未收到货款。8 月 12 日，D 银行回电表示 B 公司准备赎单，但 A 公司提交的是一般原产地证，B 公司需要纺织品原产地证办理清关手续。8 月 20 日，A 公司重新办证后寄给了 B 公司。20 天后，A 公司收到 B 公司支付的第一批货款。

后经调查，因签订合同之后，丝绸价格回落，B 公司要求代收行根据当地贸易惯例，将"D/P 60 DAYS"作"D/A"处理。承兑汇票后B公司立刻拿货运单据提货销售。A公司怀疑第二批货物已提取，与公司联系后得知B公司已凭正本提单将两批货物悉数提取。C银行迅速联系D银行，请求7日内付款，否则退还货运单据。B公司以第二批货有残次品为由，只支付一半货款。

【涉及的问题】▌■◀

1.本案托收业务中出口商面临了哪些风险？

2.A公司应采取哪些防范措施？

【参考答案】▌■◀

1.南美地区贸易习惯风险。本案B公司将远期付款交单按承兑交单处理，前者为到期付款再交单，后者只需要进口商承兑后直接获得单据。不良商人凭承兑汇票提取货物，而后又找借口推卸付款责任，改变了付款交单的基本原则，使得推定交货变成实际交货。本案中进口商信誉不佳，在货物行情下跌时，为转嫁市场风险，拖延付款。如若使用承兑交单，进口商财务状况恶化或破产，出口商会面临钱货两空的境地。

2.要加强对进口商的资信进行了解和调查，托收是商业信用，外国客商的信誉如何，直接关系到贸易的成败。要加强对货物市场情况的调查，货物行情一旦发生波动，直接影响结算，若商品行情走低，进口商就会百般挑剔以图拒付。

案例中使用了FOB贸易术语，通常由买方承担运输和保险责任，A公司无法掌控货物运输情况。货物抵达目的港后，B公司未付款但通过承兑汇票拿到了货运提单，提取了全部货物。

要慎重选择代收行。代收行手续费的收取、付款方式的选择、交单方式的指示都必须遵守托收行的指示，对于指示不明之处，代收行应及时咨询托收行。当付款人拒绝付款时，代收行必须及时向托收行发出拒付通知书，并就单据的处理征求托收行指示。在收到代收行的拒付通知之后，托收行必须立即通知委托人。本案中的代收行未考虑出口商的利益，缺乏诚信度和专业度，甚至有与B公司串通的嫌疑，使A公司蒙受损失。

10.2.2 对影响贸易的制约因素的分析

------ 案例 ------

涉及伊朗贸易结算的国际制裁风险

【案例正文】▌■◀

在美国对伊朗制裁项目下，美国禁止与伊朗有关的进出口贸易。外国金融机构也会因与伊朗政府、伊朗伊斯兰革命卫队及特别指定国民（即SDN）名单中的伊朗人员等进行交易而面临二级制裁，如与伊朗汽车产业有关的货物、石油、石油产品、石油化工产品及可被用于大规模杀伤性武器的货物等。

美国某银行在 C 国的分支机构 Z 银行，应申请人 A 公司要求开立了一份信用证，从位于英属维京群岛的 B 公司进口聚乙烯原料，信用证列明提交的单据为发票、装箱单与正本提单。收到来单后，Z 银行发现货物原产自伊朗，为避免制裁风险准备退回单据。通过进一步核查提单信息，发现 B 公司所提交的提单显示货物从阿联酋的阿里山港装运，中途停靠了伊朗的阿巴斯港，运往中国上海，其余单据上并未显示与伊朗相关。

【涉及的问题】 ▶▬▬▬▬▬▬▬▬▬▬▬▬▬▬

结合案例中影响贸易的制约因素，银行应如何做好风险控制？

【参考答案】 ▶▬▬▬▬▬▬▬▬▬▬▬▬▬▬

本案须考虑贸易对象国本身独有的政治、社会、法律等方面的风险。要对贸易对象国的政治形势进行分析，如果贸易对象国的国际关系发生重大变化，如对外发生战争、国内局势动荡等，会使合同执行、货物交接、款项拨付受到影响。

Z 银行作为美国某银行在 C 国的分支机构，一是加强政策研判和获取相关信息，联合国、欧盟、美国财政部、ICC 国际商会等机构的网站上都有明确的公告，需及时了解。二是加强国别风险和信用风险的管理，对国家风险等级评定以及同业等交易对手风险，进行分级并采取相应的管控和预警方案。三是在业务层面，从业人员需了解业务涉及的制裁规定。银行有必要识别提单上货物的产地及种类是否属于受制裁限制的敏感类别。本案银行通过查询船只的航行轨迹，发现其自阿联酋阿里山港出发后，中途停靠伊朗的阿巴斯港，一般并不构成制裁事项。

10.2.3　银行内部相应机构的设置

┌╌╌╌╌╌╌╌╌╌ 案例 ╌╌╌╌╌╌╌╌╌┐

银行未接受委托是否应承担赔偿？

【案例正文】 ▶▬▬▬▬▬▬▬▬▬▬▬▬▬▬

国内 A 公司向国外 B 公司出口一批大蒜，双方达成协议，采用即期付款交单的托收方式进行结算，适用于 URC522。A 公司将大蒜装船出运后，随即向当地 C 银行提交了托收申请书和相应单据，C 银行未回复 A 公司。该批大蒜到目的港后，B 公司没有收到银行付款提示进行赎单，未及时提货。直到大蒜开始腐烂，B 公司向 A 公司发电要求速寄单据，A 公司非常意外，联系 C 银行了解情况。C 银行称其自始至终没有同意为 A 公司办理托收业务。由于 A 公司向其提交托收申请时恰逢周五下午，C 银行未及时通知 A 公司，等到下一周银行工作日时，已经是两天以后，因人员轮岗未完成工作交接。等出口商将单据重新寄交进口商的时候，大蒜已经出现了大范围的腐烂，A公司只有降价处理给B公司，损失惨重。

【涉及的问题】■————

1. C银行是否应承担赔偿责任？

2. 银行应如何规避该类问题产生？

【参考答案】■————

1. 根据URC522规定，银行没有处理托收单据或执行托收指示或其后相关提示的义务，但是必须毫不延误地以电讯方式通知托收委托人，而不能以时间仓促或银行业务复杂为由逃避义务，本案存在银行工作失误。正常情况下，银行很少拒绝客户的托收申请，托收是一种商业信用，并不占用银行自身资金，是银行业务中的一项重要利润来源。由于银行疏忽，导致未及时办理业务，银行应该承担责任。

2. 银行应建立和严格遵守规章制度，这是保证银行正常经营的重要举措。只要规章制度能够完善并得到遵守，就能从日常经营业务中发现问题源头。内部运作机制需要完善，即使是有多年经营历史的银行部门也不排除内部管理疏忽，以及个别经办人员违章操作带来不必要的损失。建立良好的规章制度，可及时发现问题并迅速采取措施，避免事态扩大，从而挽回损失或将损失降至最低限度。

10.2.4　信用证结算中风险的防范

---------- 案例1 ----------

溢短装条款应如何处理？

【案例正文】■————

2020年2月，国内L公司向国外A公司出口大宗货物，双方合同规定CIF贸易术语成交，合同规定货物运输数量溢短装百分比为5%，以信用证结算。3月1日，L公司收到信用证，内容显示"AMOUNT USD1 232 000 QUANTITY 800M/T 5% MORE OR LESS ALLOWED CIF NEW YORK USD1 540 PER M/T NET.SHIPMENT IMMEDIATELY"

L公司于4月7日完成货物装运，并取得全套单据向指定银行B银行进行议付，该行提出不符点：发票和汇票的金额均超过了信用证规定范围，受益人溢装3%，超额36 960美元。L公司按照B银行的建议，分别缮制两套汇票，采用部分信用证、部分托收的方式，超额部分按光票托收来处理，并将单据交由开证行。

开证行收单后拒付，不符点为：（1）延迟装运。信用证开立时间是3月1日，要求立即装运，按照以往国际惯例，最晚装运日不得超过30天，而卖方4月7日才完成。（2）开立的发票货值超过了信用证规定的最高额度，且超额部分采用的是托收方式，但信用证并没有规定在原来信用证支付方式基础上再办理托收。受益人此时陷入被动境地，较为幸运的是商品市场价格上涨，买方急于提货销售，指示开证行偿付了信用证项下款项，但拒绝出口商请求托收的超额部分。

【涉及的问题】■

1. 结合 UCP600 第 30 条分析货物数量溢短装与信用证金额的关联。

2. 开证行的拒付理由是否合理？L 公司应采取哪些风险防范措施？

【参考答案】■

1. 大宗货物，装运数量以公吨为单位，不易精准控制。合同规定货物运输数量溢短装百分比，范围为 760～840 公吨，受益人增装 3%，在合理范围之内，在信用证中，仅对货物装运数量给出了溢短装的百分比，信用证的金额要按照货物溢装的上限来考量。根据信用证装运条款，装运货物数量在 5% 的变动幅度之内，符合信用证规定。UCP600 第 30 条 b 款规定："在信用证未以货物或包装单位件数规定数量时，货物数量允许 5% 的增减幅度，只要总支取金额不超过信用证金额。"但本案按照实际装运后的发票金额超过了信用证规定支取金额，这是银行拒付的关键原因。

2. 开证行的延迟装运不符点不成立。信用证规定 "SHIPMENT IMMEDIATELY."关于立即装运，UCP600 第 3 条规定："除非在单据中要求，迅速地、立即地或尽快地的词语将不予理会。" 开证行以超额发票为由拒付合理。UCP600 第 18 条规定：指定银行或开证行在收到受益人提交的总金额超过信用证规定要求的商业发票时，可以考虑予以接受，只要相关银行并未对超额部分予以承付或议付，而且这一决定将约束所有参与方。本案中，B 银行审核并转递了受益人提交的单据，并未付款，此银行并不构成真正的议付行，而是充当了通知行和寄单行的角色，所以其行为对开证行没有约束力，开证行以超额发票为由拒付合理。此时恰逢价格上涨，开证行才支付了信用证未超额部分。

L 公司收到信用证时，应加强对相关条款关联性审核，出口的是大宗货物，装运数量以公吨为单位，不容易精准控制。根据信用证装运条款，出口商装运的货物数量在 5% 的变动幅度之内，符合信用证规定。然而，UCP600 第 30 条 b 款规定："在信用证未以货物或包装单位件数规定数量时，货物数量允许 5% 的增减幅度，只要总支取金额不超过信用证金额。"但本案按照实际装运后的发票金额超过了信用证规定支取金额。故在规定信用证金额时，要结合溢装上限来考量。

----- 案例 2 -----

信用证能确保进口商收到满意的货物吗？

【案例正文】■

2020 年 9 月，青岛 T 公司从日本 Y 公司进口带鱼，运输方式为冷冻集装箱运输。T公司向A银行提出申请开立金额为106万美元远期信用证，期限为提单日后120天。10月，A银行收到日本Y银行寄来的全套单据，A银行经审核未发现不符点，向T公司提示承兑。然而，T公司提货后发现该批货物鱼身断裂较多，与合同不符。鉴于此，双方围绕商品降价和补偿供货两方面进行协商，最后达成了"降价至78万美元，次年5月20日付款，次年4月底前补偿供货1 000公吨"的新协议，A银行在得到各方确认后予以承兑。

2021年4月底，Y公司并没有补偿供货，T公司相关内贸合同难以执行，遂向Y公司提出分期付款要求，于5月20日先付23万美元，余款55万美元待Y公司履行协议后再付。A银行按期付出了第一期货款，但Y公司却一再拖延补货。T公司认为Y公司的做法存在欺诈，便坚决不同意支付余款。遂向当地人民法院提出申请，要求停止支付该信用证项下的55万美元。

【涉及的问题】

1. 结合本案分析T公司在信用证业务中面临的风险。

2. 进口商应采取哪些风险防范措施？

【参考答案】

1. T公司面临的最大风险是出口商的信用风险。本案中出口商Y公司未完全履约合同，进口商如期开出信用证，但未收到符合要求的货物，进口商将因此蒙受开证费用的损失、进口商品的机会损失，以及遭受国内贸易合同的履行压力。出口商交货严重违反贸易合同的要求。根据UCP600，银行是凭相符单据付款而不过问货物或事实，出口商制作表面上相符的单据，并最终使进口商遭受损失。

2. 谨慎合理地制定信用证有关商品质量条款，制约受益人执行合同，可在信用证中规定由可信赖的检验机构或公证机构出具质量检验证明，证明所交货物的品质、数量包装都符合合同规定，也可规定具体的检验标准和条件。为防止出口商在检验后调包，还可规定检验证书必须标明检验是在装船时进行的。为证实出口货物已获得政府有关机构的许可，可在信用证中要求有关单证中加注许可证号码或出具许可证副本。当进口商对出口商的资信情况不太了解，而交易金额又较大时，可在合同中定明出口商须提交银行保函或备用证。

综合案例　纺织服装业赊销出口"潜规则"下的巨大风险

【案例正文】

纺织服装业赊销出口"潜规则"下的巨大风险

一、背景

纺织服装出口企业一直存在"要成交，必赊销（Open Account）"的惯例，加上近年来纺织品服装内外需求疲软，企业开工率整体处于较低水平，在与国外客商合作中不得不放低姿态。与众多服饰出口的贸易企业一样，杨深经营的外贸公司，只要有交易机会，会拼尽全力创造条件拿下订单。2020 年 10 月，通过中间人介绍，杨深认识了"在美国专门给大型零售商供货的"买家 Joe Zhang，审阅了进口资质之后，杨深接下了 480 万元的订单，并下发给四五个工厂进行生产。2021 年春节前，陆续完成生产的服装开始出货。春节过后，中间商又下了第二笔 50 万元的订单，并支付了 5 万美元的预付款。

然而，大单没有换来大回报。等了三四个月，两笔共 530 万元的货款始终未见身影，杨深成了各生产商追债的对象，但他始终未放弃追回美国 May Fashions Corp. 的那笔欠款。"不仅仅是因为我个人，而是为了前后 6 年被骗的上百家国内纺织企业。"

相同的遭遇重复上演，富阳服装生产商王先生，因为一笔美国订单的货款未到位，资金链出现问题，工厂倒闭；接到订单的绍兴某纺企被欠 500 多万元后，付不起 800 多名工人的工资，也关门大吉；泰州王姓纺织企业老板，被欠金额高达 1 500 万元……

二、受害纺织企业实际为同一人供货

通过并案梳理发现，从 10 个货柜到 300 个货柜，这些纺织企业给不同的贸易公司供货，不同的供货商起诉不同的贸易公司，但是这些贸易公司的服务对象都是美国的买家，而这些买家的实际控制人都是 Joe Zhang。

身在美国纽约州的美中资产管理公司总裁刘某称，接到相关中国纺织企业被美国采购商恶意欠债的官司，"那些与他们有交易关联的公司有的已经注销，当事人要取证的是 Joe Zhang 与货款的直接关系"。

美国 May Fashions Corp. 是 Joe Zhang 在美国注册的公司。从 2002 年开始，Joe Zhang 就分别以 17 Production、Explore Trading Inc. 等公司名义，与中国企业进行交易。这些公司多在纽约州和新泽西州注册，Joe Zhang 再以公司名义在纽约百老汇第七大道（服装公司集中街道）租赁办公室进行活动，其公司寿命长的不超过 24 个月，短的则 1 年不到。

据各供货商自发的统计资料显示，从 2002 年开始，Joe Zhang 在江苏、浙江、福建、安徽、上海、湖北等 6 省（市），以不同方式下服装订单，几年下来，国内众多服装企业 500 余个集装箱的牛仔裤、休闲裤、针织女套装等服装产品陆续运往美国。

以美国 Nine Fashion Inc. 为例，每次下单以每套（件）7 美元～8 美元单价成交，每款 12 000 套，每单 8 款 8 色，计 96 000 套，每 24 000 套（件）为一个集装箱，就要用 4 个集装箱。按以上价格计算，多年来，Joe Zhang 以多个公司名义，共获得中国服装企业约 6.8 亿余元人民币的产品。

三、精心设局套走国内供货商货款

Joe Zhang 首先给国内供货商抛出高价蛋糕，其提出的进口价格一般比普通采购价高了一倍左右，大多供货商因为高额进价而减弱了防范意识。接下来，他会通过中间商介入，暗度陈仓。Joe Zhang 的美国公司通过中间商或办事处为其联系中国的服装生产企业。由中间人员与这些服装生产企业进行前期洽谈、打样，敲定价格、交货期等工作。之后，再由所注册的美国公司出面签订合同。同一货单，往往同时向两个甚至多个企业下单。

在付款方式上，第一单总是以即期信用证为付款方式，但开具的信用证是由该公司事先就与开证行约定的——仅为订货而不需兑付。信用证开出不久，又宁可付少量违约金而取消信用证。服装生产企业一旦签订了销售合同，订下了材辅料，就等于进入了生产程序，产品上了流水线，就无法将其停下。

此后的第二单，往往以所谓 T/T 汇付作为付款方式，即先付 20% 作为合同预付款，收到货后付清余额。但是，往往并不会付整张订单的 20%，而只是一个追加款或很少几个款的 20%。收到这笔款后，供货商会将货物运进海关仓库，并按合同电放提单。但是，买方拒付款的理由，通常是服装质量和尺寸问题，交货期延迟也是常用的借口。

同时，从海关仓库"逼宫"。Joe Zhang 最常用的方式就是出口方先发货后收钱。许多企业认为有提单在手，不会有太多的变数。有一部分出口商发现上当受骗后，将已生产出运的产品扣在海关仓库，或是货到美国后款不到手就不放提单。但部分供货商虽然在发货后发现问题，并采取了行动，但高昂的码头仓储费、一周后不清关货物将会被运进美国政府仓库作为无主货处理等现实问题，又迫使他们不得不将货物放给 Joe Zhang 的公司。产品上了流水线、货柜进入仓库，出口商一步步走进了对方设计好的圈套。

"高进低出"，套取价差获利，是 Joe Zhang 的重要策略。"高进"仅是合同的数字而已，无须实际付款，而"低出"却是货真价实的。Joe Zhang 把中国企业以 7 美元～8 美元成本生产的大批服装进口到美国后，以每套 3 美元～5 美元不等的价格，整集装箱批发给一些中间商。而他获取的每套服装的成本大约为 2 美元～2.5 美元，具体包括开信用证费用、信用证违约金、少量预付款、海运费、关税、仓储费和办事费用等。

曾赴美国考察的纺织企业调查，Joe Zhang 下单的服装多为弹力毛圈布和天鹅绒面料的女式跑步套装，没有铭牌。在美国一年四季都有市场，不怕大量库存，不使用品牌则是为了随时销售不受品牌保护政策影响。

四、取证难度大，企业追债无门

据与 Joe Zhang 有财务纠结的多家纺企透露，由于众多供应商前往美国追债，Joe Zhang 现在纽约的办公室和仓库已是人去楼空，工作人员已被遣散。根据知情人士提供的手机号码，最近数日，记者多次拨打 Joe Zhang 的手机，但都无法接通。虽然中国企业胜诉，但 Joe Zhang 的国内代理已经资不抵债，其资产早已转移到另外的公司。

"由于 Joe Zhang 的整个操作环节都是通过其代理人完成的，取证难度很大，而且收货都是用英文签名，况且美国法律和中国法律存在较大差异。"相关人士指出，"国内有的单位和个人认为，经过我驻外使领馆认证的美国企业和个人，其资信情况一定很好，这就大错特错了。在美国注册一个公司，只花几十美元注册登记费，不需要任何资本金。"

在追不到货款的情况下，生产商起诉中间贸易商，贸易商成了真正的"冤大头"。而作为中间贸易商的杨深，在调查与追讨中已花费巨大，许多欲往美国取证的其他中国出口商也因为签证问题无法动身。上百家的中国供应商正试图集合起来，收集证据，期望有一天他们的货款能够真正"水落石出"。

资料来源：黄清燕. 上百纺企遭神秘男子跨国诈骗被套 6.8 亿［EB/OL］.［2022-12-10］. http：//finance.sina.com.cn/g/20080407/07382126172.shtml.

【案例使用说明】

一、讨论思考题

1. 出口商在美国公司的交易结算中面临的最大风险是什么？应如何防范？

2. 在汇付方式和信用证方式下，出口商保留正本提单在手是否万无一失？

3. 对于货物扣于海关仓库徒然增加仓储费用应如何防范？

4. 针对本案中不法分子的操作手段，从国际结算的角度探讨应如何防范？

二、分析思路

案例中纺织服装出口企业，习惯采用赊销远期收款的方式来获取订单，国外不法商人通过高额报价先签订合同，再通过即期信用证或汇款少量定金，后通过交付少量违约金取消信用证，或通过货物质量不符等理由，拒收已装运货物，迫使出口商降价或电放提单。需要了解国际结算业务中商业信用风险的内容及表现形式、信用证业务中出口商面临的风险内容及表现形式。分析面对商业信用风险采取的风险控制措施，在签订出口合同时对条款准确性的把握，包括对付款方式、交单方式的规定以及单据的规定。要识别不同结算方式下潜在风险，以及由于处理不当造成的损失，阻止风险损失发生或减轻损失发生的处理方式，结合贸易对象国以及经营的商品特性，具体问题具体分析。

三、理论依据及分析

1. 出口商在美国公司的交易结算中，出口企业盲目迷信美国公司的商业信用。美国政府不负责企业资信，完全依靠企业自律和法院的裁决。驻外使领馆出具的认证文件不能作为企业资信的依据。根据国内要求，美商在华投资时，需要提供我驻美使领馆对美国公司的注册文件或自然人的美国护照的认证文件。但有了该认证，并不代表其资信情况好。在美国注册一个公司程序较简单，成本较低，注册成功也并不代表其资信情况好。我国驻外使领馆出具认证文件，只对文件合法程序负责，对内容的真实性并不承担责任，更不能对公司的资信负责。

对新客户做充分的资信调查，目前有许多当地的公司专门负责公司资信调查，在国内也有办事处，国内企业可多加利用。也可以找律师查询，一定要了解对方的资信情况。

2.在汇付方式和信用证方式下，提单能否发挥作用与进口商信用直接相关。在本案中，虽使用汇付，但出口方先发货，后收钱。货到美国码头，美方以货物质量问题拒付货款，或打折扣后付款；即使先收钱，货到港口后，美国企业以货物未通过美国 FDA 等检验为理由，拖延提货；有的即使采用信用证支付方式，但规定以货到进口地的检验机构出具商检报告作为议付文件，对于并不是当季旺销商品，进口商并不着急提货，所有提单的作用还未提到首要位置。

3.对于货物扣于海关仓库徒然增加仓储费用，以及货物质量在合同中可明确规定，发货前由美方派人或指定代理验货，签字认可，以避免货到美国再起争议。如的确需要美国 FDA 检验的食品、药品等强制性检验产品，应事先明确处理方法。否则货物在码头，进退失据，徒然增加仓储费用。

4.从不法分子的操作手段，可以看出这类商业欺诈案件，起初几笔金额不大的合同均能顺利执行。骗取信任后，合同金额变大，支付方式转为远期收款或放账。这时不法分子常以质量不符或其他理由，拒绝付款，这是贸易欺诈惯用的伎俩。当然，其中不乏真的由于产品品质引发的争议，双方各执一词。商业纠纷和商业欺诈有时很难区分，如进口方退货不要，则不能认为商业欺诈，因为其无利可图。如进口方收货后，再以品质有问题拒不付款，则有贸易欺诈的嫌疑。

出口企业要有足够的风险意识，做好进口商资信调查。对非信用证支付方式，可以采用保理业务，虽然多支付保理开支，但可确保大笔金额的安全回收。发生争议，货物应存在自己仓库，以后可以转售第三方或削价处理，避免风险。采用赊销方式出口，比较成熟的降低风险方式是采用出口保理，由国际保理公司来承担赊销所带来的应收账款风险、快速回笼资金。采用目前国际保理公司业务中的无追索权出口保理业务，能够很好地解决赊销中出口商面临的资金占压和进口商信用风险的问题。

第11章 国际结算中的欺诈及防范

开证行可否因单据伪造而拒绝付款?

【案例正文】

山东A公司与外商B公司签订了一笔进口钢材的合同,货物价值为504万美元,装运期为8月10日前,合同规定以信用证方式结算。

按照约定,A公司通过M银行对外开出信用证。8月初,B公司告知A公司,货物已如期装运,单据将很快交予议付行。不久,M银行收到议付行转来的全套单据,提单表明,货物于8月5日某东欧港口装运,在西欧某港口转运至国内青岛港。经审核,单据无不符点,M银行遂对外承兑。一个月后,货物依然未抵达青岛港,A公司深感蹊跷,遂向伦敦海事局进行查询,得知在所述的装船日,未有署名船只在装运港装运钢材。

此时信用证项下单据已由开证行承兑,据议付行反馈信息,该行已买断票据,将融资款支付给了受益人,开证行被迫在承兑到期日对外付款。

【涉及的问题】

1.结合信用证特点分析A公司损失惨重的原因。开证行能以"欺诈例外原则"拒付款项吗?

2.应如何防范该类的信用证诈骗?

思政案例

40小时追回"合作伙伴"的23.83万欧元

王女士是杭州一家外贸公司的财务工作人员。公司主要业务是面料和服装,有不少境外业务,因为时差关系,很少打电话给国外,主要通过电子邮件进行交流沟通。4月17日下午,王女士像往常一样收发电子邮件,忽然发现有"合作伙伴"新发来一封邮件,称因公司内部调整,收款账号有所改变,让王女士把货款打进一个新的银行账户里。忽然收到这样的要求，王女士觉得有些奇怪，特地发邮件给另一个同样有合作关系的客户进行核实。很快，这个客户就回复了邮件，说自己也收到了同样信息，对方确实更换了新账户。这下，王女士相信了，向领导报批后，就把货款打进了对方提供的新账户里。

核实到账时，对方公司提出并没有收到钱。王女士循例发电报向合作公司询问钱款到账情况，对方说，近期未发过邮件，也没有收到任何款项。23.83万欧元，折合人民币185万余元。王女士当场惊出一身冷汗，再细细查看邮件，才发现发来邮件的是个"山寨"邮箱，真实客户的邮箱是"abc@lio.com"，而骗子发过来的邮箱是："abc@ilo.com"。不易发现字母互换了位置。王女士赶紧打电话报了警。

当天下午5点，杭州市公安局刑侦支队接警后，第一时间向公司开户行A银行的监察保卫部、国际业务部通报了相关案情。双方立刻行动，刑侦支队的民警和银行工作人员一起，一边实时跟踪被骗资金走向，一边磋商拦截反制方案。经过全面研判，警方锁定了两个嫌疑人账户，分别在中欧和南美。之后，由A银行通过电报发文对接这两个账户的开户银行，要求对方帮助拦截账号并全额返还资金。国际汇款本就需要一些时间，由于快速反应，民警终于跑赢了嫌疑人。4月19日下午4点，被骗的23.83万欧元在境外被成功拦截，并全额返还。至此，警方成功于境外拦截并追回诈骗钱款。

11.1　国际结算中常见的欺诈

11.1.1　票据诈骗

--------- 案例 1 ---------

警惕以装运期临近为由更改结算方式

【案例正文】

国内A公司向加拿大B公司出口一批珠宝，合同规定，买方不迟于3月20日通过C银行开出即期不可撤销信用证。3月20日后，A公司仍然未收到信用证，于是向B公司催问，对方称："证已开出，请速备货"。然而，临近约定装货期前一周，A公司仍然未收到信用证。再次查询，B公司告知"因开证行与卖方银行并无业务代理关系，故此证已开往有代理关系的H地银行转交"。

此时装运期已到，因合同规定货物须直接运抵加拿大，而此直达航线每月只有一班，若错过，装运期会延迟更多。此时B公司提出使用支票方式支付货款，鉴于装运时间紧急，A公司同意支票结算，确认后马上发货。三天后，B公司寄来某知名银行支票，A公司遂安排装运。几天后，A公司兑用支票时，被告知该支票项下账户已注销。而该批货已凭航空运单提货，A 公司遭受重大损失。

【涉及的问题】

1.结合 A 公司遭遇分析该类欺诈的特点。分析 B 公司为何能凭空运单提货？

2.A 公司在本案中有哪些失误之处？

【参考答案】

1.A 公司面临票据欺诈，这类诈骗的贸易背景通常是货物量少但价值高，而规定的运输方式大多为空运，诈骗分子利用了出口商急于成交以及人们对银行的信任心理。客户在丧失警惕的情况下，接到汇款凭证即按指定地址发货，由于空运单并非物权凭证，按国际空运惯例，提货的单据随货物空运，货到后进口方凭通知单或是证明身份的证件就可提货。

2.A 公司应提升国际结算方式与结算工具等金融常识，一是根据合同规定，买方未开出信用证。买方违反合同在先，A 公司不应该因担心装运期延误而自乱阵脚。二是对于买方提出的"因开证行与卖方银行并无业务代理关系，故此证已开往有代理关系的 H 地银行转交"，措辞漏洞百出，开立信用证，不需有代理关系的存在。三是并非收到银行票据就等于收到货款，可以及时拿支票向银行进行提示，银行在付款时会对支票的载明事项进行审核，能第一时间了解支票是否被止付。

---------- 案例 2 ----------

记载事项齐全的汇票是否为真？

【案例正文】

中国银行 H 分行客户 A 公司向银行提示一张号码为 PP54905/N 金额为 100 万美元的汇票。汇票各项记载要素齐全，印制较为精细，系印度尼西亚 F 信托基金有限公司开立，由香港 J 公司为收款人并背书转让，付款银行为日本 D 银行旧金山分行。客户同时还向银行提供了 D 银行东京分行出具的担保确认证明，证实汇票真实有效。在银行进一步鉴别该汇票时发现，汇票中的签发日和到期日分别表述为"2016.9.4"和"2017.9.4"，担保确认证明记载到期日"4TH2010"。

经询问，A 公司与香港外商 B 公司约定，B 公司经内地 A 公司购买价值 100 万美元的生铁，需要 A 公司先付给对方 5 万元人民币的定金，对方则交付 A 公司一张远期汇票。B 公司称可凭此汇票在任一银行办理票据抵押贷款或到期兑换外汇。

【涉及的问题】

1.结合票据记载事项分析本案汇票是否存在欺诈嫌疑。

2.A 公司面对类似情况应如何防范？

【参考答案】

1.出票人为印度尼西亚 F 信托基金有限公司，付款人为日本 D 银行旧金山分行，收款人为香港 J 公司，由 J 公司背书转让给 B 公司。可见付款路径迂回，不符合常识。汇票中的签发日和到期日分别表述为"2016.9.4"和"2017.9.4"，不符合英文书写习惯。担保记载到期日"4TH2010"，不符合银行严谨习惯。基于以上几点分析，存在较大的票据伪造嫌疑。

2. A公司在面对大额交易时，除了要警惕他人利用其急于成交的心理，还要加强对汇票等票据的认知，可通过国内银行以专业技术手段加以辨识，本案中可通过银行与东海银行国内办事处联系，判断付款行的真实性，以及担保行是否对该票作过担保或出具过任何偿付确认书。

在辨识票据真伪方面，一是审查票面清晰性，即票据平整洁净，字迹印章清晰可辨，票面无折痕、水迹、油渍或其他污物。票面各记载要素、签章及背书无涂改痕迹。二是审查票面完整性，即票据没有破损且各记载要素及签章齐全，票面各记载要素及背书填写完整、各种签章齐全。三是审查票面准确性，即票面各记载要素填写正确，背书必须连续等，大、小写金额应一致，书写规范，签发及支付日期的填写符合要求。

11.1.2 信用证结算中的诈骗

------ 案例1 ------

开证行能否拒付经议付行融资的款项？

【案例正文】 ▇——————————————————————————————

国内A公司预采购800万美元电解铜，电解铜为货物价值较高的大宗商品。B公司报价有较大优势，A公司核算成本后，觉得大有可为，约定通过信用证结算。A公司向C银行申请开立信用证，显示"DRAFTS AT 30 DAYS AFTER SIGHT AVAILABLE WITH ANY BANK BY NEGOTIATION"，规定H银行为通知行。两周后，B公司提交信用证项下的表面相符单据，H银行在第一时间按其要求进行议付融资。融资完成后，H银行向开证行C银行寄单，并在交单面函上明确表明已对此交单做了议付。C银行审核单证相符，通知申请人赎单，申请人A公司在赎单后，银行按国际惯例及时对外发出了承兑电。

随后，A公司派员前往公司提货，发现集装箱内为废料而非电解铜，立即联系C银行。C银行发报通知H银行停止融资，如已融资，应立即冻结或追回。H银行回复称在交单日已经做了融资，并要求开证行确认到期日并到期付款，否则将起诉开证行。

【涉及的问题】 ▇——————————————————————————————

1. 结合信用证运作机理分析C银行遭遇诈骗的原因。进口商和银行可以采取哪些应对措施防范欺诈？

2. C银行能否拒付H银行索偿要求？

【参考答案】

1.信用证运作的内在机理存在产生欺诈风险的缺陷。受益人只需提交与信用证相符的单据，就可得到银行的付款。受益人用伪造或包含欺诈性陈述的单据，骗取信用证下款项，甚至在货物根本不存在的情况下，以伪造的单据迫使开证行因形式上单证相符而无条件付款。

在应对措施方面，首先，进口商要对业务充分掌握。充分了解矿石、原油、电解铜等大宗商品的交易习惯、交易流程，及时更新国际市场价格变化信息，对方报价与国际市场不符，应引起警觉。其次，开证行应加强对客户和贸易背景的了解。加强对客户的风险提示，并采取严格的内部风险审查、增加保证金要求等措施提升风险保障。再次，信用证兑付方式和指定银行要谨慎选择。可选择指定开证行兑用的延期付款信用证，而非自由议付信用证，从而不存在案例中的"善意第三方"，即便发生欺诈，申请人可利用"欺诈例外"原则向法院申请止付。最后，进口商须重视货物检验。买卖双方应在合同中约定货物检验事项。如有可能，进口方可以派人或指定信誉好的第三方到对方仓库或码头验货，以确保进口货物真实存在并监督相关货物装上货船。如选择信用证结算，可以在信用证中增加第三方出具的检验单据的要求，以增加受益人利用信用证进行欺诈的难度。

2.不能拒付。"DRAFTS AT 30 DAYS AFTER SIGHT AVAILABLE WITH ANY BANK BY NEGOTIATION"表明为自由议付的远期信用证。按国际惯例和相关法律，一旦开证行对远期信用证项下的单据作出了承兑，则承担了到期付款的责任，本案中善意第三方银行 H 银行又做了融资，那么即使遇到受益人欺诈，法院也不会出具止付令，开证行必须对外付款。

-------- 案例 2 --------
警惕附加条件的装运条款

【案例正文】

国内 A 公司与 J 公司签订了销往中国香港的 5 万立方米花岗岩合同，总金额为 2 000 万美元，J 公司通过中国香港 C 银行开出了上述合同下信用证，信用证规定："SHIPMENT CAN ONLY BE EFFECTED UPON RECEIPT OF APPLIANT'S SHIPPING INSTRUCTIONS THROUGH L/C OPENING BANK NOMINATING THE NAME OF CARRYING VESSEL BY MEANS OF SUBSEQUENT CREDIT AMENDMENT"。该贸易公司收到来证后，即将质保金 268 万元人民币付给了 J 公司指定代表。装船前，J 公司代表来产地验货，以货物质量不合格为由，拒绝签发"装运通知"，致使货物滞留产地，A 公司无法发货收汇，损失十分惨重。

【涉及的问题】

1.分析本案中信用证条款为出口商带来的风险。

2.出口商面对类似情况采取哪些防范措施？

【参考答案】

1.信用证规定，货物只能待收到申请人指定船名的装运通知后装运，而该装运通知将由开证行随后经信用证修改书方式发出。这样的条款使出口商处于被动地位，如买方迟迟不通过信用证修改方式告知船名，则出口商无法执行信用证条款，极易造成单证不符，遭开证行拒付。

2.做好资信调查，选择可靠的交易伙伴。在交易前慎重选择，做好资信调查。签订合同之前，从各种渠道了解进口方的基本情况。若发现进口方有意图约定高额质保金或者说延迟履约金的行为，需提高警惕。

重视出口合同条款的拟订，合同是开立信用证的基础。在签订合同前，确保合同条款严密，不存在软条款。严格审查信用证条款，提高外贸从业人员的专业水平。收到信用证后，应对照合同仔细审查信用证条款。如有不符之处，应要求对信用证进行修改，同时应说明由此引起的时间延误应通过开证申请人延长信用证有效期加以弥补。

采取灵活方式规避风险。可考虑多种方式来规避收汇风险。如信用证结合国际保理规避信用证软条款收汇风险。采用国际保理业务来规避风险，即使进口商拒绝付款，国际保理商不仅要向进口商负责追偿和索赔，还要负责按保理协议约定的时间向出口人支付，出口商可顺利收汇。

11.1.3 备用信用证诈骗

案例
MT760传递的备用信用证是否为真？

【案例正文】

B公司为C银行的授信客户，在C银行有人民币500万元的流动资金贷款。B公司与C银行沟通，有国外公司向其投资将开立备用信用证，希望在C银行融资。C银行在等待期间，收到了数封自称美国某大型公司邮件，邮件附件是资产报表和投资计划。C银行认为其与备用证并无关联，遂提示B公司，只有大银行通过SWIFT发来的加押正式备用证才有效力。

不久后，C银行收到了以MT998形式、由开证行ABC CAPITAL BANK LTD发来名为备用证的报文，金额5 000万美元，受益人为B公司。经查，该备用证开立人位于太平洋岛国圣卢西亚，与C银行无密押关系。经审查备用证条款，C银行发现其内容用语并不规范。鉴于对该备用证的真实性存疑，C银行拒绝通知该备用证，但B公司坚持其真实性。C银行业务人员认为B公司的行为存在风险，同时发现B公司在C银行的贷款已逾期。在之后的几个月中，C银行数次收到该开立人电报，要求与C银行建立密押关系。一个半月后，C银行通过SWIFT系统再次收到受益人为 B 公司的备用证，该备用证由乌克兰 D 银行通过 MT760 发送，金额也是数千万美元。经 C 银行核实，该备用证依然由 ABC CAPITAL BANK LTD 开立，D 银行进行转通知。C 银行基于对乌克兰局势不稳定的考虑，怀疑部分乌克兰银行可能管理比较混乱，轻易建立密押关系，决定拒绝通知该备用证。

【涉及的问题】

1. C 银行如通知该备用信用证将会带来何种风险？

2. C 银行面对类似情况应采取哪些防范措施？

【参考答案】

1. 如通知，则 C 银行作为通知行，将备用信用证交给受益人，要核实备用信用证的表面真实性，一旦通知，表明 C 银行承认了该备用信用证的真实性。真实的备用证可由受益人在银行办理相关融资业务。虚假的备用证，如未辨认就作为合理金融工具使用，会带来巨大的经济损失。

2. 核查客户业务真实性。备用证等业务应与客户的经营规模和状况相匹配。如果为融资性备用证，一般应为国内客户的境外关联公司向境外银行申请开立。本案 B 公司是 C 银行授信客户，该客户在 C 银行贷款逾期，主营业务没有竞争力，与备用证申请人无关联交易，境外开立大金额备用证并不正常。

重视备用证业务的合规性，正常流程需要拟放款银行向被担保人出具贷款意向书，备用证则根据贷款意向书、贷款合同等基础资料开立。虚假备用证在开立时一般不会要求出具贷款意向书。仔细审查备用证条款。厘清备用证真实开立人，准确区分转递通知行和开立人。对于与银行无密押关系的机构出具的大额备用证，应谨慎通知。对于无法确认开立人资信的备用证，即使通知，也应提示客户相关风险。本案中虚假的备用证先通过非加押的 SWIFT 电报格式的 MT998 发送，后由通过加押保函的标准格式的 MT760 发送，伪装其来源，加大了审核难度。

保持业务警惕性。对于大额备用证的客户，要对客户及客户业务背景进行审核。调查其主营业务情况，资金链是否紧张，切实保障银行资金的还款来源。前文提到的 B 公司对虚假备用证的执着，可能因为其资金链断裂，急于得到一笔投资而导致的非理性行为。

11.1.4　保函诈骗

案例1
国际工程保函中的不合理索赔

【案例正文】

国际工程保函中的不合理索赔

A 公司作为分包商承建 S 国 B 公司的市政项目，A 公司通过 C 银行开立了以 B 公司为受益人的预付款保函和履约保函，保函由 C 银行转开 S 国当地 D 银行。2020 年，S 国该项市政项目因议会决议被迫终止。

A 公司共收到预付款约 800 万美元，B 公司对 A 公司实施完成工程价值约 325 万美元，因此在合同被终止时，B 公司要求 A 公司立即返还剩余约 475 万美元，否则将采取没收预付款保函的索兑行为，并要求 A 公司签署书面协议放弃索赔，以此为条件退还预付款保函和履约保函。

A 公司认为预付款支付滞后是造成项目进度缓慢最主要的原因，并且直到项目终止，B 公司也没有付清全部预付款。此外，除预付款支付滞后外，B 公司确认的 325 万美元仅为实际完成的一部分，A 公司已完成尚未得到确认的产值尚有约 200 万美元，因此 A 公司提出进行预付款保函延期，先友好协商解决合同索赔的建议。B 公司拒绝了 A 公司提议，并表示如果 A 坚持额外产值索赔，则需要将多余的预付款退回后，双方各自进行合同索赔。如果在 A 公司给出的三天谈判时间内未退还 475 万美元剩余预付款，则 B 公司将向银行提出保函索兑。

由于 B 公司同时持有预付款保函和履约保函，且只给出三天谈判时间，并且 A 公司考虑到，可能对 A 公司的金融声誉产生不良影响。最终，双方达成协议，A 公司先行退还剩余预付款，双方再解决合同争议问题。

【涉及的问题】■━━━━━━━━━━━━━━━━━━━━━━━━━━━

1. A 公司在国际工程保函中面临的主要风险有哪些？

2. A 公司应采取哪些防范措施？

【参考答案】■━━━━━━━━━━━━━━━━━━━━━━━━━━━━

1. 除了本案例中提到的 S 国议会决议这一风险外，A 公司面临的主要风险有不合理的索赔风险、合同条款争议风险，以及转开保函下的申请人权益风险。

不合理索赔风险。S 国项目由于政府政策变动被迫停建，B 公司根据保函的付款请求权，要求 A 公司马上返还工程建设剩余预付款，该要求并不合理。B 公司对 325 万美元产值认可，以及要求退还 475 万美元剩余预付款，仅由 B 方单方面估值，与 A 公司认可值存在一定差距。此外，B 公司要求 A 公司签订放弃索赔的书面协议，作为退还预付款保函和履约保函的条件。这种要求即是受益人利用保函威胁，向申请人施压，加剧了 A 公司不合理索赔风险。

合同条款争议风险。签订 S 国工程项目承包合同时，A 公司因事先未对保函合同内容进行细致核查、审阅，导致项目被迫停止后，不得不承担与 B 公司关于合同条款的争议与纠纷风险，其中包括对已完成项目的产值认定存在争议纠纷，以及对工程项目剩余预付款退还时间的争议产生的纠纷。

转开保函下的申请人权益风险。A 公司为保函的申请人，B 公司为受益人，A、B 公司通过签订承包合同形成了基础合同关系。申请人 A 公司所在地银行（即指示行 C 银行），以提供反担保的形式委托国外受益人所在地银行（即转开行 D 银行）出具保函，并由后者承担付款责任。C 银行只对 D 银行负责，受益人要求付款的对象是 D 银行。A 公司为保函申请人，D 公司为保函受益人，双方形成基础合同关系，C 银行作为指示行向当地 D 银行提供反担保。B 公司在项目停止后向当地银行提出的预付款索兑，符合保函的索赔要求，因此 D 银行应直接向 B 公司付款，而由于 C 银行向当地银行开具了反担保保函，所以，C 银行需对 D 银行进行相应赔付，且此赔付金需根据与 A 公司签订的反补偿协议，由 A 公司进行补偿。另外，由于保函和合同项下的权益分属于不同法律体系和解决机制，所以发生纠纷后，A 公司虽然有权争取合同项下的合理索赔，但合同索赔与保函争端的对冲，以及 B 公司手握着两个保函，致使 A 方不得不先退还剩余预付款，再进行自身权益的维护。

2. 首先，应调查与审核当事人资信状况。担保人应对申请人与受益人资质进行审核，主要评估申请人的公司是否具有合法对外经营权，并且具备偿还能力和良好资信度；担保人进行对受益人的资质审查时，则应关注受益人所在国的国家政策与时事态势。根据实际情况，担保人及时提供补充情况说明与承诺函，明确因国家政局产生的风险和损失，由申请人或受益人承担。

其次，明确当事人基础合同权责。保函关系在合同上建立，但在解决基础交易关系与保函关系中的争端时，分别采用不同法律体系和解决机制。申请人在开立保函前应先与受益人明确基础合同关系中的权责，了解项目风险，通过完善和规范基础合同条款来尽可能规避风险。同时，申请人在保函条款中，预留受益人索兑和银行付款的时间间隔，为自己留有充足谈判时间。

最后，国际工程项目中，通常会由申请人当地银行作为反担保，即转开保函给受益人的所在地银行。申请人在开立保函后，应与本国银行保持及时的沟通。在选择国外转开行时，优先考虑与本国银行有过合作且信用评级较高的银行削减银行风险。由于银行所掌握的国外市场和金融环境资讯较为全面，通过银行的信息渠道，申请人能够及时了解工程所在国的政治经济动态，及时预估判断合同与保函风险，采取相应防御措施。此外当申请人遭遇恶意索赔，与本国银行沟通后能够以正当理由拒付，为申请人和受益人进一步协商调解争取期限。

-------------- 案例 2 --------------

保函欺诈是否应审查基础合同？

【案例正文】

Z 公司与 W 公司在 B 国签订了家电生产线合同。合同约定，Z 公司承接生产线的工程设计和设备供货，W 公司进行安装试机，并根据 Z 公司工程进展分期付款。2019 年 2 月 5 日，Z 公司以 T 银行为担保行，以 W 公司为受益人，提供一份无条件不可撤销的履约保函，有效期至 2020 年 5 月 30 日，自收到 W 公司据此保函可能发出任何指明 Z 公司未能履行协议下义务的索赔请求通知后 10 天内，T 银行向 W 公司支付索赔款，无须向Z公司取证，即使Z公司与W公司之间或有争议。最后，Z公司收到信用证项下货款。

其间经多次协商，履约保函效期延至2020年10月15日。W公司分别于2019年及2020年签发性能考核验收证书，证明部分系统测试成功，个别处理系统未调试成功，对未能调试成功的原因双方各执一词。

Z公司以W公司索款行为构成欺诈为由，起诉至法院，请求判令：确认W公司在保函下的索赔存在欺诈；判令T银行终止向W公司支付上述保函项下款项。

W公司称，保函与基础合同是相互独立的。W公司索款材料既非虚假，亦非无索款理由，Z公司诉称W公司在索款过程中存在欺诈的事实根本不存在。T银行称，该行开立保函程序合法。根据《见索即付保函统一规则》第2条规定，该行开出的保函为独立性见索即付保函，该保函独立于Z公司与W公司之间的主合同。如证明存在欺诈，必须对主合同进行审查，而该行开立的保函同主合同是相互独立的，Z公司以保函欺诈为由起诉该行，缺乏事实和法律依据，该行不应承担任何责任。

【涉及的问题】 ■——————————————————————

1.请结合本案根据独立保函特点分析其弊端。

2.本案中保函是否存在欺诈？是否应审查基础合同？

【参考答案】 ■——————————————————————

1.基于独立保函的单据性，担保人与受益人之间成立的担保合同独立于基础合同。担保人承担独立保函项下的偿付义务，不能以基础合同产生的抗辩事由对抗受益人。只要受益人的索偿符合约定的条件，保证人就应无条件付款。

独立保函在方便受益人索赔的同时，也为受益人或担保人可能进行的欺诈提供了土壤。从独立担保制度构建的初衷看，其付款责任的绝对性和无条件性特征，使受益人得以在提交与保函规定相一致的单据后即可立即获得担保人的付款，无须等待担保人对基础合同的履行情况进行调查，也无须对申请人是否确实违约进行核实。独立担保的单据化特征，则使担保人只需处理单据业务，无须进行其并不熟悉的基础合同履行情况的调查和核实。正是独立担保的这些特征，为欺诈索赔提供了可能。

2.保函欺诈的认定，要根据债务人是否已经完全履行了独立保函保障的债务来研判。独立保函申请人提供证据，证明其已经完全履行基础合同中约定的义务，则基础合同项下之违约风险并未实际发生，受益人依据独立保函要求担保人承担付款义务的行为，即属于欺诈行为。

虽然独立保函独立于基础合同，但当申请人或担保人对受益人的索赔是否符合保函约定的条件提出质疑时，法院有义务审查基础合同的履行情况。判断的关键因素是申请人是否已经完全履行了基础合同义务；如未完全履行，则受益人的申请不属于欺诈性索赔，如果已经完全履行，受益人的行为则属于欺诈性索赔。本案事实表明，Z 公司已经收到信用证项下的货款，该事实可以证明 Z 公司已经履行了其在基础合同项下的供货义务。W 公司关于独立保函的索赔属于欺诈性索赔，应不予支持。

11.1.5　信用卡诈骗

案例

模棱两可的快递单牵出百万克隆信用卡

【案例正文】

2020 年 8 月，江苏省 A 市警方接到山东警方发来的协查线索，他们在侦破一起网上制售仅有卡面信息的半成品银行卡案件中，发现嫌疑人杨某通过快递，将克隆卡邮寄到 A 市。民警分析，杨某寄出的是仅有卡面信息的半成品银行卡，如果不写入银行卡信息是无法使用的。A 市的收件人要这样的卡作何用途？

警方提供的两张快递单上的收件人写着"张生"，收件地址则为"A 市凌城镇邮局对面"等信息。快递员则向民警反映，送件到收件地点后，收件人在电话里改变收件地点。为了找到此人，A 市经侦大队以收件地点为原点，在方圆几十里内展开地毯式的摸排走访。"不法分子制作克隆卡，就是要使用的，在排查嫌疑人的同时，我们对卡片使用情况进行调查。"警方分析认为，这是一个盗取信用卡用户信息，然后进行复制、提现的犯罪团伙。专案组全面调取了银行交易信息和刷卡交易记录，他们发现杨某快递过来的银行卡被人在澳门消费 300 多万元。经过进一步调查，一名频繁前往澳门的樊某浮出水面。

民警随即将樊某的照片给快递员辨认，对方表示樊某正是取件的"张生"。9 月 27 日，民警将樊某抓获，并在其住所内搜查到电脑、数张银行卡、他人身份证等作案工具。经审讯，樊某交代了作案经过。樊某和朋友晋某从网上获取他人银行卡信息，然后通过 QQ 发给山东的杨某，让其制作成半成品克隆卡。当卡片寄回来后，樊某再通过写卡器，将银行卡信息写入半成品克隆卡中，完成克隆卡的制作。一切准备就绪后，他和晋某联系，约定时间去澳门套现，目前涉案金额 300 余万元。警方将 3 名犯罪嫌疑人一举抓获。

民警介绍，克隆银行信用卡有以下几个环节：嫌疑人先通过网络获取真实的银行卡信息，然后委托他人制作信用卡半成品快递给自己，自己再将信用卡信息写入制成克隆卡，然后赴境外消费套现，环节层层牟利，形成一个犯罪链条。

【涉及的问题】

1. 使用信用卡来自第三方的风险有哪些？

2. 可从哪些方面规避信用卡欺诈风险？

【参考答案】

1.一是盗窃。盗窃者会大量而快速地交易，直到合法持卡人挂失并且该卡被银行冻结。二是复制。在宾馆、饭店这类场所，授权环节通常会离开持卡人的视线，这就使不道德的职员有机会利用小型读卡设备获得磁条信息。三是ATM欺诈。发生于ATM设备的欺诈通常是因为密码被窃取或者被伪造，甚至是暴力抢劫。四是伪造。犯罪分子先获取客户的信用卡资料，如盗取，或在键盘输入设备里非法安装接收设备获取，或计算机黑客通过攻击网上银行系统获取，再伪造信用卡进行诈骗。五是身份冒用。这既包括盗用消费者身份，也包括剽窃商户身份。六是虚假申报。犯罪分子以虚假的身份证明及资信材料办理信用卡申请，或谎报卡片丢失，然后实施欺诈消费或取现，使银行蒙受损失。

2.首先，不要轻易泄露个人信息。现在有不少网站或是商家活动，会要顾客留下一些相关的资料，除非是正规的、可信度非常高的网站或商家，其他情况不要留下信息。其次，要适时更改密码，建议每隔一段时间就重新换一次密码。再次，要提防钓鱼网站。不少人在点击网店链接的时候都会不小心进入看似与正规购物网站很相似，但实际上是专门骗取信用卡密码的网站。最后，要关注信用卡动态。开通信用卡短信提示功能，一有异动立即就可以知晓，也可以快速反映银行及公安部门。

11.2 银行防范欺诈的措施

11.2.1 银行防范欺诈的措施

案例 1

收不回的出口押汇款

【案例正文】

2020年12月10日，国内A公司与国外B公司签订了一份出口地毯的合同，合同总价值为500 000美元，收货人为B公司，显示"PAYMENT TERMS D/A 30 DAYS AFTER SIGHT"。12月20日，A公司按照合同的要求备齐货物发运。在取得空运提单和原产地证之后，A公司将已缮制好的汇票、发票等单据一起交到该市C银行。因A公司资金紧张，遂以此单向C银行申请办理押汇。C银行考虑虽托收风险大，但A公司资信状况良好，与其有良好的合作关系，便同意A公司申请，为其办理出口押汇业务，押汇金额为500 000美元，押汇期限为50天，到期日为次年2月9日。

1月12日，C银行收到国外提示行电传，声称客户已经承兑，并取走了该套单据，到期日为2月8日，但到期日未见该笔款项划转。C银行通知A公司与B公司联系，B公司称该笔款项已付。3月25日，C银行发电至代收行查询，代收行未有任何答复。直到9月，B公司来电声称自己破产，已无偿还能力。C银行随即向A公司追讨，但A公司无归还诚意，遂提起诉讼，要求A公司清偿债务。

【涉及的问题】

1. 分析托收款无法收回的损失应由谁承担。

2. 针对类似情况银行应如何防范？

【参考答案】

1. B公司与代收行的言行前后矛盾，B公司没有支付货款，但取走了单据，很明显也取走了货物，A公司与C银行款货两空。托收为商业信用，进口商的信用风险由出口商承担。本案托收款无法收回的损失应由A公司承担。承兑交单的风险高于付款交单，出口商应尽量避免运用承兑交单方式。C银行以出口押汇方式向A公司提供了贸易融资，在出口押汇业务中，银行在押汇时保留对出口商的追索权，银行承担出口商的信用风险。C银行试图行使对A公司的追索权，但显然A公司没有偿还其债务的意愿。

2. 做好资信调查。对国家风险较高的交易、以往收汇困难的交易，应认真考虑是否融资。认真审核出口商相关资质及生产经营情况，掌握出口商经营状况，结合融资记录，对出口商做综合授信，谨慎做好出口商信用风险防范。

控制融资比例。出口托收项下押汇，押汇金额最多为托收金额的80%。对没有物权提单的交易，或者是出口货物属于易损耗、易腐烂变质的交易，或者出口商品价格背离价值较大的交易等，凡是银行认为存在风险的交易，不予办理融资，只负责寄单。

要及时催收。出口托收行在寄单后应关注收汇情况，及时向进口代收行索汇，为代收行提供最优汇款路径。本案C银行可以更谨慎并作出更敏捷的反应。3月，C银行发电至代收行查询，代收行未有答复，此时应该向A公司追索货款，而不是等B公司来电声称破产时才行使追索权。浪费半年时间，使风险进一步增加。早作反应，这些情况则大有可能避免。可要求出口商参保出口信用保险，在一定程度上降低托收商业信用的收汇风险。

------- 案例2 -------

单证不符下开证行是否应偿付议付行？

【案例正文】

国内A公司与印度C公司达成了一笔20万美元马口铁进口合同，贸易术语为CIF，支付方式为即期信用证。国内B银行很快开出信用证，信用证规定商品规格为1.0mm。3月24日，B银行收到议付行寄来的单据，其中包括承运人签发的"已装船"清洁提单，在核实单证相符后，遂通知A公司赎单。A公司派人提货，发现集装箱完好，封条未动，但启封后，发现箱内只有充满脏水的铁桶。A公司将实际情况告知B银行。

3月30日，B银行通知指定议付银行，单证不符。议付行回复，已根据提示汇票和单据支付了货款。此时，A公司仔细核对，发现商业发票与提单两者不符，发票中商品规格为1.0mm，而提单显示规格为0.1mm。4月14日，B银行提出议付银行可行使追索权，向出口商索回货款。三天后，B银行收到议付银行偿付要求，其已向受益人支付了款项，要求A公司立即偿付。

【涉及的问题】 ■

1. 分析开证行是否应偿付议付行。

2. B银行与A公司应吸取哪些经验教训？

【参考答案】 ■

1. 开证行对提交的不符单据，有权向议付行退单，并追索款项。根据UCP600的规定，开证行的合理审单时间是收到单据次日起的5个工作日之内，需要核实本案开证行是否在5个工作日之内回复审核结果。B银行作为开证行，在收到议付行提交的单据后的行为需要探讨，如果B银行对议付行提交的单据，审核结果是单证相符，且通知申请人赎单，则议付行有权向B银行索回垫款；如开证行审核结果是单证不符而拒付，则不论什么原因，议付行都有向受益人进行追索的权利。

2. A公司应对受益人资金和信用情况进行调查，对进口公司而言，选择F组贸易术语能将租船订舱、货物保险的选择交易权控制在自己手中，可以选择自己熟悉的信誉良好的公司送货，还可以派人到装货港口检查和核对货物是否符合合同的要求。应进行发货前的货物检验，可以委托第三方机构于装载货物之前或期间当场对货物进行检验，以便及时发现货物与合同规定不符的问题。

B银行作为信用证的开证行，应明确自身的责任和义务，为客户提供有效服务，尤其是审证时，银行应提高业务素质。在办理信用证业务时，通过运用广泛的分支机构和灵活快捷的信息系统，获取企业资信变化状况。在扩大业务网络的同时，保持高度警惕，选择资信良好的银行作为业务伙伴。

11.2.2 法院禁止令

------- 案例1 -------

开证行付款责任是否因法院禁付令终止？

【案例正文】 ■

国内A公司向P国B公司出口一批货物，B公司向银行申请开立了信用证，A

公司即按照合同约定生产货物。由于双方往来函电约定货物装运前应由买方进行检验，A公司在货物生产完毕后便通知B公司验货。B公司先后以圣诞节将至、签证未办妥等理由，未前来验货，同时要求A公司直接将货物发至目的港。此时，A公司提高警惕，担心日后B公司因为没有验货而在质量问题上纠缠，于是要求货运公司配合，通知B公司在目的港先行验货，认可货物质量后赎单；如果B公司对货物质量不满意，则可以不提货，A公司将自行安排货物退运事宜。

货物到港后，B公司未经验货程序即提取了货物。此后，B公司致电A公司，声称此批货物质量存在严重问题，之前的货物也存在很多质量问题。A公司立即询问B公司问题细节，积极探讨解决方案。B公司不予回复。信用证应付款日到期后，开证行以B公司已经申请禁付令为由，拒绝付款。最后，A公司收到了来自P国法院的传票，通知其作为被告出席该案的审理。至此，A公司货权已失，货款未回，沦为被告，陷入困境。

【涉及的问题】 ◾▬▬▬▬▬▬▬▬▬▬▬

1. 为何会发出禁付令？分析法院禁付令的影响。

2. 信用证付款责任是否因法院禁止令终止？请分析UCP600与当地法律的关系。

【参考答案】 ◾▬▬▬▬▬▬▬▬▬▬▬

1.法院禁付令是英美法系中一种特殊的救济方法。在民事诉讼中，法庭往往发出要求一方当事人做或不做某一行为的命令，禁止做某一行为即"禁止令"。在国际结算中，禁止令则是由法庭出具的用来禁止银行履行付款义务的命令，也称"禁付令"。根据国际一般惯例，法庭在国际贸易结算中根据申请人的要求决定是否发禁令是很慎重的，要做详尽调查，考虑是否有利于贸易的畅通，是否有悖于信用证业务的统一惯例及有关票据法通则，尽量不将银行卷入商业争端，同时还要考虑到是否有无辜的第三者的利益因此而受到损害。通常只有在债权人和债务人之间存在明显欺诈的情况下，法庭才会发出禁止令。

本案中受益人在与信用证申请人的交易中并没有欺诈行为，申请人向法庭申请向信用证开证行发出禁止令，银行收到禁止令则可拒绝受益人的索赔。我国《最高人民法院关于审理信用证纠纷案件若干问题的规定》的第8条对此有原则性的规定，实践中各地法院依然有较大的自由裁量权。从开证行角度而言，须尽力说服法院撤销禁止令等强制措施，不可滥用欺诈例外原则，尤其当存在善意第三人时。禁止令的发出，损害了开证行的对外信誉，也无法从根本上解决买卖双方的贸易纠纷。

2.UCP600第4条、第5条和第7条表明了信用证的独立性原则以及开证行的责任。UCP600并不涉及任何关于冻结开证行资产的临时紧急措施、冻结支付令、止付令、禁令或类似法院措施等问题，应由法院决定。信用证的独立性原则应得到最大限度的维护，任何阻止银行履行其信用证项下付款责任的法院干预措施应基于非常强有力的依据，比如受益人欺诈的证据。

但是，UCP规则是关于信用证操作的惯例，其适用须受当地法律约束。法律的效力优于处于惯例地位的UCP600。开证行不能无视法院冻结令，即使开证行的付款责任已被确立。当地法律及当地法院对法律的适用的效力高于UCP600。在接到法院冻结令情况下，开证行是否仍应履行付款责任不由UCP600决定，而应由法院决定。为最大限度地维护信用证独立性原则，促进贸易的发展，从法院的角度而言，尽量不要轻易干预信用证业务，除非有充分证据表明受益人存在欺诈。

案例2
禁付令能否真正救济申请人？

【案例正文】

2019年4月，A公司向Y国M公司供应多晶硅片，金额为4亿美元，双方签订合同，规定以信用证结算，M公司向A公司预付合同价值10%的款项，A公司通过G银行开立一份受益人为M公司的见索即付预付款保函，金额为4 000万美元，保函依据URDG758开立，适用Y国法并由Y国法院管辖以解决保函争议，到期日为2020年9月30日。

随着国际市场上硅片价格暴跌，A公司与M公司在重新议价过程中出现分歧。M公司因经营不善出现资金困难，便以各种理由拒绝开立信用证，A公司则因大量硅片库存积压濒临破产，双方谈判没有实质性进展。2020年10月，M公司向G银行提交全额索赔，称申请人违约未按合同发运货物，要求G银行见索即付，G银行于10月8日发出了拒付通知。10月28日，G银行收到了受益人重新提交的书面索赔。

G银行拒付的同时，A公司向法院提交了止付申请。11月4日，法院就该笔索赔向G银行下达禁付令，期限为6个月。收到担保行付款被法院止付的通知后，受益人随即回电提出异议，认为中国法院禁付令无效，要求担保行立即赔付。

【涉及的问题】

1. 分析为何发出禁付令。本案中我国法院是否有管辖权？

2. 禁付令有何作用？结合本案例分析禁付令能否真正救济申请人。

【参考答案】

1. 本案中，面对巨额索赔可能导致的风险，申请人以受益人在货物价格下跌时拒绝开立信用证、滥用索赔权构成欺诈为由，向当地法院提出止付申请。

2016年12月开始实施的最高人民法院《关于审理独立保函纠纷案件若干问题的规定》明确了独立保函纠纷案件的司法管辖问题。保函纠纷分为两类：一是受益人和开立人之间因独立保函而产生的纠纷，这类纠纷为合同纠纷。保函纠纷案件由开立人住所地法院管辖，独立保函载明由其他法院管辖或提交仲裁的除外；二是独立保函欺诈纠纷与前述合同纠纷不同，欺诈性索赔的法律性质属于侵权。欺诈纠纷案件由被请求止付的独立保函开立人住所地人民法院管辖，除非当事人书面协议由其他法院管辖。因此，保函中关于适用法律的自我约定并不包括欺诈索赔导致的纠纷。即使保函约定发生纠纷由域外法院审理，一旦发生欺诈性索赔，我国人民法院也可以侵权法律纠纷强制介入，除非保函本身或相关当事人就欺诈纠纷审理法院另有约定。尽管本案例的发生早于上述司法解释的出台，然而关于欺诈索赔的法律适用原理是一致的。虽保函约定适用 Y 国法律并由 Y 国法院管辖，本案中国法院仍就欺诈索赔申请下发了止付令。

2. 本案中禁付令申请人成功地阻止了担保银行对外付款，缓解了其破产压力，担保银行也暂时无须因对外支付而垫款。在保函业务往往给予受益人以较大权益，受益人凭保函向担保行索偿，担保行应按保函规定付款，即使背景交易出现较严重纠纷，其付款义务也不受影响。如担保行已付款，则申请人在与受益人谈判时陷于被动。反之，如担保行接到法院禁付令，则有理由拒付，可以迫使受益人与申请人积极解决纠纷问题。

然而，止付是暂时的，本案中欺诈是否真实存在，付款责任是否能解除，将最终取决于之后的诉讼判决。申请人提交的证据材料必须证明欺诈情形的存在具有高度可能性，如果不止付，将给申请人造成难以弥补的损害。一旦法院裁定止付，止付申请人必须在 30 日内向法院提起诉讼。申请人申请止付时提交的欺诈证据必须现实可得。可以看到，本案是交易双方重新议价未能达成一致而引起的合同纠纷，并不是司法解释所规定的"虚构基础交易、提交伪造或内容虚假的单据"等欺诈情形，因此即便连续延展止付，申请人也未能提起诉讼。如不能提供足够的欺诈证据进行诉讼，止付令虽经数次展期而最终不得不撤销。接下来便意味着担保银行必须重新承担见索即付的责任。

综合案例　信用证欺诈例外原则的适用

【案例正文】

信用证欺诈例外原则的适用

一、合同签署

2021 年 2 月 5 日，中国香港 G 公司与 T 公司签订一份出售俄罗斯低密度聚乙烯合同，单价为每公吨 750 美元 DAF 满洲里，总值 600 000.00 美元，包装为 25 公斤编织袋；T 公司通过 M 银行开立以 G 公司为受益人的不可撤销信用证，G 公司在货物装船起运后，提交单据议付货款；在俄罗斯任意城市装运，货物目的地为中国满洲里，装运日期在 2021 年 3 月 10 日前。

二、信用证开立

2021年2月8日，T公司向M银行交所开信用证金额30%的保证金，提出开立信用证申请，2月9日M银行开立不可撤销信用证，信用证到期日期和地点为2021年3月31日荷兰，金额569 400.00美元，付款行荷兰任一银行议付，汇票以T公司为抬头，见票即付，所需单据包括：经签署的商业发票一式2份；由俄罗斯发送站和俄罗斯海关盖章的铁路货运单副本数份；受益人在装运日期之后5个工作日内向买方发出通知等。

三、交单行交单与开证行拒付

M银行收到H银行索款面函及单据，H银行在索款面函中称"我方证明信用证所开列的所有条款/条件均已相符。我方特此通知，对你方信用证的开证行提出的索偿已让渡和转让给下方签名处H银行，下方签名人已完全接受这项让渡与转让。因此，你方上述金额的汇款须汇至H银行的N银行纽约1016号账户。"

2月27日，M银行以索款单据与信用证条款要求不符向H银行发出拒付通知，理由是发票日期早于信用证开立日期。H银行收到该拒付通知后，于2021年2月28日向M银行提出发票日期早于信用证开立日期，并不影响向M银行索款及单据的效力。

四、银行止付令

2021年2月28日，T公司因未收到铁路运单项下的货物，认为G公司实施信用证欺诈，遂向中国满洲里市人民法院提出诉前财产保全申请，当日中国满洲里市人民法院作出民事裁定书，裁定冻结信用证项下的款项。同时，法院向M银行发出了协助执行通知书，要求M银行停止支付信用证项下的款项。

2021年3月1日M银行再次向H银行发出拒付通知，告知收到法院停止支付信用证款项命令。

五、议付行和解面函

2021年10月18日，H银行向M银行发出对信用证进行和解的面函：

"为了与你行保持良好的业务关系并解决长期未兑现信用证的支付问题，我们现在接受和解，条件为：

1. 你方将与上述信用证有关、你方作为存款保证金或存入账户的所有款项拨付给我方，至少应相当于信用证面值的30%，并通过传真或SWIFT方式详细说明付款情况。

2. 你方向我方确认，你方将以友好方式与我方合作，努力把我方的损失减少到最低限度，并应尽可能追回现已由香港G公司转让和让渡给我方的基础商业合同项下有关的任何款项。

你方将上述款项付至我方在纽约的N银行纽约1016号美元账户和你方对上述两条加以确认，你方有权自动注销和关闭信用证。"

六、开证行起诉

2021 年 2 月 23 日收到的 H 银行交付的索款单据，包括到达地中国满洲里车站的铁路运单副本。经 M 银行向俄罗斯联邦交通部铁路局核实，所有票根号系伪造。M 银行认为受益人 G 公司并未交付和装运合同项下货物，所提交给 H 银行的全套单据系伪造。M 银行认为，T 公司在发现受益人提交虚假单据之后，不积极起诉 G 公司，不足额支付保证金，是否表明 T 公司知晓其在开证时所声称的真实的基础贸易实际上并不存在。于是，M 银行以受益人提交虚假单据为由向法院提起诉讼，请求法院宣告信用证无效，再次拒绝向 H 银行付款。

七、寄单行的抗辩

对 M 银行屡次拒付的行为，H 银行认为 M 银行在 2021 年 2 月 27 日之后提出的任何新的拒付理由在法律上都无效，M 银行向法院提起诉讼的日期超出了自收到单据之翌日起的五个银行工作日，其理由亦超出了第一次拒付通知的内容，属新的不符点。M 银行的拒付通知中，未说明单据是否留存听候处理或退还交单人。据此，M 银行无权宣称单据不符合信用证的要求，H 银行有权向 M 银行索偿。

H 银行认为，M 银行所提供的各项证据均不能证明 T 公司对 M 银行实施了欺诈，亦没有实质证据证明 T 公司与 G 公司串通对 M 银行实施欺诈。T 公司向 M 银行提交的开证申请书以及 M 银行依据该申请书开立信用证，均是双方真实的意思表示。受益人是否存在欺诈行为，与 H 银行无关。即使受益人存在欺诈行为，也不能以此宣告信用证无效。因信用证的开立与受益人无关，且受益人的欺诈行为在信用证开立之后。因此，本案信用证是合法有效的，M 银行请求法院宣告信用证无效缺乏合理依据。

H 银行认为，自己是议付行，享有向开证行索偿的权利。H 银行已于 2021 年 2 月 12 日向受益人 G 公司发出付款通知，并于同日向其在 H 银行开立的账户划付了信用证项下的款项，同时取得了受益人提交的汇票和单据，并提供了向 G 公司"付款证明"的复印件，在该文件上无签名和盖章，文件标题为"债务贴现"。H 银行认为自己已向汇票及单据支付了对价。

M 银行认为，H 银行索偿面函中有"转让和让渡"的字眼，认为其并非为议付行。H 银行认为，在索偿面函中声称向开证行索偿的权利已转让和让渡给自己，是对议付中支付对价的一种表达。M 银行主张 H 银行是受益人的"受让渡人"的理由不能成立。信用证已由议付行议付，即使受益人存在欺诈，也不能适用"欺诈例外原则"对信用证止付。T 公司已向中国满洲里市人民法院提出诉前保全，该信用证已被依法冻结，实际上对受益人已经止付，现受益人已从 H 银行处取得了信用证的款项，对其止付无实际意义。M 银行的止付请求所影响的将是已作出议付的第三人。所以，H 银行请求法院判决驳回 M 银行的诉讼请求。

资料来源：王善论.援引欺诈例外原则拒付的法定时限——内蒙古自治区高级人民法院富通案判决评论［J］. 对外经贸实务，2006（4）.

【案例使用说明】

一、讨论思考题

1. 是否能以基础交易事由要求止付信用证？什么是信用证欺诈例外？

2. 本案适用于信用证欺诈原则吗？为什么？结合信用证的特点分析诱发欺诈的原因。

3. H银行作为信用证的受益人的受让渡人，是否为议付行？H银行在信用证下的索款请求是否应得到支持？为什么？

二、分析思路

受益人向交单行提交了表面相符的单据，提前获得信用证项下货款，开证行经核实以受益人提交虚假单据为由向法院提起诉讼，请求法院宣告信用证无效，拒绝向交单行付款。交单行提出，其已向受益人发出付款通知，并划付了信用证项下的款项，同时取得了受益人提交的汇票和单据，其作为信用证的议付行，享有向开证行索偿的权利。要分析信用证结算业务中议付行的责任、开证行的责任及业务办理注意事项。掌握信用证独立原则、信用证欺诈例外的含义以及其适用场景，分析信用证止付令的申请条件、适用场景及作用。

三、理论依据及参考结论

1. 信用证虽然是基础交易中的结算方式，但它独立于基础交易，是遵循严格相符原则的单据交易。通常情况下，当事人不得以基础交易中的事由要求止付信用证或宣告信用证无效。对上述原则的例外就是信用证欺诈例外原则。

信用证是开证行应申请人的申请和要求向受益人开立的，凭规定的单据在一定期限内支付一定金额的书面承诺。但是，如果受益人存在利用信用证的这个性质实施欺诈，那么，开证行可以主张信用证欺诈例外，也就是通过向开证行当地的法院提起欺诈诉讼，由该受理法院确认利用受益人信用证欺诈属实，则可以向开证行签发止付令，即命令开证行停止对受益人付款，即信用证欺诈例外。

2. 信用证欺诈的主要表现形式是单据欺诈，即受益人提供虚假单据，骗取信用证项下的款项，而开证行却仅凭单据的表面上符合信用证要求的条件或条款付款。但是如果M银行能够提供充分的证据证明基础贸易合同存在实质性欺诈，例如本案受益人根本没有发运货物，即构成了信用证实质性欺诈，应适用"欺诈例外原则"。

信用证独立抽象性原则是实施欺诈的基石，银行在审查单据时只能以单据表面上是否与信用证的条件和条款相符，而不是单据是否与基础合同相符为标准来决定是否兑付。只要卖方提供了符合信用证的单据，即使买方破产，卖方也能从银行得到付款保证。信用证的单据文件极易伪造，信用证欺诈能给不法商人带来巨额收益，而风险却较小。

3. "让渡"和"议付"分别有规定，UCP600在第2条和第39条对"议付""让渡"分别有规定，二者是有严格区别的。M银行认为H银行系该信用证项下的受益人的受让渡人的理由成立，从"索款面函"和"和解面函"，可以看出，H银行作为信用证受益人的受让渡人，其因受益人G公司的信用证欺诈例外而无权获得该信用证项下的款项。H银行提交其作为议付行的证据不足，其提交的"付款证明"的材料，系复印件，无任何人签名和盖章，且该文件的题目是"债务贴现"，与信用证结算无直接关系。本案中H银行不具有议付行性质，故在信用证下的索款不合理，应在信用证之外对G公司提起诉讼。

参考文献

[1] 苏宗祥. 国际结算 [M]. 7版.北京：中国金融出版社，2020.

[2] 中国国际商会. 关于审核UCP600下单据的国际标准银行实务（ISBP）[M]. 北京：中国民主法制出版社，2013.

[3] 梁琦. 国际结算 [M]. 4版.北京：高等教育出版社，2019.

[4] 王善论. 国际商会信用证案例评析 [M]. 厦门：厦门大学出版社，2014.

[5] 阎之大. UCP600解读与例证 [M]. 北京：中国商务出版社，2007.

[6] 林建煌. 品读ISBP745 [M]. 厦门：厦门大学出版社，2013.

[7] 朱玉庚. 跨境担保与跨境融资 [M]. 北京：中国经济出版社，2019.

[8] 陈国武. 新编进出口业务案例精选 [M]. 北京：清华大学出版社，2009.

[9] 唐卫彬，张先国，熊金超. 是"智慧经营"还是"经济诈骗"——牟其中信用证诈骗案剖析 [J]. 当代经济，2000（9）：12-13.

[10] 张根能，徐瑞平. 牟其中案与远期信用证欺诈 [J]. 对外经贸实务，2000（3）：31-33.

[11] 庞红，等. 国际结算 [M]. 5版.北京：中国人民大学出版社，2016.

[12] 匡芮，李蔷. 远期付款交单的潜在风险与卖方应对措施：基于案例的研究 [J]. 中国商论，2022（20）：15-18.

[13] 李钦. 承付与偿付之争 [J]. 中国外汇，2016（22）：36-39.

[14] 林森，李志永，刘俊颖. 国际工程项目中见索即付保函实务及案例 [J]. 国际经济合作，2016（9）：53-57.

[15] 林发芝. 集装箱运输方式下进出口商选用FCA术语的优势分析——与FOB的比较的视角 [J]. 对外经贸实务，2014（9）：60-62.

[16] 徐进亮，马连浩. 一则见索即付保函的拒付纠纷案 [J]. 中国海关，2022（11）：86-87.

[17] 陈亚芹. 国际商业惯例独立调整合同的理论与实践 [J]. 法学论坛，2008（1）：121-128.

[18] 董伟. 一则银行独立保函典型合同纠纷案件及其启示 [J]. 中国城市金融，2014（12）：44-46.

［19］廉国恩，赵劫. E-Trade时代传统跨境贸易人民币结算实例分析［J］. 对外经贸，2018（1）：22-24.

［20］李莉. 进口押汇业务中的担保法律问题探析［J］. 金融论坛，2002（10）：23-27；41.

［21］陈菲，吴雨霏. 国际贸易中银行保函业务的审核［J］. 商，2015（44）：97；68.

［22］席大为. 由一起补偿贸易保函赔付引起的思考［J］. 经济师，2004（2）：223-225.

［23］贺蕾. 发展原油进口大宗商品业务正当时［J］. 中国外汇，2016（8）：60-61.

［24］高毅龙. 见索即付保函合同纠纷案审理后的思考［J］. 人民司法，2009（12）：90-93.

［25］王善论. 援引欺诈例外原则拒付的法定时限——内蒙古自治区高级人民法院富通案判决评论［J］. 对外经贸实务，2006（4）：35-37.